U0728493

应用型本科汽车类专业规划教材

自动变速器原理与诊断维修

主　编　张月相　张　卫
副主编　谢计红　于洪超
　　　　闫建勇　吴艳秀

机 械 工 业 出 版 社

《自动变速器原理与诊断维修》内容包括拉维娜式、辛普森式、无级式、平行轴式和双离合器式五类自动变速器的原理与故障诊断维修，通过对01M自动变速器的详尽分析，总结出了自动变速器结构规律、各档输出规律、油路循环规律以及分析故障规律；并以宝马6档、9档和雷克萨斯8档自动变速器为例，介绍了怎样利用上述规律，轻而易举地破解自动变速器学习中的结构难、传动难、油路难和故障诊断难的四大难题。

《自动变速器原理与诊断维修》还有与之全程配套的多媒体教学软件和助教助学视频（另售），适用于应用型本科及高等职业院校教学使用，也可作为汽车维修人员自学提高读本和专项维修技师培训教材。

图书在版编目（CIP）数据

自动变速器原理与诊断维修/张月相，张卫主编. —北京：机械工业出版社，2015.11（2018.1重印）
应用型本科汽车类专业规划教材
ISBN 978-7-111-52862-3

Ⅰ.①自… Ⅱ.①张… ②张… Ⅲ.①汽车-自动变速装置-理论-高等学校-教材②汽车-自动变速装置-车辆修理-高等学校-教材 Ⅳ.①U463.212②U472.41

中国版本图书馆CIP数据核字（2016）第023082号

机械工业出版社（北京市百万庄大街22号 邮政编码100037）
策划编辑：齐福江 责任编辑：齐福江 责任校对：陈 越
封面设计：路恩中 责任印制：乔 宇
北京天时彩色印刷有限公司印刷
2018年1月第1版第2次印刷
184mm×260mm · 17.25印张 · 423千字
3 001–4 900册
标准书号：ISBN 978-7-111-52862-3
定价：49.00元

凡购本书，如有缺页、倒页、脱页，由本社发行部调换

电话服务
服务咨询热线：010-88379833
读者购书热线：010-88379649

网络服务
机 工 官 网：www.cmpbook.com
机 工 官 博：weibo.com/cmp1952
教育服务网：www.cmpedu.com
金 书 网：www.golden-book.com

《自动变速器原理与诊断维修》编写组

主　编　张月相　张　卫

副主编　谢计红　于洪超　闫建勇　吴艳秀

参　编（以姓氏笔画为序）

于连志　王茂卿　王春生　牛　伟　毛金贵

刘子君　刘其志　李玉龙　李松田　杜仕明

邸　均　宋晓东　罗学平　钟　键　高立臣

阎建文　高　琳

前言

汽车自动变速器结构复杂，传动形式各样，其油路循环像蜘蛛网一样密集，一直被认为是汽车维修教学中比较难讲、难学的部分。《自动变速器原理与诊断维修》根据多年汽车维修实践及师资培训经验，以独创的表现手法和写作技巧，轻松破解自动变速器学习中结构难、传动难、油路难、故障诊断难四大难题。本书具有以下三大特点。

一、具有独创性

1）本书以独创的自动变速器结构平面图，并配合3D仿真立体结构图，将目前广泛使用的自动变速器的结构分析得十分详尽，并借此总结出了自动变速器的结构规律，使各型自动变速器的结构分析变得非常容易。

2）本书以独创的行星轮式自动变速器传动原理图，将自动变速器各档传动过程分析得十分透彻，从中总结出了行星轮式自动变速器各档的输出规律，用此规律进行分析便可使复杂的传动一目了然。

3）本书总结出了分析油路中各类阀及各档油路的走向规律，从而使查看如蜘蛛网一般的油路图变得轻松容易。

二、是本活教材

本书主要插图来自于独立开发的自动变速器多媒体教学软件，教材中怎样写，软件中就怎样演示，通过软件的演示，可使本书变成一本名副其实的“活”教材。多媒体教学软件可将变速器中看不见、摸不到的结构影视化，通俗易懂，过目不忘。

三、标本兼治

本书在深入浅出的分析中，找到自动变速器的结构规律、动力输出规律和油路走向规律，使读者对各类自动变速器能触类旁通，以便解决实际问题。

本书结合多媒体教学软件（专利号08-2010-J-048，咨询电话18945688856），深入浅出地介绍并分格了辛普森式、拉维娜式、无级式、平行轴式和双离合器式自动变速器，从机械到液压、从电气到故障诊断均包含在内，不仅可作为本科和高职院校的教材，也可供汽车专业人员自学和技师培训使用。

本教材配有辅助教学视频资料，并可提供师资培训服务与教学指导，咨询电话18945688856、15046110942。

本书由哈尔滨华德学院机电与汽车工程学院李长威及吴柏宇副院长审校，在此，深表感谢。

由于水平所限，书中难免有不足之处，欢迎交流并不吝赐教。

张月相

目录

第一章 自动变速器简介

第一节 自动变速器分类

自 1914 年第一台自动变速器装用在德国奔驰轿车上，至今已有百年历史。虽然自动变速器已有各种类型，但均是在第一代的基础上，在两个辛普森式行星排组成的辛普森式自动变速器的启发下，又开发的由一个辛普森式行星排和一个拉维娜式行星排组成的，拉维娜式行星轮式自动变速器。

拉维娜式行星轮式自动变速器，因其有两级行星轮，使整个变速器结构和传动过程简单，且在同等转矩输出时，比辛普森式体积小。

为提高乘坐舒适性，人们又开发了由一个辛普森式或一个拉维娜式单行星排，加主从动 V 形带轮的无级式自动变速器。以上三类自动变速器均为行星轮式自动变速器。

在行星轮式自动变速器的启发下，人们又利用手动变速器的齿轮机构与多片湿式离合器的组合，开发出了平行轴式与双离合器式自动变速器。

一、辛普森式行星轮式自动变速器

图 1-1-1 是辛普森式行星轮式自动变速器基础型结构简图。

从图 1-1-1 可知，它是由两个行星排及离合器、制动器、单向离合器组成的，但两个行星排均是辛普森式。这种变速器用三器（离合器、制动器、单向离合器）将三轮（太阳轮、

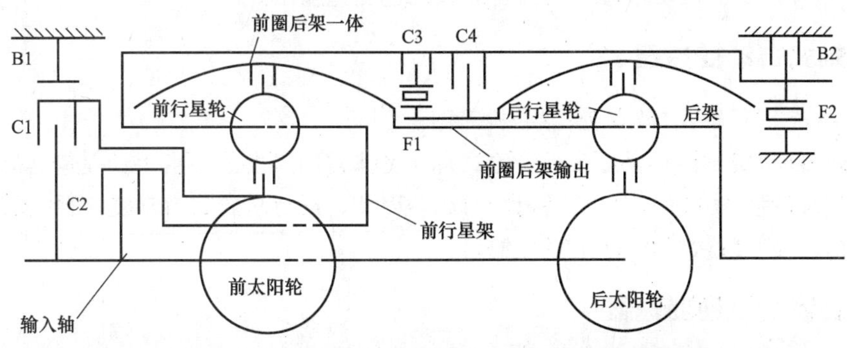

图 1-1-1 辛普森式行星轮式自动变速器基础型结构简图

行星轮、齿圈）进行不同的连接和制动组合，得到四个前进档和一个倒档输出（详见第四章）。

二、拉维娜式行星轮式自动变速器

拉维娜式行星轮式自动变速器结构如图 1-1-2 所示。

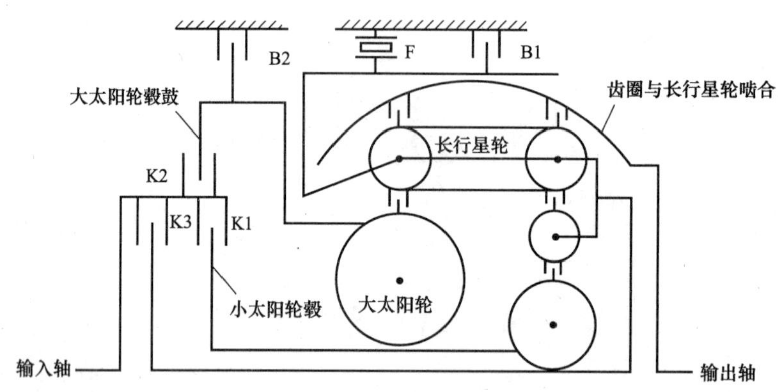

图 1-1-2　拉维娜式行星轮式自动变速器结构

从图 1-1-2 可知，它由行星轮机构及离合器、制动器、单向离合器组成，左行星排称为辛普森式，右行星排称为拉维娜式。两者的区别是辛普森式行星排只有一级行星轮，拉维娜式则有两级行星轮，但两级行星轮都套装在同一个行星架上，因此两者均由太阳轮、行星轮及架、齿圈等组成。

要想使以上两类自动变速器有更多档位输出，只要在该行星轮机构输入端再串联一个行星排或两个行星排组成的行星轮机构即可，这可使原行星轮机构有几个不同转数的输入轴，便可得到更多档位输出。

三、无级式自动变速器

无级式自动变速器结构简图如图 1-1-3 所示。

从图 1-1-2 可知，无级式自动变速器也是行星轮式自动变速器，它们有的是辛普森式，有的是拉维娜式，且只有一个行星排，以及一个前进档和一个倒档。无级变速器是由主从动 V 形带轮，通过改变主从动带直径，实现无级线性变速输出的。

四、平行轴式自动变速器

图 1-1-4 是平行轴式自动变速器结构简图。

平行轴式自动变速器完全是在行星轮式自动变速器的启发下，由手动变速器的齿轮机构与行星轮式变速器中多片湿式离合器组合而成。因此，与行星轮式自动变速器比较，其结构简单，且有几个离合器，就有几个档位输出。

五、双离合器式自动变速器

双离合器式自动变速器结构示意图如图 1-1-5 所示。

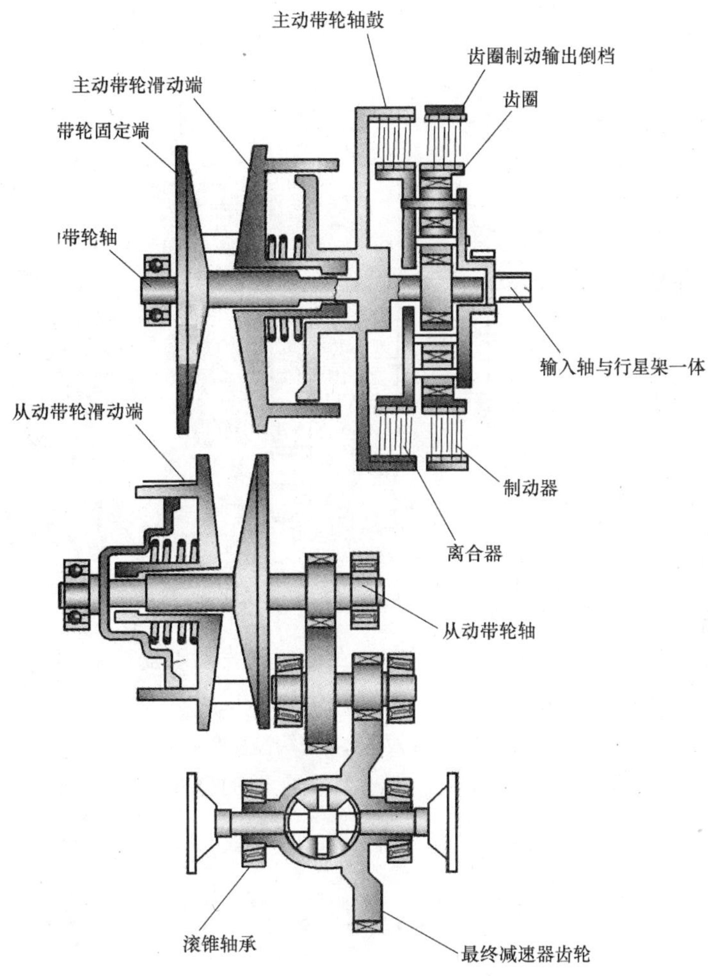

图 1-1-3　无级式自动变速器结构简图

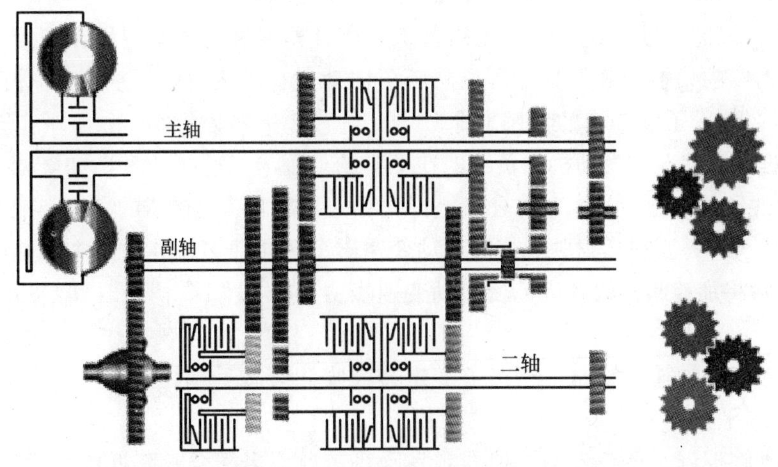

图 1-1-4　平行轴式自动变速器结构简图

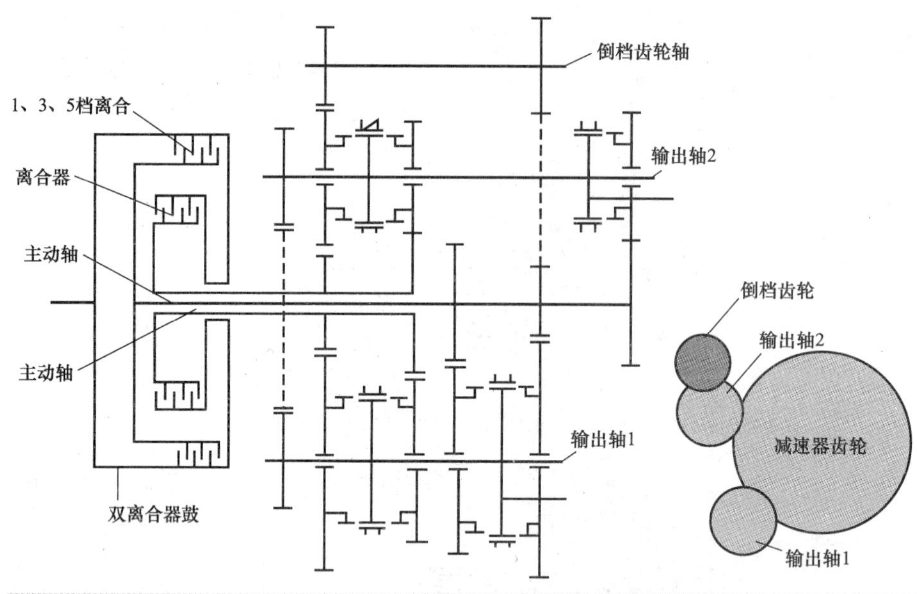

图 1-1-5　双离合器式自动变速器结构示意图

从图可知，双离合器式自动变速器，也是在行星轮式自动变速器的启发下，将手动变速器齿轮机构与行星轮式变速器中多片湿式离合器组合而成。

它是用两个离合器分别带动一组主动齿轮，两组主动齿轮分别与两组从动齿轮常啮合，两组从动齿轮套装在两根从动输出轴上，用手动变速器的滑套和同步器，将套装在轴上的从动齿轮与轴连为一体，输出相应档位的。

第二节　自动变速器的优缺点及发展趋势

一、自动变速器主要优点

1）减轻驾驶人操作负担。自动变速器用液力变矩器或多片湿式离合器取代了手动变速器中的离合器，因此驾驶人换档时，无须再踩下离合器踏板，也不用操纵变速杆换档。

2）由于档位的切换恰到好处，所以减轻了传动过程中的冲击，并使发动机不会在超负荷下强行运转，延长了发动机的使用寿命。

3）能根据道路状况和发动机的负荷，在一定的范围内，适时地升档和降档，从而提高了发动机的动力性和经济性。当汽车在公路上行驶时，装备自动变速器的车辆一般比手动变速器的车辆省油 5% ~20%。很多驾驶人反映自动变速器车辆耗油多，其原因主要是因操作不当造成的，起步经常将加速踏板踏到底，使自动变速器由 D1 档升 D2 档的时间滞后，造成耗油量增加。

4）汽车起步和加速平稳。由于液力变矩器吸收和衰减升降档过程中的振动和冲击，提高了汽车行驶的平稳性。

5）通过电脑控制，可使自动变速器和发动机工况恰当配合，降低排气污染。

6）由于有强制降档功能，提高了汽车的加速性能。

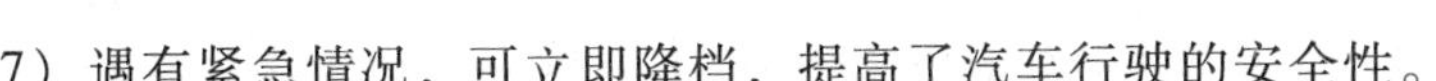

7）遇有紧急情况，可立即降档，提高了汽车行驶的安全性。

总之，汽车自动变速器有许多手动变速器不可相比的优点。因此，自动变速器车辆在汽车中的占有率将会越来越高。

二、自动变速器主要缺点

1）自动变速器构造复杂，价格昂贵

2）低速或加速时传动效率低。此工况由于液力变矩器变矩增扭，功率损失较大。

3）由于构造复杂，所以维修难度较大。

随着汽车工业的高速发展和电子技术在汽车上的广泛应用，在一定程度上，上述各项缺点逐步被弥补。

三、自动变速器发展趋势

自动变速器发展至今，已有近百年历程，它的结构和工作原理，已成熟到万变不离其宗的程度。例如，平行轴式自动变速器与近年来才上市的双离合器式自动变速器，虽然它们与行星轮式自动变速器的结构大不相同，但都是在行星轮式自动变速器的启发下，由手动变器的齿轮机构与行星轮式变速器的离合器组合而成，并没有新知识，只是原来知识的巧妙组合而已。

齿轮式变速器档位数的增加只是增加行星排和一两个离合器或制动器。双离合器式自动变速器和平行轴式自动变速器也只是增加一两对常啮合齿轮或增加一两个离合器。齿轮式自动变速器总体结构万变不离其宗。

齿轮式自动变速器未来的发展方向是在原结构、原理的基础上，升级控制功能和如何改善其动力性、经济性、舒适性这三大硬性指标。

1）在尽量简化结构的基础上增加档位数。档位数的增加可扩大传动比的范围和缩小档间距离，以便使换档点提前，这样即可在发动机相对较低转速下升档，以满足加速性和经济性的要求。

2）用离合器取代液力变矩器，以提高传动效率和降低液力软连接的能量损耗。

3）强化软件的控制功能，使变速器在各种复杂的工况下，升档点能理想跟进，油压的变化能恰到好处。能在各种工况下升降档瞬间，既不会出现同时挂上两个档，又不会出现空档间隙，以确保换档无冲击。

4）强化软件的控制功能和与之配套的电磁阀或滑阀的性能，能在各种复杂的工况下，使换档瞬间进入离合器或制动器的油液瞬间减压，以避免换档冲击。

5）电控单元根据驾驶人的档位信号、节气门开度、踩踏速度信号，以及特种开关的请求信号等，判断出驾驶人的意图，智能化地调整油压及升降档点，以落实驾驶人的意愿。

6）将油温变化及各档理想传动比与实际传动比出现的差异，通过把修正油压补偿写进计算机控制程序的方法，根据反馈的温度变化信号及传动比信号，精确修正油压。

第三节　自动变速器的正确使用

一、正确更换润滑油

自动变速器的润滑油是一种专用润滑油，不可用其他润滑油替代。应按各车型使用手册规定的里程数定期更换润滑油，一般是在 8000～10000km。更换润滑油时，应注意以下问题。

1）更换润滑油时，应将车辆停放在水平地面。

2）将变速杆置入 P 位或 N 位，起动发动机并保持怠速运转，保证润滑油温正常后再换油。

3）最好使用专用自动变速器加油机，以便既对油路及各种滑阀，蓄能器和液力变矩器进行彻底清洗，又可将液力变矩器内的旧油排出，使润滑油清洗更换彻底。

4）无论是用专用加油机还是人工加油，油液更换后，均需在发动机怠速运转中，将变速杆置入各档位片刻，反复循环换位两三次，使变速器各部均充满油液，再用油尺检查油面高度是否在刻度线范围内。千万不要加油后在档位没有循环的情况下，认为润滑油已加足便挂档行驶，这样很可能将离合器片烧毁。

5）随时用油尺检查油面高度。

二、正确使用加速踏板

1. 加速踏板开度控制

众所周知，自动变速器的换档规律已被软件程序固化，换档规律如图 1-3-1 所示。

从图 1-3-1 可知，电脑控制档位切换主要是根据加速踏板位置及车速信号，即每有一个加速踏板开度，便有一个升档车速与之对应。

图 1-3-1 中实线为各档升档点，虚线为自动降档点。可见，如加速踏板使用不当，会使升档点滞后或提前。

升降档车速不等是为防止在某档上频繁升降档。

例如，D 位起步时，如一脚将加速踏板踏到底，由于加速踏板全开，使由 D1 档升 D2 档的车速升高，造成升档点滞后，这样既使起步升速缓慢，又造成油耗增加。可见，汽车起步时将加速踏板踏到底的操作习惯有害无益。

2. 强制降档开关的使用

每种型号的变速器均有一个与加速踏板联动的强制降档开关，变速器在某档加速时，虽然加速踏板已全开，但发动机动力仍感不足而无力再加速时，遇此情况唯一的解决办法是降低一档。在加速踏板已全开的情况下再将踏板踏到底，与踏板联动的强制降档开关连通，将需要强制降档信号送入电脑，电脑便强行控制变速器降低一档。

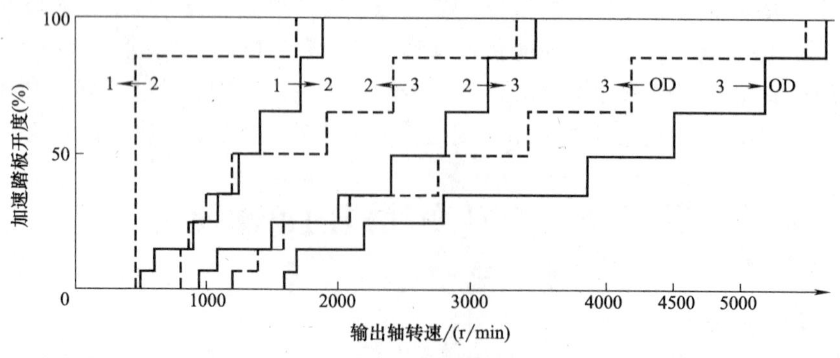

图 1-3-1　自动换档规律

三、正确使用变速杆

自动变速器变速杆下方的档位标识各不相同。其主要功能如下。

1. P 位

当变速杆移动至 P 位（驻车档）时车辆被锁定，此时可起动发动机，但由于与液力变矩器涡轮键配合的变速器输入轴处于自由状态，发动机可在任意转速下空转，且只有在此位置才能将钥匙从点火开关中取下。

2. R 位

当变速杆挂入 R 位，变速器进入倒档，此时车辆只能倒车。必须在车辆停稳后，才可挂倒档。为提高倒档时的主油压，多数自动变速器均在挂入倒档后，通过手动阀将主油压反馈给主调压阀，以便关小节流口开度，大幅度地提高倒档时的主油压。

3. N 位

当变速杆移至 N 位，变速器进入空档状态，此时可起动发动机。由于与液力变矩器涡轮键配合的变速器输入轴处于自由状态，发动机可在任意转速下空转。

4. D 位

当变速杆移至前进档 D 位，电脑根据节气门位置信号和车速信号，自动切换档位。

5. S 位

当变速杆移至前进档 S 位，变速器升档点比 D 位滞后，降档点比 D 位提前，以使车辆在泥泞路面和上坡时，或较重负荷下，保证发动机平稳运转。汽车下坡时提前降档，可充分利用发动机的制动作用。

四、正确使用模式选择开关

模式选择开关又称程序开关，用于选择自动变速器的控制模式，即选择自动变速器的换档规律，以满足不同的使用要求。

图 1-3-2 为一个安装在变速杆旁的模式开关。常见的控制模式大致有以下几种。

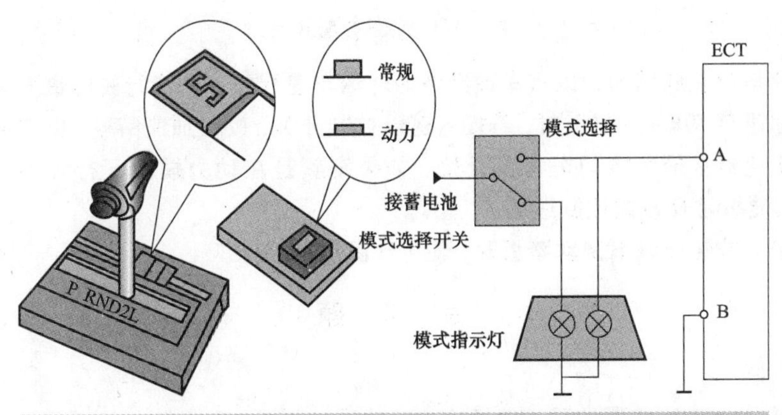

图 1-3-2　模式选择开关及电路连接

1）经济模式（Economy）。经济模式是以汽车获得最佳燃油经济性为目标设计换档规律。当自动变速器在经济模式下工作时，其换档规律使汽车在行驶过程中，发动机经常在经济转速范围运转，降低了燃油消耗。在此模式下，发动机转速相对较低时就会换入高档，即提前升档，延迟降档。

2）动力/运动模式（Power 或 Sport）。动力/运动模式是以汽车获得最大动力性为目标设计换档规律。当自动变速器在动力模式下工作时，其换档规律使汽车在行驶过程中，发动机经常处在大转矩、大功率范围内运行，提高了汽车的动力性能和爬坡能力。只有发动机转速提高时，才能换入高档，即延迟升档，提前降档。

3）常规模式（Normal）。常规模式的换档规律介于经济模式与动力模式之间。它使汽车既保证了一定的动力性，又有较好的燃油经济性。

4）手动模式（Manual）。手动模式让驾驶人可在各档之间以手动方式选择合适的档位，使汽车好像装用了手动变速器，而又不必像手动变速器那样换档时必须踩离合器踏板。采用此模式时，电控单元接到档位信号后，立即发出换档指令，使离合器和制动器切换至该档后，便不再控制升降档，直至电控单元重新接到档位请求信号后。

5）雪地模式（Snow）。在雪地模式下变速器以高档（2 档或 3 档）起步，并控制提前升档、延迟降档来降低驱动轮转矩，即使汽车起步时加速踏板踩到底，也能降低驱动轮出现打滑的可能性。

6）制动开关。制动开关安装在制动踏板支架上，踩下制动踏板时开关接通，通知变速器电控单元汽车已制动，电控单元断开变矩器锁止离合器，同时点亮制动灯，还可以防止当驱动轮制动抱死时，发动机突然熄火。

7）巡航控制开关。巡航控制开关有的安装在仪表板上，有的安装在转向盘转向柱上，如图 1-3-3 所示。

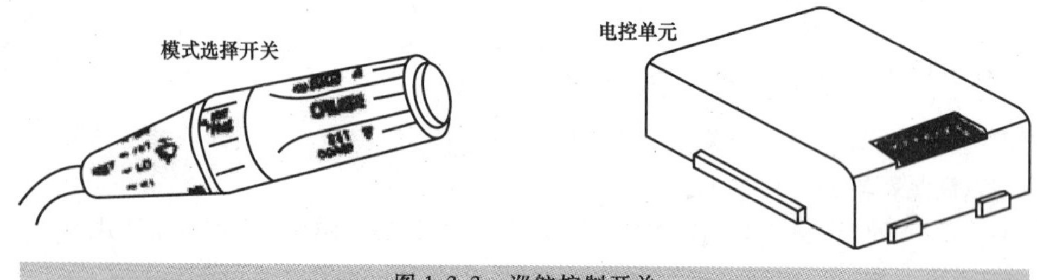

图 1-3-3　巡航控制开关

巡航范围是指装满燃油，以汽车最经济的耗油车速行驶，所能行驶的最大里程。

当汽车加速至 50km/h 以上时，若接通巡航控制开关，放松加速踏板，电控单元便根据路况控制自动变速器在最经济的车速下行驶。如果车辆是在动力模式下行驶，启动巡航控制后，电控单元便按常规模式控制巡航。

当再次按下按钮或踩下制动踏板时，便可解除巡航控制。

复　习　题

一、填空题

1. 行星轮式自动变速器的行星轮机构的三轮是指（　　）、（　　）、（　　）。

2. 变速杆选择 S 位时，自动变速器升档点（　　）、降档点（　　）。

3. 模式开关选择经济模式是为了使发动机经常工作在（　　）运转。此模式下可降低（　　）消耗。

4. 在经济模式下行驶，变速器升档点（　　），降档点（　　）。
5. 在动力模式下行驶，发动机经常在（　　），（　　）下运转。
6. 在动力模式下行驶，变速器升档点（　　），降档点（　　）。
7. 选择常规模式，换档规律既能满足（　　）要求，又能满足（　　）要求。
8. 在雪地模式下行驶，变速器升档点（　　），降档点（　　）。
9. 在雪地模式下行驶，为防止驱动轮滑转，应降低驱动轮（　　）。
10. 未来自动变速器在尽量减化结构的基础上，增加（　　）。

二、问答题

1. 目前，汽车自动变速器可分为哪几类？
2. 行星轮式自动变速器由哪几类自动变速器组成？
3. 辛普森式行星轮式自动变速器与拉维娜式行星轮式自动变速器的主要区别是什么？
4. 无级式自动变速器与辛普森式或拉维娜式自动变速器的相同点和不同点是什么？
5. 平行轴式自动变速器的结构特点是什么？
6. 双离合器式自动变速器的结构特点是什么？
7. 简述自动变速器有哪些优点。
8. 简述自动变速器有哪些缺点。
9. 更换变速器润滑油时应注意哪些问题？
10. 加速踏板使用不当的不良后果是什么？
11. 目前，汽车变速杆档位标识是什么？
12. S 位在什么路况下使用？
13. 自动变速器模式开关有几种模式？
14. 巡航的含意是什么？怎样操作才能使汽车在巡航模式下行驶？

第二章

行星轮式自动变速器主要元件结构原理与检修

目前，国内外轿车常用的自动变速器有辛普森式、拉维娜式、无级式、平行轴式和双离合器式五类自动变速器。其中绝大多数是前三类、即行星轮式。

所有行星轮式自动变速器都是由行星轮机构、离合器、制动器、单向离合器、液力变矩器、油泵、阀体和电控单元八大部分组成的。而这八大部分中的行星轮机构、离合器、制动器、单向离合器、液力变矩器在所有自动变速器中的结构和原理完全相同。因此，本书先对这五大要素进行分析。

第一节　行星轮机构、离合器、制动器、单向离合器结构与检修

所有行星轮式自动变速器，均由结构和原理完全相同的五大要素组成。因此，只要将这五大要素的检修方法彻底掌握，也就掌握了所有行星轮式自动变速器的检修方法。本节主要介绍行星轮机构、离合器、制动器和单向离合器四大要素。

一、行星轮机构的结构

1. 辛普森式单排行星轮机构的结构

辛普森式单排行星轮机构如图 2-1-1 所示。

从图 2-1-1 可知，辛普森式行星轮机构由太阳轮、行星轮及行星架、齿圈等组成。几个行星轮装在同一个行星架上，太阳轮与几个行星轮外啮合，几个行星轮同时与齿圈内啮合。只要通过离合器、制动器或单向离合器对太阳轮、行星架和齿圈进行不同的主动、制动组合，便可得到各种不同传动比的输出。

2. 拉维娜式行星轮机构结构

拉维娜式单排行星轮机构如图 2-1-2 所示：

从图 2-1-2 可知，拉维娜式单排行星轮机构也是由太阳轮、行星轮及架、齿圈组成的。它与辛普森式的区别是在太阳轮与齿圈间夹着两级行星轮。两级行星轮也装在同一行星架上。

从图 2-1-2 又知，太阳轮与第一级行星轮外啮合，第一级行星轮又和第二级行星轮外啮合，第二级行星轮再与齿圈内啮合。它也是通过离合器、单向离合器和制动器对三轮进行不

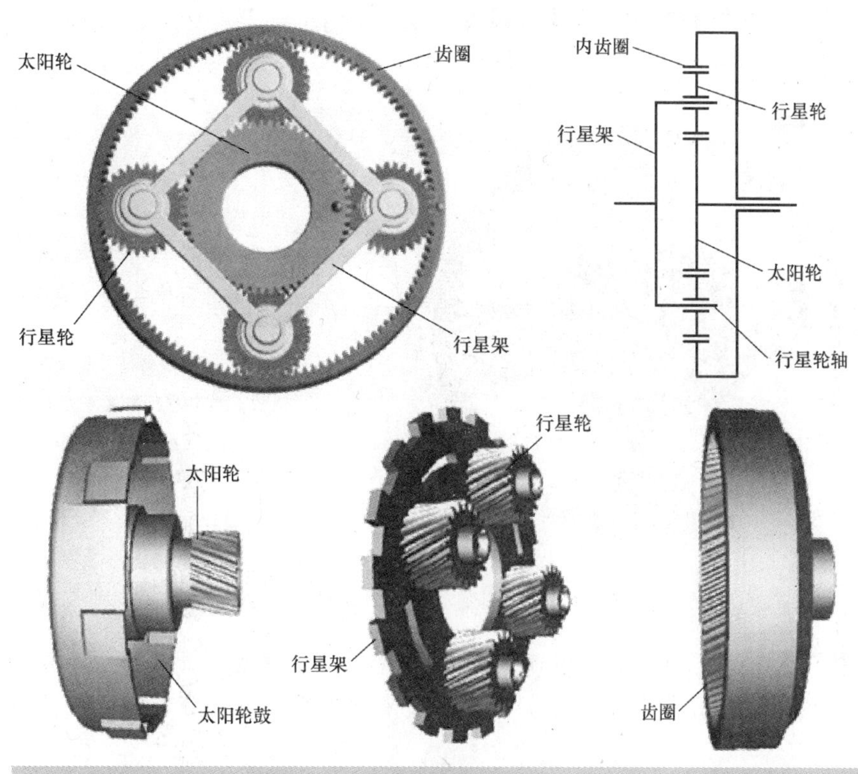

图 2-1-1　辛普森式单排行星轮机构

同的主动、制动组合，得到各种不同传动比的输出。

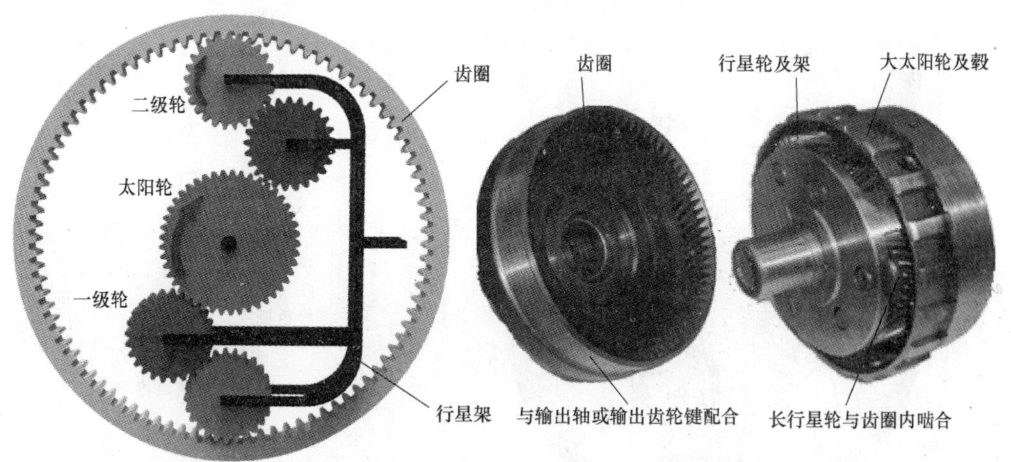

图 2-1-2　拉维娜式单排行星轮机构

二、辛普森式单排行星轮机构传动原理

行星轮式自动变速器的各档传动过程是由一个行星排向另一个行星排接力传递的，直至输出为止。由于各行星排结构完全相同，而且各行星排均有相同的七种传动规律。只要熟知一个行星排的七种传动过程，那么，掌握多行星排自动变速器的传动原理便轻而易举了。

1. 齿圈主动、太阳轮制动、行星架输出

齿圈主动、太阳轮制动工况如图 2-1-3 所示。

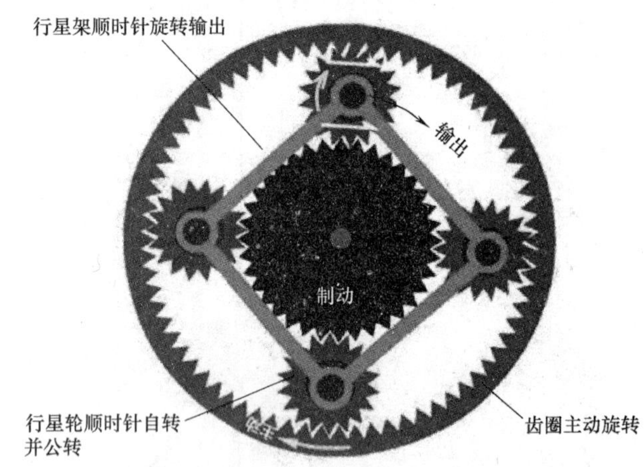

辛普森式行星轮机构传动方程：

$$n_1+\alpha n_2-(1+\alpha)n_3=0$$

式中，n_1 为太阳轮转速；n_2 为齿圈转速；n_3 为行星架转速；α = 齿圈齿轮/太阳轮齿数

因太阳轮制动，$n_1=0$，代入上式解方程。齿圈与行星架传动比为

$$n_2/n_3=(1+\alpha)/\alpha$$

$n_2/n_3>1$，是减速输出

图 2-1-3　齿圈主动、太阳轮制动工况

从图 2-1-3 可知、当齿圈主动顺时针旋转时，齿圈轮齿便给行星轮齿一个作用力，行星轮齿受力后顺时针旋转，但因太阳轮制动，则太阳轮齿给顺时针旋转的行星轮齿一个反作用力。

行星轮齿在作用力与反作用力合力作用下，既顺时针旋转，又带动行星架绕太阳轮顺时针公转输出。

2. 行星架主动、太阳轮制动、齿圈输出

行星架主动、太阳轮制动工况如图 2-1-4 所示。

辛普森式行星轮机构传动方程：

$$n_1+\alpha n_2-(1+\alpha)n_3=0$$

传动比为

$$n_3/n_2=\alpha/(1+\alpha)$$

$n_1/n_3<1$，是超速输出

图 2-1-4　行星架主动、太阳轮制动工况

从图 2-1-4 可知，当行星架主动顺时针旋转时，行星架带着行星轮一齐顺时针旋转，但因太阳轮被制动，因此，太阳轮的轮齿给行星轮齿一个反作用力，行星轮在太阳轮齿反作用力的作用下顺时针旋转。

行星轮在行星架上，既随主动的行星架顺时针旋转，又在行星架上自转，其轮齿给齿圈轮齿一个推力。齿圈在行星轮齿作用下，克服其运动阻力而顺时针旋转输出。因齿圈顺时针旋转的线速度是主动旋转的行星架线速度与行星轮旋转的线速度之和，所以使齿圈超速输出。

3. 太阳轮主动、齿圈制动、行星架输出

太阳轮主动、齿圈制动工况如图 2-1-5 所示。

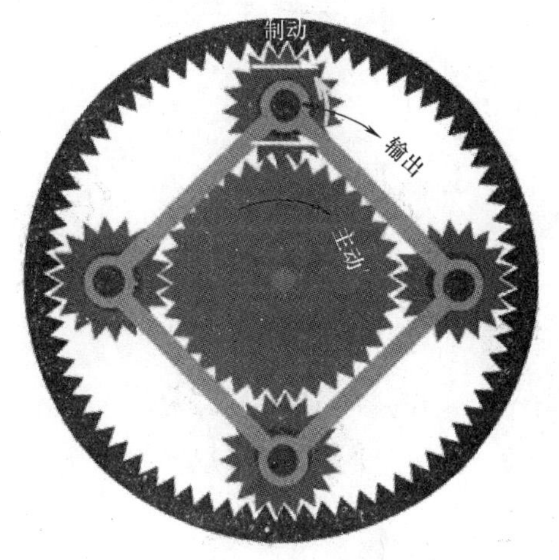

辛普森式行星轮机构传动方程：

$$n_1 + \alpha n_2 - (1+\alpha) n_3 = 0$$

因 $n_2 = 0$，传动比为

$$n_1/n_3 = (1+\alpha)$$

$n_1/n_3 > 1$，行星架减速输出

图 2-1-5　太阳轮主动、齿圈制动工况

从图 2-1-5 可知，当太阳轮主动顺时针旋转时，太阳轮齿给行星轮齿一个作用力，使行星轮在这个力的作用下逆时针旋转。因齿圈制动，所以齿圈轮齿给行星轮齿一个反作用力，行星轮在作用力与反作用力合力的作用下，驱动行星架顺时针旋转减速输出。

从该传动过程可知，引入简单的轮齿作用力与反作用力，可直观地分析行星轮转向，行星架转向。

4. 太阳轮主动、行星架制动、齿圈输出

太阳轮主动、行星架制动工况如图 2-1-6 所示。

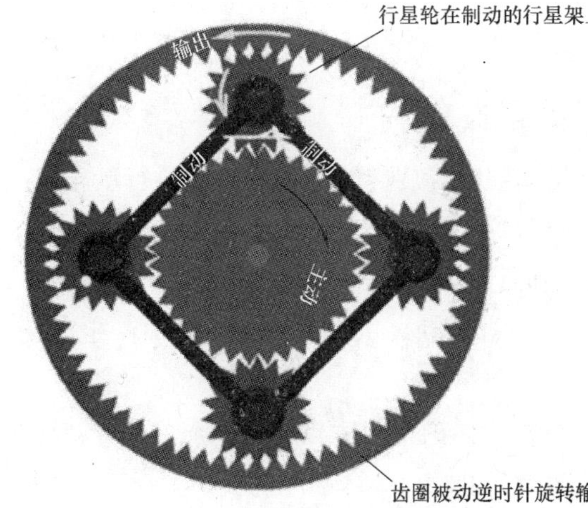

辛普森式行星轮机构传动方程：

$$n_1 + \alpha n_2 - (1+\alpha) n_3 = 0$$

式中，n_1 为太阳轮转速；n_2 为齿圈转速；n_3 为行星架转速；

α 为齿圈齿数/太阳轮齿数

因行星架制动，$n_3 = 0$，代入上式解方程。太阳轮与齿圈传动比为

$$n_1/n_2 = -\alpha$$

$n_1/n_2 > 1$，主从动旋转方向相反，是减速输出

图 2-1-6　太阳轮主动、行星架制动工况

从图 2-1-6 可知，当太阳轮主动顺时针旋转时，太阳轮齿给行星轮齿一个作用力，行星轮齿在太阳轮齿作用力的推动下，行星轮逆时针旋转，因行星架制动，所以行星轮在制动的行星架上逆时针自转。行星轮逆时针自转，其轮齿给齿圈轮齿一个作用力，齿圈在行星轮齿作用下逆时针旋转而减速输出。

5. 行星架主动、齿圈制动、太阳轮输出

行星架主动、齿圈制动工况如图 2-1-7 所示。

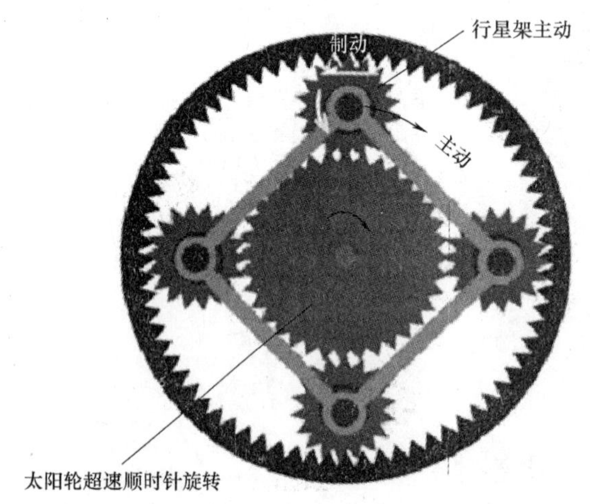

辛普森式行星轮机构传动方程：

$$n_1 + \alpha n_2 - (1+\alpha) n_3 = 0$$

传动比为

$$n_3/n_1 = 1/(1+\alpha)$$

$n_3/n_1 < 1$，是超速输出

图 2-1-7　行星架主动、齿圈制动工况

从图 2-1-7 可知，当行星架主动顺时针旋转时，行星架强行带动行星轮一起顺时针绕太阳轮旋转，但因齿圈制动，行星架带动行星轮顺时针旋转时，制动的齿圈轮齿给行星轮齿一个反作用力，行星轮齿在制动的齿圈轮齿阻力作用下逆时针旋转。行星轮逆时针旋转时，行星轮齿给太阳轮齿一个作用力，在行星轮齿作用力作用下太阳轮顺时针旋转输出。因太阳轮的转速是主动旋转的行星架的转速与行星轮逆时针旋转的线速度之和，因此，该传动的输出转速大于主动转速，是超速输出。

6. 行星架制动、齿圈主动、太阳轮输出

齿圈主动、行星架制动、太阳轮输出工况如图 2-1-8 所示。

从图 2-1-8 可知，由于行星架制动，当齿圈主动顺时针旋转时，齿圈轮齿给行星轮齿一个作用力，行星轮在齿圈轮齿作用下，在制动的行星架上顺时针自转。行星轮顺时针转动时，行星轮齿给太阳轮齿一个作用力，使太阳轮逆时针从动旋转而超速输出。

在拆检辛普森式自动变速器时，如果确认行星架被制动，主、从动旋转方向一定相反。且齿圈主动，则太阳轮超速输出 。

无论辛普森式行星轮式自动变速器有几个行星排，无论传动过程如何复杂，其传动均是从一个行星排传递给下一个行星排，直到使输出轴旋转止。

通过以上分析可知，将行星排中太阳轮、行星架、齿圈三者进行不同的主动和制动组合，便可得到不同传动比的输出。

7. 行星架与齿圈连成一体

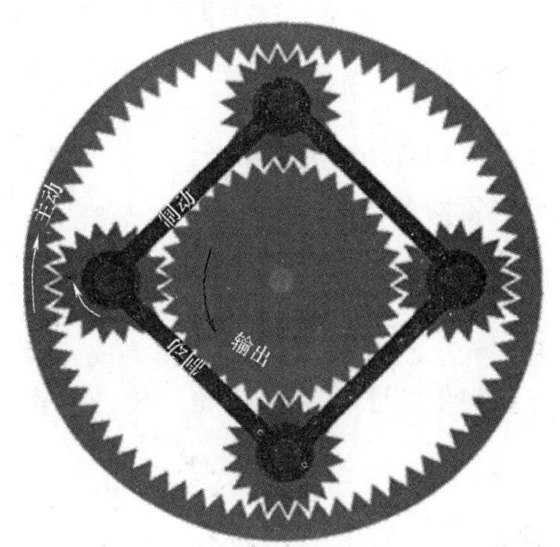

辛普森式行星轮机构传动方程：

$$n_1 + \alpha n_2 - (1+\alpha) n_3 = 0$$

传动比为

$$n_2/n_1 = -1/\alpha$$

$n_2/n_1 < 1$，主从动旋转方向相反，是超速输出

图 2-1-8　齿圈主动、行星架制动工况

行星架与齿圈连成一体工况如图 2-1-9 所示。

行星轮机构中只要任意两元件连成一体，其他各元件均因轮啮合而自连，整个行星排成一刚体

图 2-1-9　行星架与齿圈连成一体工况

从图 2-1-9 可知，当离合器将齿圈和行星架连成一体时，齿圈和行星架彼此间便无任何相对运动，而 4 个行星轮与齿圈轮齿啮合，所以各行星轮与齿圈和行星架间也没有相对运动。又因太阳轮的轮齿与各行星轮外啮合，所以，太阳轮也不会对齿圈和行星架有相对运动，整个行星排连成一体。

同理可知，任何行星轮机构，在同一个行星排中，只要有任意两元件连成一体，则整个行星排其他各元件均连成一体。

8. 辛普森式行星排传动规律

1）行星架主动：超速输出。太阳轮输出转速高于齿圈输出转速，多以齿圈输出为超速档输出。

2）行星架输出：是低速档输出。但齿圈主动比太阳轮主动输出转速高。

3）行星架制动：主从动转向相反，且以齿圈输出为倒档。

4）行星轮机构中任意两元件连成一体，其他元件均连成一体，为直接档输出。

同理可知，若双行星排组合成行星轮机构，机构中任意两轮连一体，则行星轮机构连成一体。

综上可知，只要熟知了辛普森式单行星排行星轮机构的七种传动过程，并将其传动规律真正理解，便可弄清辛普森式行星轮式自动变速器的各档传动原理。

三、拉维娜式单排行星轮机构传动原理

拉维娜式与辛普森式行星轮机构均由太阳轮、行星轮及架、齿圈组成。因此，两者传动的区别仅仅是拉维娜式行星轮机构的行星架上多了一级行星轮，传动中多了一次换向而已。

1. 太阳轮主动、齿圈制动、行星架输出

太阳轮主动、齿圈制动工况如图 2-1-10 所示。

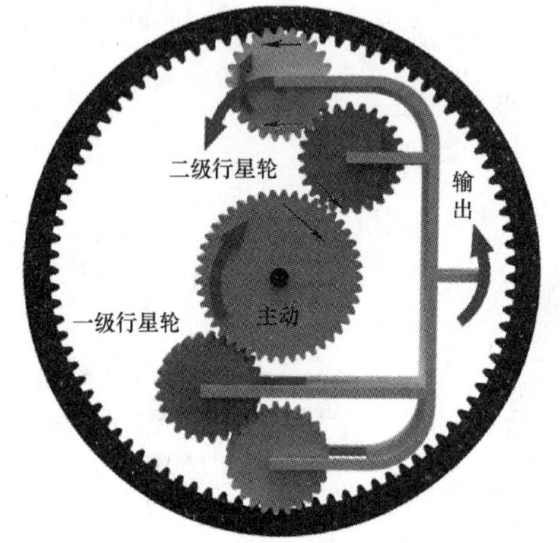

拉维娜式行星轮机构运动方程：

$$n_1 - \alpha n_2 - (1-\alpha) n_3 = 0$$

因齿圈制动，$n_2 = 0$，代入上式得

$$n_1 - (1-\alpha) n_3 = 0$$

$$n_1 / n_3 = (1-\alpha)$$

式中：α 为齿圈齿数/太阳轮齿数；n_1 为太阳轮转速，r/min；n_2 为齿圈转速，r/min；n_3 为行星架转速，r/min

n_1/n_3 是大于 1 的负值，是减速输出，且主从动转向相反

图 2-1-10　太阳轮主动、齿圈制动工况

从图 2-1-10 可知，当太阳轮主动顺时针旋转时，太阳轮齿给一级行星轮齿一个作用力，使一级行星轮逆时针旋转。一级行星轮逆时针旋转，其轮齿给二级行星轮一个作用力，二级行星轮齿顺时针旋转。二级行星轮顺时针旋转给齿圈一个作用力，但齿圈制动，齿圈轮齿给二级行星轮齿一个反作用力。二级行星轮齿在一级行星轮作用力与齿圈轮齿反作用力的合力作用下，带动行星架逆时针旋转而输出。

2. 太阳轮主动、行星架制动、齿圈输出

太阳轮主动、行星架制动工况如图 2-1-11 所示。

从图 2-1-11 可知，当太阳轮主动顺时针旋转时，太阳轮齿给一级行星轮齿一个作用力，一级行星轮受力后，使一级行星轮逆时针旋转。一级行星轮逆时针旋转时，因行星架已制动，所以一级行星轮在制动的行星架上逆时针自转。一级行星轮逆时针旋转给二级行星轮齿一个作用力，二级行星轮齿受力后在制动的行星架上顺时针旋转。二级行星轮在制动的行星架上顺时针旋转，其轮齿给齿圈轮齿一个作用力，于是齿圈便在二级行星轮齿作用下顺时针旋转输出。

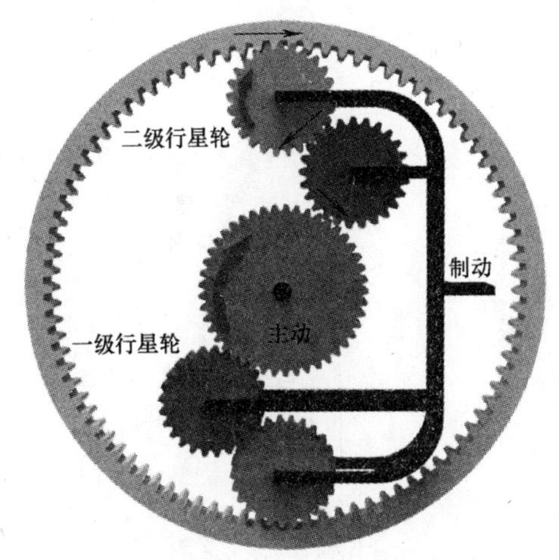

拉维娜式行星轮机构运动方程：

$$n_1 - \alpha n_2 - (1-\alpha)n_3 = 0$$

因行星架制动，$n_3=0$，代入上式得传动比为

$$n_1/n_2 = \alpha$$

$n_1/n_2>1$，是减速输出，且主从动旋转方向相同

图 2-1-11　太阳轮主动、行星架制动工况

综上可知，太阳轮主动，行星架制动，齿圈输出，主从动旋转方向相同减速。

3. 齿圈主动、太阳轮制动、行星架输出

齿圈主动、太阳轮制动工况如图 2-1-12 所示。

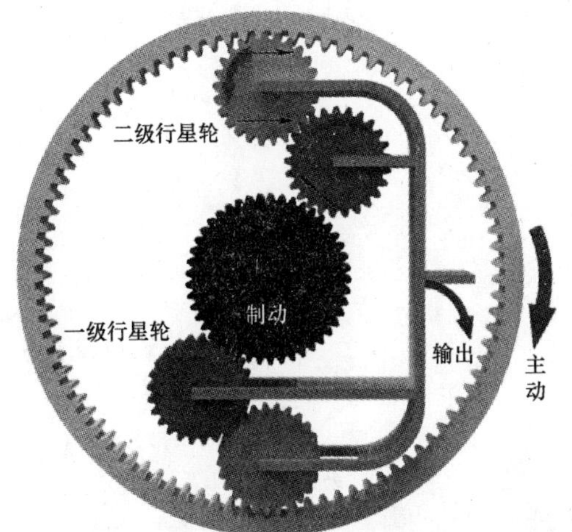

拉维娜式行星轮机构运动方程：

$$n_1 - \alpha n_2 - (1-\alpha)n_3 = 0$$

因太阳轮制动，$n_1=0$，代入上式求传动比为

$$n_2/n_3 = (1-\alpha)/-\alpha$$

n_2/n_3 是小于 1 正值，主从动旋转方向相同，是超速输出

图 2-1-12　齿圈主动、太阳轮制动工况

从图 2-1-12 可知，当齿圈主动顺时针旋转时，齿圈轮齿使二级行星轮欲顺时针旋转，二级行星轮齿给一级行星轮齿一个作用力，使一级行星轮齿受力后欲逆时针旋转，但太阳轮制动，因此太阳轮给一级行星轮齿一个反作用力，使一级行星轮顺时针旋转。

一级行星轮顺时针旋转，给二级行星轮齿一个作用力，与此同时，齿圈主动顺时针旋转也给二级行星轮齿一个作用力，二级行星轮在合力作用下逆时针旋转，同时带动行星架顺时针公转，使行星架顺时针减速旋转输出。

行星架顺时针旋转的速度，是齿圈旋转线速度加上二级行星轮逆时针旋转的线速度。

4. 齿圈主动、行星架制动、太阳轮输出

齿圈主动、行星架制动工况如图 2-1-13 所示。

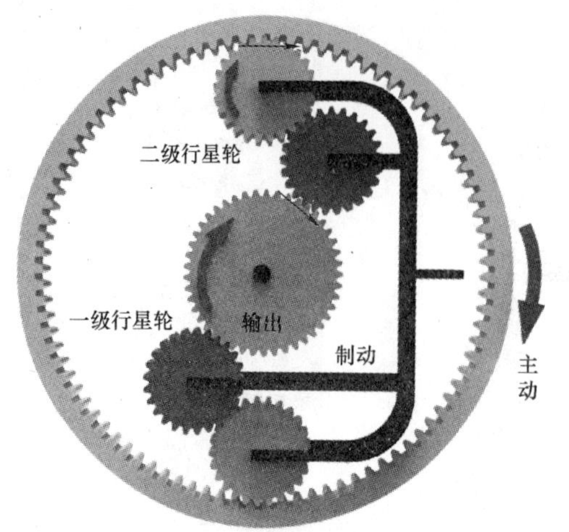

拉维娜式行星轮机构运动方程：

$$n_1-\alpha n_2-(1-\alpha)n_3=0$$

因行星架制动，$n_3=0$，代入上式传动比为

$$n_2/n_1=1/\alpha$$

n_2/n_1 是小于 1 正值，主从动旋转方向相同，是超速输出

图 2-1-13　齿圈主动、行星架制动工况

从图 2-1-13 可知，当齿圈主动顺时针旋转时，齿圈轮齿给二级行星轮齿一个作用力，使二级行星轮受力顺时针旋转，但行星架制动，因此二级行星轮在制动的行星架上顺时针自转，其轮齿给一级行星轮齿一个作用力，一级行星轮受力后，在制动的行星架上逆时针自转，一级行星轮齿给太阳轮齿一个作用力，太阳轮齿受力后，顺时针超速旋转输出。

5. 行星架主动、太阳轮制动、齿圈输出

行星架主动、太阳轮制动工况如图 2-1-14 所示。

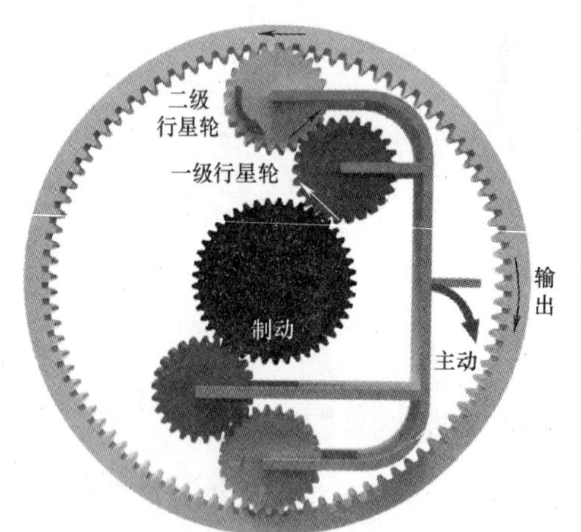

拉维娜式行星轮机构运动方程：

$$n_1-\alpha n_2-(1-\alpha)n_3=0$$

因太阳轮制动，$n_1=0$，代入上式传动比为

$$n_3/n_2=-\alpha/(1-\alpha)$$

$n_3/n_2>1$，主从动旋转方向相同，是减速输出

图 2-1-14　行星架主动、太阳轮制动工况

从图 2-1-14 可知，当行星架主动顺时针旋转时，两行星轮随行星架一同顺时针公转，但因太阳轮制动，所以太阳轮给一级行星轮齿一个反作用力，使一级行星轮顺时针旋转，二级行星轮逆时针旋转。齿圈旋转的线速度，是行星架顺时针旋转的线速度减去二级行星轮逆时针旋转的线速度。因二级行星轮逆时针旋转的线速度小于主动的行星架顺时针旋转的线速度，所以两速度的和使齿圈顺时针旋转而减速输出。

6. 行星架主动、齿圈制动、太阳轮输出

行星架主动、齿圈制动工况如图 2-1-15 所示。

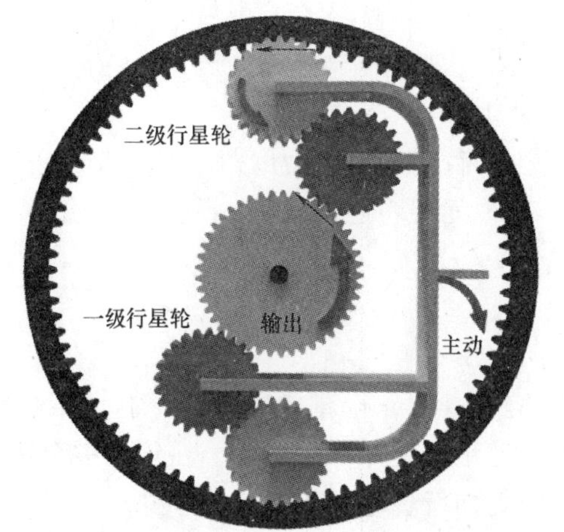

拉维娜式行星轮机构运动方程：

$$n_1 - \alpha n_2 - (1 - \alpha) n_3 = 0$$

因齿圈制动，$n_2 = 0$，代入上式传动比为

$$n_3 / n_1 = 1/(1 - \alpha)$$

$n_3 < 0$，主从动旋转方向相反，是超速输出

图 2-1-15　行星架主动、齿圈制动工况

从图 2-1-15 可知，行星架主动顺时针旋转时，强行带着两行星轮顺时针公转并自转，但因齿圈制动，制动的齿圈轮齿对顺时针公转的二级行星轮产生阻力，使二级行星轮逆时针旋转。二级行星轮随行星架顺时针公转并逆时针自转，其轮齿给一级行星轮齿一个作用力，使一级行星轮齿既随行星架顺时针公转，又在行星架上顺时针自转，其轮齿给太阳轮齿一个作用力，使太阳轮逆时针旋转并超速输出。

7. 两轮相连行星排连成一体

太阳轮与行星架连成一体工况如 2-1-16 所示。

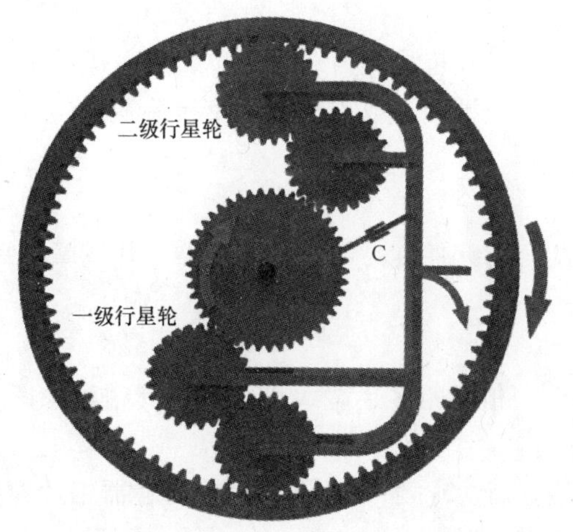

辛普森式行星轮机构或拉维娜式行星轮机构中，只要太阳轮、行星架、齿圈三轮中任意两轮连成一体，整个行星排成一整体

图 2-1-16　太阳轮与行星架连成一体工况

当太阳轮与行星架连成一体时，太阳轮与行星架便不会有相对运动。而一级行星轮与太阳轮齿啮合。因此，一级行星轮、太阳轮与行星架均连成一体。二级行星轮齿又与一级行星轮齿啮合，因此二级行星轮也与一级行星轮连成一体。而齿圈轮齿又与二级行星轮齿啮合，齿圈也和各轮不会有相对运动，于是整个行星排连成一体。

综上所述，任何行星轮机构，只要将三轮中的任意两轮连成一体，另一轮便因轮齿间的啮合，使整个行星排连成一体。

8. 拉维娜式行星轮机构传动规律

1）齿圈主动：超速档输出。太阳轮输出比行星架输出转速高。

2）齿圈输出：低速档输出，且以太阳轮主动为 D1 档。

3）齿圈制动：输出倒档，且多以太阳轮主动行星架输出为倒档。

4）行星轮机构中任意两元件连成一体，其他元件均连成一体，为直接档输出。

四、行星轮机构检修

1. 行星轮及架损坏

行星轮损坏的主要原因是行星轮及行星架质量差，行星轮轴脱落，润滑不良磨损严重等，这类故障产生后会伴随很大响声。此外，轴承、垫片等的碎片，在传动中会挤在行星轮机构中。也会导致其损坏。行星轮及架损坏应更换行星轮及架和相关零件。

2. 行星轮及轴过热

行星轮机构因缺油或变速器油温过高导致变形，使齿轮及轴过热而严重磨损，出现这种故障常伴随轻微的齿轮传动异响。应检查油温过高原因。

3. 行星轮机构磨损严重

由于变速器油质差，或长期不换油，或自动变速器年久失修，使齿轮机构严重磨损，或齿轮与行星架轴磨损间隙过大，或齿轮表面有剥落等，均会引起升降档或收加油时，出现瞬间响声。行星轮与行星架轴径向间隙应为 0.03～0.04mm，极限值不得大于 0.15mm；行星轮轴向间隙应为 0.05～0.15mm，极限值不得大于 0.20mm，否则会造成异响和换档冲击，应单件或总成更换。行星轮与行星架轴烧蚀，多由过载引起，应总成更换。

4. 止推轴承或止推垫片破碎

若止推轴承散架或止推垫片破碎，会使行星轮机构在传动中移位，产生运动干涉并造成传动中异响。止推轴承或止推垫片破碎应更换止推轴承或止推垫片及相关零件。

五、多片湿式离合器结构原理与检修

与离合器钢片或摩擦片外缘上的凸键配合的元件称为鼓，与离合器钢片或摩擦片内缘上的凸键配合的元件称为毂。

1. 多片湿式离合器结构原理

在各类自动变速器内，均安装有结构完全相同的多片湿式离合器，其结构如图 2-1-17、图 2-1-18 所示。

从图可知，多片湿式离合器由离合器液压活塞、活塞回位弹簧、离合器钢片摩擦片组、离合器鼓、离合器毂等组成。

离合器液压活塞、活塞回位弹簧、离合器钢片、离合器摩擦片、离合器毂均装在鼓内。

离合器鼓上内缘带有花键槽，离合器毂的外缘带有花键槽。离合器摩擦片或钢片内缘上的凸键与离合器毂键配合。离合器摩擦片或钢片外缘上的凸键与离合器鼓键配合。钢片、摩擦片相间安装，并在各自的鼓和毂上可轴向移动。

离合器摩擦片两面涂有摩擦材料，有摩擦材料的表面开有保证润滑的油道。离合器活塞

装在离合器鼓内，由橡胶密封圈将液压油密封在离合器鼓的腔内。当腔内液压增高时，活塞在液压作用下克服弹簧的弹力外移，将相间配合的离合器钢片与摩擦片压紧，于是离合器的毂和鼓便连成一体。离合器的鼓和毂就是行星轮机构中的输入轴和某轮，因此，离合器工作时，便将行星轮机构中某轮与输入轴连成一体。当液压油泄出时，离合器活塞便在回位弹簧作用下复位，使离合器钢片与摩擦片脱离接合。

综上可知，多片湿式离合器的作用是将变速器内的两个元件连接起来，它可以把转矩由一个组件传递给另一个组件。

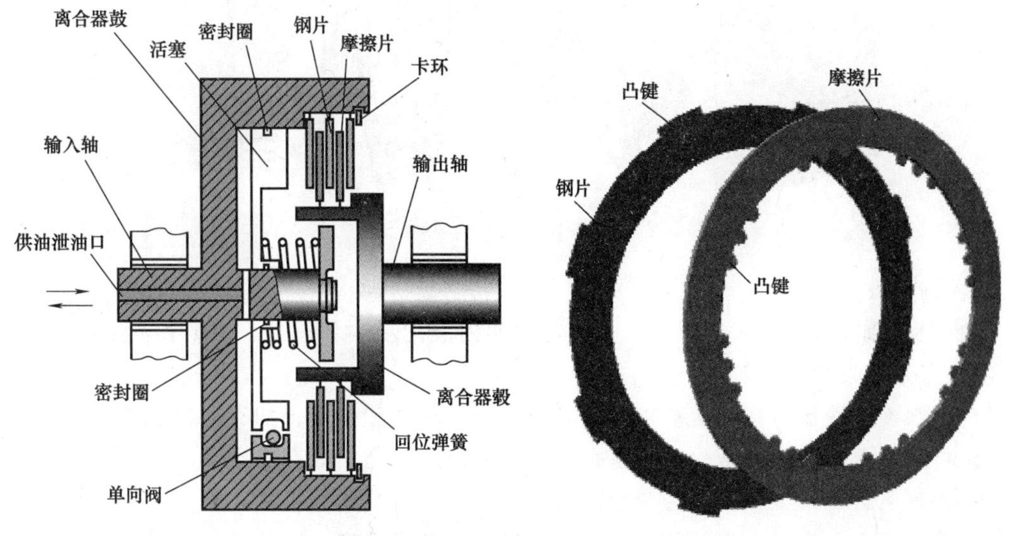

图 2-1-17　多片湿式离合器结构（一）

有些离合器鼓内装有内外两个直径不等的活塞，两活塞分别有各自的液压腔，因此两个活塞可分别与各自的油道相通，两活塞可以先后动作。由于内活塞面积较小，因此传递的转矩较小，当液压油先作用在内活塞上时，内活塞对离合器片加压较小，使离合器瞬间半离合。在内活塞工作后，外活塞再对离合器片加压，因两活塞相继加压，减轻了离合器接合时的冲击，使换档柔和。

从图 2-17 可知，离合器活塞外缘上有一单向球阀，当高压油进入活塞腔时，在油压作用下球阀关闭泄油口，使离合器活塞正常加压。当离合器泄压时，活塞左腔的油压降低，活塞回位。但活塞腔内仍有一部分残油，在离心力作用下，甩到活塞外缘，该压力立即打开单向球阀从活塞左侧泄出，使离合器分离彻底。

2. 多片湿式离合器检修

多片湿式离合器结构如图 2-1-18 所示。

离合器常见的故障有摩擦片烧蚀或磨损严重，液压活塞密封泄漏。

1）检查摩擦片的摩擦材料是否有烧焦或剥落，如有，应更换。

2）检查离合器片是否磨损严重时，可测量装配后的总自由间隙。各型自动变速器因摩擦片的数量不同，所以总自由间隙也不相同，一般每两片间应留有 0.3～0.5mm 的自由间隙。离合器装配后的总间隙可用塞尺检测，如不符合标准，有的用厚薄不同的压盘调整，有

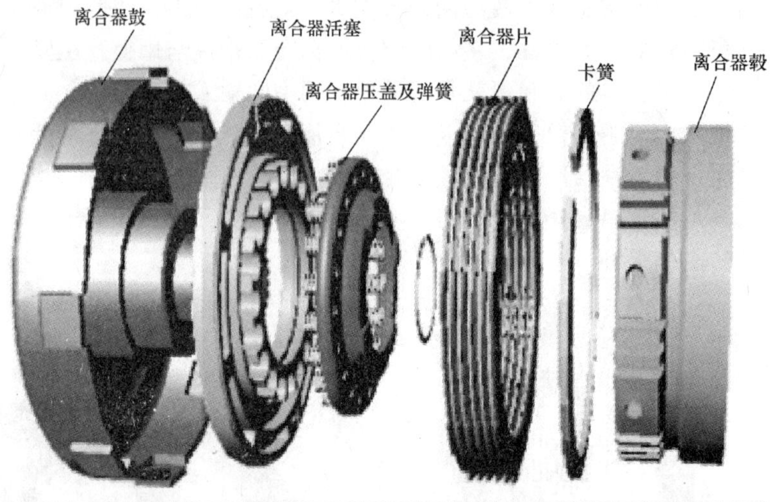

图 2-1-18　多片湿式离合器结构（二）

的用卡环调整。

在装配离合器摩擦片前，新片应在变速器油内浸泡至少 2h 以上，旧片应浸泡 30min 以上，使其充分膨胀并含油。

3）仔细检查液压活塞及活塞缸壁的表面是否有划伤和拉毛，如有应修复或更换。

4）检查液压活塞上的密封胶圈是否老化、变形或拉伤，如有应更换。

5）检查离合器回位弹簧是否变形、扭曲，弹力是否减弱，不良应更换。

6）检查活塞上的单向球阀是否卡滞，卡滞应清理或更换活塞总成。

7）发动机转速为 1000r/min 时，汽车仍不能起步，原因之一是 D 档有离合器或制动器打滑。

8）上坡时急速踩下加速踏板，发动机转速与车速上升不同步，原因是相应档有离合器或制动器打滑。

9）中速放松加速踏板，发动机对滑行有制动作用的档位无制动作用，原因是相应档离合器或制动器打滑。

10）从 D 位中高速行驶挂入 2 档，发动机无制动作用，原因是相应档位有离合器或制动器打滑。

11）中速行驶挂入 1 档，发动机无制动作用，相应档有离合器或制动器已打滑。

3. 离合器已烧蚀的诊断

1）变速器油液变黑，有臭味，手捻有微小磨粒，丢档是因离合器已烧蚀。

2）行驶中丢档，车辆举升后不丢档，丢档是因相关档位离合器已烧蚀。

3）失速试验时，失速转速过高并不断升速，是因离合器已烧蚀。

4）到升档车速，车速不升高，但发动机转速却升高，丢档是因相关档位离合器已烧蚀。

5）变速器油温过高。

4. 离合器烧蚀熔焊一起的诊断

1）超速档离合器烧结在一起，丢超速档。

2）前进档离合器烧结在一起，丢倒档。

5. 多片湿式离合器检修

1）摩擦片磨损过甚或磨料剥落。离合器摩擦片分两种：一种由粉末冶金制成，另一种由纤维材料制成。粉末冶金制成的摩擦片极易剥落，很少使用。摩擦片在使用中，若涂在摩擦片钢圈两表面上的涂料磨损、烧蚀、变形等，均应更换。

2）碟簧片断裂或波浪形弹簧疲劳。离合器活塞侧一片应安装钢片，钢片与活塞间，有的安装一个碟簧片或波浪形弹簧片，其目的是减轻换档冲击。安装时碟簧的锥角小头应面对活塞，若有两片碟簧，两片锥角的大头应相对安装，如装反易断裂。检修时应检查碟簧片是否断裂，波浪形弹簧是否疲劳而失去了弹性，如不良应更换。

3）摩擦片分两种：带有含油层和带有润滑油槽。带含油层的摩擦片上打有数字或英文字母印记，若印记磨失应更换。带有润滑槽的摩擦片，若油槽磨平，也应更换。

4）摩擦片变形。若因温度过高使摩擦片或钢片变形，造成因间隙发生变化影响换档点并造成换档冲击。检查时可将两片摩擦片或钢片叠在一起观察，发现变形应更换新品。

5）离合器摩擦片因磨损过甚和高温烧结，应整组更换并检查活塞是否变形拉伤等。

6）离合器活塞上的密封圈拉伤、老化或密封不良，应更换。

7）活塞回位弹簧疲劳、断裂，应检查更换。

8）离合器活塞上的单向球阀在离合器伺服缸充油时落座密封，在离合器泄油时，残存在伺服缸内的油液，在高速旋转的伺服缸作用下形成离心力外甩，使活塞不回位，离合器分离不彻底。为此，在活塞上装有单向球阀，当伺服缸内油压已全部卸掉时，单向球阀在离心力作用下离座，将残油从单向球阀处卸掉。若单向球阀在伺服缸充油时密封不严，则使离合器泄压，造成离合器片打滑，应更换活塞总成。

9）离合器片间隙过大。多片湿式离合器每两片间的间隙应为0.3～0.4mm，因此离合器总间隙应为0.3～0.4mm×摩擦片数。间隙过大或过小均易引起换档冲击。装配摩擦片时，应将摩擦片在变速器油内浸泡2h，装旧片时，应将其清洗干净并在油中浸泡30min以上，以使其膨胀后装配。检查离合器间隙时可用塞尺插在离合器片与卡簧间，如不符合规定应用不同厚度的钢片调整。

10）离合器活塞上的密封圈老化或装配不当。离合器活塞上的密封圈有圆形和唇形两种，两者不能互换。装配唇形密封圈时，唇口不能重叠，否则密封不良。若密封圈老化、划伤，应更换。

11）轴孔两侧密封圈不良。离合器鼓内的液压油是由变速器壳体上的油道，经轴上的油孔进入鼓内，因此，在油孔的两侧安装有聚四氟乙烯或铸铁制成的密封圈，将轴与壳体间的间隙密封，检修安装时必须更换。更换装配时，应将两道环开口错开180°，且避开变速器壳体上的油孔。

六、制动器结构原理与检修

1. 多片湿式制动器结构原理与检修

所有变速器中的多片湿式制动器的结构与多片湿式离合器结构完全相同，也是由活塞、弹簧、钢片及摩擦片组、鼓、毂组成，并通过钢片和摩擦片将毂鼓连成一体。因此，它与多片湿式离合器的检修内容及检修方法完全相同。

2. 带式制动器结构原理与检修

带式制动器结构如图 2-1-19 所示。

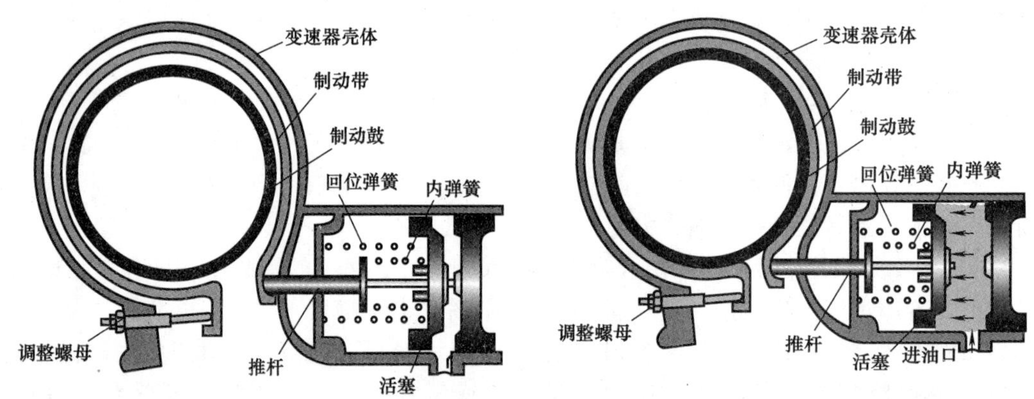

图 2-1-19　带式制动器结构

从图 2-1-19 可知，带式制动器由制动鼓、制动带和伺服机构组成。伺服机构由液压活塞、密封圈、回位弹簧和推杆等组成。制动鼓就是行星轮机构中的某轮或与某轮键配合。因此，带式制动器可将制动鼓制动。

当液压油进入伺服缸时，液压克服弹簧的弹力推动活塞和推杆左移，使制动带拉紧，制动鼓制动。若缸内液压油泄出，则回位弹簧推动活塞右移，使推杆回位，制动带便解除对制动鼓的制动。

推杆行程因制动鼓直径不同而异，一般在 1.00 ~ 5.00mm 间。调整间隙时，按修理说明书进行。

带式制动器的主要检修内容如下：

1）外观检查。检查制动带摩擦片表面是否有剥落、烧蚀等缺陷，检查制动带磨损是否均匀，检查摩擦材料上印刷的数字是否磨掉，如有上述现象之一，应更换制动带。

2）检查制动带摩擦材料表面含油能力。擦净制动带摩擦片上的油，然后用手指轻压制动带摩擦面，应有油溢出，否则说明制动带摩擦面含油能力下降，应更换。拆检修理带式制动器时，不要将制动带随意展平或叠压，以免造成摩擦表面有裂纹或剥落等，不要将制动带随意弯曲或扭转，以免造成制动带变形。安装时没有复位，使配合间隙发生变化，造成制动器工作不良。

3）检查制动鼓表面是否磨损严重，是否有烧蚀，如磨损严重或有烧蚀，应更换制动鼓。

4）安装制动带时一定要检查自由间隙，间隙过小会造成换档冲击，摩擦片和制动鼓之间分离不彻底；间隙过大易造成制动带打滑，换档延迟和冲击等。因此，间隙的调整在重新安装制动器时是十分必要的。调整时可将调整螺母拧紧，使制动带完全抱死，然后将调整螺母退回 1.5 ~ 2.5 圈锁死。对于倒档制动带，因油压较高，制动带与制动鼓的间隙应稍大些，一般是扭紧后将调整螺母退回 5 圈后锁死。

5）组装制动器后，用 400 ~ 800kPa 的压缩空气向伺服缸内打气，制动带应抱紧制动鼓。

七、单向离合器结构原理与检修

很多行星轮式自动变速器装有单向离合器，目前常见的有楔块式和滚柱式两种。

1. 楔块式单向离合器：

这种单向离合器是在内环与外环间夹着一个对角线不等的楔块，如图 2-1-20 所示。

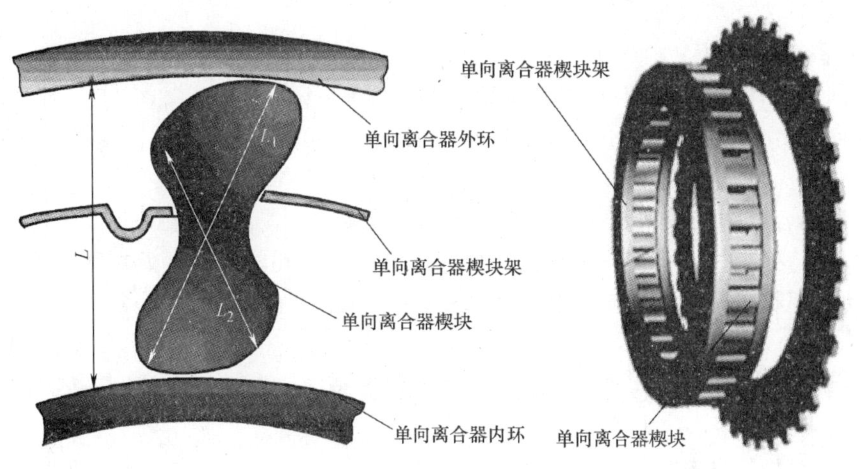

图 2-1-20　楔块式单向离合器结构

从图 2-1-20 可见，单向离合器的内外环间距为 l，楔块对角线短轴长度为 L_2，L_2 小于内外环的间距 l，楔块对角长轴为 L_1，L_1 大于内外环间距 l。因此，当内外环相对转动时，若使楔块卧倒，则对角线长度 l_2 小于内外环的间距 l，此时楔块不干涉内外环的相对运动，使单向离合器解锁，外环内环可互不干涉各自旋转。

若内外环之间的相对运动使楔块立起，则楔块的对角线长度 L_1 大于内外环之间的间距 l，此时楔块被挤在内外环间，对内外环的相对运动便产生干涉，使内外环连成一体。

2. 滚柱式单向离合器

滚柱式单向离合器结构如图 2-1-21 所示。

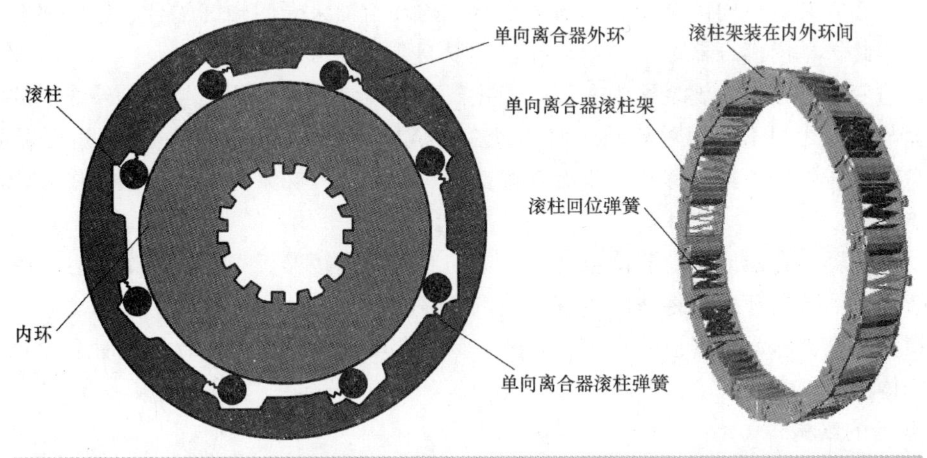

图 2-1-21　滚柱式单向离合器结构

这种离合器在单向离合器的内外环之间夹有滚柱，但内外环间所形成的安装滚柱的空间是一个楔形。在内外环无相对运动时，若滚柱被内外环相对旋转的摩擦力推至楔形空间的最小处，内外环便被滚柱挤成一体，使内外环一同旋转。若内外环相对运动的摩擦力使滚柱滚至楔形空间宽敞处时，滚柱便不对内外环的相对运动产生干涉，内环或外环可以自由相对运动。可见，单向离合器只能单方向将两元件连成一体。单向离合器可消除档位切换时出现的空档间隙，且可使发动机对滑行无制动作用。

3. 单向离合器检修

1）单向离合器锁止方向打滑易造成换档冲击。

2）单向离合器内环或外环保持架破裂，将引起锁止功能变差，且易产生噪声，油温升高。

3）单向离合器滚柱或滚道如有麻点、凹坑或发卡，则易产生“嗡嗡”声，此声多出现在收油滑行时。检查时，可首先确认是在何时出现噪声，此时变速器处在哪一档位，再根据结构和传动原理找出是哪个单向离合器有故障。

第二节 液力变矩器及油泵结构、工作原理与检修

液力变矩器是行星轮式自动变速器中五大要素之一。

一、液力变矩器结构

液力变矩器结构如图 2-2-1 所示。

从图 2-2-1 可知，液力变矩器装在发动机与变速器之间，即安装在相当于手动变速器离合器的位置，它具有自动变矩和自动离合的作用。它由泵轮、导轮、涡轮、锁止离合器压盘和单向离合器组成。泵轮与泵轮后壳焊成一体，组成泵轮封闭腔，内装导轮、涡轮、锁止离合器压盘等。

泵轮与涡轮相对安装，两者中间有止推轴承，使两者间距很小，导轮安装在涡轮中央凹陷处。

导轮中心安装有单向离合器，单向离合器的内环与油泵壳的轴键配合，单向离合器外环是导轮，因此，单向离合器可单向制动导轮，以为泵轮助力。

涡轮与变速器输入轴键装配为一体，锁止离合器压盘外缘的凸键与涡轮外缘上的键槽配合，压盘与涡轮之间不能相对转动，但压盘在液压作用下可轴向移动。当变矩器需要锁止时，压盘在液压作用下轴向移动，将涂有摩擦材料的端面压在泵轮端面上，便将泵轮与涡轮锁成一体。

自动变速器离合器或制动器严重磨损，应彻底清洗变矩器，否则装复试车时，由于变矩器内的杂质在油液循环中又将滤网堵塞，使汽车停驶。

若锁止离合器压盘因磨损锁止失效打滑，易引起变速器油温过高，严重时会导致变矩器损坏和壳体法兰。

1. 泵轮的结构

泵轮结构如图 2-2-2 所示。

从图 2-2-2 可知，泵轮是由许多具有一定曲率的叶片，按一定的方向辐射状焊接在泵轮

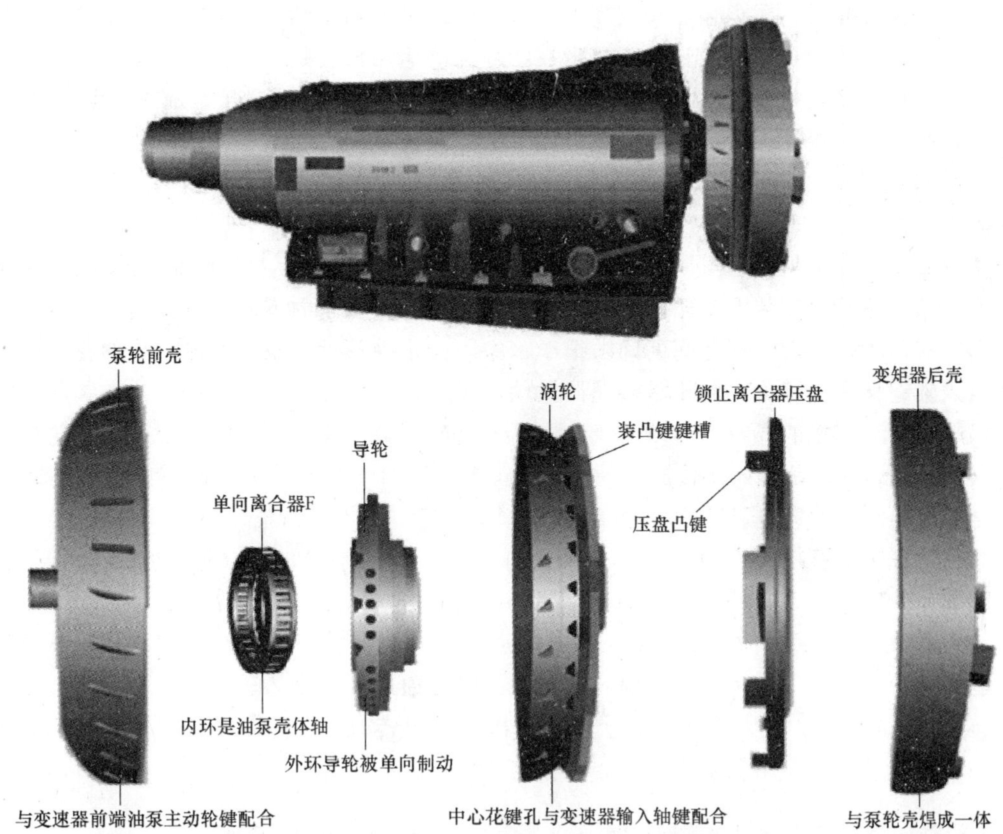

图 2-2-1　液力变矩器结构

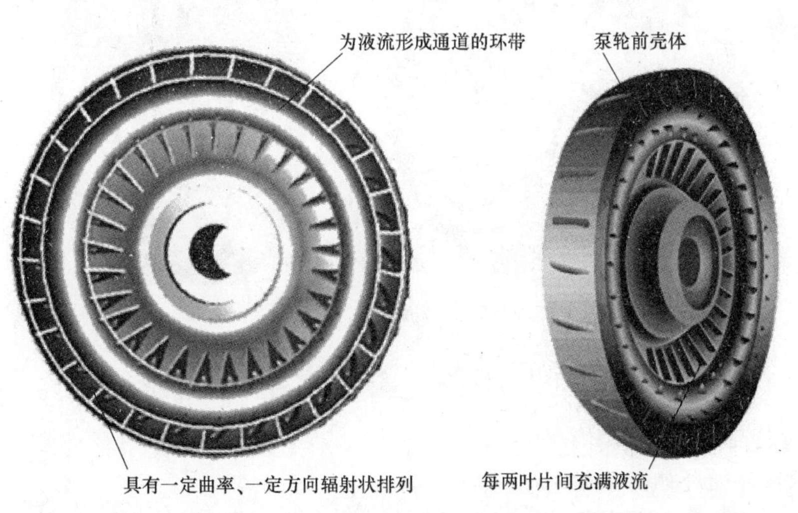

图 2-2-2　泵轮结构

前壳体上的。变矩器的泵轮前壳与变矩器后壳焊成一体，固定在曲轴大飞轮上，可随发动机同速同方向旋转。

泵轮每两个叶片间充满油液，当曲轴旋转时，泵轮上的叶片便带动其间的液体一同旋

转，因此，液流的每一质点在叶片驱动下，既随叶片做圆周运动，又在离心力的作用下沿叶片向外甩，两运动的合成使液流每一质点在叶片上的运动轨迹是一个涡旋流。

因此，从泵轮甩向涡轮的液流既有环流惯性动能，又有沿涡轮叶片前冲的涡流惯性动能。泵轮叶片上焊接的环带为泵轮液流形成了独立的通道，并能增强叶片刚度。

2. 涡轮的结构

涡轮结构如图 2-2-3 所示。

从图 2-2-3 可知，涡轮也是由具有一定曲率、一定方向的叶片呈辐射状焊在涡轮架上的。涡轮与泵轮相对安装，泵轮与涡轮对装后，两轮叶片曲率的方向是相反的。

涡轮和泵轮对装后，两轮间的间隙很小，中间由止推轴承定位。涡轮中央的花键孔与变速器输入轴键配合。可见，涡轮是变速器主动件。

涡轮叶片上焊接的环带为涡轮液流形成了独立的通道，并能增强叶片刚度。涡轮中央凹陷处安装导轮，导轮是单向离合器的外环，单向离合器内环与油泵壳体轴键配合，因此，单向离合器可将导轮单向制动。

涡轮与涡轮弹簧架弹性连接，弹簧架上有键槽。键槽与锁止离合器压盘外缘的凸键配合，因此，当锁止离合器锁止时，弹簧可减轻锁止冲击。

综上可知，泵轮由发动机驱动，泵轮通过液流将发动机转矩传递给涡轮，涡轮再将液流的动能传递给变速器的输入轴。可见，泵轮与涡轮是通过液体介质软连接的，只有泵轮达到一定转速后，才有能力驱动涡轮旋转。当发动机怠速运转时，泵轮转速较低，从泵轮甩出的液流的环流动能无力驱动涡轮旋转，此时相当于一个自动离合器。

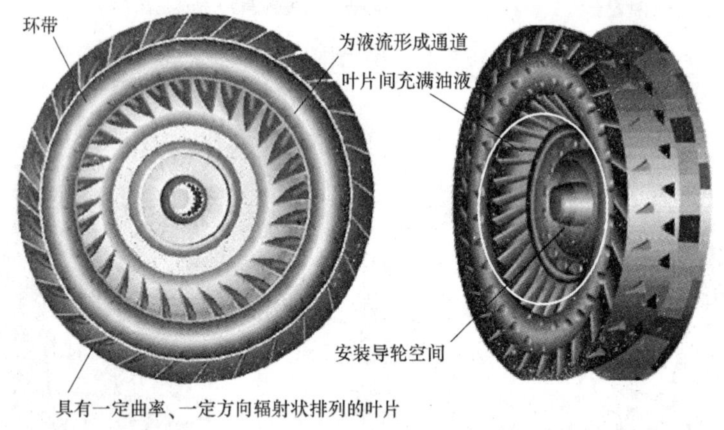

图 2-2-3　涡轮结构

3. 泵轮涡轮液流循环

泵轮涡轮液流循环如图 2-2-4 所示。

从图 2-2-4 可知，从泵轮甩出的液流既具有使涡轮做圆周运动的环流动能，又具有沿涡轮叶片前冲的涡流动能。具有环流动能的液流甩在涡轮叶片上，其环流动能推动涡轮与泵轮同方向旋转。而涡流动能使液流沿涡轮叶片前冲。若泵轮与涡轮间没有导轮，液流直接冲击泵轮叶片正面，使泵轮减扭，此时称为耦合器。若泵轮与涡轮间有导轮，液流冲击导轮使导轮被单向离合器制动，导致液流改变方向冲击泵轮背面，涡流残余动能给泵轮助力，此时称

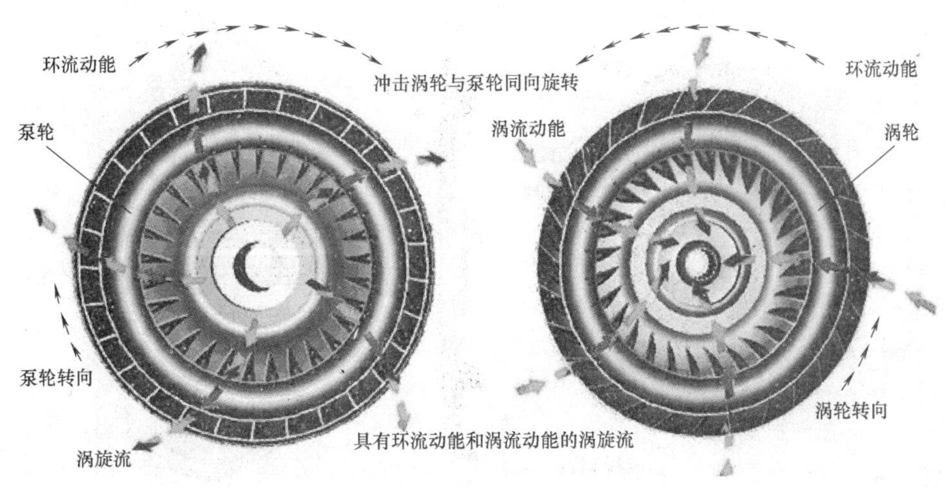

图 2-2-4　泵轮涡轮液流循环

为变矩器。

4. 导轮的结构

导轮结构如图 2-2-5 所示。

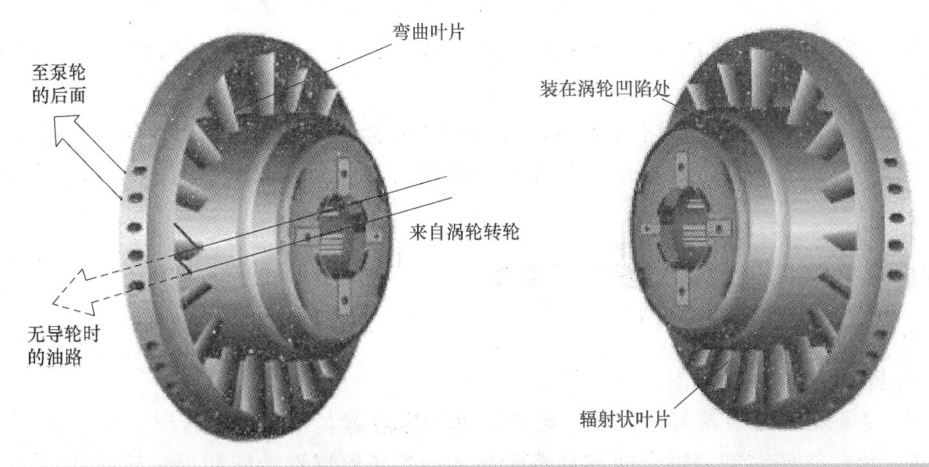

图 2-2-5　导轮结构

导轮安装在泵轮与涡轮间，导轮上也有许多具有一定曲率、一定方向的叶片。导轮中心装有单向离合器。单向离合器的外环是导轮，内环用花键槽与变速器壳体上的轴配合，因此，导轮只能向一个方向自由转动，向另一方向转动时，则被单向离合器锁止在油泵壳体上。

带有涡流动能的液流从涡轮中心甩出后，便甩在导轮的叶片上。当涡轮转速较低时、液流甩在导轮叶片的正面，使导轮锁止，冲击在导轮叶片上的液流受阻后，改变方向冲向泵轮叶片的背面，给泵轮助力。液力变矩器之所以能变矩增扭，是因为导轮叶片改变了从涡轮中心甩出的液流的方向，改变方向的液流的残余动能给泵轮助力。

5. 变矩器锁止离合器结构

锁止离合器结构如图 2-2-6 所示。

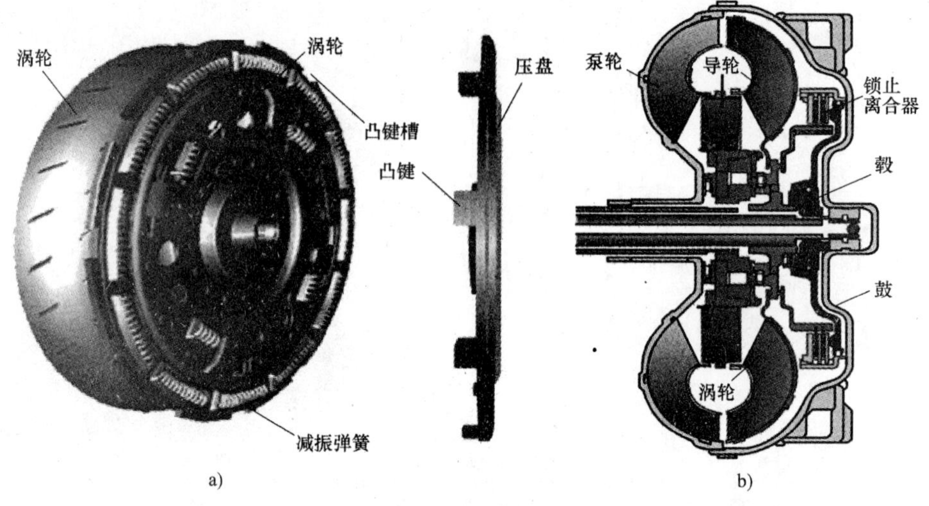

图 2-2-6　锁止离合器结构

从图 2-2-6 可知，液力变矩器锁止离合器主要有两种形式：图 2-2-6a 为压盘式；图 2-2-6b 为多片湿式离合器式。

压盘式锁止离合器是压盘上的凸键与涡轮键配合，若液压将压盘涂有摩擦材料一侧压紧在泵轮端面上，摩擦力便将泵轮与涡轮连成一体，称之为液力变矩器锁止，以提高传动效率。

多片湿式离合器式锁止离合器的钢片与变矩器泵轮壳键配合，摩擦片与涡轮键配合，多片钢片与摩擦片相间安装，若在液压作用下将钢片与摩擦片压紧时，泵轮与涡轮连成一体，液力变矩器锁止。

二、液力耦合器与液力变矩器工作原理

1. 液力耦合器工作原理

液力耦合器工作原理如图 2-2-7 所示。

从图 2-2-7 可知，泵轮与涡轮间无导轮，称为耦合器。当泵轮旋转时，从泵轮外圆周甩出许多涡旋流，这些涡旋流可分解成具有圆周运动的环流惯性动能和沿涡轮叶片流动的涡流惯性动能。环流动能甩在涡轮叶片上，推动涡轮与泵轮同向旋转。涡流动能沿涡轮叶片冲出后，其残余动能冲击泵轮叶片的正面，对泵轮产生一定阻力，使耦合器对发动机有减扭作用。这种减扭作用随涡轮转速的提高而减小。

2. 液力变矩器工作原理

当泵轮与涡轮间有导轮时，称为变矩器。变矩增扭工作原理如图 2-2-8 所示。

前已述及，当泵轮旋转时，泵轮叶片间每一点的液流，既随叶片做圆周运动，又在离心力作用下沿叶片向外甩，其运动轨迹是涡旋流。因此，从泵轮甩向涡轮的液流，具有使涡轮与泵轮同向旋转的环流惯性动能，又有沿涡轮叶片流动的涡流惯性动能。

具有环流动能的液流甩在涡轮叶片上，使涡轮与泵轮同方向旋转。液流的涡流动能沿涡轮叶片前冲，从涡轮中央冲出后，冲击在导轮叶片的正面，使导轮受力被单向离合器锁止。

导轮锁止后，冲击在导轮叶片上的液流因导轮的反作用力使液流改变方向，改变方向的

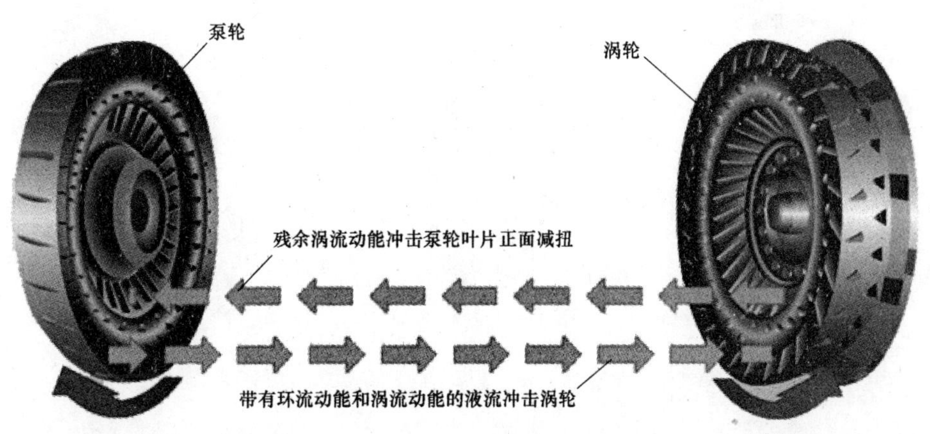

图 2-2-7　液力耦合器工作原理

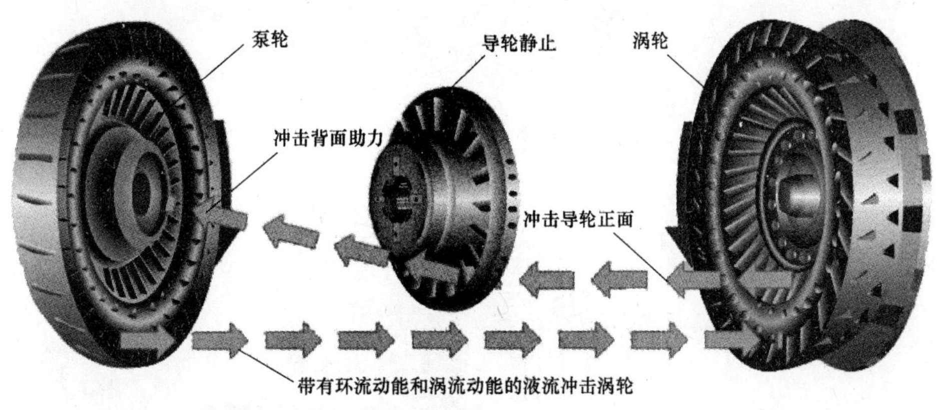

图 2-2-8　变矩增扭工作原理

液流以其残余动能冲击泵轮叶片的背面，给旋转的泵轮增扭。

这种增扭作用随涡轮转速的逐渐升高、泵轮和涡轮转速差的逐渐减小而减小。

3. 液力变矩器耦合后工况

液力变矩器进入耦合区如图 2-2-9 所示。

从图 2-2-9 可知，当涡轮转速逐渐升高时，从涡轮甩向导轮的液流也逐渐改变方向，当涡轮转速接近泵轮转速时，从涡轮甩出的液流便冲击导轮叶片的背面，使导轮旋转。导轮旋转便停止助力，此时液力变矩器进入耦合区。进入耦合区后，锁止离合器可锁止，以减少能量损耗和提高传动效率。

液力变矩器的主要故障有油温过高，锁止离合器打滑，液力变矩器无锁止功能，锁止不开，泵轮、涡轮和导轮机械损坏产生噪声，导轮单向离合器失效打滑等。

4. 锁止离合器锁止工作原理

锁止离合器锁止工作原理如图 2-2-10 所示。

从图 2-2-10 可知，当电脑使锁止控制电磁阀关闭停止泄油时，主油压通过电磁阀进入锁止控制阀的下腔，将滑阀推到上端，于是来自次调压阀的油压，通过滑阀进入变矩器压盘左侧，油压使锁止离合器压盘右移，压盘右侧的油液泄压，使压盘涂有摩擦材料的环带紧压

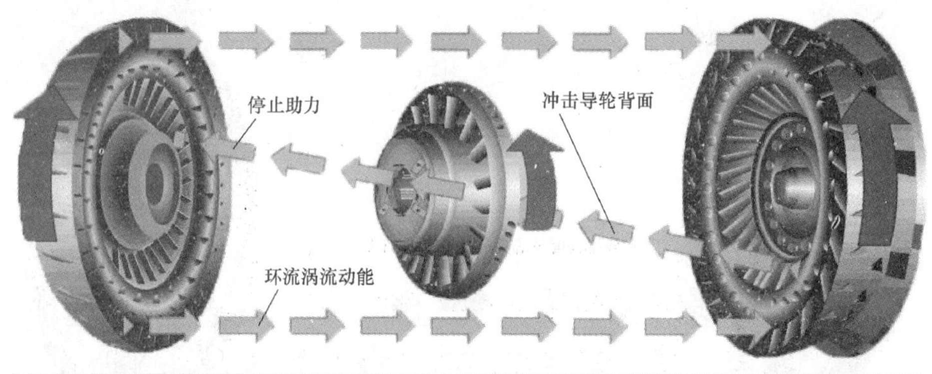

图 2-2-9　变矩器耦合工况

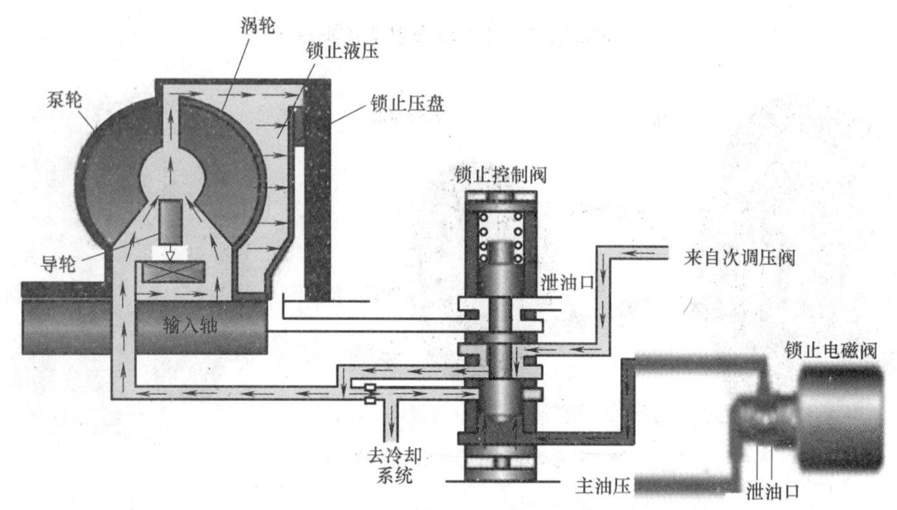

图 2-2-10　锁止离合器锁止工作原理

在变矩器泵轮壳的端面上，将泵轮与涡轮连成一体，变矩器进入锁止工况。

现代轿车自动变速器为提高传动效率，减少燃油损耗，多个档位均有锁止工况。

5. 锁止离合器解锁工况

锁止离合器解锁工作原理如图 2-2-11 所示。

从图 2-2-11 可知，当电脑控制锁止控制电磁阀开启，将锁止控制阀下腔油压泄掉时，弹簧将滑阀推至下端，于是次级调压阀的油液便改由压盘右侧进入变矩器，此时由于压盘节流环带的节流作用，以及压盘左侧泄油量大，使压盘右侧油压大于压盘左侧油压，于是压盘左移离开泵轮壳体，使泵轮与涡轮脱离连接，锁止离合器解锁。

此后，由于压盘左移到极限位置，使通过压盘环带流入压盘左侧的液流流量大于压盘左侧泄油量，解锁后瞬间压盘左右两侧油压相等，并等于变矩器调压阀油压，以保证变矩器解锁后正常工作。

综上可知，当涡轮转速近于泵轮转速，冷却液温度 65℃ 以上，变速器油温 20℃ 以上，无制动信号，节气门开启，档位信号是 D 位，以上条件同时满足时，变速器锁止因故障导致变速器油温高于 140℃ 时，锁止离合器锁止并限止高档。

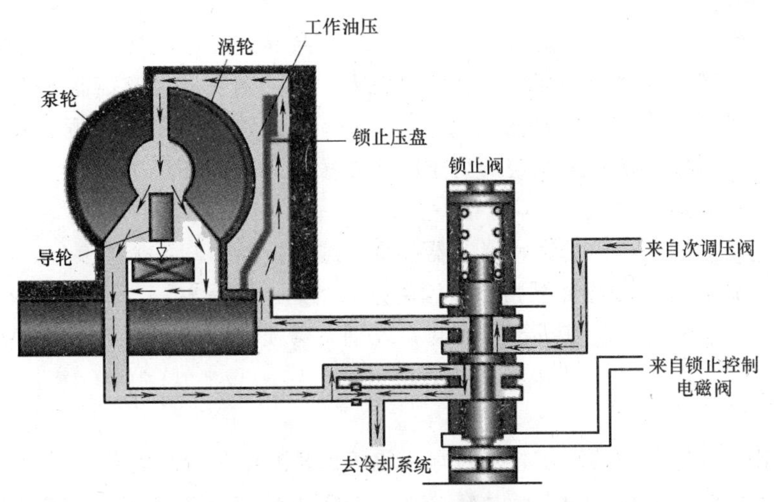

图 2-2-11 锁止离合器解锁工作原理

当汽车上坡或加速、制动时，或有些变速器换档瞬间为减轻冲击等，电控系统均控制锁止离合器解锁。

三、液力变矩器检修

液力变矩器外壳体作为泵轮并与泵轮叶片焊接在一起，内部装有涡轮、导轮、单向离合器和锁止离合器。

液力变矩器不能拆分，且经过严格的动平衡检测，因此只能通过故障现象分析判断各元件的故障。确认某一元件有故障，只能更换变矩器总成。不建议拆修，否则会因动平衡被破坏引起动力损耗及影响发动机工作的稳定性。

若需拆修，应使用专用设备，如切割焊接机、高温贴片机、锁止离合器压盘修复机、变矩器测漏仪。

液力变矩器常见故障：

(1) 锁止离合器不锁止或锁止不开

锁止离合器不锁止的主要原因有压盘打滑、控制阀不动作、锁止电磁阀失效和锁止油压不足等。在锁止工况下，急踏加速踏板，车速没有随之提高为不锁止。若紧急制动发动机熄火为锁止不开，锁止不开的主要原因是锁止控制阀卡滞或电控系统失效。

在电控液压变速器中，电脑可根据发动机和变速器输入轴转速信号，计算出液力变矩器泵轮与涡轮间的滑移率。当滑移率超限时，电控单元会显示故障码。

(2) 变矩器有噪声

当轻踩制动踏板后，噪声立刻消失，抬起制动踏板后，噪声又立刻出现，反复测试现象依旧，则可断定噪声来自变矩器。造成变矩器有噪声的主要原因有变矩器泄油锁止压力不足止推轴承损坏、导轮单向离合器损坏、泵轮或涡轮叶片松动等。应拆修或更换变矩器。

(3) 涡轮与变速器输入轴键配合的花键孔严重磨损

涡轮花键孔与花键输入轴严重磨损后，会引起噪声和换档冲击。花键孔磨光会导致车辆无法行驶。应拆修或更换。

(4) 变矩器壳体端面摆动

变矩器壳体端面摆动会引起发动机运转不稳并有异响。检查变矩器壳体是否偏摆时，可先将变速器拆下，然后将百分表架固定在发动机上，表的测头压在变矩器壳体外端面上，转动变矩器壳体一周，百分表的摆动量若大于0.05mm，应首先将变矩器固定螺栓全部松开，再按对角线分三次将螺栓扭紧至规定的力矩，检查故障是否消失。

(5) 液力变矩器油温过高

造成油温过高的主要原因是锁止离合器打滑，或变速器冷却系统不良。

(6) 液力变矩器壳体轴与油泵接合处因磨损或油封老化漏油

严重时会影响泵压，应检查或更换油封，若轴头磨损，可局部切割更换轴头。

四、油泵检修

目前，自动变速器常用的油泵有带月牙形隔板的渐开线齿形齿轮泵、带月牙隔板的内摆线形齿轮泵、叶片转子泵和双中心叶片转子泵。图2-2-12是带月牙隔板的内摆线形齿轮泵。

油泵的泵油能力应在汽车低速行驶时，保证有0.3~0.8MPa的油压；汽车高速行驶时，应保证有1.2~1.4MPa的油压；倒档时应保证有1.6~1.8MPa的油压。

各类油泵的制造精度均很高，且配合间隙很小。

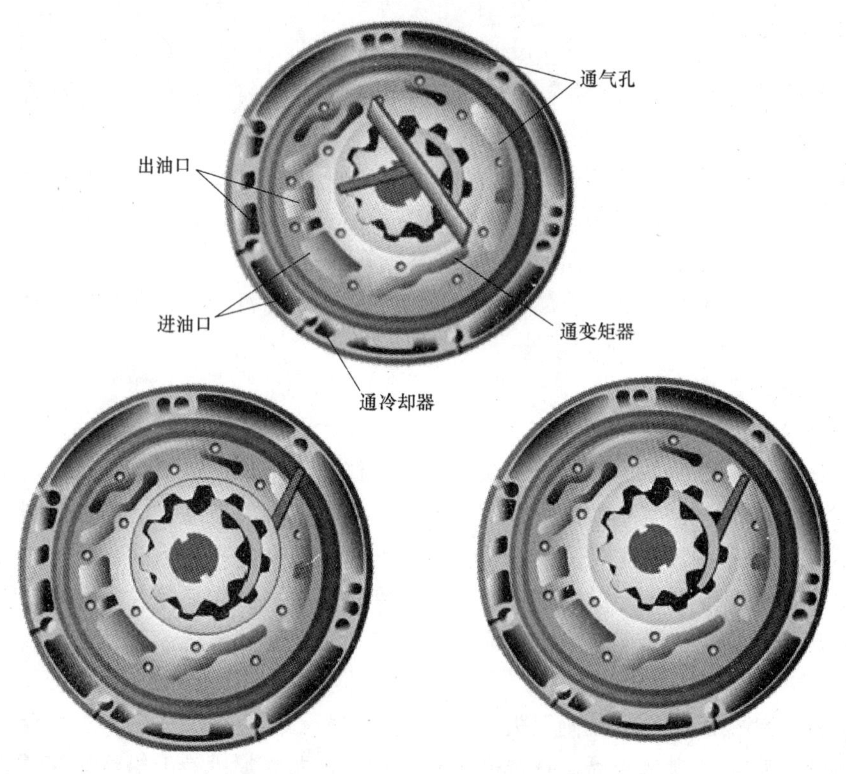

图2-2-12 内摆线形齿轮泵

若油泵泵油压力低，易造成前进档或倒档起步无力、离合器和制动器打滑、加速无力以及换档冲击等故障。造成油泵泵油压力不足的主要原因如下。

1. 油泵密封圈或垫片泄油

油泵油封老化或因检修拉伤、油泵密封垫局部密封不良导致低压与高压泵腔串通，均会导致油泵工作不良而使变速器各档失常。

2. 油泵泵壳破裂漏油

油泵泵壳破裂漏油故障多由安装不当引起。在安装变速器时，应先将变速器插入液力变矩器内，将油泵壳体上的花键轴插入变矩器花键槽内，然后再扭紧变速器壳体与发动机壳体上的固定螺栓。

3. 齿轮式转子泵磨损过甚

检查齿轮式转子泵各元件间的配合间隙，是检修油泵泵油能力的重要环节。简单实用的检测方法是使用塞尺。检查主从动内齿轮轴向间隙时，可用直尺和塞尺检测。

内摆线月牙泵主要配合间隙：

1）齿轮轴向间隙（齿轮与泵盖间）应为0.02~0.04mm，使用极限为0.08~0.11mm。

2）外齿轮（从动齿轮）与泵壳间隙为0.07~0.15mm，使用极限为0.25 mm。

3）外齿轮（从动齿轮）齿顶与油泵月牙键间隙应为0.10~0.15mm，使用极限不大于0.30mm。

转子定位套磨损严重、转子泵泵油不良使油压过低或产生噪声。

叶片式转子泵的转子槽和叶片均为精加工，若因油污或拉伤卡滞，叶片在槽内伸缩运动不畅，会严重影响泵油量。叶片在各自的槽内均有一定的装片方向，在拆检叶片式转子泵时，应将各叶片按原位装复。一旦装错，不仅使泵油能力下降，而且会导致油泵磨损加剧。

安全阀密封不严也会导致漏油。

4. 油泵噪声

当油泵产生严重机械损伤后，可在变速器前端产生异响，此时应立即拆检。

各种型号油泵检修数据可参见相关修理手册。

复 习 题

一、填空题

1. 行星轮机构的单行星排由（ ）、（ ）、（ ）三轮组成。

2. 行星轮式自动变速器由（ ）、（ ）、（ ）三轮及（ ）、（ ）、（ ）三器组成。

3. 行星轮式自动变速器有（ ）、（ ）式两种形式。

4. 所有行星轮式自动变速器均是通过（ ）将（ ）进行不同连接和制动组合，得到各档位输出的。

5. 多片湿式离合器和制动器总成均由（ ）、（ ）、（ ）、（ ）和（ ）组成。

6. 常用的单向离合器有（ ）、（ ）式，它的作用是将两元件（ ）连接或将某元件（ ）制动。

7. 常用的离合器和制动器回位弹簧有（ ）式、（ ）式和（ ）式。

8. 行星轮式自动变速器由（ ）、（ ）、（ ）、（ ）和（ ）五大要素组成。

9. 液力变矩器由（ ）、（ ）、（ ）三轮和（ ）、（ ）两器组成。

10. 液力变矩器是通过（ ）给（ ）增扭的。

二、问答题

1. 离合器活塞上的单向球阀有什么作用？

2. 辛普森式与拉维娜式行星轮机构的主要区别是什么？

3. 液力变矩器与液力耦合器的结构及作用有何不同？

4. 简述液力变矩器与液力耦合器工作原理。

5. 简述多片湿式离合器的组成及离合器在自动变速器中的作用。

6. 简述多片湿式制动器的组成及制动器在自动变速器中的作用。

7. 简述单向离合器有几种主要类型及在自动变速器中的作用。

8. 行星轮机构的行星轮与齿圈内啮合，它们的旋转方向一定相同吗？

9. 辛普森式行星轮机构单行星排有几种传动规律？

10. 拉维娜式行星轮机构单行星排有几种传动规律？

三、选择题

1. 辛普森式行星轮机构当行星架主动旋转时，无论太阳轮还是齿圈输出，主从动旋转方向是（ ）。

A. 同向　B. 反向　C. 减速

2. 辛普森式行星轮机构当太阳轮主动旋转时，齿圈输出，主从动旋转方向是（ ）。

A. 同向增速　B. 反向增速　C. 同向降速　D. 反向降速

3. 辛普森式行星轮机构当太阳轮主动旋转时，行星架输出，主从动旋转方向是（ ）。

A. 同向增速　B. 反向增速　C. 同向降速　D. 反向降速

4. 辛普森式行星轮机构当行星架主动旋转时，太阳轮输出，主从动旋转方向是（ ）。

A. 同向增速　B. 反向增速　C. 同向降速　D. 反向降速

5. 辛普森式行星轮机构当行星架主动旋转时，齿圈输出，主从动旋转方向是（ ）。

A. 同向增速　B. 反向增速　C. 同向降速　D. 反向降速

6. 辛普森式行星轮机构当齿圈主动旋转时，太阳轮输出，主从动旋转方向是（ ）。

A. 同向增速　B. 反向增速　C. 同向降速　D. 反向降速

7. 辛普森式行星轮机构当齿圈主动旋转时，行星架输出，主从动旋转方向是（ ）。

A. 同向增速　B. 反向增速　C. 同向降速　D. 反向降速

第三章

拉维娜式电控液压行星轮自动变速器

第一节　拉维娜式自动变速器总体构造

因辛普森式、拉维娜式、无级式三类自动变速器同属于行星轮式自动变速器，第二章中已将行星轮式自动变速器的五大要素进行了分析。如果能找出这五大元素在所有变速器中是如何组合和连接的规律，便可将所有行星轮式自动变速结构搞清楚。

一、01M 自动变速器结构平面图分析

图 3-1-1 为拉维娜式行星轮变速器总体结构示意图。利用这张平面图，可找出五大要素在所有行星轮式自动变速器中组合和连接的规律。

所有行星轮式自动变速器均由行星轮机构、离合器、制动器、单向离合器以及液力变矩器、油泵六大要素组成。这六大要素在所有自动变速器中均通过以下三种方式组合和连接。

1）用键和键槽将两元件连成一体。

2）用离合器、制动器、单向离合器将两元件连接。

3）所有行星轮机构均通过轮齿内外啮合。

只要通过资料或实体拆装比对，从前向后分别找出哪些元件是用键和键槽连成一体的，各离合器、制动器、单向离合器分别可将行星轮机构中的哪两轮连成一体，便会对自动变速器的结构了如指掌。

只要搞清楚行星轮机构、离合器、制动器、单向离合器、液力变矩器结构，再按上述规律和方法，便可将所有自动变速器的结构弄懂。

下面就按此规律和方法，破解拉维娜式 01M 自动变速器的结构原理。

从图 3-1-1 或实体拆装比对可知，该自动变速器由两排行星轮机构、三个离合器、两个制动器、一个单向离合器，外加液力变矩器和油泵组成。下面介绍它们之间的连接关系。

1. 找出输入轴与输出轴

所有变速器输入轴的一端均用键与涡轮键配合，另一端有三种配合形式。

1）与行星轮机构的某轮一体。

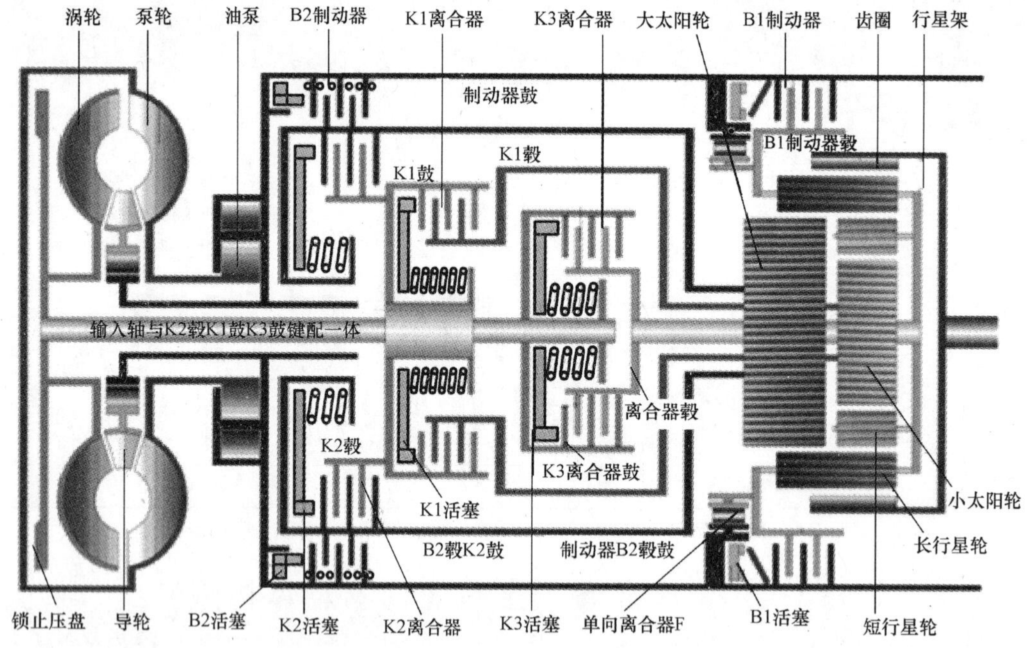

图 3-1-1　拉维娜式自动变速器总体结构示意图

2）与行星轮机构的某轮键配合。

3）与离合器毂或鼓键配合。

从图 3-1-1 或实体拆装比对可知，该变速器输入轴一端与涡轮键配合，另一端则与离合器 K1、K2 毂鼓及 K3 鼓键配合，通过三个离合器可将大太阳轮、行星架、小太阳轮与输入轴连成一体，使大太阳轮、行星架、小太阳轮分别成为该变速器的主动轮。

从图 3-1-1 或实体拆装比对可知，该变速器输出轴一端与齿圈键配合，齿圈是该变速器的输出件。

确认输入轴与输出轴连接后，再从前向后分别找出各离合器可连接哪两个元件，各制动器可制动哪一轮，各单向离合器可单向连接哪两轮或单向制动哪一轮。

2. 找出行星轮机构

从图 3-1-1 或实体拆装比对可知，该拉维娜式自动变速器有两个行星排，每个行星排也由三轮组成。前行星排是辛普森式，太阳轮与长行星轮外啮合，长行星轮与前后行星排公用齿圈内啮合。

后行星排是拉维娜式，在太阳轮与齿圈间有长短两级行星轮，小太阳轮与一级短行星轮外啮合，短行星轮与前后行星排共用的长行星轮外啮合，然后长行星轮再与两排共用的齿圈内啮合，且长短两级行星轮安在同一个行星架上，两个行星排共用一个齿圈。

3. 找出离合器

找出有几个离合器，它们都能将行星轮机构中的哪一轮与输入轴连成一体。

（1）离合器 K2

从图 3-1-1 或实体拆装比对可知，K2 钢片与鼓（大太阳轮）键配合，摩擦片与 K2 毂（输入轴）键配合。K2 工作后，K2 活塞压紧 K2 摩擦片，便将大太阳轮与输入轴连成一体，

使大太阳轮主动旋转。

（2）离合器 K1

从图 3-1-1 或实体拆装比对可知，K1 钢片与鼓（输入轴）键配合，摩擦片与 K1 毂（小太阳轮）键配合。K1 工作后，K1 活塞压紧 K1 摩擦片，便将小太阳轮与输入轴连成一体，使小太阳轮主动旋转。

（3）离合器 K3

从图 3-1-1 或实体拆装比对可知，K3 钢片与鼓（输入轴）键配合，摩擦片与 K3 毂（行星架）键配合。K3 工作后，K3 活塞压紧 K3 摩擦片，便将行星架与输入轴连成一体，使行星架主动旋转。

4. 找出制动器

找出有几个制动器，它们都能制动哪一轮。

（1）制动器 B1

从图 3-1-1 或实体拆装比对可知，B1 钢片与鼓（变速器壳）键配合，摩擦片与行星架毂键配合。制动器 B1 工作后，B1 活塞压紧 B1 摩擦片，便将行星架制动。

（2）制动器 B2

从图 3-1-1 或实体拆装比对可知，B2 钢片与鼓（变速器壳）键配合，摩擦片与大太阳轮毂键配合。制动器 B2 工作后，B2 活塞压紧 B2 摩擦片，便将大太阳轮制动。

5. 找出单向离合器

找出有几个单向离合器，它们能将行星轮机构中的哪一轮单向制动。

从图 3-1-1 或实体拆装比对可知，单向离合器 F 外环是变速器壳体，内环是行星架，单向离合器 F 可单向制动行星架。

综上所述，该自动变速器共有三个离合器，可分别使大太阳轮、小太阳轮、行星架主动旋转，另有两个制动器，可分别制动大太阳轮和行星架，还有一个单相离合器，可单向制动行星架。

只要找出变速器行星轮机构中哪几轮主动旋转，哪几轮制动，其结构就清楚了。

二、01M 自动变速器结构分析

下面我们再对变速器进行拆分，看看怎样利用上述规律分析 01M 自动变速器的结构。

1. 总成拆分

先将 01M 变速器拆分成如图 3-1-2 所示三部分，再按上述规律分析该变速器结构。

（1）油泵及输入轴

通过拆装或比对图 3-1-1 可知，油泵固定在变速器壳体上，油泵后壳体上的花键轴是液力变矩器导轮单向离合器内环，可单向制动导轮。输入轴前端与涡轮键配合，后端与三个离合器的毂和鼓键配合。

（2）制动器 B2

从图 3-1-2 可知，制动器 B2 的钢片与变速器壳体键配合，摩擦片与 B2 毂键配合，B2 毂与大太阳轮键配合，因此，B2 可制动大太阳轮。

（3）离合器 K1、K2、K3

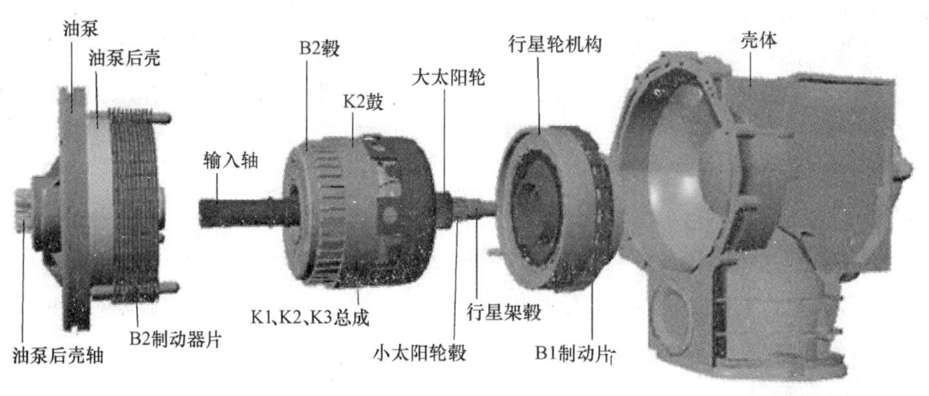

图 3-1-2 自动变速器总体结构拆分

通过拆装或比对图 3-1-1 与图 3-1-2 可知，大太阳轮毂鼓内装有 K1、K2、K3 三个离合器。

K2 离合器可将大太阳轮与输入轴连成一体，使大太阳轮主动旋转。离合器 K1 可将小太阳轮与输入轴连成一体，使小太阳轮主动旋转。K3 可将行星架与输入轴连成一体，使行星架主动旋转。

（4）行星轮机构及制动器 B1

通过拆装或比对图 3-1-1 与图 3-1-2 可知，行星轮机构内装有辛普森式和拉维娜式两个行星排，两行星排共用同一个行星架、一个短行星轮、一个长行星轮、一个齿圈，长短两行星轮装在同一个行星架上，齿圈与长行星轮内啮合，是该变速器输出元件。制动器 B1 装在行星架上。B1 钢片与变速器壳体键配合，摩擦片与行星架键配合，B1 可制动行星架。

下面再将该变速器从前向后按顺序全部分解开。利用上述规律演练怎样分析该变速器的具体结构。

2. 油泵及 B2 拆分

01M 自动变速器油泵及制动器 B2 结构拆分如图 3-1-3 所示。

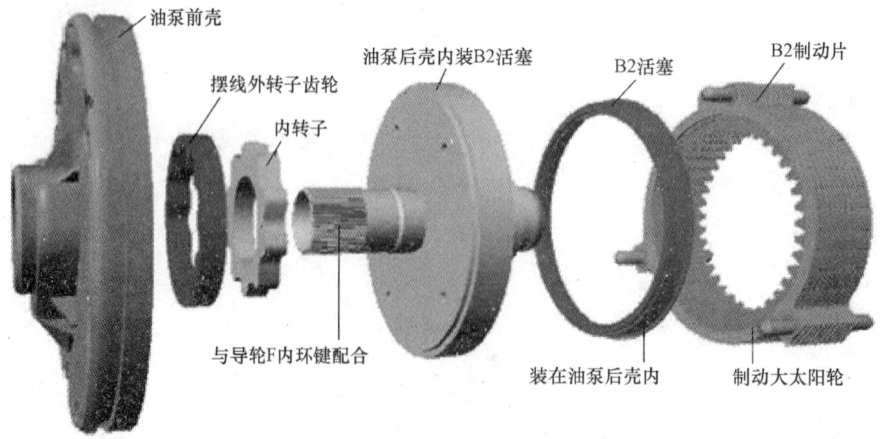

图 3-1-3 01M 自动变速器油泵及制动器 B2 结构拆分

从图 3-1-3 可知，油泵外转子齿轮与内转子齿轮组合后装在油泵前壳内，然后与油泵后壳组装在一起。油泵后壳体上的花键轴从油泵前壳穿出，与液力变矩器内的导轮单向离合器的内环键配合，以便单向制动导轮。变矩器壳体轴与油泵内转子键配合，使油泵内转子随变矩器壳体主动旋转。

制动器 B2 的活塞装在油泵后壳内，制动器 B2 的钢片与摩擦片接合时，制动液将 B2 活塞压出，使活塞克服弹簧力压紧制动器 B2 的钢片与摩擦片，将大太阳轮制动。

该制动器的回位弹簧装在三个柱上，在无液压时可保证各制动器片分离。

3. 离合器 K1、K2、K3 拆分

按顺序继续向后拆分，离合器 K1、K2、K3 总成分解如图 3-1-4 所示。

通过实体拆装比对图 3-1-1 可知，输入轴与离合器 K1 毂、K2 鼓键配合。K1、K2 毂鼓是输入轴。该部分有三个离合器。

（1）离合器 K2

K2 活塞、活塞回位弹簧、K2 摩擦片和 K2 毂、K1 鼓组成离合器 K2。K2 活塞、回位弹簧、K2 摩擦片和 K2 毂均装在大太阳轮鼓内。

离合器 K2 的钢片与大太阳轮鼓键配合，离合器 K2 摩擦片与离合器 K2 毂键配合，K2 毂鼓与输入轴键配合，因此当离合器 K2 工作后，可使大太阳轮主动旋转。

（2）离合器 K1

离合器 K1 活塞、回位弹簧、K1 离合器片和 K1 鼓上的毂均装在离合器 K1 鼓内。

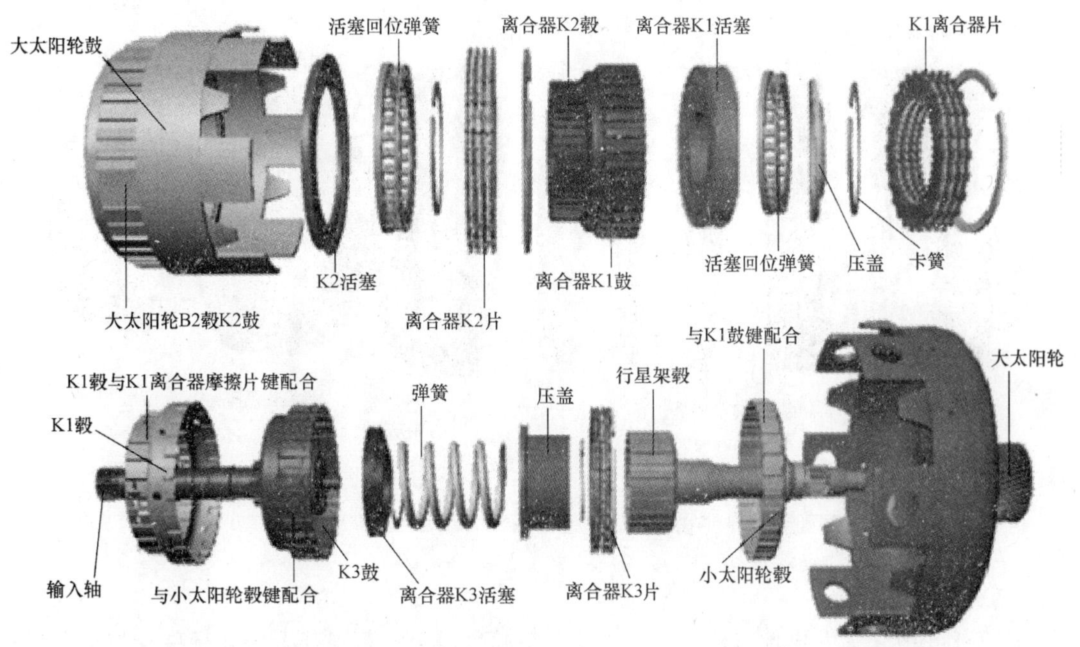

图 3-1-4 离合器 K1、K2、K3 总成分解

离合器 K1 的钢片与离合器 K1 鼓键配合，K1 离合器摩擦片与 K1 鼓上的毂键配合。因 K1 鼓又与小太阳轮毂键配合，因此，离合器 K1 便将离合器 K1 鼓与输入轴连成一体。而小太阳轮毂与 K1 鼓键配合，小太阳轮毂的花键轴又与行星轮机构的小太阳轮键配合，因此，

K1 可使小太阳轮主动旋转。

（3）离合器 K3

离合器 K3 活塞、回位弹簧、压盖、离合器 K3 片、行星架毂均装在输入轴的 K3 鼓内。离合器 K3 钢片与输入轴的鼓键配合，离合器 K3 摩擦片与行星架毂键配合。因此，离合器 K3 工作后，便将输入轴与行星架毂连成一体，行星架毂上的花键轴又与行星架键配合，所以 K3 可使行星架主动旋转。

综上可知，该自动变速器中的三个离合器，可分别将大太阳轮与输入轴连成一体、将小太阳轮与输入轴连成一体，将行星架与输入轴连成一体，即分别可使大太阳轮主动旋转、小太阳轮主动旋转、行星架主动旋转。

4. 行星轮机构及 B1 制动器和单向离合器

01M 自动变速器行星轮机构及制动器 B1 和单向离合器分解如图 3-1-5 所示。

（1）滚柱式单向离合器 F

从图 3-1-1 与图 3-1-5 对比中知，滚柱式单向离合器 F 外环与变速器壳体键配合，内环是行星架轴，单向离合器 F 可以单方向制动行星架。

（2）制动器 B1

制动器 B1 的活塞装在单向离合器外环的环槽内、回位碟簧及制动器 B1 片均装在变速器的壳体内。制动器钢片与变速器壳体键配合，摩擦片与行星架键配合，当活塞在液压作用下压紧 B1 制动片时，便将行星架与变速器壳体连成一体，可使行星架制动。

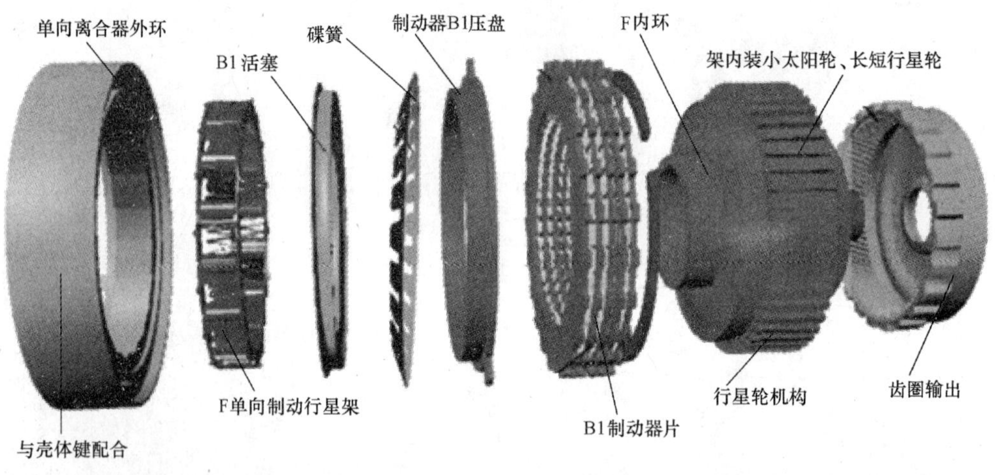

图 3-1-5　制动器 B1 及双行星排总成分解

（3）行星轮机构

图 3-1-5 中，大太阳轮与行星架内的长行星轮外啮合；行星架上的短行星轮与小太阳轮及长行星轮外啮合。小太阳轮毂的花键轴与行星架内小太阳轮键配合；行星架毂的花键轴与行星架键配合。

齿圈与行星架上的长行星轮内啮合，齿圈是该变速器的动力输出件。

5. 行星轮式自动变速器结构分析要点

1）找出行星轮机构，确认有几个行星排、几个太阳轮、几个行星架、几个齿圈。

2）找出共有几个离合器，每个离合器能将行星轮机构中的哪一轮与输入轴连成一体，或将哪两个元件连成一体。

3）找出有几个制动器，每个制动器能将行星轮机构中哪一轮制动。

4）再找出有无单向离合器，每个单向离合器能单向制动哪一轮，或单向将哪两个元件连成一体。

第二节　01M 自动变速器各档传动原理

行星轮式自动变速器传动原理，都有一个共同的规律，即均是由一个行星排到另一个行星排接力传递的。

第二章介绍了辛普森式与拉维娜式单排行星轮机构的 14 种传动规律，只要将这 14 种传动规律记熟，各种行星轮式自动变速器的传动原理均可轻而易举地搞懂。现以 01M 自动变速器为例，说明如何分析自动变速器各档传动原理。

图 3-2-1a 为 01M 自动变速器传动图。从图可知，要想用这样一张传统的固定不变的图，完全靠想象剖析自动变速器各档传动原理，是十分困难的。

若将该变速器的传动图旋转 90°，便形成与传统图等效的平面传动图和立体传动图，如图 3-2-1b、图 3-2-2 所示。

画这两张图不是为了研究怎样画等效传动图，而是可利用多媒体教学软件的平面动画和 3D 动画功能，将该变速器各档的传动过程进行演示并剖析，借此便可分析总结所有行星轮式变速器各档传动原理的规律。

因此，将图 3-2-1a 旋转 90°，改成与图 3-2-1a 完全等效的图 3-2-1b，便可用转向箭头和轮齿受力箭头，剖析太阳轮、行星轮、行星架、齿圈的受力和转向，并使每一档均有一图与之对应。

根据传动图可知，该变速器各档有哪一离合器和哪一制动器参与工作，便可列出该变速器执行组件工作表，见表 3-2-1。

表 3-2-1　01M 变速器执行组件工作表

档位	K1	K2	K3	B1	B2	F	M 锁止
R		○		○			
1H　(D1)	○					○	
1M　(D1)	○					○	○
2H　(D2)	○　A				○		
2M　(D2)	○　A				○		○
3H　(D3)	○　A	○					
3M　(D3)	○　A	○					○
4H　(D4)			○		○		
4M　(D4)			○		○		○

注：H 表示液力传动锁止离合器不锁止；○表示离合器、制动器或单向离合器接合工作；A 表示 N94 电磁阀工作。

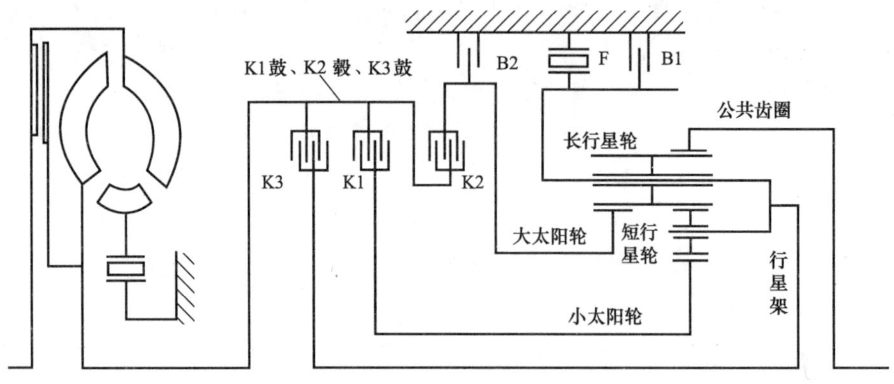

a) 传统画法

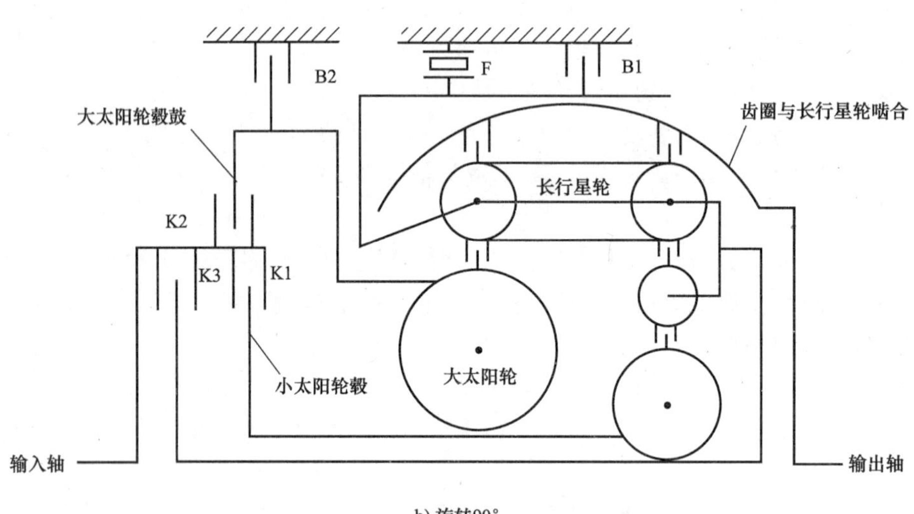

b) 旋转90°

图 3-2-1　拉维娜式自动变速器传动

下面分别介绍该变速器各档具体传动过程。

一、D1 档传动原理

D 位 D1 档平面及立体传动如图 3-2-2 所示。

对比两图可知，离合器 K1 工作后，把后排小太阳轮与输入轴连成一体，于是后排小太阳轮便主动顺时针旋转。后排小太阳轮主动顺时针旋转时，其轮齿给短行星轮齿一个作用力，短行星轮齿受力后，逆时针旋转。短行星轮逆时针旋转时，其轮齿给长行星轮齿一个作用力，使长行星轮齿受力后顺时针旋转。

长行星轮顺时针旋转时，其轮齿给齿圈轮齿一个作用力，齿圈轮齿给长行星齿一个反作用力。长短行星轮齿在作用力与反作用力合力作用下，使行星架以小太阳轮为轴逆时针旋转，但行星架逆时针旋转时被单向离合器 F 锁止制动，于是长短行星轮便在制动的行星架上自转，使齿圈在长行星轮齿作用下，顺时针旋转而输出 D1 档。

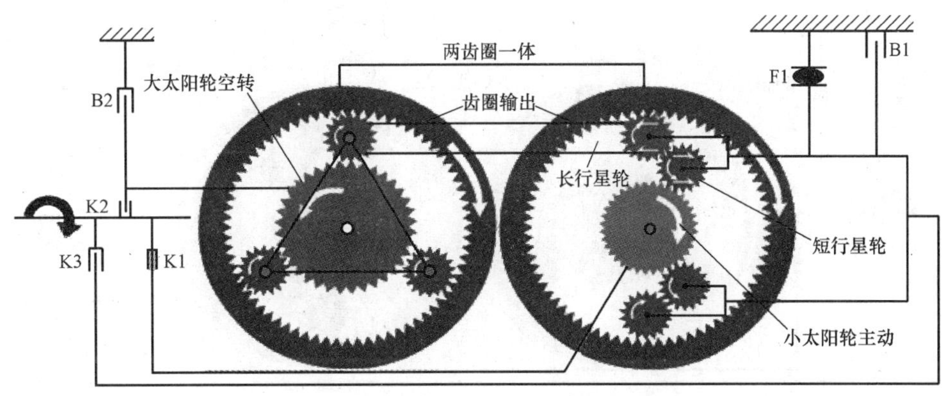

a)

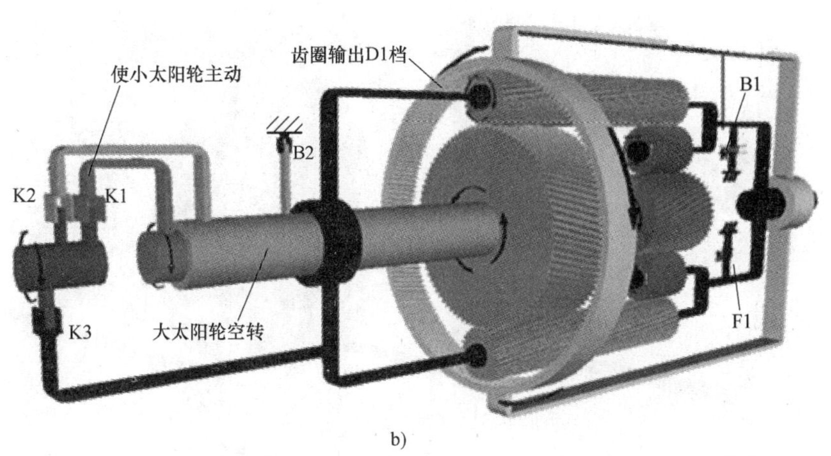

b)

图 3-2-2　D1 档传动

在前排，因长行星轮在制动的行星架上顺时针旋自转，使前排大太阳轮逆时针空转，对输出无干涉。因长行星轮是在制动的行星架上自转，因此，在拉维娜行星排，齿圈输出是 D1 档。

二、D2 档传动原理

当变速杆在 D 位，车速升入 D2 档范围时，离合器 K1 和制动器 B2 工作，传动原理如图 3-2-3 所示。

从图可知，离合器 K1 工作后，使后排小太阳轮主动顺时针旋转。

小太阳轮主动顺时针旋转时，小太阳轮齿给后排短行星轮齿一个作用力，使短行星轮逆时针旋转。短行星轮逆时针旋转时，其轮齿给长行星轮齿一个作用力，使长行星轮顺时针旋转。因长行星轮与前排大太阳轮外啮合，但前排大太阳轮已被 B2 制动，所以长行星轮便只能在制动的大太阳轮齿上顺时针自转并公转，长行星轮顺时针旋转的线速度，比 D1 档增加了一个公转的线速度，使齿圈输出 D2 档。因齿圈使前后行星架顺时针空转，对输出无干涉。

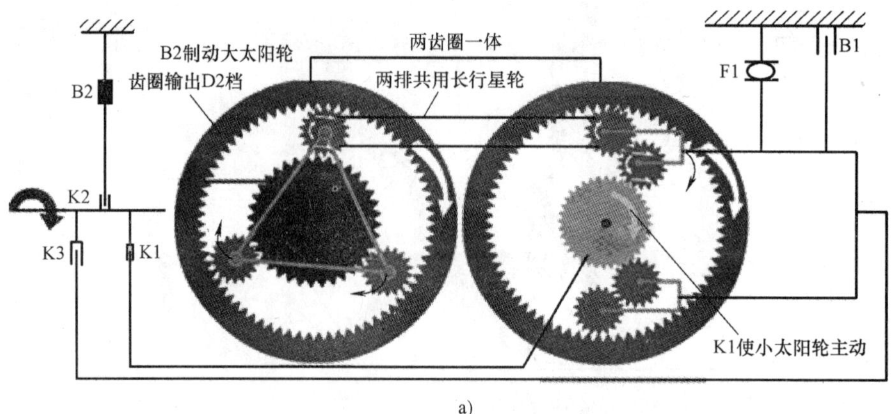

a)

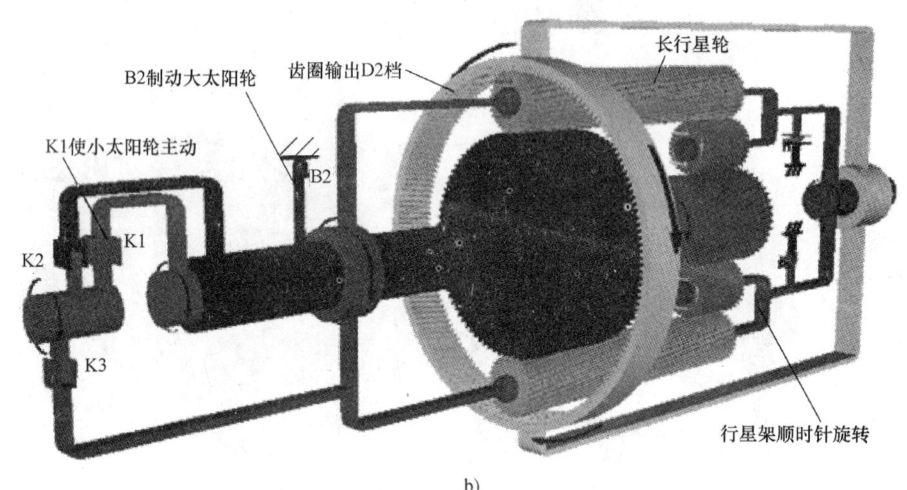

b)

图 3-2-3　D2 传动

三、D3 档传动原理

当选档杆在 D 位，车速升入 D3 档范围时，离合器 K1 与 K2 工作，传动原理如图 3-2-4 所示。从图可知，K1 把后排小太阳轮与输入轴连成一体，而离合器 K2 把前排大太阳轮也和

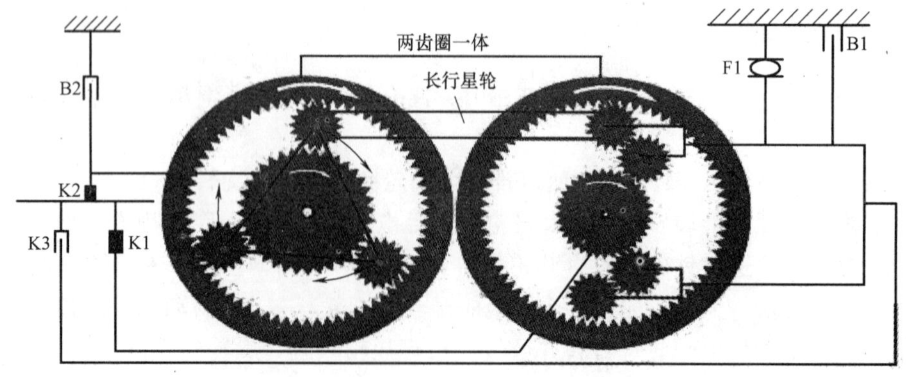

图 3-2-4　D3 档传动

输入轴连成一体，因此前后排大小太阳轮便连成一体。前后排大小太阳轮间无任何相对运动。又因长行星轮齿通过短行星轮与大小太阳轮连成一体，因此，行星架及齿圈便不连自连，将两个行星排所有零件连成一体，与输入轴同速旋转，使齿圈以 1:1 的传动比输出，称为直接档。

四、D4 档传动原理

车速升至 D4 档范围时，离合器 K3 与制动器 B2 工作，传动原理如图 3-2-5 所示。

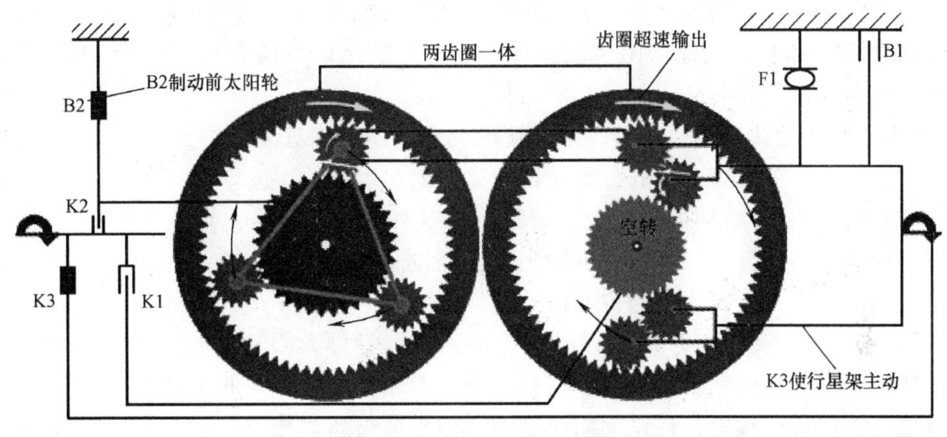

图 3-2-5　D 位 D4 档传动

从图可知，离合器 K3 将行星架与输入轴连成一体，使行星架成为该档的主动件。当行星架带着长短行星轮主动顺时针旋转时，因前排大太阳轮已被 B2 制动，所以大太阳轮齿给长行星轮齿一个阻力，使长行星轮既随主动的行星架顺时针自转，又在大太阳轮上顺时针公转。长行星轮的自转与公转给齿圈轮齿一个作用力，使齿圈顺时针旋转而超速输出 D4 档。在后排，长行星轮顺时针公转并自转，使短行星轮超速逆时针旋转，则后排小太阳轮顺时针超速空转，对前排输出不干涉。

五、倒档传动原理

当变速杆挂入 R 位，此时离合器 K2 工作，制动器 B1 也工作，传动原理如图 3-2-6 所示。

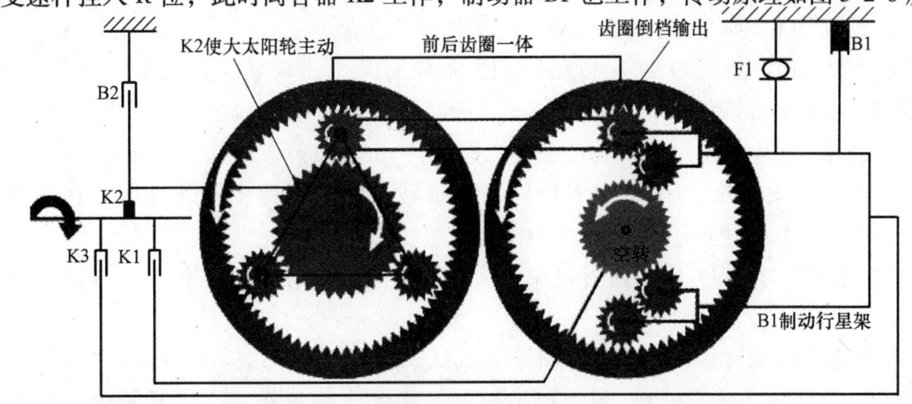

图 3-2-6　R 档前后排传动

从图可知，离合器 K2I 作把前排大太阳轮与输入轴连成一体，使大太阳轮顺时针主动旋转。前排长行星轮便逆时针旋转。但制动器 B1 将行星架制动，于是长行星轮便只能在制动的行星架上逆时针自转，使齿圈逆时针旋转而输出倒档。

在后排，长行星轮在制动的行星架上逆时针自转，使短行星轮在制动的行星架上顺时针自转，使小太阳轮逆时针空转，对前排输出无干涉。

六、传动规律

01M 自动变速器虽然型号老旧，但其传动原理与目前很多高档轿车使用的变速器类似。因此，熟练掌握 01M 自动变速器的传动原理，便可总结出以下所有行星轮式自动变速器都适用的重要传动规律。

1）大多数行星轮式自动变速器，各档输出均是由两个辛普森行星排，或一个辛普森行星排和一个拉维娜行星排组合成的行星轮机构完成的。

2）只要在该行星轮机构的输入端再串联一个或两个单行星排，或一个由两个单行星排组成的行星轮机构，该行星轮机构便可输出更多档位。行星轮机构中，每有一轮制动，有几轮主动旋转与之对应，便有几个档位输出。

3）所有由两个行星排组合成的行星轮机构，后行星排太阳轮有几个不同的主动转速，就一定有几个低于直接档的档位输出。前行星排太阳轮有几个不同的主动转速，就一定有几个高于直接档的超速档输出，且以太阳轮制动时输出最高超速档。

4）前排行星架制动时输出倒档，且太阳轮有几个主动转速，便可有几个倒档输出。

5）离合器将行星齿机构任意两轮与输入轴连成一体，便输出直接档（等于主动转速）。

只要熟练掌握 01M 自动变速器的传动规律，再综合运用上述 5 条规律，那么，对所有行星轮式自动变速器，就可轻而易举地列出执行元件工作表。

只要掌握执行元件工作表，利用对执行元件工作表纵横对比的方法，明确诊断行星轮式自动变速器故障的思路，久而久之，便可熟中生巧，有效地强化和提高实践能力和解决实际问题的能力。

下面用传动图和上述规律，分析 01M 自动变器各档的输出。

七、利用传动规律和传动图分析各档输出

利用传动规律和传动图判断各档输出，如图 3-2-7 所示。

1）行星轮机构后排，B1 制动行星架，太阳轮有几个主动转速，便有几个低速档输出。因离合器 C1 只能使后排太阳轮有一个转速，所以使长行星轮只能在制动的行星架上以一个转速自转，只输出 D1 挡。

2）B2 制动大太阳轮，C1 使小太阳轮主动旋转，此时长行星轮既自转又在制动的大太阳轮上公转，比 D1 档增加了一个公转的速度，输出 D2 档。

3）离合器 C1 与 C2 工作，使行星架和大太阳轮与输入轴连成一体，根据规律输出直接档 3 档。

4）行星轮机构前排，因前排太阳轮只有一个 B1 制动的零转速，所以行星架主动旋转时，便只有一个超速档输出。B1 制动行星架，前排太阳轮只有一个主动转速，只能输出一个倒档。

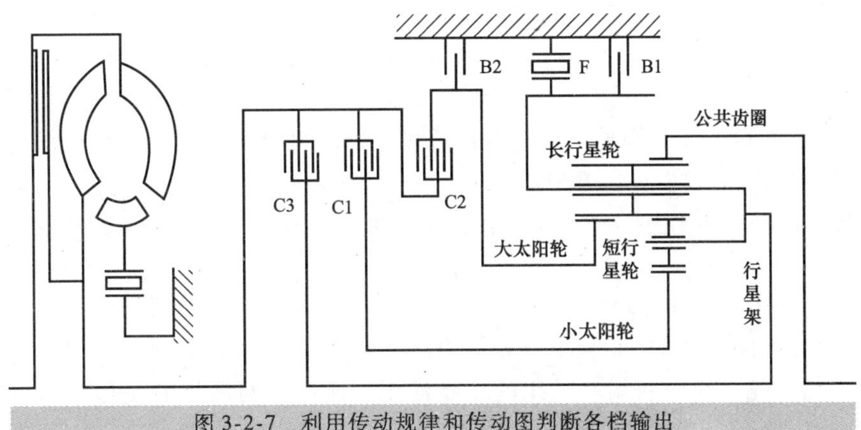

图 3-2-7　利用传动规律和传动图判断各档输出

第三节　01M 自动变速器电控液压油路系统阀结构原理

01M 自动变速器电控液压油路系统如图 3-3-1 所示。

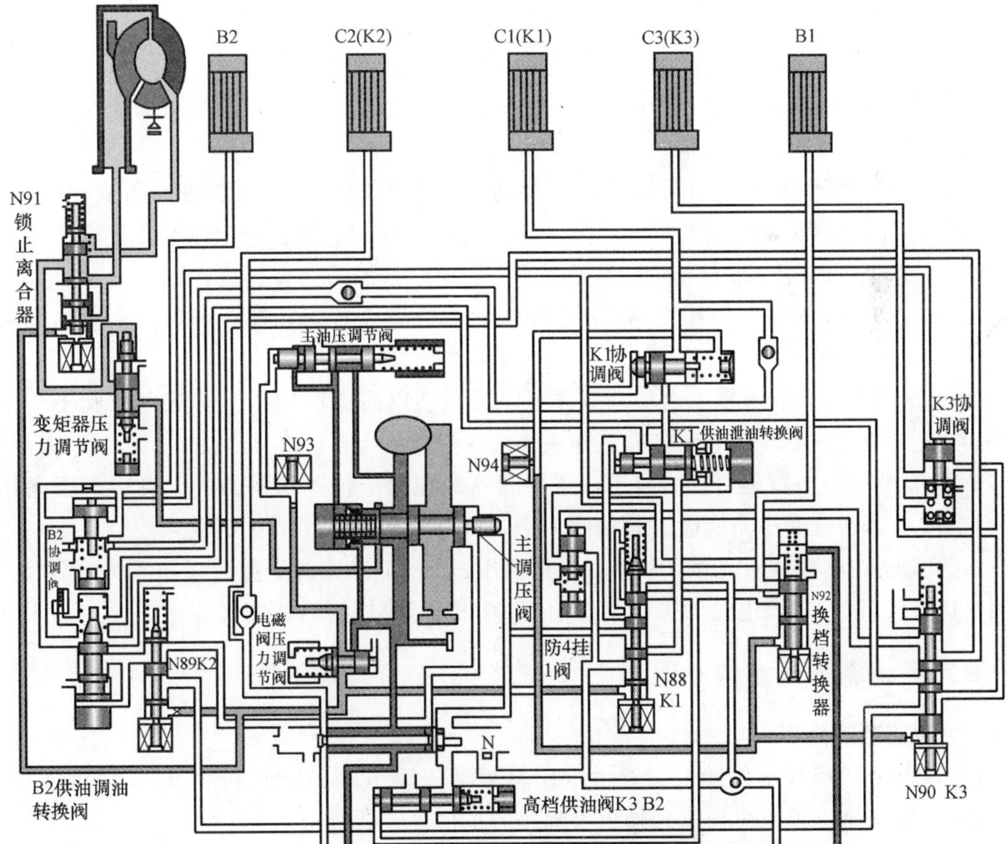

图 3-3-1　01M 自动变速器电控液压油路系统

应特别强调的是，只有把01M自动变速器中各阀一一进行剖析，才能具备分析油路的实力。只有将油路走向和各阀结构原理了如指掌，才能准确地分析和判断自动变速器的故障。

所有自动变速器油路中的阀，虽然名目繁多，但均可分为开关阀、调压阀、开关电磁阀、电磁调压阀四类。它们有以下规律。

1）开关阀一般一端有弹簧，另一端有控制油压，通过有无控制油压使滑阀在两个位置切换。

2）开关电磁阀均与开关阀配套使用，通过开关电磁阀的开启或关闭，向开关阀一端供油或泄油，使滑阀在两个位置切换，以改变油路走向。

3）调压阀一般一端或两端有变化的控制油压，通过控制油压的变化调整滑阀节流口开度。

4）电磁调压阀用通电占空比输出控制油压，再将控制油压送入调压阀一端，调整滑阀节流口开度。

01M自动变速器主要阀的作用说明如下。

1）主油压调节阀用调压电磁阀N93将主油压调节成控制油压，并送入主调压阀调整主油压。

2）主调压阀（次调压阀）用主油压调节阀调出的控制油压，将油泵油压调节成主油压，主调压阀还将主油压节流后送入变矩器压力调节阀。

3）变矩器压力调节阀将主调压阀泄入的油压调节成去锁止离合器控制阀油压。若该阀不良，会使液力变矩器工作失常。

4）N92换档平顺阀将主油压调节成去各协调阀的控制油压，控制协调阀节流口开度，以控制送入离合器或制动器的油压的升速，使档位切换瞬间，离合器或制动器接合平顺。若该阀不良，会使换档时有冲击。

5）N88、N89、N90换档阀用电磁阀控制换档阀在两个位置切换。若该阀失效，会引起相关档位不良或丢失。

6）电磁阀压力调节阀将主油压调节成恒定的去各电磁阀的油压。若该电磁阀不良，会使所有电磁阀均工作不良，导致各档工作失常。

7）供油泄油转换阀是用换档阀主油压控制该阀在两个位置切换的，以决定是否向相应的离合器或制动器送油还是泄油。若该阀卡滞将引起相关档冲击或丢档故障。

8）开关电磁阀N94在切换D1档后，将油压送入K1协调阀右腔，以稳定离合器K1在D2档、D3档油压。若该电磁阀失效，会引起D2档、D3档换档冲击。

一、油路系统调压阀结构原理

1. 主油压调节阀

主油压调节阀用N93脉冲电磁阀占空比将主油压调节成一个控制油压，然后将此控制油压送入主调压阀，控制主调压阀输出主油压，如图3-3-2所示。

从图可知，它由弹簧和滑阀组成。弹簧作用在滑阀的右端，力图向左推阀，开大节流口提高去主调压阀的控制油压。

滑阀左端作用着主调压电磁阀N93用占空比调整出的控制油压和去主调压阀的反馈油

压，两油压向右推阀，滑阀左右两力抗衡决定节流口开度，调节去控制主调压阀的油压。

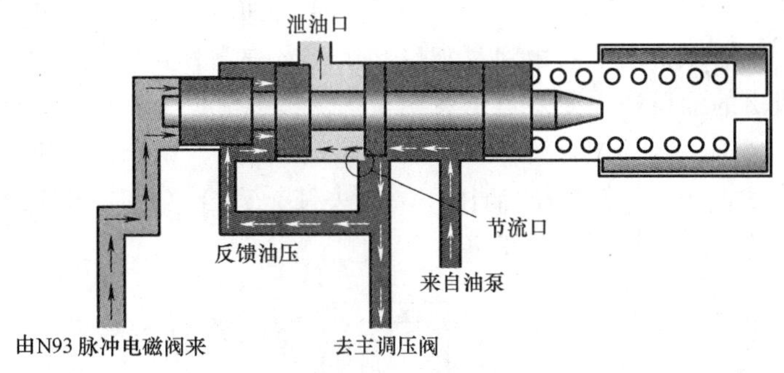

图 3-3-2　主油压调节阀

2. 主调压阀

主调压阀如图 3-3-3 所示。

主调压阀有两个作用：一是调节主油压；二是将主油压泄出的油压转送到变矩器压力调节阀。

从图可知，滑阀的左端作用着来自主油压调节阀输出的控制油压，该油压受控于 N93 电磁阀。

从图又知，主油压反馈油压作用在滑阀左端，也向右端推滑阀，以修正主油压。

弹簧弹力也向右推阀。以上三力的合力力求增大主油压。滑阀右腔作用着从手动阀来的主油压，向左推滑阀，左右两腔压力的大小，决定泄油口开度的大小，将油泵油压调节成主调压阀（次调压阀）输出的主油压。

主调压阀泄油到变矩器压力调节阀，由变矩器压力调节阀调节去液力变矩器的油压。

从图可知，经滤清器过滤的油液被吸入油泵，经油泵泵压后将油液送入主调压阀，调压后的主油压送入手动阀和电磁阀压力调节阀。

从图可知，倒档油压的升高是靠减小左腔控制油压完成的。

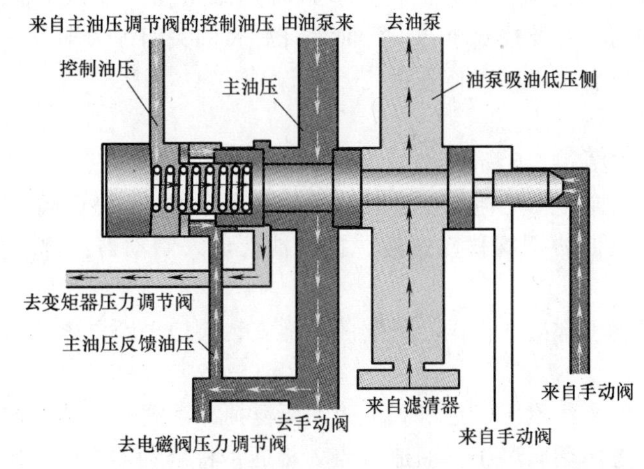

图 3-3-3　主调压阀（次调压阀）

3. 变矩器压力调节阀

变矩器压力调节阀调整去 N91 锁止离合器控制阀的油压，如图 3-3-4 所示。

从图可知，变矩器压力调节阀由弹簧和滑阀组成。弹簧作用在滑阀的下部，向上推阀，而来自主调压阀泄出的油压进入变矩器压力调节阀。经节流口节流调压后的油压，一方面去 N91 锁止离合器控制阀，另一方面去滑阀的上部向下压滑阀，以修正节流口的开度，用节流原理把主调压阀（次调压阀）泄出的油压，调成去锁止离合器控制阀的油压，供液力变矩器使用。该阀故障能导致变矩器工作不良。

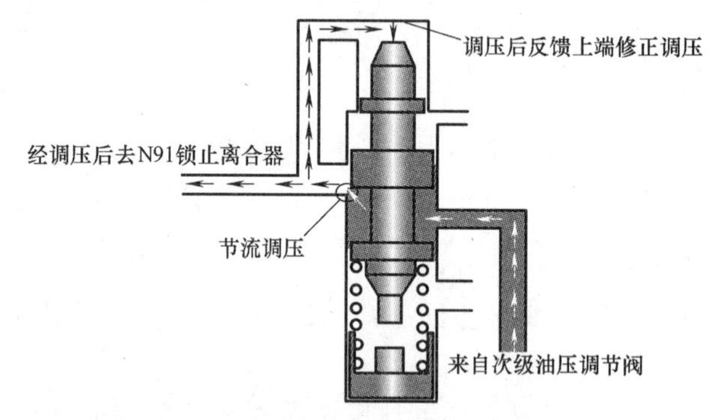

图 3-3-4 变矩器压力调节阀

4. 电磁阀压力调节阀

电磁阀压力调节阀调节出的压力，供给各调压电磁阀和开关电磁阀。调压电磁阀要想用通电的占空比准确地调整输出油压，必须有恒定的压力源。同理，要想用液压使滑阀有恒定的打开速度，也需恒定的液压源。

图 3-3-5 为输出恒压的压力调节阀。从图可知，在无主油压输入时，滑阀在弹簧力作用下，移动到右端，节流口处于全开状态。当主油压经节流口输入 B 腔时，输入 B 腔的油压便有一个向左推阀的力，随着 B 腔油压的升高，滑阀逐渐左移，当 B 腔油压升高到滑阀的棱边关闭节流口后，B 腔与主油压便隔离。当 B 腔油压降低时，弹簧立即打开节流口，使主油压向 B 腔补压，于是，滑阀不断开闭，将 B 腔油压维持在一个恒定值。这个恒定值就是滑阀关闭节流口的弹力，只要按要求在设计时保证弹簧的关闭弹力即可。

该阀故障会导致所有电磁阀工作不良。

5. 换档平顺阀

N92 换档平顺阀如图 3-3-6 所示。

N92 换档平顺阀主要作用是档位切换时，调整去离合器 K1 协调阀 、K3 协调阀、B2 协调阀的控制油压，以控制协调阀移动速度，控制油液流入制动器或离合器的流速，使换档平顺。

弹簧作用在滑阀的上部向下推阀，滑阀的下部安装换档平顺电磁阀 N92，通电时电磁阀向上推滑阀。

当电磁阀不工作时，经泄压口把滑阀下腔油压泄掉，滑阀在下端。这时油道 4 关闭，油道 1 与泄油口相通，各协调阀泄压。油道 1 与 2 相通，将制动器 B1 也泄压。油道 3 与手动阀泄油口相通泄压。

当 N92 调压电磁阀工作后，电磁阀关闭泄油口，使来自油道电磁压力调节阀的恒压送

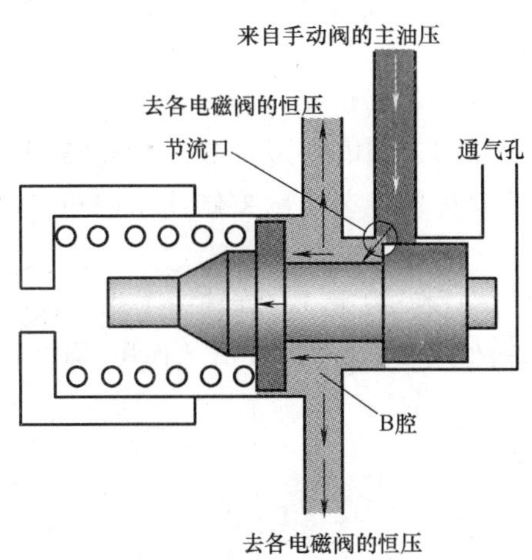

图 3-3-5　电磁阀压力调节阀

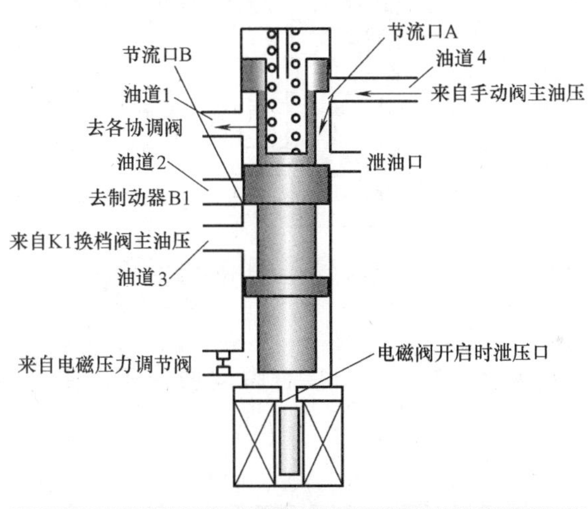

图 3-3-6　N92 换档平顺阀

入滑阀下腔，向上推阀，油道 4 主油压经节流口 A，由油道 1 送入各协调阀，以控制流入各协调阀的控制油压，控制协调阀在换档瞬间关小去离合器和制动器油道开度，以控制送入离合器或制动器油液的流速和流量，使档位切换瞬间消除换档冲击。

换档瞬间后电磁阀断电，滑阀下落并将各协调阀油压泄掉，使协调阀增大去离合器或制动器的油道开度，使主油压全部作用在离合器或制动器上。

可见，若该电磁阀不良或滑阀卡滞，会导致各档换档均冲击的故障。

6. K1 协调阀

K1 协调阀如图 3-3-7 所示。

从图可知，K1 协调阀是用来自 N92 换档平顺阀调节出的控制油压，调节节流口 A 的开度，使切换 D1 档瞬间，降低由 K1 供油泄油转换阀进入离合器 K1 的主油压的流速，以减轻换档瞬间的冲击。

离合器 K1 切换到 D1 档后，因 D2 档与 D3 档离合器 K1 均工作，且均需稳定的主油压，即均需 K1 协调阀稳定在最大开度的位置上。N92 换档平顺电磁阀调节出的控制油压，在 D2 档与 D3 档同时向 K1 协调阀、K3 协调阀、B2 协调阀输入控制油压。

为使变速器切换到 D2 档与 D3 档时，K1 协调阀不受 N92 换档平顺电磁阀输入的控制油压的影响，加装了 N94 开关电磁阀。该电磁阀在 D2 档与 D3 档时工作，将控制油压由油道 1 送入 B 腔，与 N92 换档平顺电磁阀调节出的控制油压抗衡，以维持 K1 协调阀在 D2 档与 D3 档时原地不动。

综上可知，N94 调压电磁阀只在 D2 档与 D3 档时工作。该电磁阀失效，会引起 D2 档与 D3 档冲击和 K1 离合器易损坏的故障。图中通气口的作用是在滑阀上下往复运动时，防止腔内产生气阻，影响滑阀工作。

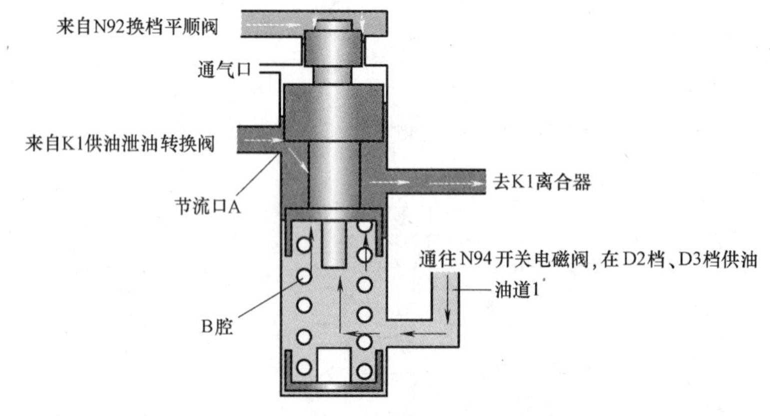

图 3-3-7　K1 协调阀

7. B2 协调阀

B2 协调阀主要作用是调整 B2 制动器接合瞬间的油压，使 B2 制动器工作平顺，如图 3-3-8所示。

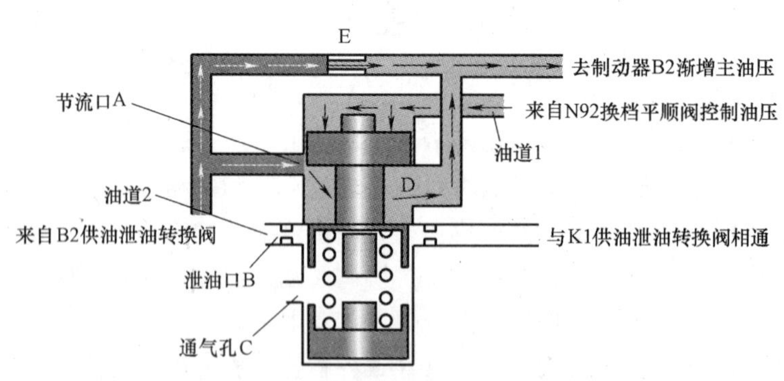

图 3-3-8　B2 协调阀

从图可知，弹簧作用在滑阀下部推动滑阀上行，滑阀的顶部作用着经油道 1 来的 N92 换档平顺阀的控制油压，该控制油压是由 N92 换档平顺电磁阀控制的。档位切换瞬间，该油压克服弹簧弹力推动滑阀下行以关小节流口 A，调整去制动器 B2 的主油压流量，然后再逐渐开大节流口 A，使进入制动器 B2 的油压逐渐增大到主油压，以减轻档位切换时的冲击。

当B2供油泄油转换阀工作上移时，把主油压经油道2通过节流口A进入D腔，供给B2制动器。与此同时，经油道2的主油压还通过节流口E供给B2制动器，另一部分经泄油口B泄出以修正去B2制动器的油压，以减小冲击，使B2制动器工作平顺。泄油口C的作用是防止滑阀下腔弹簧室在滑阀上下运动工作时产生真空，使滑阀工作不良。该阀工作不良将导致D2与D4档冲击。

8. K3协调阀

K3协调阀的主要作用是调整K3离合器刚接合瞬间的油压流量，以使K3离合器工作平顺，如图3-3-9所示。

从图可知，滑阀下端作用着弹簧弹力和由油道1进入滑阀下腔的N90换档阀来的主油压，两合力向上推滑阀。

滑阀上端作用着换档平顺阀的控制油压向下推阀，关小节流口A，降低了去离合器K3的油液流速和流量。

通过逐渐减小进入C腔的油压，使滑阀逐渐上移开大书流口A，关小节流口B，使进入离合器K3的油压逐渐升高至主油压。该阀工作不良将导致D3、D4档冲击。

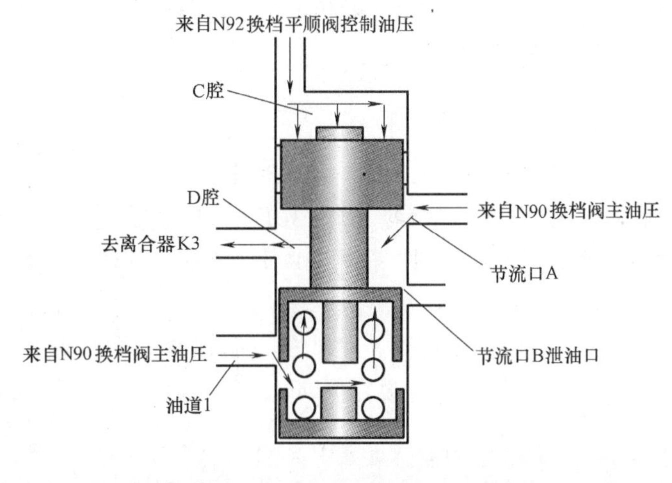

图3-3-9　K3协调阀

二、油路系统开关阀与电磁阀结构原理

自动变速器油路系统中，有很多开关阀，如各换档阀、单向阀等。开关阀的作用是适时的开闭油道，将油液及时送入用油的总成内、或及时切断油道停止供油并泄油。

1. K1供油泄油转换阀

K1供油泄油转换阀如图3-3-10所示。

从图可知，K1供油泄油转换阀是一个开关阀，它只有两个极限位置。

1）阀在左端，如图3-3-10a所示。

当滑阀在左端，油道1与N88换档阀泄油口相通时，滑阀左端泄压，于是弹簧力将滑阀推到左端，将油道2与油道3连通，来自N88换档阀的主油压便经2油道3通过K1协凋阀的瞬间节流流入K1离合器，使离合器接合。

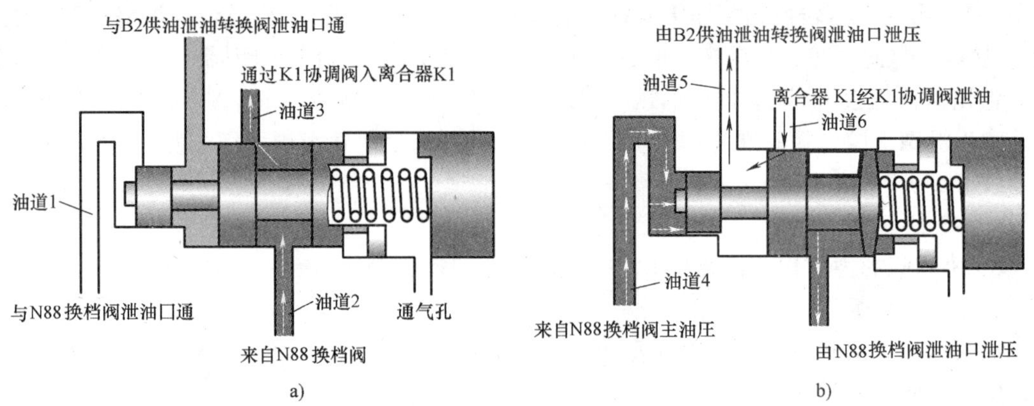

图 3-3-10　K1 供油泄油转换阀工作图

2）阀在右端，如图 3-3-10b 所示。

从图可知，当油道 4 来自 N88 换档阀主油压进入滑阀左腔时，主油压克服弹簧张力，将滑阀推到右端，于是使油道 5 与油道 6 相通，油道 6 离合器 K1 的油压，经 K1 协调阀入 B2 供油泄油转换阀泄油口泄压，离合器 K1 解除工作。该阀工作不良将导致 D1、D2、D3 档冲击或丢失 D1、D2、D3 档。

2. B2 供油泄油转换阀

B2 供油泄油转换阀如图 3-3-11 所示。

它也是一个开关阀，只有两个位置，以控制制动器 B2 供油和泄油。当油道 1 无 N89 换档阀主油压进入滑阀下腔时，滑阀在下端。如图 3-3-11a 所示。此时油道 2、油道 3 和油道 4 均与滑阀泄油口相通，把制动器 B2 和离合器 K1 及防 4 挂 1 阀泄压。该阀工作不良将导致 D2 档与 D4 档冲击。

当 N89 换档阀主油压进入滑阀下腔时，主油压克服弹簧力将滑阀上推至顶部，如图 3-3-11b 所示。此时，油道 7 仍与泄油口相通，但同时又使油道 5 和油道 8 均与油道 9 相通。于

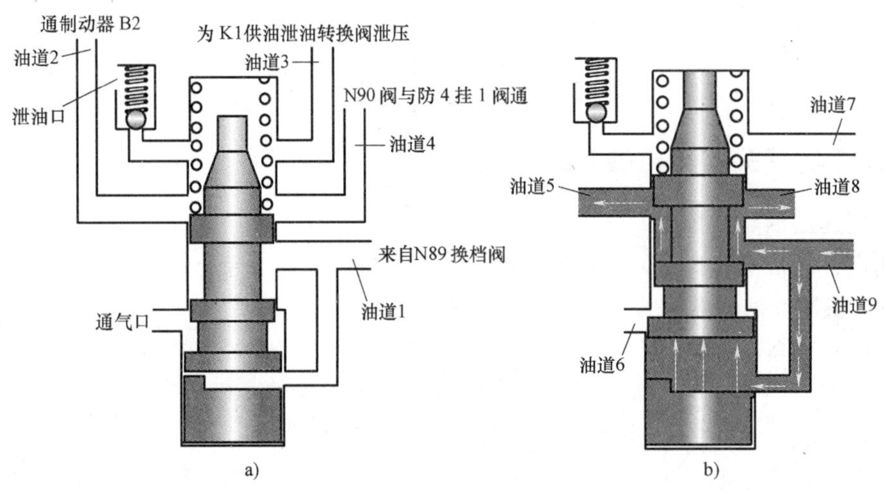

图 3-3-11　B2 供油泄油转换阀

是 N89 换档阀主油压便分别由油道 5 经 B2 协调阀送入制动器 B2，制动器 B2 接合。与此同时，主油压还通过油道 8 经 N90 换档阀入防 4 挂 1 阀，将防 4 挂 1 阀压下，以切断离合器 K1 的油道，防止在 D4 档时同时挂上 1 档。

3. 手动阀

七位十通手动阀如图 3-3-12 所示：

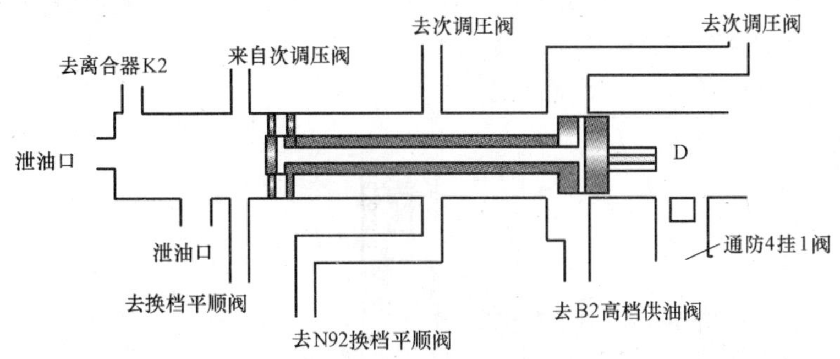

图 3-3-12　七位十通手动阀

手控制阀是自动变速器一个重要的开关阀，它通过连杆或拉线与手动阀相连，通过变速杆可以把手动阀拉至 P、R、N、D、3、2、L 等档位，以实现油路切换，使自动变速器有不同档位输出。手动阀因变速器型号及自动变速器档数的不同而不同。若该阀与变速杆连接脱落，会引起无所有档。

4. K1 换档阀及 N88 电磁阀

K1 换档阀由弹簧、滑阀和 N88 电磁阀组成。如图 3-3-13 所示。

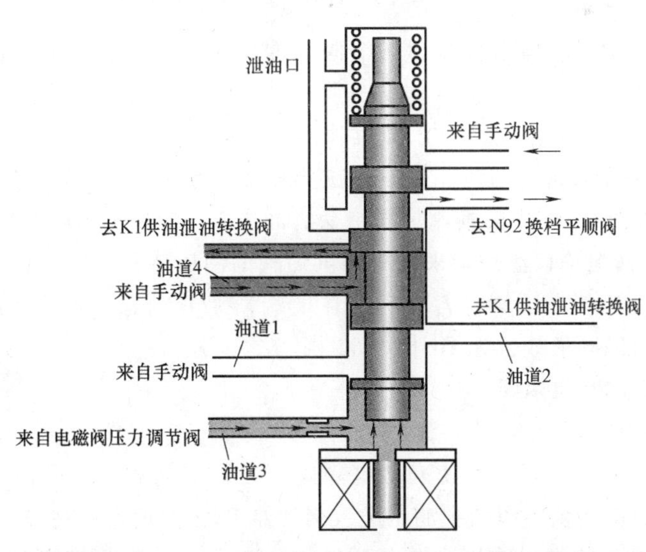

图 3-3-13　K1 换档阀及 N88 换档电磁阀

换档阀的下部安装 N88 电磁阀，当电磁阀 N88 关闭停止泄油时，来自电磁压力调节阀的油压进入滑阀下端，使阀上行至顶端。此时把 N92 平顺阀的油压从油口泄掉，并使手动阀主油压供给 K1 供油泄油转换阀左端，将 K1 离合器泄压。油道 1 和油道 2 相通，通过手动阀泄油口泄压。

当电磁阀 N88 开启时，来自油道 3 的油泄掉，阀被弹簧推到下端，把油道 1 油压由手动阀泄油口泄压。油道 2 与油道 4 相通，把手动阀主油压，送入 K1 供油泄油转换阀并入 K1 离合器。去供油泄油转换阀左端的控制油压从泄油口泄掉。从各油路图可知，该阀只 D4 档在上端，若 N88 电磁阀失效，电脑起动保护功能，无 D4 档。因该阀在 D1 档、D2 档、D3 档及 R 档均应在下端，若该阀卡在上端，则无 D1 档、D2 档、D3 档及 R 档。

5. K3 换档阀及 N90 电磁阀

K3 换档阀及 N90 电磁阀如图 3-3-14 所示。

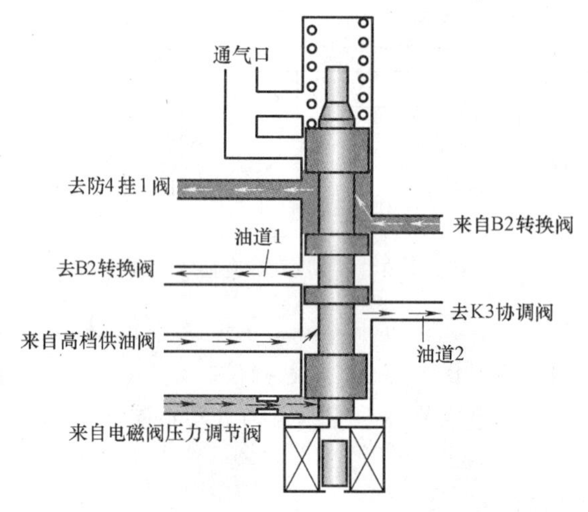

图 3-3-14　K3 换档阀及 N90 换档电磁阀

当电磁阀 N90 开启，将电磁阀压力调节阀的油压泄掉，弹簧将滑阀推到下端，把来自 B2 供油泄油转换阀的油压，送入防 4 挂 1 阀上端，把来自高档供油阀的油压，经 K3 协调阀后送入 K3 离合器，将油道 1 的油压由 B2 供油泄油转换阀泄压。

当电磁阀 N90 关闭停止泄油时，来自电磁阀压力调节阀的油压，将滑阀推到上端，把防 4 挂 1 阀油压泄掉。来自 B2 转换阀油压待命。油道 2 与油道 1 相通，将 K1 离合器油压通过 B2 供油泄油转换阀泄油口泄掉。来自高档供油阀的油压待命。比对各档油路图可知，该阀在 D3 档、D4 档、R 档在下端，若该阀卡在上端，无 D3 档、D4 档。该阀在 D1 档、D2 档应在上端，若该电磁阀失效，无 D1 档、D2 档。

6. B2 换档阀及 N89 电磁阀

B2 换档阀如图 3-3-15 所示。

当 N89 电磁阀泄油口关闭时，使来自电磁阀压力调节阀的油压升高，滑阀克服弹簧弹力移动到上端，来自高档供油阀的主油压送入制动器 B2，变速器可在 D2 档、D4 档工作。

当电磁阀 N89 开启把电磁阀压力调节阀的油压泄压时，弹簧将滑阀推到下端。油道 1 与油道 2 油压从手动阀泄油口泄压，油道 3 由高档供油阀泄压。由各档油路图可知，该阀在 D2 档、D4 档时应在上端，若 N89 电磁阀失效，会引起无 D2 档、D4 档故障。

7. 高档供油阀

高档供油阀由弹簧和滑阀组成，如图 3-3-16 所示。

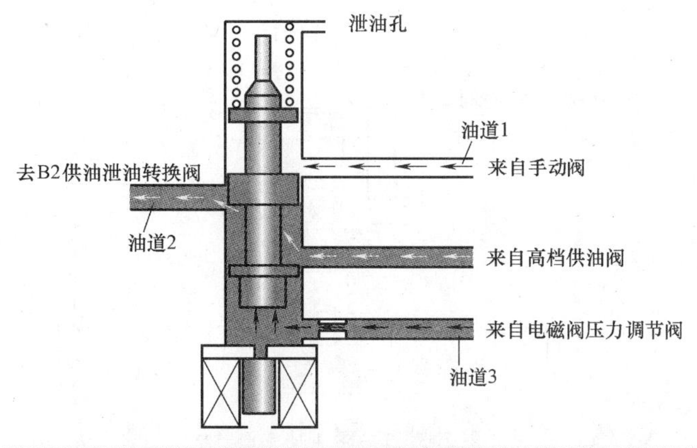

图 3-3-15　B2 换档阀及 N89 电磁阀

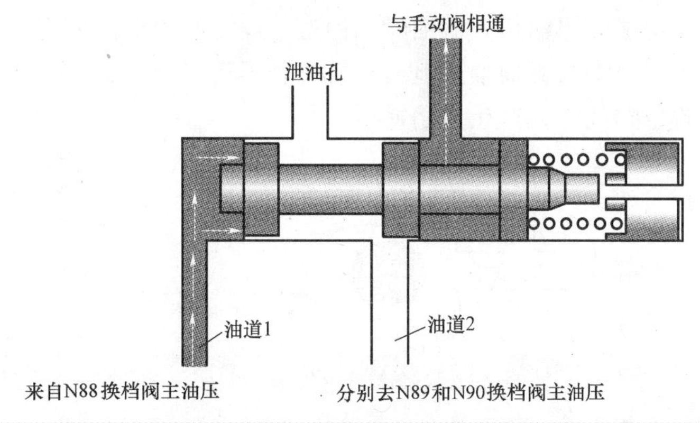

图 3-3-16　高档供油阀

从图可知，当油道 1 将 N88 换档阀主油压送入滑阀左腔时，主油压克服弹簧力将滑阀推到右端。于是将油道 2 与手动阀泄油口相通，将 N89 和 N90 换档阀主油压泄压。当油道 1 无 N88 换档阀主油压进入时，滑阀移动到左端，此时，油道 2 与手动阀相通，将主油压送入 N89 和 N90 换档阀。R 档除外，该阀均在左端。

参见各档油路图可知，若该阀卡在左端，则无倒档；若卡在右端，则有倒档而无各前进档。

8. 防 4 挂 1 阀

防 4 挂 1 阀是防止汽车在 4 档高速行驶时，因 N88 电磁阀突然失效，直接挂入 1 档，如 3-3-17 所示。

它由弹簧和滑阀组成。弹簧作用在滑阀下部把滑阀推到顶部，这时 K1 供油泄油转换阀右腔与泄油口相通。从油道 1 过来的油压推动滑阀克服弹簧弹力向下推阀，把油道 2 与油道 3 断开，并使右移的 K1 供油泄油转换阀右腔真空，防止在 D4 档时，因 N88 电磁阀失效导致滑阀下落，使 K1 供油泄油转换阀回位，同时挂 1 档与 4 档，造成变速器损坏或在高速公路上造成追尾的恶性事故。

9. 单向节流阀

单向节流阀主要作用是单向关闭旁通油道，使离合器 K2 泄油缓慢，保证换档瞬间半离

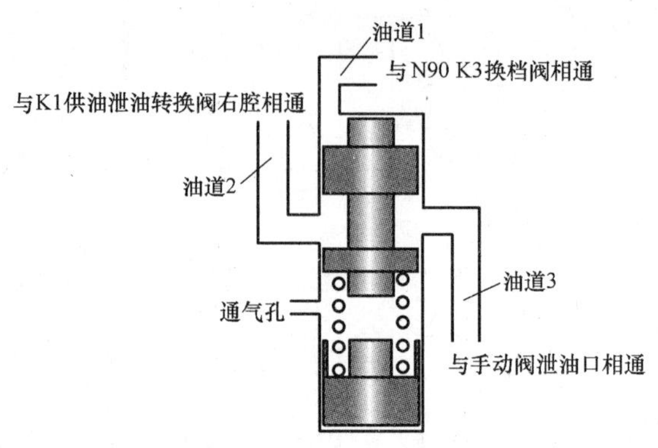

图 3-3-17　防 4 挂 1 阀

合，如图 3-3-18 所示。

它由球阀及阀座组成。当油道 2 泄油时，油道 1 离合器内的油压将球阀推到右侧关闭泄油口，此时离合器油压只能从旁通油道泄出，使离合器瞬间半离合，以补偿因无单向离合器造成档位切换时出现空档间隙，产生换档冲击。

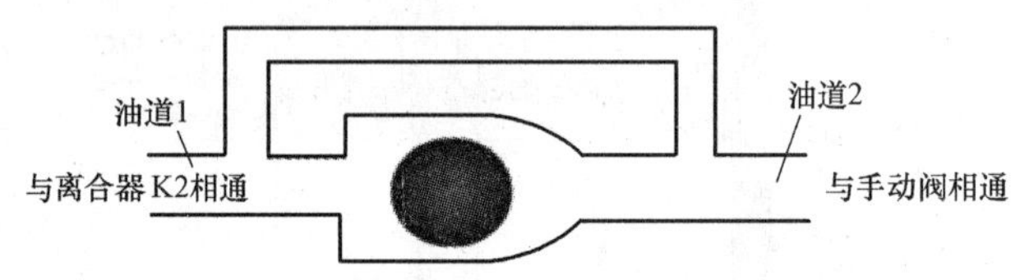

图 3-3-18　单向节流阀

10. 单向开关阀

单向开关阀如图 3-3-19 所示。

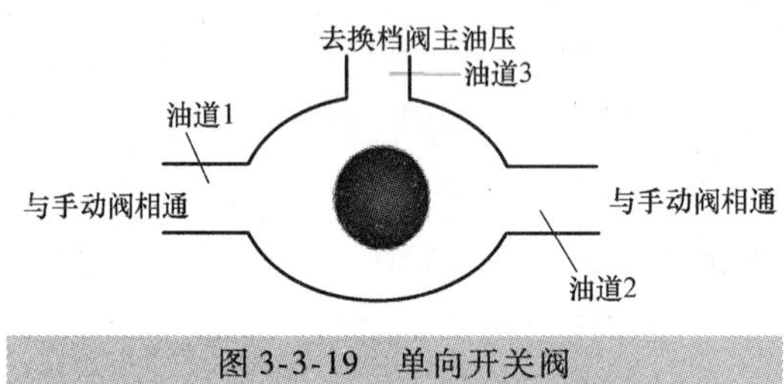

图 3-3-19　单向开关阀

单向开关阀主要作用是单向切换油道，以改变变速器油压的流动方向。

当油道 1 过来油压时，因油道 3 泄油把球阀推到右侧，堵死油道 3，使油压经油道 2 流出。当油道 3 过来油压时，因油道 1 泄油，球阀推到左侧封闭油道 1，使油压经油道 2 流出。

11. 电磁阀

油路图中有减轻各档冲击的调压电磁阀 N92；主油压调节电磁阀 N93，稳定 D2 档与 D3 档 K1 离合器主油压的开关电磁阀 N94；换档开关电磁阀 N88、N89、N90、N91。

12. N91 锁止离合器电磁阀

N91 锁止离合器电磁阀控制锁止减速阀和锁止控制阀在上下两个位置上切换，如图 3-3-20所示。

从图可知，当需要变矩器锁止时，N91 电磁阀关闭电磁阀泄油口，油道 1 的恒压将锁止控制阀和锁止减速阀同时上推，此时 B 腔与泄油口相通，将 B 腔作用在锁止减速阀上的上推油压逐渐从泄油口泄出，以逐渐减小锁止减压阀向上的推力，使锁止油压节流口逐渐开大，锁止压盘减速锁止，以消除锁止冲击。

当锁止离合器需要解除锁止时，电磁阀将锁止减速阀下腔油压泄除，锁止控制阀和锁止减压阀在弹簧力作用下下移，以关阀锁止油压节流口并打开去变矩器前端解锁油口，使变矩器油压由变矩器前端进入，推离锁止压盘使变矩器解锁。与此同时，一方面变矩油液经压盘流入后腔，并少部分经泄油节流口后，由小泄油口泄入冷却器。另一方面，变矩器油压还进入锁止减速阀 B 腔，以形成与弹簧的抗衡力，降低两滑阀下落速度。若该电磁阀失效，变矩器无锁止。若锁止减速阀卡在阀套中部，将造成半锁止油温过高的故障。若锁止减速阀卡在上端，将造成不能解锁，制动时发动机熄火等故障。

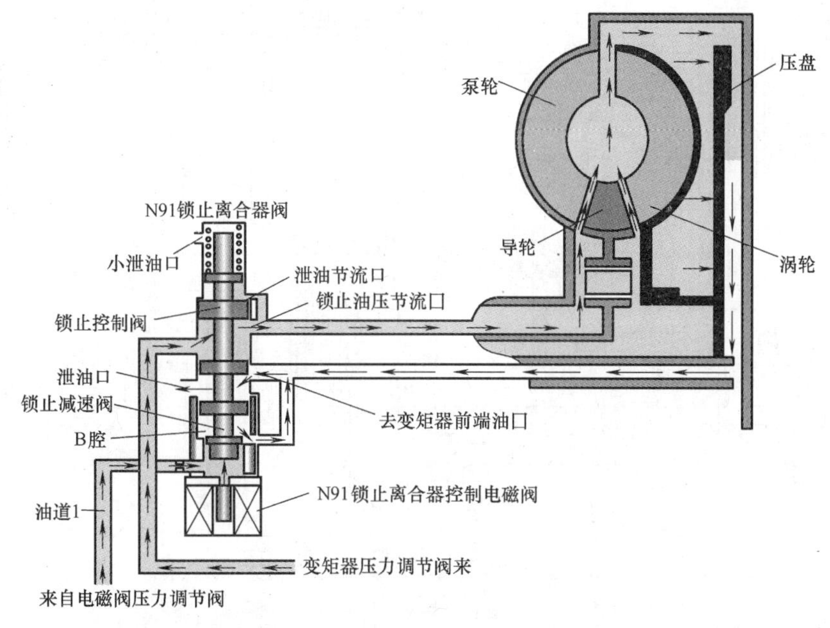

图 3-3-20　锁止离合器阀在锁止工况

第四节　01M 自动变速器电控液压油路工作原理

一、N 位油路工作原理

N 位油路如图 3-4-1 所示。

当变速杆在 N 位，汽车处在停车状态时，电脑根据档位信号、发动机转速信号和节气门位置信号，经处理后发出指令，使 N88、N89、N90、N91、N92、N94 电磁阀开启泄油，使相关各滑阀原地待命。N93 调压电磁阀占空比调整主油压，使主油压降低至维持润滑的程度。又因手动阀把去各档换档阀的油道关闭，于是各离合器和制动器都不工作。

N 位油液走向如下。

(1) 主油压调节阀输出

从图 3-4-1 可知，主油压调节阀将 N93 调压电磁阀占空比控制的油压，送入主油压调节阀左腔，通过控制主油压调节阀滑阀的移动，调节节流口开度，以便将主调压阀送入的主油压，调节成去主调压阀的控制油压，然后将此电控油压送入主调压阀，控制主调压阀输出主油压。

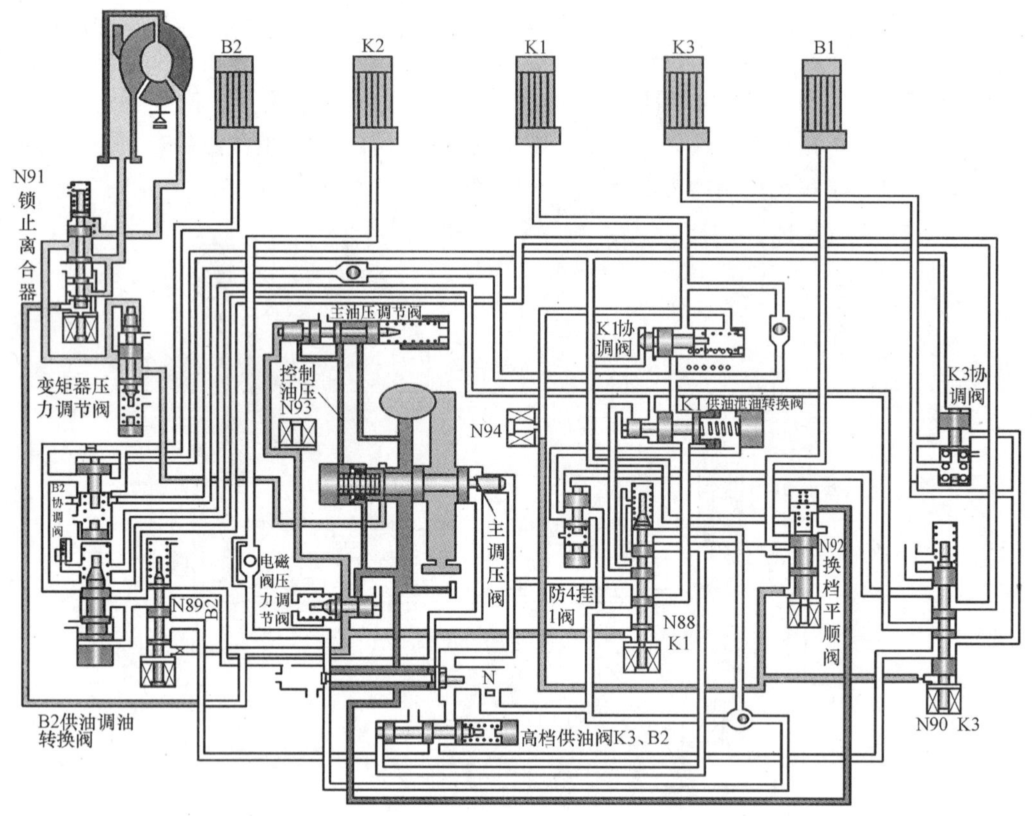

图 3-4-1 N 位油路

可见，该阀是一个电控调压阀，作用是修正主调压阀输出的主油压。

(2) 主调压阀输出

1) 主调压阀将主油压送入手动阀。

2) 主油压反馈回主调压阀，以便修正主调压阀输出的主油压。

3) 将主油压送入电磁阀压力调节阀。

4) 将主油压送入手动阀。

5) 主调压阀将主油压节流后送入变矩器压力调节阀。

(3) 电磁阀压力调节阀输出

主调压阀将主油压送入电磁阀压力调节阀，由电磁阀压力调节阀调出恒定油压。恒定油压分别送入：

1) 送入 N93 调压电磁阀修正主油压。

2）送入 N89 换档电磁阀泄油待命，送入 N91 锁止离合器控制电磁阀控制流入变矩器的油液流向。

3）送入 N94 开关电磁阀泄油待命，送入 N88 换档电磁阀泄油待命。

4）送入 N92 换档平顺电磁阀泄油待命，送入 N90 换档电磁阀泄油待命。

（4）手动阀输出

手动阀将主油压送入 N92 换档平顺阀。送入换档平顺阀的主油压 N 位时待命，换档瞬间通过电磁阀控制，将主油压送入各协调阀，以减轻换档冲击。

综上可知，N 位时只有主油压调节阀、主调压阀（又称次调压阀）、变矩器压力调节阀、电磁压力调节阀工作，以便调整出主油压和次油压及电磁压力调节阀的油压。

二、D1 档油路工作原理

手动阀从 N 位移至 D 位，D1 档油路如图 3-4-2 所示。

当变速杆入 D 位，车速在 D1 档范围时，电脑根据档位信号、车速信号及节气门位置信号等，使 N93 电磁阀工作，N92、N94 电磁阀根据档位需要工作，N88、N89、N91 电磁阀泄压，各滑阀均在下端，N88 换档阀在下端，手动阀将主油压送入离合器 K1。N89 换档阀在下端，切断制动器 B2 油路。N90 电磁阀停止泄油，使 N90 换档阀上移，切断去离合器 K3 的油路。

因离合器 K1 工作，又由于旋转方向使单向离合器 F 锁止，于是输出 D1 档。

D1 档油液走向如下：

（1）主油压调节阀输出

从图 3-4-1 可知，主油压调节阀将 N93 调压电磁阀占空比控制的油压，送入主油压调节阀左腔，通过控制主油压调节阀滑阀的移动，调节节流口开度，以便将主调压阀送入的主油压，调节成去主调压阀的控制油压，然后用此电控油压送入主调压阀，控制主调压阀输出主油压。

可见，该阀是一个电控调压阀，作用是修正主调压阀输出的主油压。

（2）主调压阀输出

1）主调压阀将主油压送入手动阀。

2）主调压阀主油压反馈回主调压阀，以便修正主调压阀输出的主油压。

3）主油压送入电磁阀压力调节阀。

4）主油压节流泄压送入变矩器压力调节阀。

（3）电磁阀压力调节阀输出

主调压阀将主油压送入电磁阀压力调节阀，由电磁阀压力调节阀调出恒定油压。恒定油压分别送入以下各处：

1）送入 N93 调压电磁阀修正主油压。

2）送入 N89 换档电磁阀泄油使滑阀在下端；送入 N91 锁止离合器控制电磁阀泄油使滑阀在下端，控制流入变矩器的油液流向。

3）送入 N94 开关电磁阀，该电磁阀在 D1 档与 D4 档待命，只在 D2 档与 D3 档时工作；送入 K1 协调阀右腔，使 K1 协调阀在 D2 档与 D3 档稳定离合器 K1 油压。

4）送入 N92 换档平顺电磁阀，控制去各协调阀油压，以控制流入制动器和离合器主油

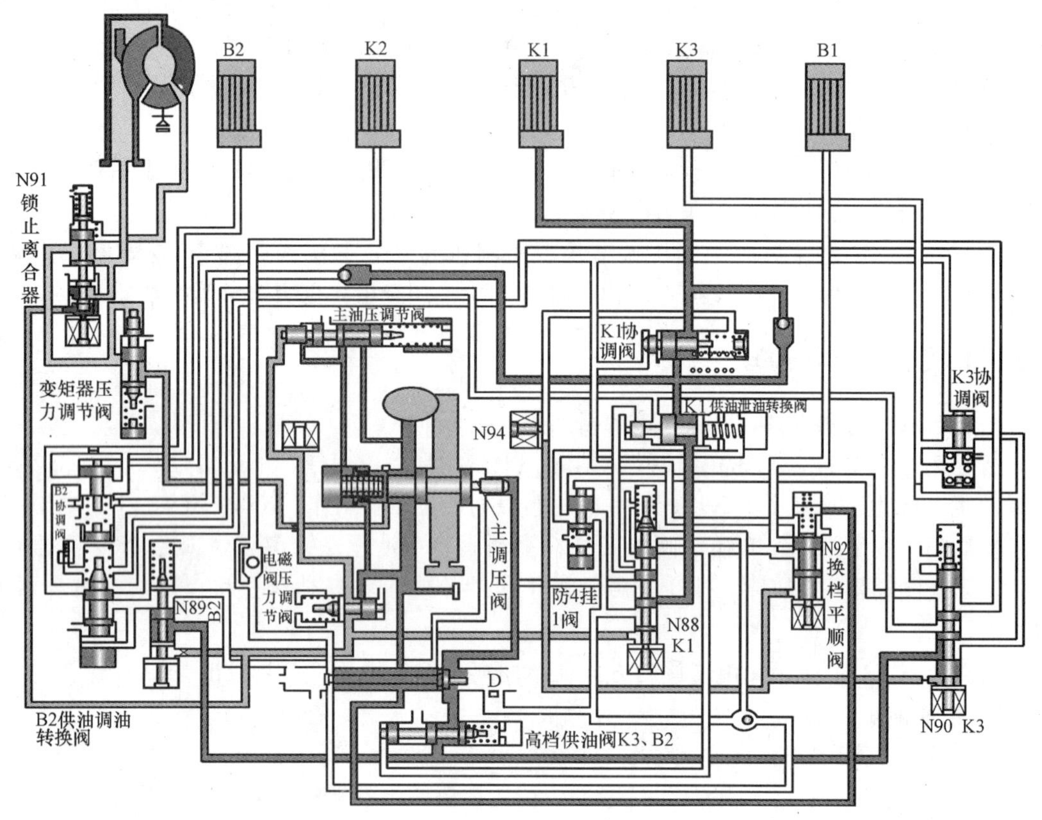

图 3-4-2 D1 档油路

压的流速，减轻换档冲击；送入 N90 换档电磁阀停止泄压，推阀移动至上端。

综上所述，各电磁阀除调压外，还为去 K1 离合器的油压打通通道。

（4）手动阀输出

手动阀将主油压送入高档供油阀后分别送入以下各处：

1）送入 N89 换档阀待命。

2）送入 N90 换档阀待命。

3）主油压倒档时送入主调压阀右端，修正主油压。

4）手动阀将主油压送入 N88 换档阀后，进入 K1 供油泄油转换阀后，经 K1 协调阀和单向阀送入离合器 K1。

5）手动阀将主油压送入 N92 换档平顺阀，由换档平顺电磁阀将主油压在换档瞬间送入各协调阀，以控制流入制动器或离合器的主油压流速和流量。

（5）变矩器压力调节阀输出

主调压阀节流后的油压，进入变矩器压力调节阀再次调压后，经 N91 锁止离合器控制阀送入液力变矩器。

综上可知，K1 离合器，单向离合器 F 工作，变速器升入 D1 档。

三、D2 档油路工作原理

D2 档油路如图 3-4-3 所示。从图可知，它与 D1 档的差别仅是 N89 换档阀上移，接通去制动器 B2 油路。

（1）主油压调节阀输出

从图 3-4-3 可知，油泵油压送入主油压调节阀，经 N93 电磁阀调整节流口开度，将主油压调整成去主调压阀的控制油压。

去主调压阀的控制油压，控制主调压阀调节滑阀打开节流口开度大小，以便修正主油压。

可见，该阀是一个电控调压阀，作用是修正主调压阀输出的主油压。

（2）主调压阀输出

1）主调压阀将主油压送入手动阀。

2）主油压反馈回主调压阀，以便修正主调压阀输出的主油压。

3）主油压送入电磁阀压力调节阀。

4）主调压阀将主油压节流后送入变矩器调压阀。

（3）电磁阀压力调节阀输出

主调压阀将主油压送入电磁阀压力调节阀，由电磁阀压力调节阀调出恒定油压。恒定油压分别送入以下各处：

1）送入 N93 调压电磁阀修正主油压。

2）送入 N89 换档电磁阀，电磁阀关闭停止泄油，将 N89 换档阀推移至上端，接通去制动器 B2 油路；送入 N91 锁止离合器控制电磁阀，控制流入变矩器的油液流向，以控制变矩器锁止或解锁。

3）送入 N94 电磁阀，仅 D2 档、D3 档工作，将恒压送入 K1 协调阀右端，以控制离合器 K1 有稳定的主油压；送入 N88 换档电磁阀，电磁阀开启泄油，使滑阀移至下端，接通去离合器 K1 的油路。

4）送入 N92 换档平顺电磁阀，换档瞬间控制各协调阀打开节流口开度大小，以便瞬间控制去各档离合器或制动器油液的流量，消除换档冲击；送入 N90 换档电磁阀，电磁阀关闭停止泄油，将滑阀推到上端。

（4）手动阀输出

1）手动阀将主油压送入高档供油阀，经已上行的 N89 换档阀后，送入 B2 供油泄油转换阀下端，推阀上行。再由 B2 供油泄油转换阀将主油压分别送入 N90 换档阀待命。

2）送入 B2 协调阀后，送入制动器 B2。

3）手动阀将主油压送入高档供油阀后，送入已上行的 N90 换档阀待命。

4）将主油压送入主调压阀右腔，以修正主油压。倒档时将右腔油压泄掉，以提高倒档主油压。主油压送入 N88 换档阀后，经 K1 供油泄油转换阀，再经 K1 协调阀和单向阀送入离合器 K1。

5）手动阀将主油压送入 N92 换档平顺阀，由换档平顺电磁阀将主油压送入各协调阀。

（5）变矩器压力调节阀输出

主调压阀节流后的油压，送入变矩器压力调节阀再次调压后，经 N91 锁止离合器控制阀送入液力变矩器。

综上可知，D2 档 K1 离合器工作，制动器 B2 工作，变速器升入 D2 档。

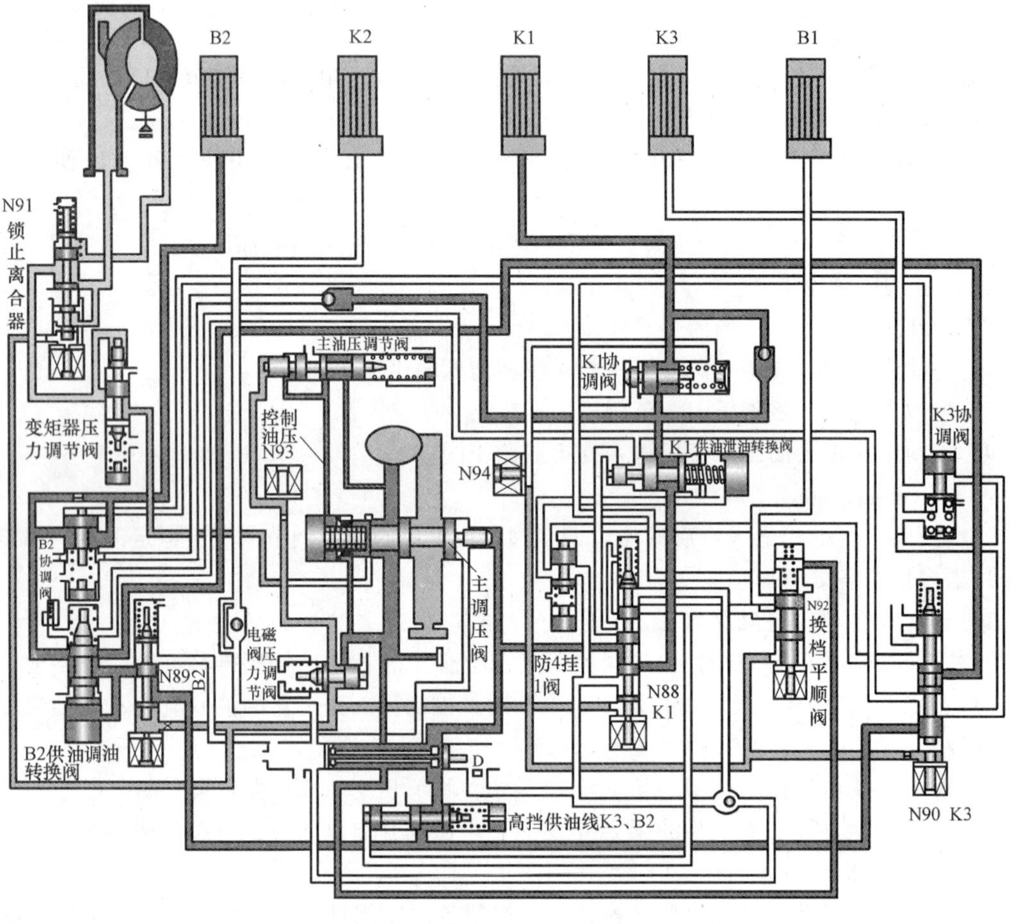

图 3-4-3　D2 档油路

四、D3 档油路工作原理

D3 档油路如图 3-4-4 所示。

（1）主油压调节阀输出：

从图可知，主调压阀主油压送入主油压调节阀，经 N93 电磁阀调整节流口开度，将油泵油压调整出主调压阀的控制油压。

控制油压送入主调压阀，以控制主调压阀输出主油压。

综上可知，该阀输出油压受控于 N93 脉冲调压电磁阀。

（2）主调压阀输出：

1）主调压阀将主油压送入手动阀。

2）主调压阀将主油压反馈回主调压阀，以便修正主调压阀输出油压。

3）主油压送入电磁阀压力调节阀，以便将主油压调节成去各电磁阀的恒定油压。

4）主调压阀节流后的油压，送入变矩器压力调节阀，由变矩器压力调节阀调压后，经N91变矩器锁止阀转送入变矩器。若该阀卡滞、泄漏或弹簧疲劳，均会引起液力变矩器工作不良。

（3）电磁阀压力调节阀输出

主调压阀将主油压送入电磁阀压力调节阀，由电磁阀压力调节阀调出恒定油压。恒定油压分别送入：

1）送入N93调压电磁阀修正主油压。

2）送入N89换档电磁阀，电磁阀开启泄油，使换档滑阀在下端；送入N91锁止离合器控制电磁阀，控制流入变矩器的油液流向。

3）送入N94开关电磁阀，该阀仅在D2档、D3档时工作，送入K1协调阀右端，稳定离合器K1的主油压；送入N88换档阀电磁阀开启泄油，使滑阀在下端。

4）送入N92换档平顺阀电磁阀，控制平顺阀打开节流口开度，将主油压在换档瞬间送入各协调阀，以控制去制动器和离合器主油压的流量，减轻换档冲击。

5）送入N90换档电磁阀，电磁阀开启泄油，使滑阀在下端。若该阀弹簧疲劳、滑阀泄油、滑阀卡滞，均会导致所有电磁阀工作失常，使各档工作均不良。

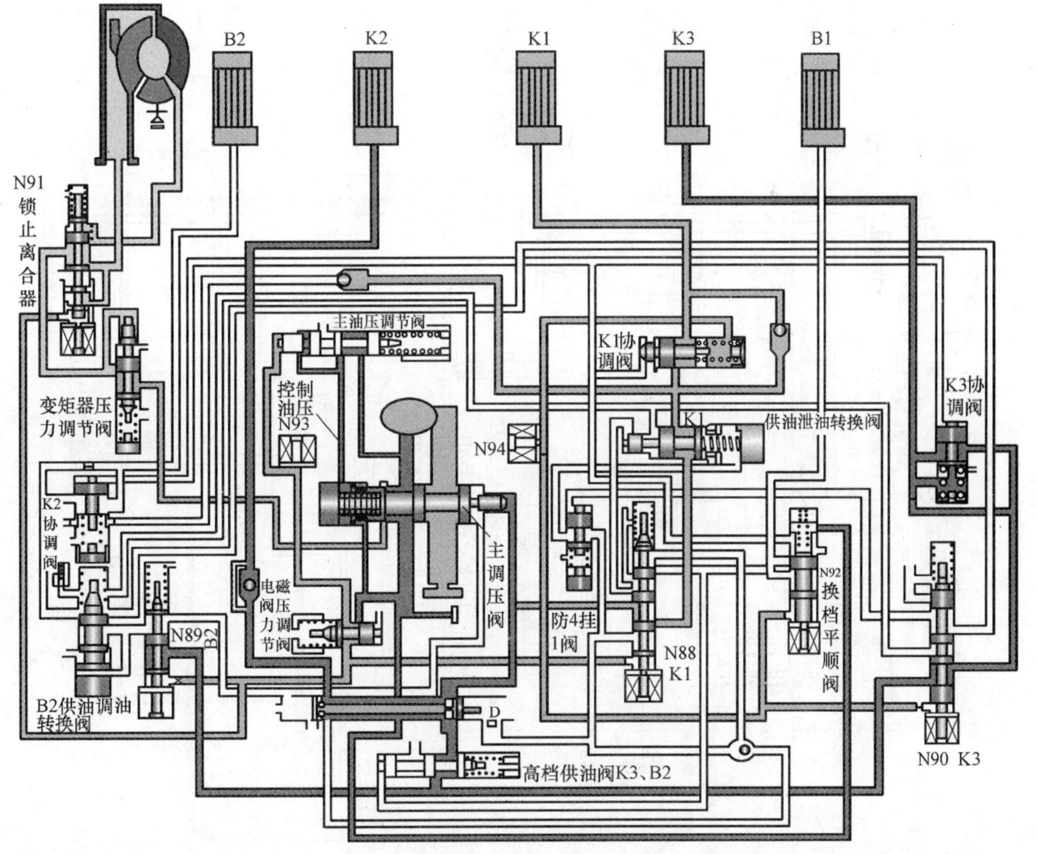

图3-4-4　D3档油路

（4）手动阀输出

1）手动阀将主油压送入高档供油阀后，由高档供油阀分别送入 N89 换档阀待命；由高档供油阀送入 N90 换档阀后，送入 K3 协调阀，最后送入离合器 K3。

2）手动阀将主油压送入主调压阀右端，修正主调压阀输出油压。倒档时由手动阀泄压以提高主油压。

3）送入 N88 换档阀后，送入 K1 供油泄油转换阀，后经 K1 协调阀和单向阀送入离合器 K1。

4）手动阀将主油压送入 N92 换档平顺阀，由换档平顺电磁阀将主油压在换档瞬间送入各协调阀。

（5）变矩器压力调节阀输出

主调压阀节流的油压送入变矩器压力调节阀，调压后经 N91 锁止离合器控制阀控制进入变矩器油液的走向，以决定是否锁止。

综上可知，D3 档 K1 离合器和 K3 离合器工作。

五、D4 档油路工作原理

D4 档油路如图 3-4-5 所示。

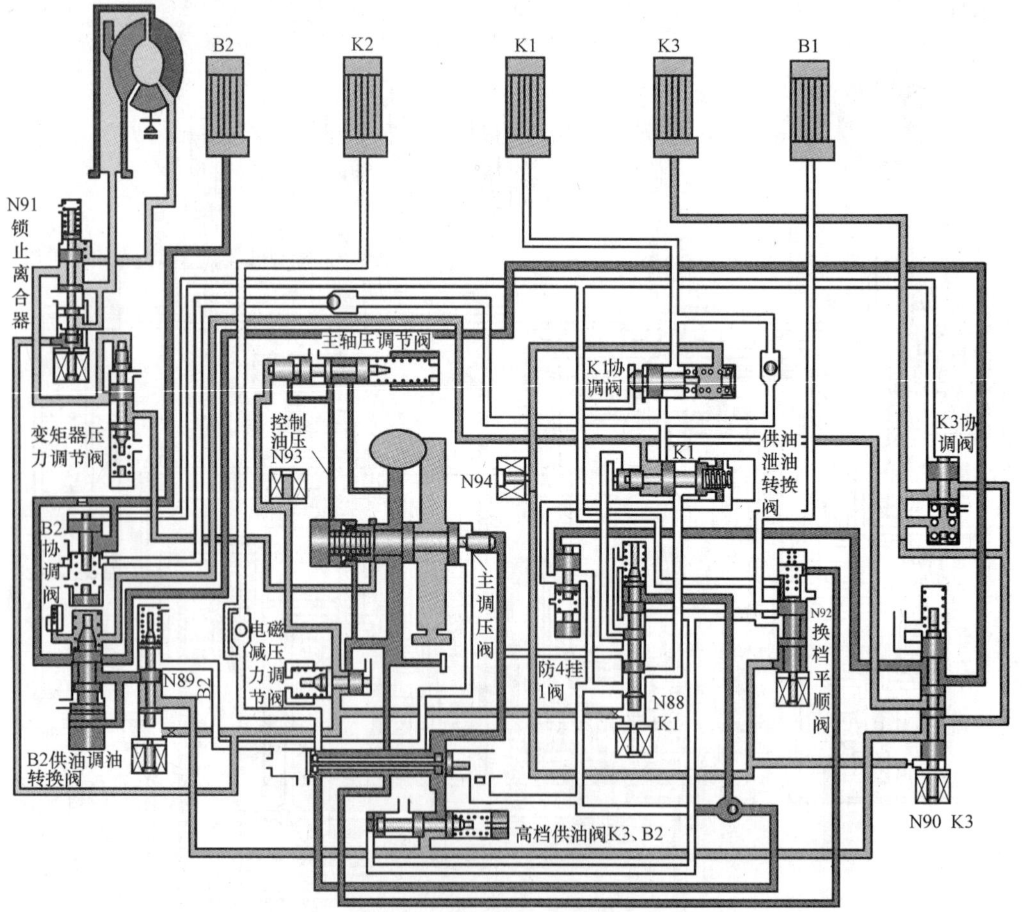

图 3-4-5　D4 档油路走向

（1）主油压调节阀输出

从图 3-4-3 可知，主调压阀将主油压送入主油压调节阀，经 N93 电磁阀调整节流口开度，将主油压调整成去主调压阀的控制油压。

去主调压阀的控制油压，控制主调节滑阀打开节流口开度的大小，以便修正主油压。

可见，该阀是一个电控调压阀，作用是修正主调压阀输出的主油压。

（2）主调压阀输出

1）主调压阀将主油压送入手动阀。

2）主调压阀将主油压反馈回主调压阀，以便修正主调压阀输出油压。

3）主油压送入电磁阀压力调节阀，以便将主油压调节成去各电磁阀的恒定油压。

4）主调压阀节流后的油压，去变矩器压力调节阀，由变矩器压力调节阀调压后经 N91 变矩器锁止阀送入变矩器。若该阀卡滞、泄漏或弹簧疲劳，均会引起液力变矩器工作不良。

（3）电磁阀压力调节阀输出

主调压阀将主油压送入电磁阀压力调节阀，由电磁阀压力调节阀调出恒定油压分别送入以下各处：

1）送入 N93 调压电磁阀以修正主油压。

2）送入 N89 换档电磁阀，电磁阀关闭，停止泄油，推阀上行，接通去制动器 B2 油路；送入 N91 锁止离合器控制电磁阀，控制流入变矩器的油液流向。

3）送入 N94 电磁阀，该阀 D2 档、D3 档时工作，将恒压送入 K1 协调阀右腔，以稳定 K1 协调阀，使离合器 K1 油压稳定。

4）送入 N88 换档电磁阀，电磁阀关闭，停止泄油，推阀上行，将主油压送入 K1 供油泄油转换阀，K1 泄压。

5）送入 N92 换档平顺阀电磁阀，换档瞬间将主油压送入各协调阀，消除换档冲击；送入 N90 换档电磁阀，电磁阀开启泄油，使滑阀在下端，以接通去离合器 K3 油路。

（4）手动阀输出

1）手动阀将主油压送入高档供油阀后，由高档供油阀分别送入 N89 换档阀后，送入 B2 供油泄油转换阀下端推阀上行，送入 N90 换档阀后送入防 4 挂 1 阀推阀下行，使 K1 供油泄油转换阀右腔封闭，防止 N88 换档阀下移，使离合器 K1 工作；B2 高档供油阀将主油压经 B2 协调阀送入制动器 B2。

2）由高档供油阀将主油压送入 N90 换档阀后经 K3 协调阀，送入 K3 离合器。

3）主油压送入主调压阀右端，以便修正主调压阀输出油压，倒档时从手动阀泄掉主调压，阀右腔油压。

4）送入 N88 换档阀后送入 K1 供油泄油转换阀左端，推阀至右端，泄掉 K1 离合器油压。

5）手动阀将主油压送入 N92 换档平顺阀，由换档平顺电磁阀将主油压调节成去各协调阀的油压。

（5）变矩器压力调节阀输出

主调压阀节流后油压送入变矩器压力调节阀，由变矩器压力调节阀调出的变矩器油压，经 N91 锁止离合器控制阀后送入液力变矩器。

综上可知，D4 档制动器 B2 工作，离合器 K3 工作。

六、R 位油路工作原理

R 位油路如图 3-4-6 所示。

当变速杆入 R 位，电脑指令 N88、N89 、N90、N91 电磁阀开启泄油，使 N88、N89、N90、N91 换档阀移至下端。离合器 K2 和制动器 B1 工作，自动变速器进入倒档。

（1）主油压调节阀输出

从图 3-4-6 可知，主调压阀将主油压送入主油压调节阀，经 N93 电磁阀调整节流口开度，将主油压调整成去主调压阀的控制油压。

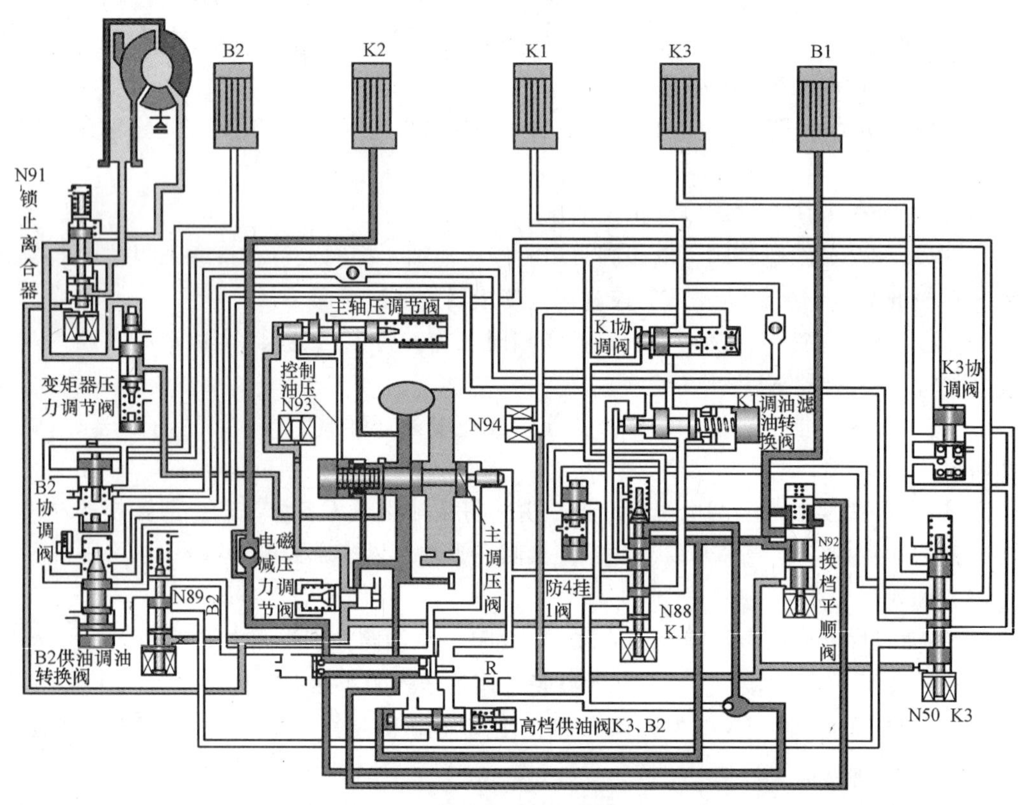

图 3-4-6　R 档油路走向

去主调压阀的控制油压，控制主调压阀调节滑阀打开节流口开度的大小，以便修正主油压。

可见，该阀是一个电控调压阀，作用是修正主调压阀输出的主油压。

（2）主调压阀输出

1）主调压阀将主油压送入手动阀。

2）主调压阀将主油压反馈回主调压阀，以便修正主调压阀输出油压。

3）主油压送入电磁阀压力调节阀，以便将主油压调节成去各电磁阀的恒定油压。

4）主调压阀节流后的油压，去变矩器压力调节阀，由变矩器压力调节阀调压后经 N91

变矩器锁止阀送入变矩器。

若该阀卡滞、泄漏或弹簧疲劳，均会引起各档及液力变矩器工作不良。

（3）电磁阀压力调节阀输出

由主调压阀将主油压送入电磁阀压力调节阀，将主油压调成恒定油压并分别送入以下各处：

1）送入 N93 调压电磁阀修正主油压。

2）送入 N89 换档电磁阀，电磁阀开启泄油，使滑阀在下端，泄去制动器 B2 油压，送入 N91 锁止离合器控制电磁阀，控制流入变矩器的油液流向。

3）送入 N94 电磁阀待命；送入 N88 换档电磁阀，电磁阀开启泄油，使滑阀在下端，以便将主油压送入 B1 制动器。

4）送入 N92 换档平顺电磁阀待命；送入 N90 换档电磁阀，电磁阀开启泄油，使滑阀在下端，将 K3 离合器油压泄掉。

（4）手动阀输出主油压走向

1）手动阀将主油压直接送入离合器 K2。

2）手动阀将主油压送入换档平顺阀待命。

3）手动阀将主油压送入 N88 换档阀后分别送入高档供油阀推阀右移；送入制动器 B2。

4）手动阀将主调压阀右腔主油压泄掉，以提高倒档时的主油压。

（5）变矩器压力调节阀输出

主调压阀节流后的油压，送入变矩器压力调节阀，由变矩器压力调节阀调出的变矩器油压，经 N91 锁止离合器控制阀控制流向后，送入液力变矩器。

七、个别调压阀及开关阀的分析

在各型变速器中，除主调压阀、次调压阀（变矩器压力调节阀）、手动阀、换档阀的名称几乎不变外，有些阀虽然作用完全相同，但名称并不相同。

1. 恒压调节阀

给所有电磁阀供油的调压阀，均是一个恒定压力的调压阀，有些油路图叫电磁阀压力调节阀，有的则叫控制阀，而无级自动变速器则叫离合器减压阀。

但它们均向油路中各电磁阀送油，是一个弹簧调压阀，可调出恒定油压。

从图 3-4-6 可知，当被调整的主油压输出给电磁阀压力调节阀后，通过节流口输出的油压，一部分反馈给该阀与弹簧相对的阀腔内，该油压上升到克服弹簧弹力，将滑阀关闭节流口时，输出油压便恒定在弹簧关阀时的弹力，因此该阀始终不断开闭以便稳定送入各电磁阀的恒定油压，保证各电磁阀准确输出设定油压。因为该阀在各档均向各电磁阀提供恒定油压，若该阀弹簧疲劳、折断、滑阀严重磨损或卡滞等，会导致各档工作不良的故障。

2. 供油泄油转换阀

从图 3-4-6 还知，油路图中还有一个供油泄油转换阀，它的作用是什么，要从它的油路走向来判断。因离合器 K1 在 D1 档、D2 档、D3 档和倒档均工作，当 N88 换档阀在 D4 档移动到上端，主油压便将供油泄油转换阀推到右端，既切断向离合器 K1 供油，又使 K1 离合器通过供油泄油转换阀，将离合器 K1 内的油压泄出，以保证在 D4 档时解除离合器 K1 的工作。可见，它是向离合器或制动器供油和泄油的开关阀。

如果 N88 卡在上端，或供油泄油转换阀卡在右侧，则该变速器丢失 D1 档、D2 档、D3 档和 R 档。

3. N94 电磁阀

同理、怎样分析特殊阀的作用，还是要从它的油路走向来判断。从图 3-4-6 可知，N94 电磁阀由电磁阀压力调节电磁阀供给恒定油压，由电脑控制该电磁阀向 K1 协调阀右腔供油。

从油路图中已知，K1 协调阀左腔由 N92 换档平顺电磁阀在各档切换时，占空比调压向协调阀左腔供油，瞬间向右推阀，使 K1 协调阀瞬间泄油，减少进入 K1 离合器内油液的流速，以减轻换档冲击。

又因换档平顺阀各档均向 K1 协调阀送油，为此、在变速器进入 1 档后，便使 N94 电磁阀向协调阀右腔供油，以便抗衡在 D2 档、D3 档时由换档平顺阀送入 K1 协调阀左腔的油压，使 K1 协调阀在 D2 档、D3 档时稳定不动，以确保 K1 离合器有稳定油压。若 D2 档、D3 档同时有冲击故障，应重点检查 N94 电磁阀。

八、分析各型自动变速器油路的规律

通过以上讲解，已将 01M 自动变速器各档油路循环分析透彻了，便可顺理成章地感悟和总结出所有自动变速器油路的规律。用以下规律，便可掌握所有自动变速器的油路。

1）分析自动变速器油路时，首先找出主调压阀，然后找出变矩器调压阀、手动阀、换档阀、电磁阀。

2）所有变速器油路中的主调压阀的主油压，均通过开关阀、开关电磁阀、调压阀、调压电磁阀向液力变矩器、离合器、制动器、换档机构、单向阀、蓄能器、伺服机构等供油。

3）变速器中所有电磁阀输入端的油压，均由一个恒定油压调压阀供给。

4）油路中各换档阀根据档位需要，均只在两个位置上切换。

5）所有行星齿轮式自动变速器各档油路循环中，只有换档阀输出的油路走向随档位的变化在两条油路中切换，其他各阀进出油路的走向在各档循环中均无变化。因此，只要熟知了 D1 档油路走向，其他各档油路走向便可触类旁通。

第五节　行星轮式自动变速器结构、传动、故障诊断分析技巧

下面介绍怎样利用以上所学知识，来分析 01M 四档变速器、宝马六档自动变速器、雷克萨斯八档自动变速器、宝马九档自动变速器的结构和传动并掌握故障诊断技巧。

一、利用档位和油路图诊断故障技巧

1. 行星轮式自动变速器的主要故障点

1）变速器本体部分主要故障点为液力变矩器、油泵、离合器、制动器、单向离合器和变速杆。

2）阀体部分主要故障点为手动阀、主调压阀、变矩器调压阀、个别调压阀、换档阀、电磁阀、滑阀、单向阀和蓄能器。

2. 判断故障的最佳程序

1）路试确认哪个档工作不良。

2）确认有故障的档内哪个离合器、制动器、单向离合器工作不良。

3）确认是离合器还是制动器本身不良，或是与之相关的油路不良。

4）分析每个换档阀不在设定位置时丢掉的档位。

5）检查故障档离合器或制动器油路中的电磁阀、滑阀、单向阀、蓄能器。

3. 宏观诊断

如果手头没有资料，根据故障现象，按以下大致方向诊断。

（1）所有档均丢失

1）检查油泵。检查油泵安全阀弹簧和滑阀是否卡滞。

2）检查主油压。大多数变速器均有油压检试孔，检查主油压调压电磁阀，检查滑阀是否卡滞、读数据流。

3）检查变矩器。检测发动机转速传感器与变速器输入轴转速传感器。

4）检查变速杆与手动阀连接是否脱落

（2）个别档丢失

1）检查离合器。检查离合器是否严重磨损或损坏。检查与离合器相关油路中各阀。

2）检查制动器。检查制动器是否严重磨损或损坏。检查制动器相关油路中各阀。

3）检查单向离合器。检查故障档内是否有起制动作用的单向离合器打滑。

4）换档阀是否不在设定位置。每个换档阀均有两个设定位置，若换档电磁阀失效，或滑阀卡滞，会使某些离合器无油压，导致相关档丢失。

（3）所有档均冲击

1）检查主油压是否过高。

2）检查变速器油质。

3）检查油路中调压阀。检查油路中各换档瞬间起减压作用的调压电磁阀或调压滑阀，如01M自动变速器中N92换档平顺调压电磁阀失效，或滑阀卡滞运动不畅，便会导致各档均产生换档冲击故障。

4）学习匹配。若因检修或更换电脑，或因检修使程序错乱导致换档时机不当，会使自动变速器各档换档点错乱，使变速器各档换档瞬间均产生冲击。

（4）个别档冲击

1）检查离合器。检查冲击档离合器片间隙是否因磨损过大及活塞卡滞等。

2）检查制动器。检查冲击档制动器片间隙是否因磨损过大及活塞卡滞等。

3）检查单向离合器。检查冲击档内是否有单向离合器，如有则单向离合器打滑。

4）检查单向阀。检查冲击档内是否有单向阀，如有检查是否丢失或密封不良。

5）检查蓄能器。检查冲击档内是否有蓄能器，如有应检查弹簧是否折断，活塞是否泄漏、卡滞等。

6）检查调压阀。检查油路中主管个别档换档冲击的滑阀是否卡滞，如01M自动变速器K1协调阀卡滞或运动不畅，会导致D1档换档冲击。B2协调阀控制制动器B2，而制动器B2既在D2档时工作，又在D4档时工作，所以，若D2档与D4档均产生冲击，应检查B2

协调阀是否失效。

二、01M 自动变速器故障诊断技巧

下面以 01M 自动变速器为例，介绍怎样分析和判断自动变速器故障。

从执行元件工作表 3-5-1 可知：

若 K1 离合器或其相关油电路失控，会使 D1、D2、D3、1 档均工作不良或丢档；若 K2 离合器或其相关油电路失控，会使 D3、倒档均工作不良或丢档； 若 K3 离合器或其相关油电路失控，会使 D4 档工作不良或丢档；若 B1 制动器或其相关油电路失控，必使 1 档和倒档均工作不良或丢档；若 B2 制动器或其相关油电路失控，会使 D2 档和 D4 档均工作不良或丢档；若单向离合器失效，会丢失 D1 档。

1. 变速器只无倒档的诊断

当通过路试，确认只无倒档时，首先应确认参与倒档工作的是哪一个离合器和制动器。通过前面总结出的规律，或查阅修理手册执行元件表（表 3-5-1）可知，该变速器倒档时，离合器 K1 和制动器 B1 工作。可见两者肯定有一个不工作，那么究竟是哪一个工作不良呢？可由与其他档对比确认。

表 3-5-1 01M 自动变速器执行元件工作表

档位	K1 离合器	K2 离合器	K3 离合器	B1 制动器	B2 制动器	F 单向离合器
D1	○					○
D2	○				○	
D3	○	○				
D4			○		○	
1	○			○		
R		○		○		

因 B1 制动器还参与 1 档工作，1 档正常，则制动器 B1 肯定良好。于是可断定无倒档是因 K2 离合器或相关油电路不良造成的。

能使个别离合器或制动器无油压的主要原因是，个别换档阀不在设定的位置上。因此，首先应分析换档阀。

该变速器共有三个换档阀，每个换档阀均有两个位置，从各档油路图中可知：

(1) N88 换档阀位置与档位的关系

D1 档、D2 档、D3 档、倒档、1 档，N89 换档阀在下端，D4 档，N89 换档阀移动至上端。

可见，若 N88 换档阀卡在上端，必同时丢失 D1 档、D2 档、D3 档、倒档、1 档，不会只无倒档。若因 N88 换档电磁阀失效，换档阀不能上移，则只无 D4 档。可见无倒档与 N88 换档阀及电磁阀无关。

(2) N89 换档阀的位置与档位的关系

D1 档、D3 档、倒档，N89 换档阀在下端，D2 档、D4 档，N89 换档阀在上端。

可见，若 N89 换档阀卡在上端，便同时丢失 D1 档、D3 档、倒档，不会只无倒档。若 N89 电磁阀失效，便同时无 D2 档和 D4 档。可见，无倒档与 N89 换档阀及电磁阀也无关。

（3）N90 换档阀位置与档位的关系

D1 档、D2 档，N90 换档阀在下端，D3 档、D4 档、倒档，在上端。

可见，若 N90 换档阀卡在上端，会同时丢失 D1 档、D2 档，若 N90 换档电磁阀失效，便同时无 D3 档、D4 档、倒档，不会只无倒档。可见，无倒档与 N90 换档阀及电磁阀也无关。

既然与换档阀及电磁阀无关，便可断定离合器 K2 损坏，只分解检查离合器 K2，无须分解检查阀体。

2. 01M 自动变速器各档均丢失的诊断

自动变速器无前进档、无倒档、无 1 档，各档全无肯定与离合器、制动器和单向离合器无关，因为这三器不可能同时损坏。

造成自动变速各档全无的主要原因：

1）无主油压。

2）液力变矩器不传递转矩。

3）变速杆脱落。

4）某换档阀位置不档。

本着先外后内、先简后繁的程序，经检查前三项均正常，那就只有从油路图中分析是否有某换档阀位置不当。

从油路图中知，该变速器中有三个换档阀，每个换档阀均只有两个位置。

（1）N88 换档阀

D1 档、D2 档、D3 档、倒档、1 档，N88 换档阀均在下端，D4 档，N88 换档阀移动至上端。

可见，若 N88 换档阀卡在上端，会导致变速器丢失 D1 档、D2 档、D3 档、倒档和 1 档，变速器各档均丢失。

（2）N89 换档阀：

D1 档、D3 档、倒档，N89 换档阀在下端，只 D2 档、D4 档，N89 换档阀在上端。因此，若 N89 换档电磁阀失效，换档阀不能切换到上端，会导致无 D2 档、D4 档。若 N89 换档阀卡在上端，会导致无 D1 档、D3 档、倒档。

（3）N90 换档阀

D1 档、D2 档，N90 换档阀在下端，只有 D3 档、D4 档、倒档时，N90 换档阀在上端。

由此可知，该故障只需检查 N88 换档阀是否卡滞。

3. 01M 自动变速器行驶中所有档均换档冲击

造成自动变速器各档均产生换档冲击的主要故障原因：

1）主油压过高

2）油质不佳

3）主要传感器不良，导致换档时机不当。

4）电控系统失控使换档时机不当。

5）各换档瞬间，给离合器和制动器减压的调压阀不良。

本着先外后内、先简后繁的顺序逐项检查：

检查主油压、油质，均无问题。检测发动机转速传感器、节气门位置传感器、车速传感器，均正常。

对自动变速器匹配后各档冲击仍无改善。

查阅油路图中调压阀可知，01M 自动变速器中有一个 N92 换档平顺电磁阀，该电磁阀在各档换档瞬间通断电，同时控制三个协调阀的开度，通过三个协调阀，控制离合器 K1、K3 和制动器 B2 的接合速度，使变速器在各档均不会产生冲击。

因此，该故障应检查 N92 电磁阀，若电磁阀良好，再拆卸阀体，检查 N92 滑阀。

4. 01M 自动变速器只 D2 档、D3 档换档冲击

造成变速器个别档冲击的主要原因：

1）只参与冲击档工作的离合器、制动器或单向离合器不良

2）冲击档内有蓄能器或单向阀不良

3）油路图中给冲击档瞬间减压的调压阀或电磁阀不良

应检查个别离合器、制动器是否卡滞或运动不畅，或因磨损导致间隙过大，需分解自动变速器。

检查冲击档内的蓄能器或单向阀时，也需分解自动变速器的阀体。

检查冲击档内调压阀也需分解阀体，因此若与电磁阀有关，应先检查电磁阀。

从 01M 自动变速器油路图中知，控制换档冲击的调压阀有 N92 换档平顺阀，但它如不良会使各档均产生换档冲击。此外，油路图中还有三个协调阀，它们如不良只会使相关的一个档冲击，不会造成 D2 档、D3 档均产生冲击。

从油路图分析中还知，N94 电磁阀在 D2 档、D3 档时向 K1 协调阀右腔送油，与换档平顺阀在 D2 档、D3 档换档瞬间，送入 K1 协调阀左腔的油压抗衡，使 K1 协调阀在 D2 档、D3 档时稳定不动，稳定离合器 K1 在 D2 档、D3 档时的油压，使 D2 档、D3 档不会产生冲击。

因此、应检查 N94 电磁阀，不必分解变速器及阀体。

通过以上故障分析可知，只有通晓结构原理，才能使故障诊断有的地放失，避免盲目拆卸，才能提高技能。

5. 01M 自动变速器液压阀体检修

我们不厌其烦地将油路中各阀的油路走向、工作原理及其在油路中的作用介绍得一清二楚，并将各档油路走向及工作原理也介绍得明明白白，其目的是总结出所有自动变速器油路的规律。掌握油路的规律后，便可很容易分析所有自动变速器的油路，做到故障诊断有的放矢。

只有掌握油路中每一个阀在油路中起什么做用，每条油路的走向及经过哪些调压阀和电磁阀，才能在变速器出现故障时，通过故障现象判断是机械故障还是油路故障。

由于自动变速器的很多故障产生在阀体内，根据油路图和故障现象可初步判断故障与油路图中哪部分有关，才能准确拆卸阀体。

拆卸与装配任何自动变速器的阀体，没有什么窍门可找，也无任何捷径可走，只要牢记怎样拆下，再按相反顺序原样装回便可。

01M 自动变速器阀体结构如图 3-5-1 所示。拆卸阀体时应注意以下问题：

1）拆卸前应将阀体总成清洗干净，并将其平置后用橡皮锤四处敲击阀体，通过振动使各球阀或截流片落座，这样既可熟记各球阀或截流片的位置，又可避免分解阀体时掉落丢失

球阀或截流片。

2）将阀体内各滑阀、弹簧、锁销、锁片等按顺序和方向小心摆放，并将球阀或截流片分别按原方位摆好，以免装复时错乱。

3）用煤油或酒精分别对各零件及阀体进行彻底清洗，清洗后按原顺序摆放，严防错乱。

4）仔细检查各滑阀及阀孔偶件是否有磨损和划痕，如有可用水磨砂纸轻轻打磨。

5）检查球阀和截流片是否有磨痕或密封不严。

6）弹簧弹力有标准数据，应用测力计检查并与标准比对。

7）分解时应严格检查密封垫是否有泄油处，以防两相邻油道串油，同时挂上两个档。

8）阀体分解后，一定要把每一个阀和油路中的阀一一对号。要想做到这点，除参照有关资料外，还要从其外形和油路图中的阀比对。

变速器阀体出现问题易产生如下主要故障。

（1）主调压阀不良

从油路图中可知，主调压阀调整出的主油压，通过开关阀、开关电磁阀、调压阀、调压电磁阀等分别送入润滑系统、液力变矩器、离合器、制动器等。

若主调压阀弹簧疲劳、磨损严重，会引起主油压低于设定油压，整个系统油压也低于设定值，从而导致各档供油压力偏低，变矩器锁止离合器、离合器、制动器等打滑，油温升高。动力传递失常等故障。

若主调压阀卡滞或调压电磁阀失效，则会导致主油压过高的故障，易造成各档均冲击的故障。若变速器有上述故障出现时，应检查主调压阀。

（2）主调压电磁阀 N93 不良

主调压电磁阀由电控单元以占空比通电，控制电磁阀输出控制油压，并将此油压送入主调压阀一端，以控制主调压阀的滑阀打开泄油口开度的大小。

电磁阀不通电时，输出油压为零，此时主油压为设定的最大油压。若电磁阀失效，将导致油压保持最大值，致使变速器各档均出现冲击的故障。

（3）N92 换档平顺阀不良

N92 换档平顺阀一部分是开关电磁阀，一部分是通电占空比控制电磁阀。电磁阀输出油压分别同时送入 K1、K3、B2 协调阀，以便在换档瞬间控制协调阀送入相应离合器或制动器油液的流速，以减轻各档切换时的冲击。

因该阀同时向协调阀 K1、K3、B2 输送控制油压，若该电磁阀失效，或滑阀卡滞，会引起各档切换时均产生换档冲击的故障。

若变速器各档切换时均有冲击，则除检查主油压是否过高、电控单元控制换档时机是否错乱外，还要检查 N92 换档平顺阀滑阀是否卡滞及电磁阀是否失效。

（4）N88 换档阀不良

从各档油路图中可知，当电控单元使电磁阀泄油时，N88 换档阀在弹簧力的作用下保持在初始位置，此时电控单元可控制自动变速器在 1 档、3 档、倒档切换。当电磁阀通电时，N88 换档阀在液压作用下压缩弹簧移动到另一端，此时电控单元可控制自动变速器在 2 档、4 档切换。

可见，若 N88 换档电磁阀失效，或滑阀卡滞在初始位置，变速器便只能在 1 档、3 档切换，无 2 档、4 档。若 N88 换档阀卡滞在初始位置另一端，则变速器丢失 1 档和 3 档，无倒档。

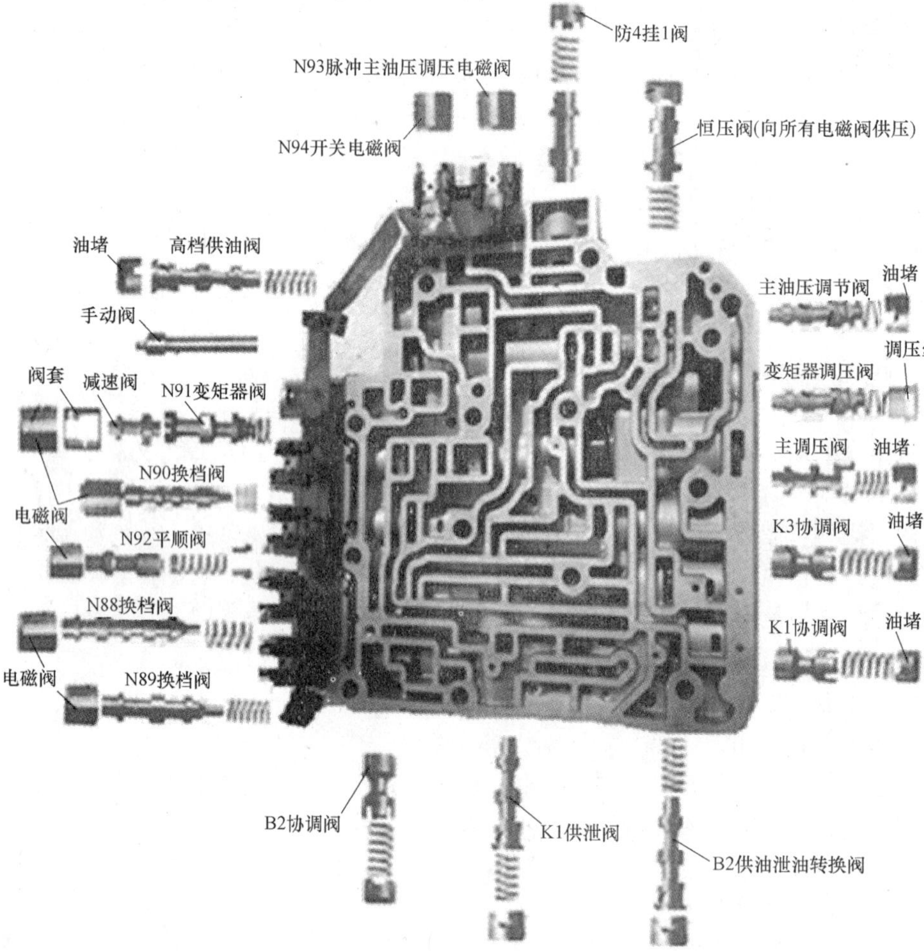

图 3-5-1　01M 自动变速器阀体结构

（5）N89 换档阀不良

从各档油路图中可知，当电控单元使电磁阀泄油时，N89 换档阀在弹簧力的作用下保持在初始位置，此时电控单元可控制自动变速器在 1 档、3 档、倒档切换。当电磁阀通电时，N89 换档阀在液压作用下压缩弹簧移动到另一端，此时电控单元可控制自动变速器在 2 档和 4 档行驶。

可见，若 N89 换档电磁阀失效，或滑阀卡滞在初始位置，变速器便只能在 1 档、3 档和倒档切换，而无 2 档和 4 档。若 N89 换档阀卡滞在初始位置另一端，则变速器丢失 1 档和 3 档，但有倒档。

综上所述，若变速器出现上述情况，应检查 N89 换档电磁阀或滑阀。

（6）N90 换档阀不良

从各档油路图中可知，当电控单元使电磁阀泄油时，N90 换档阀在弹簧力的作用下保持在初始位置，此时电控单元可控制自动变速器在 D3 档、D4 档、倒档切换。当电磁阀停止泄油时，N90 换档阀在液压作用下压缩弹簧移动到另一端，此时电控单元可控制自动变速器

在 D1 档和 D2 档行驶。

可见，若 N90 换档电磁阀失效，或滑阀卡滞在初始位置，变速器丢失 D1 档、D2 档，因此汽车不能起步。

若 N90 换档阀卡滞在初始位置另一端，则变速器只有 D1 档和 D2 档，丢失 D3 档和 D4 档，但倒档正常。

综上可知，若变速器出现上述情况，应检查 N90 换档电磁阀和滑阀。

（7）电磁阀压力调压阀不良

从油路图可知，该调压阀是液压式调压阀，输出压力值是滑阀关闭出油口时的弹簧弹力。因该阀输出压力是一个设定的恒压，该恒压送给油路中各电磁阀，以使电控单元准确控制各电磁阀输出油压。

可见，若该阀因磨损卡滞，或弹簧疲劳，均会使输送给各电磁阀的油压失准，导致所有电磁阀输出油压失真，致使变速器各档均工作不良。因此，当变速器出现各档均工作不良的故障时，除应检查主调压阀及主油压调压电磁阀外，还需检查该阀。

（8）N94 电磁阀失效

从油路图可知，N94 电磁阀是一个开关阀，在变速器进入 1 档后，电控单元控制该电磁阀搭铁，使该阀将恒定油压送入 K1 协调阀弹簧腔，以便在 D2 档、D3 档时与换档平顺阀送入 K1 协调阀另一腔内的油压抗衡，使 K1 协调阀在 D2 档、D3 档时，稳定不动，以确保在 D2 档、D3 档切换时，稳定 K1 离合器油压，减轻 D2 档、D3 档切换时的冲击。

当该电磁阀失效，会导致 D2 档与 D3 档两个档均产生换档冲击。可见，若变速器 D2 档和 D3 档换档瞬间均有冲击故障，应检查 N94 电磁阀是否失效。

（9）K1 协调阀不良

从油路图可知，K1 协调阀受控于 N92 换档平顺阀，使该阀在切换 D1 档瞬间，关小通向离合器 K1 的油口，以便减少进入离合器 K1 的液压油的流量，使 K1 离合器接合平顺。

综上可知，若 K1 协调阀因磨损卡滞在初始位置，会引起 D1 档冲击的故障。若变速器只 D1 档冲击，应检查 K1 协调阀是否卡滞。

（10）K3 协调阀不良

从油路图可知，K3 协调阀受控于 N92 换档平顺阀，使该阀在切换 D3 档瞬间，关小通向离合器 K3 的油口，以便减少进入离合器 K3 的液压油的流量，使 K3 离合器接合平顺。

综上可知，若 K3 协调阀因磨损卡滞在初始位置，会引起 D3 档冲击的故障。若变速器只 D3 档冲击，应检查 K3 协调阀是否卡滞。

（11）B2 协调阀不良

从油路图可知，B2 协调阀受控于 N92 换档平顺阀，使该阀在切换 D2 档瞬间，关小通向制动器 B2 的油口，以便减少进入制动器 B2 的液压油的流量，使 B2 制动器会合平顺。

综上可知，若 B2 协调阀因磨损卡滞在初始位置，会引起 D2 档冲击的故障。若变速器只 D2 档冲击，应检查 B2 协调阀是否卡滞。

（12）N91 锁止离合器控制阀不良

对比油路图可知，该阀主要是控制液力变矩器锁止离合器锁止与分离，它把变矩器调压阀调出的油压送入 N91 锁止离合器控制阀。

送入 N91 锁止离合器控制阀的油压，通过减速阀 B 腔（图 3-3-20）充压或泄压，控制锁止控制阀上下移动的速度，调节锁止压盘锁止或分离速度，消除锁止冲击。

有些变速器锁止控制电磁阀是脉冲电磁阀，用占空比调压，以控制滑阀上下移动的速度，既改变流入变矩器油液的流向，又控制流入变矩器油液的流量，以控制锁止离合器锁止和解锁速度，消除变矩器锁止冲击。

若锁止减速阀卡在初始位置，或锁止电磁阀失效，会使锁止离合器不能锁止，造成起步或加速无力的故障。

若锁止减速阀卡在中间位置，会造成锁止离合器始终半离合，使变速器油温急剧升高，车辆加速无力。

若减压阀卡在上端，会造成锁止不开导致制动时发动机熄火故障。

通过以上分析可知，自动变速器的故障现象千奇百怪，没有任何一本资料可将自动变速器的所有故障分析得面面俱到，但只要彻底掌握油路工作原理和油路中各阀的结构和作用，便可有的放矢地排除自动变速器各类故障。

三、宝马六档自动变速器分析技巧

1. 用传统传动图分析结构

宝马六档自动变速器各档传动原理如图 3-5-2 所示。

这种形式的图在各车型修理手册中均能找到，利用此图按上述规律，便可轻而易举地将该变速器的结构了解清楚。

(1) 按分析结构规律分析行星轮机构

从图 3-5-2 可知，该变速器行星轮机构有三个行星排，前行星排和中间行星排是辛普森式，后行星排是拉维娜式。

前行星排太阳轮永久制动，前行星排齿圈与输入轴键配合，是该行星排主动件。该行星排行星架是输出元件，根据传动规律可知，辛普森式行星排、行星架输出是低速输出。

后双行星排的前排是辛普森式，后排是拉维娜式，前排和后排共用一个行星架和一个长行星轮，齿圈与长行星轮内啮合，并与输出轴键配合，是该变速器的输出元件。

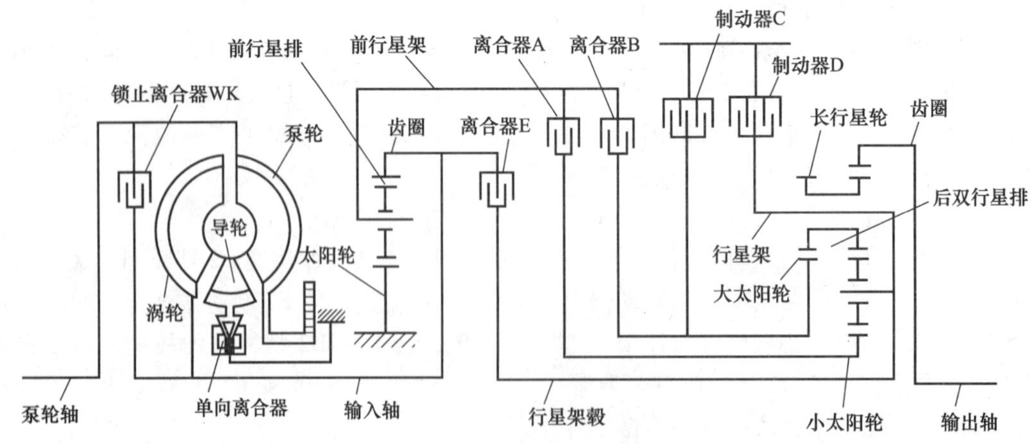

图 3-5-2　宝马六档自动变速器各档传动原理

根据前已总结出的规律可知，该变速器所有档的输出，完全由后双行星排组合而成的行

星齿轮机构完成。为使该变速器能输出六个档位，便在该行星轮机构输入端，又串联了一个辛普森单行星排。从图 3-5-2 可知，这个单行星排齿圈随涡轮主动旋转，太阳轮被制动，行星架可向后双行星排输入一个低转速，使两个太阳轮分别低速旋转，通过制动主动的匹配，便能输出六个档。

（2）分析输入轴

从图 3-5-2 可知，该变速器输入轴一端与涡轮键配合，另一端则和前排齿圈及后双行星排行星架键配合。当离合器 E 工作后，可使后双排行星架与输入轴连成一体。

（3）分析离合器

从图 3-5-2 可知，该变速器有三个离合器。

1）离合器 E。离合器 E 将双行星排公用的行星架与涡轮连成一体，使后双行星排行星架主动旋转。

2）离合器 A。离合器 A 可将后双行星排小太阳轮与前行星排行星架连成一体，使小太阳轮随前排行星架以低于涡轮转速的速度主动旋转。

3）离合器 B。离合器 B 可将双行星排大太阳轮与前行星排行星架连成一体，使大太阳轮随前排行星架以低于涡轮转速的速度主动旋转。

（4）分析制动器

从图 3-5-2 可知，该变速器有三个制动器。

1）制动器 C。制动器 C 可制动大太阳轮。

2）制动器 D。制动器 D 可制动后双行星排的行星架。

3）前行星排太阳轮永久制动。

分析到此，该自动变速器的结构已比较清楚。

如果没有任何资料，只要将变速器实体拆开，按顺序一字排开，利用上述规律，便可知该变速器有几个行星排，有几个离合器，有几个制动器，各离合器都能将行星轮机构哪几轮与输入轴连成一体，各制动器都能将行星轮机构哪几轮制动。

2. 用传动图判断档位

下面我们再用图 3-5-2 分析各档是怎样输出的。

在没分析该自动变速器档位输出前，引入一个新概念“相对制动器”。在行星轮机构中，若有两轮同时主动旋转，转速低的齿轮，对转速高的齿轮便具有制动作用。我们把转速低的齿轮定义为“相对制动器”。

（1）判断档位数

根据每有一个制动器或一个相对制动器，有几个主动件与之对应、便有几个档输出的规律可知：

1）该变速器有两个制动器，每一个制动器都对应两个主动件，因此可输出四个档位。

2）离合器 A 和 B 可将大小太阳轮与前行星排行星架连成一体，使双行星排成一体随前排行星架同速旋转，输出直接档。

综上可知，利用两个行星排组合的行星轮机构，可输出四个前进档和一个倒档。

如果想输出更多的档，只要在行星轮机构前再串联一个行星排或一个行星轮机构，将其输出传递给太阳轮，使太阳轮有几个不同的转速，便可增加输出的档位数。

从图 3-5-2 可知，该变速器在行星轮机构前串联了一个行星排，将其行星架输出的转速，通过两个离合器使大小太阳轮主动旋转，便可增加两个档。

3）若离合器 E 与离合器 A 同时工作，使双排行星架和小太阳轮主动旋转时，行星架高速旋转，小太阳轮低速旋转，小太阳轮对行星架有相对制动作用，因此又可输出一个档。

4）同理，若离合器 E 与离合器 B 同时工作，又可输出一个档。

综上可知，该变速器含倒档可输出七个档。

（2）档位的判断

输出若发生在辛普森行星排，以行星架做参照物：

1）行星架主动超速档输出。

2）行星架输出低速档输出。

3）行星架制动输出倒档。

输出若发生在拉维娜行星排，以齿圈做参照物：

1）齿圈主动超速档输出。

2）齿圈输出低速档输出。

3）齿圈制动输出倒档。

4）离合器将整个行星轮机构与输入轴连成一体，输出直接档。

根据以上规律可知该自动变速器各档输出如下：

1）当制动器 D 制动行星架，离合器 A 使小太阳轮主动顺时针旋转时，在拉维娜行星排，齿圈输出是低速档。因长行星轮在制动的行星架上自转，输出是 1 档。

2）当制动器 C 制动大太阳轮，离合器 A 仍使小太阳轮主动旋转时，长行星轮既在前排制动的大太阳轮上自转，又绕大太阳轮公转，长行星轮比 1 档增加了一个公转的速度，齿圈输出 D2 档。

3）离合器 A 与 B 将大小太阳轮与前排行星架连成一体，输出直接档 D3 档。

4）当制动器 C 制动大太阳轮，离合器 E 使行星架主动旋转时，根据规律可知，在辛普森行星排行星架主动旋转，齿圈输出超速档（六档）。

5）离合器 B 使大太阳轮主动旋转，制动器 D 制动行星架，根据规律可知，在辛普森行星排行星架制动，齿圈输出倒档。

6）当离合器 E 和 B 工作，使行星架和大太阳轮同时主动旋转时，因大太阳轮转速低于行星架转速，大太阳轮是行星架的相对制动器，在辛普森行星排，行星架主动齿圈超速输出，但低于大太阳轮绝对制动时超速档（六档）的转速，齿圈输出 5 档。

7）同理，离合器 E 和 A 使行星架和小太阳轮同时主动旋转时，小太阳轮对行星架相当于制动，于是，在拉维娜式行星排中，齿圈输出。

根据拉维娜式行星排输出规律，齿圈低速档输出。

从拉维娜式行星排传动原理可知，当太阳轮制动，行星架主动时，齿圈输出的线速度是行星架线速度减去长行星轮逆时针旋转的线速度。

因此，齿圈输出低于行星架转速，输出 4 档。

只要掌握了变速器的结构和各档输出，便可列出该变速器执行元件工作表。

宝马六档变速器各档执行元件工作状况见表 3-5-1。

通过执行元件工作表可做出以下主要故障判断。

表 3-5-2　宝马轿车六档变速器执行元件工作状况

档位	A 离合器	B 离合器	C 制动器	D 制动器	E 离合器
D1	○			○	
D2	○		○		
D3	○	○			
D4	○				○
D5		○			○
D6			○		○
R		○		○	

3. 利用执行元件工作表分析宝马轿车故障技巧

下面用宝马六档自动变速器执行元件工作表，看看怎样分析该变速器故障。

（1）个别档丢失的诊断技巧

1）变速器无 D1 档。从表中可知，D1 档是离合器 B 及制动器 D 参与工作，若变速器无 D1 档，两者必有其一或其相关油电路有故障。那么，究竟是 B 还是 D 有故障呢。

为此，可再挂倒档，如果倒档良好，则证明离合器 B 和制动器 D 均无故障，因此，故障应产生在离合器 A 及其相关油电路上。

2）D1 档与倒档均丢失。D1 档和倒档均丢失的主要原因有主油压不足、变矩器不传递扭矩，D1 档和倒档均参与工作的离合器或制动器及其相关油电路不良。若主油压和变矩器均良好，从表可知，制动器 D 两个档均参与工作，因此，应检查制动器 D 及其相关油电路。

3）变速器无 D2 档。若变速器 D1 档正常，但无 D2 档，从工作表中知，D2 档离合器 A 及制动器 C 参与工作，因 D1 档正常，所以离合器 A 无故障，D2 档工作不良的故障肯定是由制动器 C 工作不良造成的，应检查制动器 C 及其相关的油电路。

若制动器 C 损坏，从工作表中知，该变速器无 D6 档。

4）变速器无 D3 档。若变速器 D1 档、D2 档均正常，但无 D3 档，因 D3 档时离合器 A 和离合器 B 同时工作，又因变速器 D1 档、D2 档均正常，所以离合器 A 无故障，应重点检查离合器 B 及其相关的油电路。从表中又知，如果是离合器 B 本身损坏，会同时出现无倒档。

5）变速器无 D4 档。若变速器 D1 档、D2 档、D3 档均正常，但无 D4 档，从表可知，D4 档时离合器 A 和 E 同时工作，无 D4 档离合器 A 和 E 两者必有一个有故障，又因变速器 D1 档、D2 档、D3 档均正常，证明离合器 A 良好，应检查离合器 E 及其相关油电路。如果离合器 E 本身损坏，从工作表中可知，该变速器无 D5 档和 D6 档。

6）变速器无 D5 档。从工作表中知，D5 档是离合器 E 和离合器 B 同时参与工作，若该变速器 D2 档、D3 档均正常，证明离合器 E 和离合器 B 均无故障，应重点检查相关油电路。

7）变速器无 D6 档。从工作表中知，D6 档时离合器 E 和制动器 C 参与工作，若变速器 D2 档正常，无 D4 档和 D5 档，应重点检查离合器 E 及其相关油电路。

对自动变速产生冲击的故障，上述诊断思路和方法同样适用。

综上可知，变速器执行元件工作表是分析自动变速器故障的重要依据，只要利用执行元件工作表和油路相结合的分析方法，所有自动变速器的故障分析，均可做到有的放矢。

（2）所有档均丢失的诊断技巧

1）检查主油压。若油压不足，应着重检查油泵，检查主调压阀是否严重磨损卡滞，检查弹簧是否折断或疲劳，检查主油压调压电磁阀。

2）检查液力变矩器。检查液力变矩器是否因变速器输入轴和涡轮键配合处因磨损而不传递转矩。

3）检查变速杆与手动阀连接是否脱落。

4）检查个别离合器或制动器。从变速器执行元件工作表中检查是否有个别的离合器或制动器在所有档均参与工作，如有应检查该离合器或制动器是否严重磨损、打滑或机械损坏，检查与之相关的油电路系统。

从工作表中可知，该变速器没有各档均参与工作的离合器或制动器，所以该故障与所有离合器或制动器无关。

5）检查油路换档阀是否在设定位置。

（3）个别档冲击的诊断技巧

1）检查参与冲击档的工作离合器或制动器是否卡滞，或因磨损间隙过大。

2）检查是否有参与该档工作的单向阀严重泄漏或漏装，或蓄能器弹簧折断及活塞磨损变形或泄漏等。

3）检查参与该档工作的调压电磁阀及相应的调压滑阀是否工作不良。

4）检查参与该档工作的换档电磁阀及滑阀。

4. 所有档均冲击的诊断技巧

1）检查电控系统。若电控程序因检修等使换档时机错乱，可通过学习配匹检查。

2）检查恒压调压阀。现代电控自动变速器所有电磁阀的油压都来自一个恒压的调压阀，恒压的调压阀调出的恒定油压，送入各电磁阀。如果该调压阀不良，将使所有电磁阀输出的控制油压均失调。

3）检查传感器。如转速传感器、车速传感器、节气门位置传感器信号不良，将导致换档点失常，引起所有档换档冲击。

4）检查主油压是否过高。

5）检查修正所有档换档冲击的调压电磁阀是否失效或滑阀卡滞。

综上所述，通过宝马六档自动变速器结构和原理的分析，只要熟知了 01M 自动变速器的结构，便可将所有自动变速器的结构、原理乃致故障诊断全部搞清。

四、雷克萨斯八档自动变速器分析技巧

雷克萨斯 LS460 AA80E 八档自动变速器传动如图 3-5-3 所示。

1. 雷克萨斯自动变速器结构分析技巧

（1）行星轮机构

从图 3-5-3 可知，该自动变速器共有三个行星排，前行星排是拉维娜式，前排太阳轮永久制动。两个行星轮套装在同一个行星架上，行星架与输入轴键配合，齿圈是该行星排低速输出元件。

后双行星排前排是辛普森式，后排是拉维娜式，两行星排共用一个行星架，各行星轮均套装在同一个行星架上，其中长行星轮前后两排共用，齿圈前后两排共用。齿圈与长行星轮

内啮合，是该变速器的输出元件。

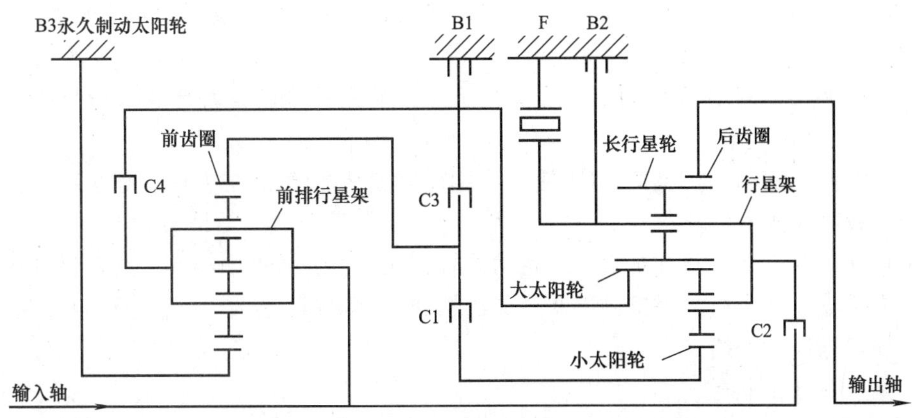

图 3-5-3　雷克萨斯 LS460 AA80E 八档自动变速器传动图

（2）输入轴

从图 3-5-3 可知，该变速器输入轴既与前排行星架连接，又与后排行星架键配合，因此，两个行星架可随涡轮同速主动旋转。

（3）离合器

从图 3-5-3 可知，该变速器共有 C1、C2、C3、C4 四个离合器。其中 C1 离合器可使后双行星排小太阳轮随前行星排齿圈低速主动旋转，C2 离合器可使后行星架与涡轮同速主动旋转，C3 离合器可使后双排大太阳轮随前排齿圈低速旋转，C4 可使后双排大太阳轮随涡轮主动旋转。

（4）制动器

从图 3-5-3 可知，该变速器共有两个制动器，制动器 B1 可将后双行星排大太阳轮制动，制动器 B2 可将后双行星排行星架制动，另有一个单向离合器可单向将后双行星排行星架制动。

综上可知，无论是利用传动图，还是实拆变速器，只要掌握变速器有几轮主动旋转，有几轮制动，变速器的结构便一清二楚。

2. 雷克萨斯自动变速器传动分析技巧

（1）输出档位数分析

从 01M 自动变速器平面传动图总结出的规律可知，每有一个制动器，有几轮主动与之对应，便有几个档位输出。

1）从传动图可知，当制动器 B1 制动大太阳轮时，C2 使行星架主动可输出一个档位；C1 使小太阳轮主动又可输出一个档位。

2）当制动器 B2 制动后双排行星架时，C1 使小太阳轮随前行星排齿圈低速旋转，又可输出一个档位；当 C3 使大太阳轮随前行星排齿圈低速旋转时，又可输出另一个档位；当 C4 使大太阳轮随涡轮高速旋转时，又可输出一个档位。

3）当离合器 C1 和 C3 同时工作，把大小太阳轮与前排齿圈连成一体时，根据传动规律可知，后双行星排连成一体，随前齿圈低速输出直接档。

4）当离合器 C2 与 C4 同时工作时，把双排行星架和大太阳轮与输入轴连成一体，根据传动规律可知，后双行星排连成一体，高速输出直接档。

5）当 B1 制动大太阳轮，C2 使后双排行星架随输入轴主动旋转时，在辛普森式行星排，又可输出一档。

6）当 B2 制动器制动行星架时，C3 可使大太阳轮低速旋转，辛普森式行星排又可输出倒档。

7）当 B2 制动器制动行星架，C4 使大太阳轮随输入轴高速旋转时，辛普森式行星排又可输出一个较高速的倒档。

综上可知，两个制动器可对应 5 个主动旋转的元件，一共可输出 5 个档。另外还有两个直接档，一共输出七个档。要想输出八个前进档和两个倒档，共十个档，只要再有三个相对制动器，便可输出十个档。

（2）各档输出分析

1）当制动器 B2 制动后双排行星架，离合器 C1 使小太阳轮随前排齿圈低速主动旋转时，根据前述传动规律可知，拉维娜式行星排齿圈输出低速档，又因长行星轮在制动的行星架上自转，输出 1 档。同理，若 B2 不工作，F 单向制动行星架，则输出 D1 档。

2）当制动器 B1 制动大太阳轮，C1 仍使小太阳轮随前排齿圈低速旋转时，长行星轮仍以 1 档相同的转数自转，但同时又在制动的大太阳轮上公转，比 1 档长行星轮增加了一个公转的转数，使齿圈转出 D2 档。

以上两档均以前排齿圈主动，因此两个档均低于前排齿圈的线速度。

3）当离合器 C1 和 C3 同时工作，把大小两太阳轮与前排齿圈连成一体时，根据传动规律，整个后双行星排连成一体，与前排齿圈同速以高于 D1 档和 D2 档的速度输出 D3 档。

4）当离合器 C2 使后双排行星架随输入轴高速主动旋转时，B1 制动大太阳轮，根据传动规律，辛普森式行星排行星架主动，输出是超速档 D8 档。

5）当离合器 C2 与 C4 将后双排行星架和大太阳轮与输入轴连成一体时，又可输出一个高速直接档，它低于超速档，是 D6 档

6）当制动器 B2 制动后双排行星架，C3 使大太阳轮随前齿圈低速旋转时，根据传动规律，在辛普森式行星排中，行星架输出倒档，因大太阳轮低速旋转，输出是 R1 档。

7）当制动器 B2 制动后双排行星架，C4 使大太阳轮随涡轮高速旋转时，根据传动规律，在辛普森式行星排中，行星架输出倒档，因大太阳轮比 R1 档转速高，输出是 R2 档。

综上可知，根据传动规律，在低速直接档 D3 档与高速直接档 D7 档间，找出 3 个相对制动器，再输出 D4 档、D5 档、D6 档。

8）从图 3-5-3 可知，当离合器 C1 与 C4 同时使大小两太阳轮主动旋转时，小太轮轮低速旋转，是高速旋转的大太阳轮的相对制动器。于是，大太阳轮主动旋转时，使行星架在相对制动的小太阳轮上公转，于是在拉维娜式行星排，相当于行星架主动，太阳轮制动，齿圈输出的线速度是行星架顺时针旋转线速度与长行星轮逆时针旋转的线速度之和，它高于 D3 档，即输出 D4 档。

9）从传动图又知，当离合器 C1 和 C2 同时工作，使行星架与小太阳轮同时主动旋转时，小太阳轮转速低于行星架转速，是行星架相对制动器，在拉维娜式行星排齿轮低速输出，即低于行星架转速，输出是 D5 档。

10）从传动图可知，当离合器 C2 和 C3 同时使双排行星架和大太阳轮主动旋转时，大太

阳轮是行星架相对制动器，于是在辛普森式行星排便形成行星架主动旋转的格局。根据传动规律可知，在辛普森式行星排，行星架主动是超速档，即高于行星架转速，但低于大太阳轮绝对制动输出 D8 档的转速，是 D7 档输出。

3. 雷克萨斯八档自动变速器故障分析技巧

只要知道自动变速器行星轮机构中哪几轮可主动旋转，哪几轮可制动，便可知每一档都有哪一个制动器和哪一个离合器参与工作，便可列出执行元件工作表。

有了工作表，便可进行故障诊断。

表 3-5-3 是雷克萨斯 LS460 AA80E 八档自动变速器执行元件工作表。下面就用此表介绍怎样分析该自动变速器的主要故障。

表 3-5-3　雷克萨斯自动变速器执行元件工作表

档位	C1	C2	C3	C4	B1	B2	F
1	○					（1 档）	（D1 档）
2	○				○		
3	○		○				
4	○			○			
5	○	○					
6		○		○			
7		○	○				
8		○			○		
R1			○			○	
R2				○		○	

（1）无 D1 档

变速器无 D1 档时，可再挂 1 档，若 1 档良好，故障为单向离合器失效。若 D1 档和 1 档均不良，再将变速器挂入 R 位，若 R 位正常，说明主油压正常，制动器 B2 无故障，故障为离合器 C1 不工作。

离合器 C1 不工作的主要原因一方面是离合器本身机械部分故障，另一方面可能是油路系统不工作造成的，而且重点要检查相应的换档阀和换档电磁阀，如果离合器 C1 工作不良，从表可知，会同时导致 D1、D2、D3、D4、D5 档工作也不良。

（2）同时无 D1 档、1 档、R1 档、R2 档

从表可知，没有任何一个离合器或制动器同时参与上述各档，因此该故障与离合器或制动器及其相关的油电路无关。主要应检查主油压是否过低、液力变矩器是否不传递转矩、变速杆与换档阀是否脱节。

（3）无 D2 档

若变速器有 D1 档而无 D2 档，从表中可知该故障与离合器 C1 无关，故障肯定产生在制动器 B2 或其相关的油电路。从表又知，若无 D2 档，必同时无 R1 档和 R2 档。

（4）变速器无 D3 档

若变速器有 D1 档和 D2 档，无 D3 档。从工作表可知，该故障与离合器 C3 或其相关的油电路不良有关，若离合器 C3 或其相关的油电路不良，可再挂入 R1 档，若也无 R1 档，应

检查离合器 C3 及其相关油电路。从表又知，若丢失 D3 档，必同时丢失 D7 档。

（5）变速器无 D4 档和 D6 档及 R2 档

从表可知，若变速器无 D4 档、D6 档及 R2 档，该故障由离合器 C3 或其相关的油电路引起。

同理，若变速器冲击，也可用执行元件工作表进行诊断。

（6）变速器个别档冲击

首先找出冲击档有哪一离合器和哪一制动器参与工作，再通过和其他档比对，确认与哪一离合器或哪一制动器及其相关油电路有关。

离合器或制动器本身不良引起的冲击，主要是间隙过大、活塞运动不畅而卡滞、活塞回位弹簧疲劳等。相关油电路引起冲击的主要原因：冲击档油路中若有节流阀，节流阀失效或漏装；若有蓄能器，蓄能器失效，或参与冲击档工作的调压电磁阀失效等。

（7）变速器所有档均冲击

造成变速器各档均冲击的故障，肯定与离合器和制动器无关。各档均冲击的主要原因有主油压过高、变矩器锁止离合器控制系统不良、电控程序错乱使换档时机不对、个别调压阀失效等。

4. 雷克萨斯八档自动变速器油路故障分析技巧

雷克萨斯八档自动变速器阀体如图 3-5-4 所示。

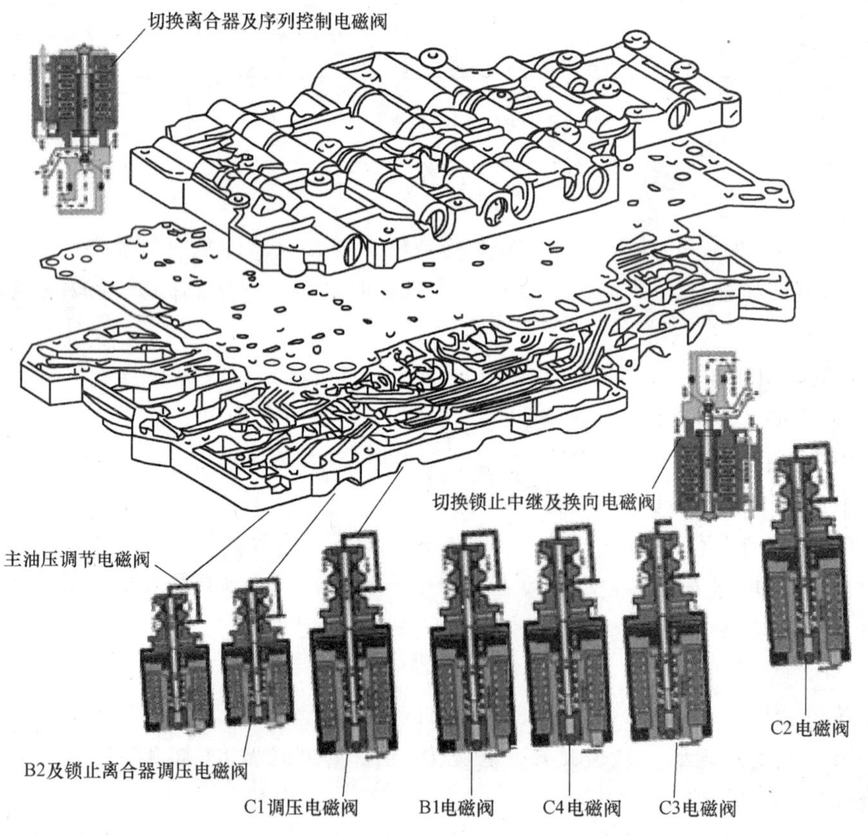

图 3-5-4　雷克萨斯八档自动变速器阀体

用执行元件工作表判断出故障与哪一个离合器或哪一个制动器有关后，便可将该故障锁定在该离合器或制动器及与该离合器或制动器有关的油电路范围内。

分析和判断自动变速器故障，必须要有油路图的配合，因为每一离合器和制动器，都有自己的开关阀及开关电磁阀（如换档阀及换档电磁阀等），都有自己的调压阀和调压电磁阀。因此，当判断出与哪一离合器或与哪一制动器有关后，便可通过油路图找出与油路图中的哪些阀或哪些电磁阀有关，便可有的放矢地排除故障。

如果找不到油路图，可根据前述的自动变速器油路规律进行分析和检查，必要时可分解阀体。

该油路图中共有八个电磁阀，图中 C1、C2、C3、C4 四个离合器调压电磁阀，不用通过调压阀可分别对四个离合器直接供压，调压后可通过相应的换档控制阀送入相应离合器。

若调压电磁阀失效，会导致相应离合器工作不良，如果在 5 档以下，电控单元检测到某一电磁阀有故障时，启动保护功能，将变速器锁定在 3 档。

图中 B1 电磁阀是制动器 B1 油压控制电磁阀，该电磁阀调节出的油压也不经调压阀直接送入制动器 B1。如果电控单元在 D4 档以下检测到该电磁阀有故障时，启动保护功能，使变速器锁定在 3 档。如果在 5 档以上检测到该电磁阀有故障时，启动保护功能，将变速器锁定在 7 档。但一旦停车后便锁定在 3 档。

图中切换离合器及序列控制电磁阀，如果电控单元在 D4 档以下检测到该电磁阀有故障时，启动保护功能，使变速器锁定在 3 档。如果在 5 档以上检测到该电磁阀有故障时，启动保护功能，将变速器锁定在 7 档。但一旦停车后便锁定在 3 档。

图中切换锁止中继及换向电磁阀，控制锁止离合器中继阀换向以决定锁止离合器锁止或解锁，如果电控单元检测到该电磁阀有故障，便禁止锁止与空档控制。

五、宝马九档自动变速器分析技巧

下面利用 01M 自动变速器平面结构图和平面传动图总结出的规律，对宝马九档自动变速器的结构和各档输出进行分析。

所有行星轮式自动变速各档输出，均是由两个行星排组合成的辛普森式或拉维娜式行星轮机构输出的。所以，变速器结构的核心是行星轮机构、可使行星轮机构中某些轮主动旋转的离合器以及使某些轮制动的制动器。

宝马九档自动变速器就是在拉维娜式行星轮机构前面，又串联了一个拉维娜式行星轮机构。其传动示意如图 3-5-5 所示。

1. 结构分析技巧

从图 3-5-5 可知，该变速器由两个拉维娜式行星轮机构、四个制动器及三个离合器组成。

（1）左行星轮机构结构

从图 3-5-4 可知，左边的行星轮机构中，前排是拉维娜式，后排是辛普森式，两个行星排共用一个行星架，一个长行星轮，一个太阳轮。后排辛普森式行星排的齿圈与输入轴键配合，是该机构的主动元件。

当制动器 BE 制动太阳轮时，在辛普森行星排，根据传动规律可知，行星架以低于主动齿圈的转速输出。

当制动器 BF 制动前拉维娜式行星排齿圈时，太阳轮成为拉维娜式行星排主动旋转元件，使行星架以低于 BE 制动时的转速输出。

综上可知，左行星轮机构行星架可输出两个档。

（2）右行星轮机构结构

从图 3-5-4 可知，它也由一个拉维娜式行星排和一个辛普森式行星排组合而成。两个行星排共用一个行星架，一个长行星轮和一个齿圈，齿圈是该变速器各档输出元件。该行星轮机构中还有两个制动器，制动器 BC 制动大太阳轮，制动器 BS 制动行星架。

（3）离合器 KS、KC、KB

从图 3-5-4 可知，离合器 KS 可将右行星轮机构的行星架与涡轮连成一体，使行星架主动旋转。离合器 KC 可将大太阳轮与左行星轮机构的行星架连成一体，使大太阳轮有两个输入转速。

离合器 KB 可将小太阳轮与左行星轮机构的行星架连成一体，使小太阳轮有两个输入转速。

分析到此，已将该变速器有几个离合器，有几个制动器，以及它们可使行星轮机构中哪几轮分别主动旋转，哪几轮可制动分析透彻。

2. 各档传动分析技巧

要想有更多档位输出，只要在辛普森式或拉维娜式行星轮机构前端，再串联一个行星排或一个行星轮机构，使辛普森式或拉维娜式行星轮机构有几个不同转速的输入轴，使行星轮机构某几轮有不同的转速主动旋转，便可输出更多档位。

从宝马九档自动变速器结构分析中已知，右行星轮机构的大太阳轮和小太阳轮，在左行星轮机构行星架驱动下，可有两个不同的转速，因此，该行星轮机构便可输出九个前进档和两个倒档。

从图 3-5-5 可知，左行星轮机构，当前后两排共用的太阳轮主动旋转时，若 BE 制动后排齿圈，会使行星架输出，根据传动规律，辛普森行星排行星架输出是低速档。

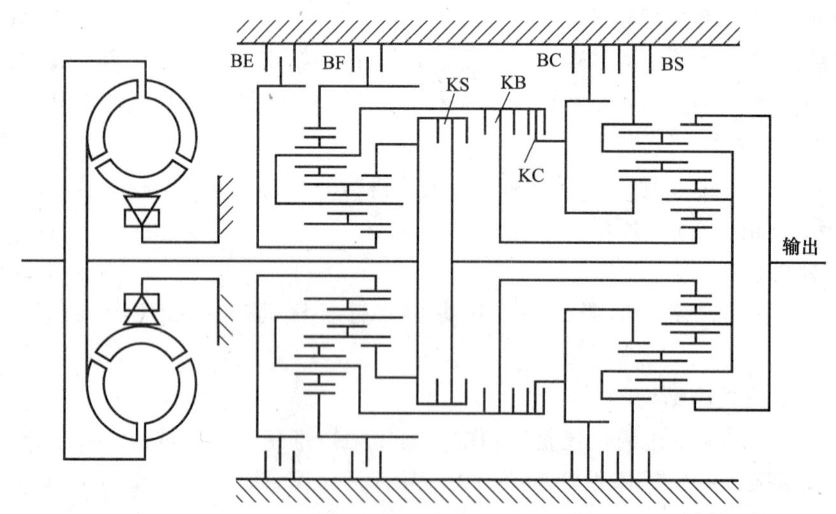

图 3-5-5　宝马九档自动变速器传动示意

若 BF 将前排齿圈制动，根据传动规律，拉维娜行星排，齿圈制动是低速倒档，但因此时太阳轮逆时针主动旋转，故行星架顺时针旋转输出低速档。

综上可知，左行星轮机构行星架可输出两个低转速。若离合器 KC 将右行星轮机构小太阳轮与左行星轮机构行星架连成一体，小太阳轮便有两个主动旋转的转速。

若离合器 KB 将右行星轮机构大太阳轮与左行星轮机构行星架连成一体，大太阳轮便有两个主动旋转的转速。

下面分析当双行星排组成的行星轮机构的大小两太阳轮，分别以两个不同的转速旋转时，怎样输出更多档位。

（1）D 位 D1 档（BF、KB、BS）

当 BF、KB 使小太阳轮以较低转速主动旋转时，BS 将行星架制动，根据传动规律，拉维娜式行星排齿圈输出是低速档，又因此时小太阳轮是低转速主动旋转，所以齿圈输出 D1 档。

（2）D 位 D2 档（BE、KB、BS）

当 BE、KB 使小太阳轮以较高转速主动旋转时，BS 将行星架制动，齿圈输出，根据传动规律，拉维娜式行星排齿圈输出是低速档。因此时小太阳轮以高于 D1 档转速主动旋转，所以齿圈输出比 D1 档转速高，为 D2 档。

（3）D 位 D3 档（BE、KB、BC）

当 BE、KB 使小太阳轮仍以较高转速主动旋转时，BC 将前排大太阳轮制动，从传动过程可知，此时长行星轮仍以 D2 档转速自转，但长行星轮还在制动的大太阳轮上公转，因此比 D2 档增加了一个公转的速度，是 D3 档输出。

（4）D 位 D4 档（BF、KB、KS）

若 BF、KB 使小太阳轮以较低转速主动旋转，KS 使行星架随涡轮也主动旋转，但因行星架转速高，小太阳轮转速低，小太阳轮对行星架有制动作用。

于是，根据拉维娜式行星排传动规律，齿圈输出是低速输出 D4 档。

从传动过程可知，当行星架以涡轮转速主动顺时针旋转时，因小太阳轮转速较低，小太阳轮齿会给短行星轮齿一个阻力，使短行星轮顺时针旋转，长行星轮逆时针旋转。此时与长行星轮内啮合的齿圈为什么仍顺时针旋转呢？因齿圈输出的线速度是行星架顺时针旋转的线速度减去长行星轮逆时针旋转的线速度，所以齿圈仍顺时针旋转，但转速比行星架低。

（5）D 位 D5 档（BE、KB、KS）

若 BE、KB 使小太阳轮以高于 D4 档的转速旋转，则小太阳轮对行星架相对制动作用较 D4 档小，长行星轮逆时针旋转的速度低，齿圈则比 D4 档输出的转速高，齿圈输出 D5 档。

综上可知，只要小太阳轮有两个转速，后行星排便可输出低于行星架的 5 个低速档位。

（6）D 位 D6 档直接档（KB、KC、KS）

从图 3-5-5 又知，若离合器 KB 和 KC 将大小太阳轮与前行星轮机构的行星架连成一体，则行星轮机构连成一体。此时若离合器 KS 将行星轮机构的行星架与涡轮连成一体，则输出直接档 D6 档。

下面再分析前辛普森式行星排，大太阳轮有两个转速主动旋转时，可输出的档位数。

（7）D 位 D7 档（BE、KC、KS）

当 KS 离合器使右行星轮机构行星架主动旋转，BE、KB 使大太阳轮以高的转速也主动旋转时，大太阳轮便是行星架的相对制动器。根据传动规律可知，辛普森行星排，行星架主动，输出是超速档，但因大太阳轮以较高的转速旋转，相对制动的作用较小，便输出较低的超速档 D7 档。

（8）D 位 D8 档（BF、KC、KS）

当 KS 使右行星轮机构行星架主动旋转，BF、KB 使大太阳轮以低的转速也主动旋转时，因行星架转速高，大太阳轮转速低，因此，大太阳轮便是一个相对制动器。根据传动规律可知，辛普森式行星排，行星架主动，输出是超速档，但因大太阳轮以较低的转速旋转，相对制动的作用较 D7 档大，因此，输出的档位较 D7 档高，输出 D8 档。

（9）D 位 D9 档（KS、BC）

当 KS 使右行星轮机构行星架主动旋转，BC 制动大太阳轮，便形成在辛普森式行星排、行星架主动旋转的格局，根据传动规律可知，辛普森式行星排，行星架主动，输出是超速档。又因此时大太阳轮绝对制动，输出最高超速档 D9 档。

（10）R1 倒档（BE、KC、BS）

若 BS 将右行星轮机构行星架制动，BF 和 KC 使大太阳轮以低速旋转，则在辛普森式行星排，根据传动规律，行星架制动，齿圈输出 R1 倒档。

（11）R2 倒档（BF、KC、BS）

若 BS 将行星架制动，而 BE 和 KC 使大太阳轮以稍高的转速旋转，则在辛普森式行星排，根据传动规律可知，行星架制动，齿圈输出低速档，因太太阳轮以较高转速旋转，输出转速较 R1 倒档转速高，输出 R2 倒档。

综上可知，只要宝马九档自动变速器右行星轮机构的大小太阳轮分别有两个主动转速，便可使拉维娜式行星排输出低于直接档的五个前进档。辛普森式行星排可输出高于直接档的三个超速档、两个倒档。

同理，对由两个辛普森式行星排组成的行星轮机构，若在此行星轮机构前串联一个行星排，或一个行星轮机构，将其不同转速的输出通过离合器传递给输出行星轮机构，使该机构的某几轮可以不同的转速主动旋转，利用辛普森式行星排传动规律，便可使后行星排输出低于直接档的几个档位，使前行星排输出几个超过直接档的超速档，并能在前行星排输出几个倒档。

综上可知，只要将辛普森式和拉维娜式单行星排传动规律真正理解并运用自如，那么，所有行星轮式自动变速各档传动原理便可一清二楚。

3. 油路分析技巧

宝马九档自动变速器油路与其他自动变速器油路大同小异，也是油泵将油液泵入主调压阀，然后电控调压滑阀通过打开泄油口开度的大小，用泄油的办法，将油泵油压调节成主油压。

主油压也是通过开关阀、开关电磁阀、调压阀、调压电磁阀分别送入液力变矩器、离合器和制动器。所不同的只是离合器和制动器数量各异，多几个换档阀，以便根据档位需要，为离合器和制动器切换和分配油路。

为减轻换档冲击和降低发动机油耗，油路中也有各种调压阀，以便根据负荷大小和档位切换中调压。

油路中易出现如下故障：

1）主调压阀不良引起所有档均丢失或所有档均冲击。

2）液力变矩器及其控制阀不良，导致液力变矩器不锁止，造成发动机大负荷或加速时转矩传递无力；液力变矩器及其控制阀不良，易造成液力变矩器半锁止，使变矩器温度过高；液力变矩器锁止离合器因控制系统不良，造成锁止离合器锁止不开而导致制动时发动机熄火。

3）换档阀或换档电磁阀不良，易引起变速器丢档。

4）调压阀不良易引起换档冲击。

4. 故障诊断技巧

宝马九档自动变速器各档执行元件工作表见表3-5-4。通过故障档的离合器和制动器与无故障档的离合器和制动器的比对，将故障原因锁定在最小范围内。

表3-5-4　宝马九档自动变速器执行元件工作表

档位	传动比	KC	KS	KB	BS	BC	BE	BF
D1				○	○			○
D2				○	○		○	
D3				○		○	○	
D4			○	○				○
D5			○	○			○	
D6		○	○	○				
D7		○	○				○	
D8		○	○					○
D9			○		○			
R1		○			○			○
R2		○			○		○	

下面就利用该表分析自动变速器故障。

（1）D1档汽车不行驶

从表中可知，D1档时制动器BS和BF及离合器KB参与工作，无D1档可能与三者之一或其相关的油电路有关。

为判断是否与它们有关，再将变速器挂入R1档和R2档，若两个档均良好，说明该变速器BS和BF制动器及其相关的油电路均无故障。无D1档的故障是由离合器KB或其相关的油电路不良引起的，特别应检查相关的换档阀及换档电磁阀。

（2）无前进档和倒档

既无D1档，又无R1档和R2档，从工作表对比中可知，同时参与三个档工作的是制动器BS，因此，该故障应重点检查制动器BS及相关的油电路，检查油电路时，应重点检查相关的换档阀和换档电磁阀。

变速器主油压过低或液力变矩器不传递转矩，也会导致无前进档和倒档，因此应先确认主油压和变矩器是否良好。

（3）变速器无D2档，但有D1档

从表对比中可知，变速器有D1档，说明主油压，液力变矩器及制动器BS、BF及离合器 KB 均良好。因此，通过对比 D1 档与 D2 档，变速器无 D2 档的原因便只与制动器 BE 有关了。

从表还知，如果确实制动器 BE 或其相关油电路不良引起丢 D2 档，会同时丢 D3 档、D5 档、D7 档和 R2 档。应检查制动器 BE 及其相关的油电路。油电路的检查应重点放在相应档的换档电磁阀和换档阀上。

综上可知，通过路试，确认变速器哪档工作不良，便可利用执行元件工作表，通过与工作正常档的对比，可确认该故障与哪一离合器或哪一制动器有关，然后便可将故障诊断范围缩小到某一离合器或某制动器及相关的油电路上来，使故障诊断更明确、具体。

5. 纵向对比判断故障

利用执行元件工作表可轻而易举地判断制动器和离合器故障。

1）若离合器 KC 或其相关油电路不良，会引起 D6 档、D7 档、D8 档、R1 档、R2 档丢档或工作不良。

2）若离合器 KS 或其相关油电路不良，会使 D4 档、D5 档、D6 档、D7 档、D8 档、D9 档丢档或工作不良。

3）若离合器 KB 或其相关油电路不良，会使 D1 档、D2 档、D3 档、D4 档、D5 档、D6 档丢档或工作不良。

4）若制动器 BS 或其相关油电路不良，会引起 D1 档、D2 档、D9 档、R1 档、R2 档丢档或工作不良。

5）若制动器 BC 或其相关油电路不良，会引起 D3 档丢档或工作不良。

6）若制动器 BE 或其相关油电路不良，会引起 D2 档、D3 档、D5 档、D7 档、R2 档丢档或工作不良。

7）若制动器 BF 或其相关油电路不良，会引起 D1 档、D4 档、D8 档、R1 档丢档或工作不良。

综上可知，利用执行元件工作表，可对自动变速器及其油电路的故障诊断助一臂之力。

6. 变速器个别档冲击

同理，若该变速器只个别档冲击，也需要通过执行元件工作表分析和判断出参与冲击档工作的有哪一个离合器和哪一个制动器，再与无冲击档进行对比，确认冲击与离合器还是与制动器有关。最后再以被确认的离合器或制动器为核心，找出引起该档冲击的原因。

应重点检查参与冲击档的离合器或制动器是否有磨损导致间隙过大、弹簧疲劳、活塞变形卡滞等，与离合器或制动器相关的油路中的调压电磁阀是否失效，或相关的调压滑阀是否卡滞等。再检查制动器或离合器相关油路中是否有蓄能器或节流阀。若有，还应检查蓄能器是否泄漏或弹簧是否疲劳、活塞是否卡滞等，检查节流阀是否密封不良或漏装等。

7. 变速器各档均冲击的故障

与其他变速器一样，变速器各档均冲击的故障肯定与各离合器和各制动器无关，引起各档均冲击的主要原因如下：

1）主调压电磁阀失效或滑阀卡滞。主油压工作在所有档，若主油压因主调压电磁阀失效或滑阀卡滞在初始位置，会使主油压始终处于高位，从而导致锁止离合器和各离合器及制动器接合过快，导致变速器各档均冲击。

2）液力变矩器锁止离合器控制系统不良。若液力变矩器控制系统，如调压阀和锁止控

制阀等有故障，将导致锁止离合器锁止或分离失控，使变速器各档均有冲击感。

3）油路中个别调压电磁阀或调压滑阀不良。

4）变速器油质不佳。变速器油液黏度过大或过小，导致离合器或制动器接合时机不当。

5）换档时机错乱。若因检修或更换零件导致控制程序错乱，会引起各档换档时机不当，导致各档换档时均冲击的故障。

复　习　题

一、填空题

1. 01M 自动变速器总体结构由液力（　　）器和变速器（　　）两部分组成。

2. 拉维娜式行星排由（　　）、（　　）、（　　）三轮组成。

3. 拉维娜式行星轮式自动变速器由（　　）器、（　　）器、（　　）器三器组成。

4. 拉维娜式行星轮式自动变速器通过（　　）和（　　）对行星轮机构中（　　）进行不同连接和制动组合，得到各种传动比输出。

5. 拉维娜式行星轮机构太阳轮主动，齿圈输出，是（　　）速传动。

6. 拉维娜式行星轮机构太阳轮主动，齿圈制动，是（　　）输出。

7. 拉维娜式行星轮机构齿圈主动，行星架制动，是（　　）速传动。

8. 拉维娜式行星轮机构齿圈主动，太阳轮制动，是（　　）速传动。

9. 单排拉维娜式行星轮机构行星架主动，齿圈输出，是（　　）速传动。

10. 单排拉维娜式行星轮机构行星架主动，太阳轮输出，是（　　）速传动。

二、问答题

1. 拉维娜式与辛普森式行星轮机构的主要区别是什么？

2. 拉维娜式自动变速器六大要素的三种连接方式是什么？

3. 怎样分析拉维娜式自动变速器的结构？

4. 详述 01M 自动变速器 D1 档传动原理。

5. 详述 01M 自动变速器 D2 档传动原理。

6. 详述 01M 自动变速器 D3 档传动原理。

7. 详述 01M 自动变速器 D4 档传动原理。

8. 详述 01M 自动变速器倒档传动原理。

9. 怎样在行星轮机构中实现直接档？

10. 在拉维娜式 01M 自动变速器油路中，N94 电磁阀对 K1 协调阀起什么作用？该电磁阀损坏会引起什么故障？

11. 拉维娜式 01M 自动变速器油路中的电磁阀压力调节阀是怎样调出恒定油压的？

12. 拉维娜式 01M 自动变速器油路中供油泄油转换阀有什么作用？

13. 拉维娜式 01M 自动变速器油路中的 N94 电磁阀有何作用？

14. 怎样用宝马六档自动变速器传统传动图分析该变速器结构？

15. 怎样用宝马九档自动变速器传统传动图分析该变速器各档是怎样输出的？

16. 利用平面结构图总结出的规律，分析行星轮式自动变速器结构。

17. 利用平面传动图总结出的规律，分析行星轮式自动变速器各档输出。

18. 利用01M 自动变速器油路图总结出的规律，分析所有自动变速器油路。

19. 利用执行元件工作表分析变速器故障。

三、选择题

1. 拉维娜式行星轮机构当行星架主动旋转时，无论太阳轮还是齿圈输出，主从动旋转方向是（　　）。

A. 同向　　B. 反向　　C. 减速

2. 拉维娜式行星轮机构当太阳轮主动旋转时，齿圈制动，主从动旋转方向是（　　）。

A. 同向增速　　B. 反向增速　　C. 同向降速　　D. 反向降速

3. 拉维娜式行星轮机构当太阳轮主动旋转时，行星架制动，太阳轮输出，主从动旋转方向是（　　）。

A. 同向增速　　B. 反向增速　　C. 同向降速　　D. 反向降速

4. 拉维娜式行星轮机构当行星架主动旋转时，齿圈制动，太阳轮输出，主从动旋转方向是（　　）。

A. 同向增速　　B. 反向增速　　C. 同向降速　　D. 反向降速

5. 拉维娜式行星轮机构当行星架主动旋转时，太阳轮制动，齿圈输出，主从动旋转方向是（　　）。

A. 同向增速　　B. 反向增速　　C. 同向降速　　D. 反向降速

6. 拉维娜式行星轮机构当齿圈主动旋转时，行星架制动，太阳轮输出，主从动旋转方向是（　　）。

A. 同向增速　　B. 反向增速　　C. 同向降速　　D. 反向降速

7. 拉维娜式行星轮机构当齿圈主动旋转时，太阳轮制动，行星架输出，主从动旋转方向是（　　）。

A. 同向增速　　B. 反向增速　　C. 同向降速　　D. 反向降速

四、判断题

1. 自动变速器油路中阀体内的手动阀的移动，是靠驾驶人手动操作的。（　　）

2. 计算拉维娜式行星轮机构传动比的方程是 $n_1 - \alpha n_2 - (1-\alpha) n_3 = 0$。（　　）

3. 01M 自动变速器主调压阀主油压由变矩器油压和节气门油压上下抗衡调整。（　　）

4. 01M 自动变速器主调压阀主油压由电磁阀调整。（　　）

5. 01M 自动变速器变矩器油压由主调压阀泄油到次调压阀调整。（　　）

6. 拉维娜式行星轮机构行星架输出是减速运动。（　　）

7. 拉维娜式行星轮机构太阳轮的旋转方向与齿圈转向相反。（　　）

8. 行星轮机构中的三轮无一制动，则行星排仍有一轮输出。（　　）

9. 拉维娜式行星轮机构行星架制动是倒档输出。（　　）

10. 拉维娜式行星轮机构行星架主动是超速档输出。（　　）

第四章

辛普森式电控液压自动变速器

第一节　辛普森式双行星排自动变速器等效平面结构图分析

图 4-1-1 是辛普森式自动变速器平面结构图。只要找出变速器中共有几个离合器，每一个离合器能将行星齿轮机构中哪一轮与输入轴相连，再找出有几个制动器，每个制动器能制动行星轮机构中哪一轮，再找出有无单向离合器，每个单向离合器能将变速器哪两元件单向连成一体或将行星轮机构中哪一轮单方向制动，那么，变速器的结构便一清二楚了。

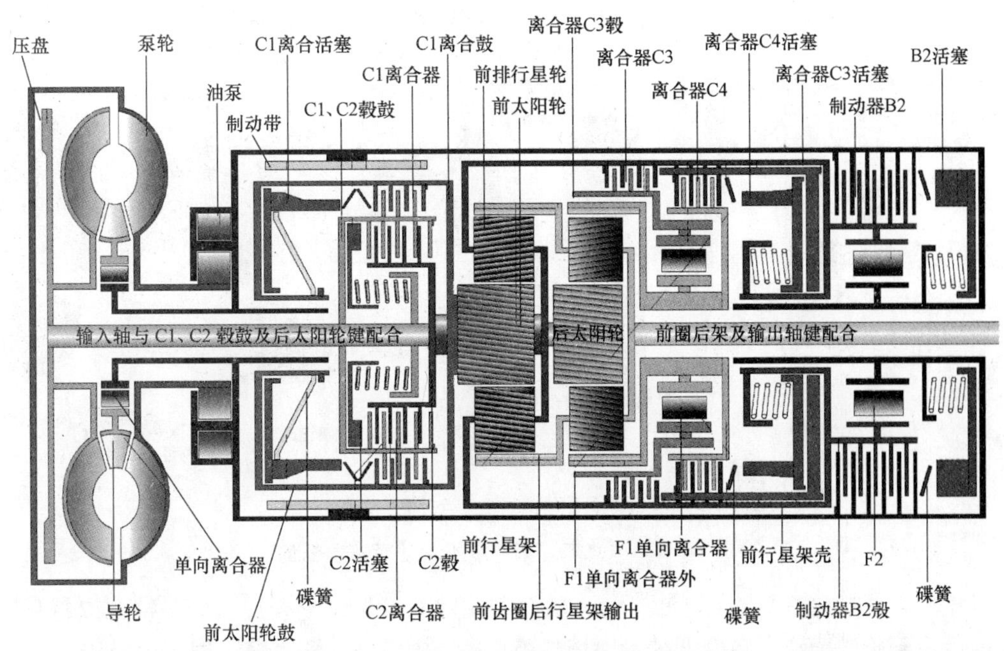

图 4-1-1　辛普森式自动变速器平面结构图

从图可知：

1）该变速器的行星轮机构由两个辛普森式行星排组成。前行星排的齿圈与后排行星架连成一体，形成前圈后架输出的格局。

2）该自动变速器共有四个离合器、两个制动器和一个单向离合器。

3）离合器的作用。离合器 C1 可将前排太阳轮与输入轴连成一体，使前排太阳轮主动旋转。离合器 C2 可将前排行星架与输入轴连成一体，使行星架主动旋转。离合器 C3 可将单向离合器外环与前排行星架连成一体，于是单向离合器 F1 可单向将后排齿圈与前排行星架连成一体，可见，离合器 C3 和单向离合器 F1 同时工作，可单向将后排齿圈与前排行星架连成一体。离合器 C4 可将后排齿圈与前排行星架连成一体。

通过以上分析可知，离合器 C1 可使前排太阳轮主动旋转，离合器 C2 可使前排行星架主动旋转，离合器 C3 和单向离合器 F1 可单向连接前排行星架和后排齿圈，离合器 C4 可将前排行星架与后齿圈连成一体。

4）制动器作用。制动器 B1（带式制动器）可制动前排太阳轮，制动器 B2 可制动前排行星架。

第二节　辛普森式双行星排自动变速器结构分析

一、自动变速器总成分解

将该变速器拆分成图 4-2-1 所示几部分，利用分析结构的规律，分析该变速器结构。

从图可知，该变速器可分解为油泵，离合器 C1、C2 总成，双行星排总成，前排行星架壳体总成。

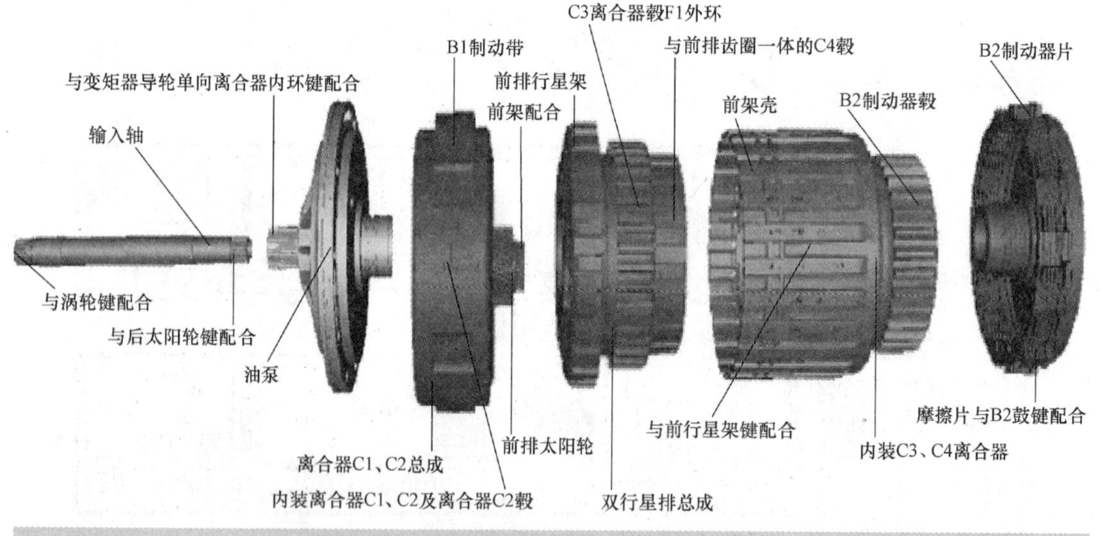

图 4-2-1　辛普森式双行星排自动变速器分解

对比图 4-1-1 与图 4-2-1 可知，输入轴左端花键与涡轮键配合，右端花键与双行星排总成内的后太阳轮键配合，离合器使后太阳轮及 C1、C2 毂鼓一同随输入轴主动旋转。

对比图 4-1-1 与图 4-2-1 可知，油泵壳体左端花键轴与液力变矩器导轮单向离合器内环键配合。

二、离合器 C1、C2 结构分析

离合器 C1 与 C2 总成分解如图 4-2-2 所示。

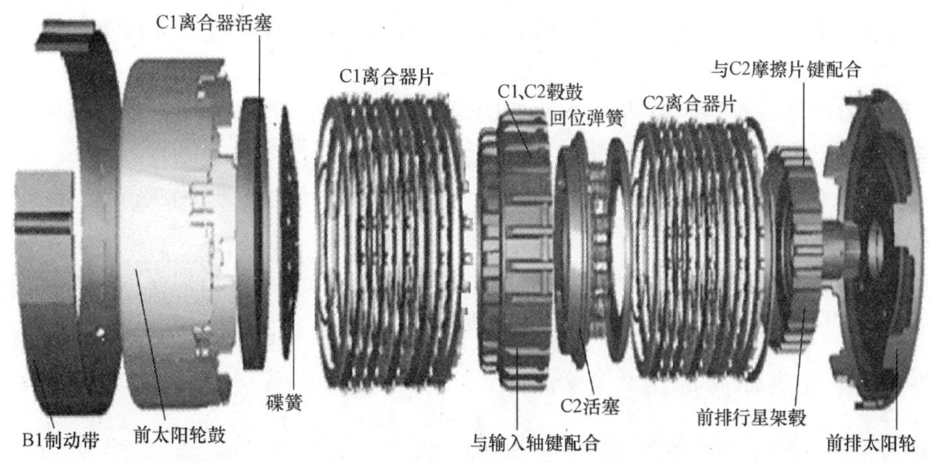

图 4-2-2　离合器 C1 与 C2 总成分解

从图可知，C1 离合器的活塞、回位碟簧、C1 离合器片和 C1、C2 毂鼓，均装在前排太阳轮鼓内，C1 钢片与前太阳轮鼓键配合，摩擦片与 C1、C2 毂鼓（与输入轴一体）的毂键配合，C1 工作后，把前排太阳轮与输入轴连成一体，使前排太阳轮主动旋转。

离合器 C2 活塞、回位弹簧、离合器 C2 片、前行星架毂均装在 C1、C2 毂鼓的鼓内。离合器 C2 钢片与 C1、C2 毂鼓（与输入轴一体）的鼓键配合，摩擦片与前排行星架毂键配合。离合器 C2 工作后，可将前行星架毂与输入轴连成一体，前行星架毂的花键轴与前行星架键配合，离合器 C2 使前行星架主动旋转。

三、双行星排行星轮机构结构分析

双行星排总成分解如图 4-2-3 所示。

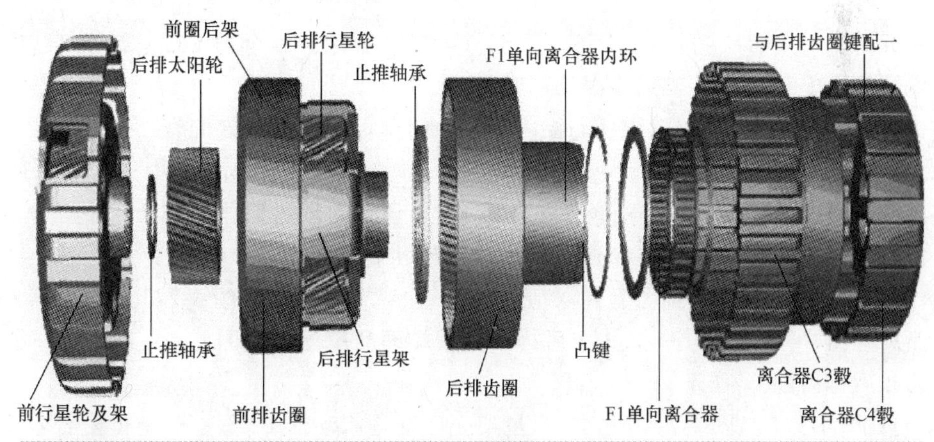

图 4-2-3　双行星排总成分解

1）前行星轮及架除与图 4-2-3 中行星架毂键配合外，还与图 4-2-4 中行星架壳键配合，离合器 C2 钢片与输入轴连成一体，摩擦片与前排行星架毂键配合，C2 工作后使前行星架主动旋转。

2）后排太阳轮中央花键孔与输入轴键配合，还与前圈后架的后排行星轮外啮合，后排太阳轮主动旋转。

3）前圈后架的中央花键孔与输出轴键配合，使前排齿圈后排行星架成为该变速器的输出件。

4）后排齿圈与后排行星轮内啮合，齿圈是单向离合器 F1 的内环。后排齿圈上的凸键与离合器 C4 毂键配合，使后排齿圈与 C4 毂连成一体。

5）离合器 C3 毂是 F1 单向离合器的外环，C3 毂与前行星架壳间装有离合器 C3，离合器 C3 工作后，便把前行星架与后排齿圈通过 F1 单向连成一体。

6）离合器 C4 毂与后排齿圈凸键键配合，离合器 C4 毂与前行星架壳间装有离合器 C4，离合器 C4 工作后便把前行星架与后排齿圈连成一体。

四、前排行星架壳体总成结构分析

前排行星架壳体总成分解如图 4-2-4 所示。

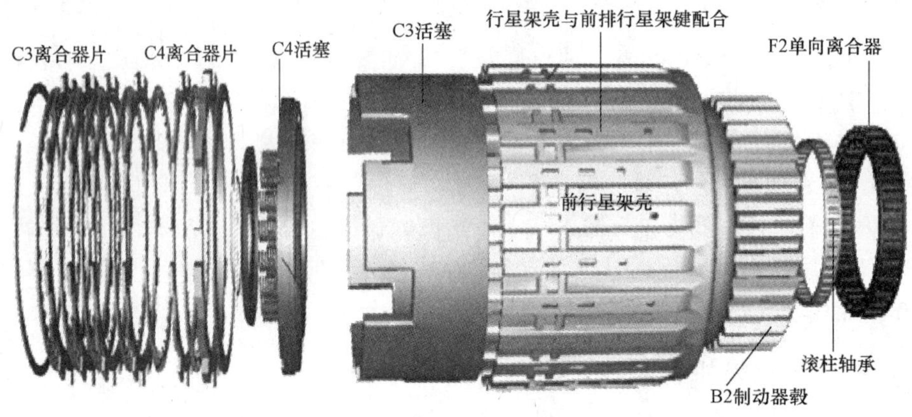

图 4-2-4　前排行星架壳体总成分解

通过拆检比对或参照图 4-1-1 可知，C3、C4 离合器片，离合器 C3 活塞与 C4 活塞，活塞回位弹簧等均安装在行星架壳体内。

1）前排行星架壳体左端的键槽与图 4-2-3 中前排行星轮及架键配合。

2）离合器 C3 钢片与前排行星架壳键配合，C3 摩擦片与图 4-2-3 中离合器 C3 毂键配合，而离合器 C3 毂是图 4-2-3 中单向离合器 F1 外环，内环是后排齿圈，因此，离合器 C3 工作后，可通过单向离合器 F 单向连接前排行星架和后排齿圈。

3）离合器 C4 的钢片与前排行星架壳体键配合，C4 摩擦片与图 4-2-3 中离合器 C4 毂键配合，而离合器 C4 毂又与图 4-2-3 中后排齿圈后端面凸键配合，因此 C4 工作后，可连接前排行星架和后排齿圈。

4）对比图 4-1-1 与图 4-2-4 可知，行星架壳后端是制动器 B2 毂，毂上键配合着图 4-2-5 制动器 B2 的摩擦片。钢片与变速器壳体键配合，制动器 B2 工作后便把前排行星架制动。

五、制动器 B2 结构分析

制动器 B2 结构如图 4-2-5 所示。

对比图 4-1-1 与图 4-2-5 可知，制动器 B2 活塞、回位弹簧，制动器 B2 片均装在变速器壳体内。

图 4-2-5　制动器 B2 结构

图 4-2-4 中前行星架壳体的后端键配合图 4-2-5 中制动器 B2 摩擦片。图 4-2-4 中前行星架壳体就是制动器 B2 的毂。

制动器 B2 钢片与变速器壳体键配合，壳体是制动器 B2 的鼓。当制动器 B2 工作后，制动器 B2 的活塞在油压作用下，便把摩擦片和钢片紧压在一起，于是便把制动器 B2 的毂与鼓连成一体。前行星架便被制动。

综上可知，所有行星轮式自动变速器分解后按顺序一字排开后，便知该变速器行星轮机构有几个行星排、几个离合器、几个制动器，有无单向离合器，并弄清以下问题：

1）每一离合器钢片与摩擦片能将行星轮机构中哪一轮与输入轴连成一体，或将哪两元件连成一体。

2）每一制动器钢片与摩擦片能将行星轮机构中哪一轮与变速器壳体连成一体。

3）找出有无单向离合器，每个单向离合器能将变速器哪两元件单向连成一体，或将行星轮机构中某轮单向制动。

第三节　辛普森式自动变速器各档传动原理

传统的双行星排自动变速器的传动示意如图 4-3-1 所示。

为方便分析，本人将传统的传动图旋转 90°，画出等效的平面传动图和立体转动图，如图 4-3-2 和图 4-3-3 所示。

利用这两张图，可将每一轮是顺时针旋转还是逆时针旋转分析得一清二楚。还能利用多媒体教学软件的平面动画功能和 3D 动画功能，将该变速器各档传动过程演示得淋漓尽致，并可方便、清晰地总结出所有行星轮式自动变速器各档输出的规律。

在机械原理中，将外啮合齿轮定为主从动齿轮旋转方向相反，将内啮合齿轮定为主从动齿轮旋转方向相同，这只是对两个齿轮啮合而言。但在行星轮机构中，如果有三个或四个齿轮相啮合，内啮合的齿轮主从动旋转方向不尽相同。

所有行星轮式自动变速器，均是一个行星排向另一个行星排的接力传递。根据辛普森式和拉维娜式单行星排七种组合的传动规律，一个行星排、一个行星排地进行接力分析，所有

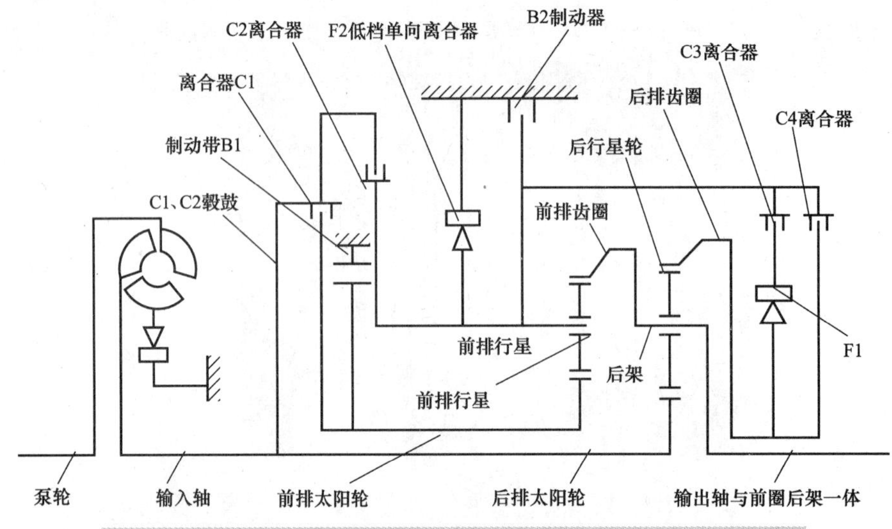

图 4-3-1 传统的双行星排自动变速器传动示意

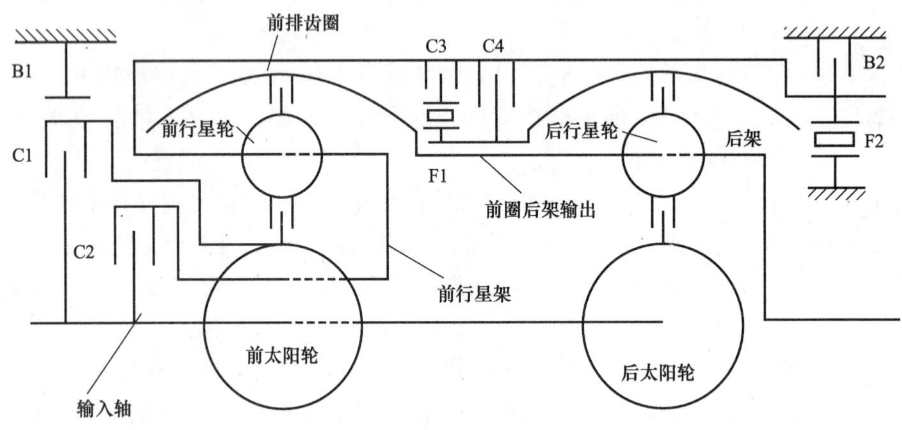

图 4-3-2 双行星排变速器传动图

行星轮式自动变速器各档传动便一清二楚。

表 4-3-1 为双行星排自动变速器执行元件工作表。

表 4-3-1 双行星排自动变速器执行组件工作表

变速杆位置	档位	离合器				制动器		单向离合器	
		C1	C2	C3	C4	B1	B2	F1	F2
D	1 档			○	1/8			○	○
	2 档			○	1/8	○		○	
	3 档		○	○				○	
	OD 档		○	◎		○			
R	倒档	○					○		
2、1 或 S、L	1 档			◎	○		○		
	2 档			◎	○	○			
	3 档		○	◎	○				

注：○表示接合，制动或锁止；◎表示接合或制动，但不传递动力；1/8 表示大负荷及节气门开度小于 1/8 时工作。

一、D1 档传动原理

D1 档离合器 C3 及单向离合器 F1、F2 工作，如图 4-3-3 所示。

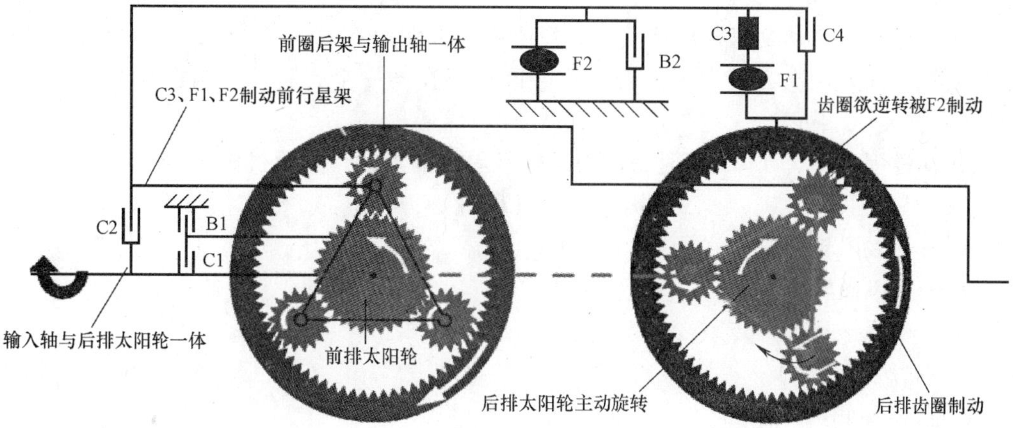

图 4-3-3　D1 档传动原理

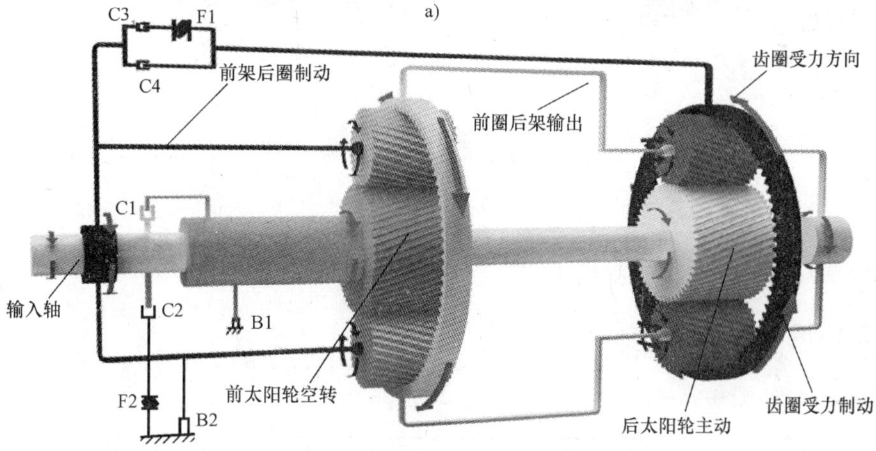

当变速杆在 D 位，车速在 D1 档范围时，后排太阳轮在涡轮带动下主动顺时针旋转，其轮齿给后排行星轮齿一个作用力，使行星轮逆时针旋转。行星轮逆时针旋转，其轮齿会给后排齿圈轮齿一个作用力，使后排齿圈逆时针旋转。齿圈逆时针旋转时，单向离合器 F1 锁止，又因此时离合器 C3 接合，所以便把后排齿圈与前排行星架连成一体，使前行星架和后排齿圈一同逆时针旋转。

该档在节气门开度小于 1/8 时，超越离合器电磁阀使离合器 C4 也工作，为离合器 C3 和 F1 助力。

后齿圈欲逆时针旋转，使单向离合器 F1、F2 工作，F1 把行星排后排齿圈与前排行星架连成一体，F2 把前排行星架与后排齿圈制动。于是后排太阳轮顺时针主动旋转时，会给行星轮齿一个作用力，使行星轮逆时针旋转。行星轮逆时针旋转时又受制动的齿圈一个反作用力，则行星轮在作用力与反作用力合力作用下，带着行星架顺时针旋转输出 D1 档。该档因有单向离合器参与，发动机对滑行无制动作用。

前排因行星架也被 F2 制动，同时前齿圈与后排行星架一体顺时针旋转，齿圈轮齿给前排行星轮齿一个作用力，使前排行星轮顺时针旋转，而使太阳轮逆时针空转，对输出无干涉。

D1 档传动比计算：

在多行星排的自动变速各档传动中，只要主动和制动在同一个行星排，便在该排输出，因此只列一个三元一次方程即可。若主动和制动不在同一个行星排，则需列两个三元一次方程。

从传动过程可知，在 D1 档时，动力从后行星排输出，行星轮机构运动方程为

$$n_1 + an_2 - (1 + a)n_3 = 0 \quad (1)$$

式中 n_1——太阳轮转数；

n_2——齿圈转速；

n_3——后排行星架转速；

$a = \frac{Z_2(\text{齿圈齿数})}{Z_1(\text{太阳轮齿数})} > 1$。

因后排齿圈制动，所以

$$n_2 = 0 \quad (2)$$

将式（2）代入式（1）得

$$n_1 = (1 + a_2)n_3$$

求传动比

$$n_1/n_3 = (1 + a_2) > 1$$

是减速传动。

二、D2 档传动原理

D2 档传动如图 4-3-4 所示。

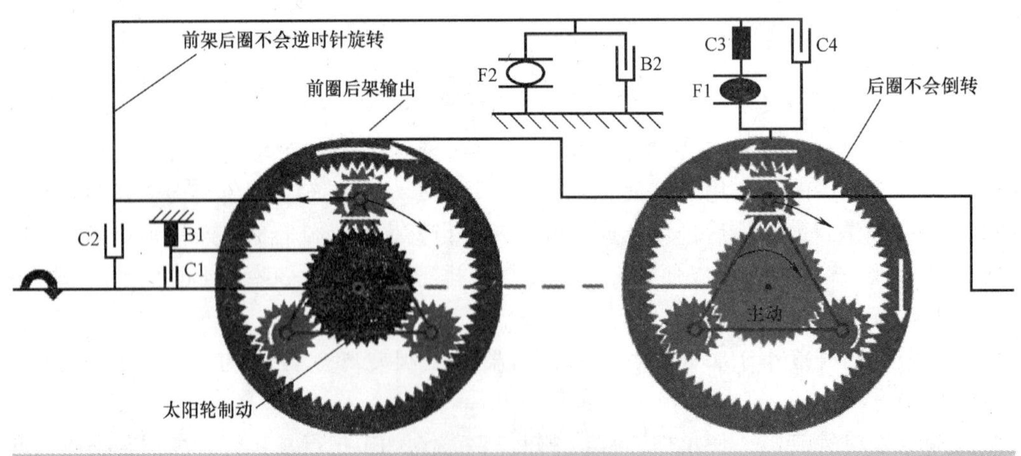

图 4-3-4　D2 档传动

当变速杆入 D 位，车速进入 D2 档范围时，从表 4-3-1 可知，离合器 C3 工作，制动器 B1 工作，单向离合器 F1 工作。当后排太阳轮随涡轮主动顺时针旋转时，会使后排行星轮逆时针旋转，齿圈也欲逆时针旋转，单向离合器 F1 锁止。于是离合器 C3 和单向离合器 F1 便

把后排齿圈与前排行星架连成一体，使后排齿圈带动前排行星架力图逆时针旋转，将逆时针旋的力作用在前排行星架上。

但此时前排太阳轮制动，而前排齿圈又有车重阻力，所以当行星架欲逆时针旋转时，前排行星轮齿会受制动的太阳轮齿一个反作用力，并受前排齿圈车重的反作用力，其合力等于前排行星架上的作用力，因此，前排行星架不会逆时针旋转。因前排行星架已与后排齿圈连成一体，所以后排齿圈也不会逆时针旋转，即对后排齿圈而言相当于制动。

于是后排太阳轮主动顺时针旋转时，会给行星轮一个作用力使后排行星轮逆时针旋转，行星轮逆时针旋转时，会受齿圈一个反作用力，使后排行星轮在后排太阳轮作用力与后排齿圈反作用力合力作用下，带动后排行星架顺时针公转，后排行星轮则在行星架上逆时针旋转。

在前排因齿圈与后排行星架一体，所以前排齿圈也顺时针旋转，使前排行星轮顺时针旋转。前排行星轮顺时针旋转，其轮齿受太阳轮齿一个作用力，但因前排太阳轮已制动，所以前排太阳轮会给前排行星轮一个反作用力，前行星轮在作用力与反作用力合力作用下，使前架后圈顺时针旋转，前圈后架增加了一个前排行星架速度，使前圈后架输出 D2 档。该档因有单向离合器参与，发动机对滑行无制动作用。

该档在节气门开度小于 1/8 时，电控单元使离合器 C4 也工作，为离合器 C3 和 F1 助力。

三、D3 档传动原理

汽车加速时，D3 档传动如图 4-3-5 所示。

从图可知，离合器 C2 把前排行星架与后排太阳轮连成一体，而当后排太阳轮顺时针主动旋转时，会使后排行星轮欲逆时针旋转而导致后排齿圈也受一逆时针旋转的力，但因前排行星架与涡轮同速顺时针旋转，使离合器 C3 与单向离合器 F1 把后排齿圈也与前排行星架连一体，则后排各元件不连自连成一体。

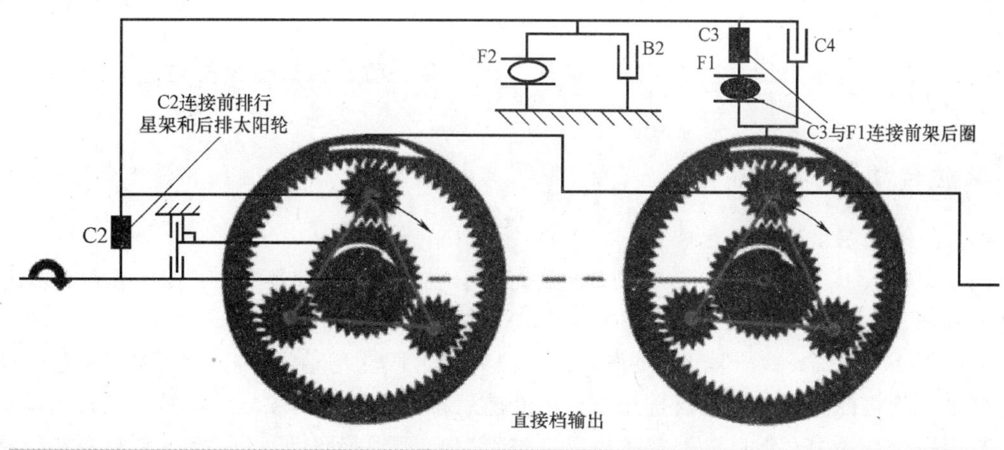

图 4-3-5　D3 档传动

在前排，因前排齿圈与后排行星架一体，C2 又把前排行星架与后排太阳轮连成一体，所以前行星排三轮也与后排连成一体，这样前后两行星排连成一体，在后太阳轮带动下顺时针旋转输出直接档 D3 档。

四、D4 档传动原理

D4 档传动如图 4-3-6 所示。

当变速杆在 D 位，汽车进入 D4 档车速范围内，从表 4-3-1 可知，此时除离合器 C2 仍工作外，制动器 B1 也投入工作。表中的 C3 虽然仍然工作，但因此时单向离合器 F1 解锁而不起作用。

从图 4-3-6 可知，制动器 B1 已将前排太阳轮制动，而离合器 C2 仍将后排太阳轮与前排行星架连成一体，使前排行星架主动顺时针旋转，则制动的前排太阳轮齿会给前排行星轮齿一个阻力，使行星轮既随行星架公转，还要顺时针自转，行星轮齿给前排齿圈轮齿一个作用力，使前排齿圈和后排行星架顺时针超速旋转而输出 D4 档。

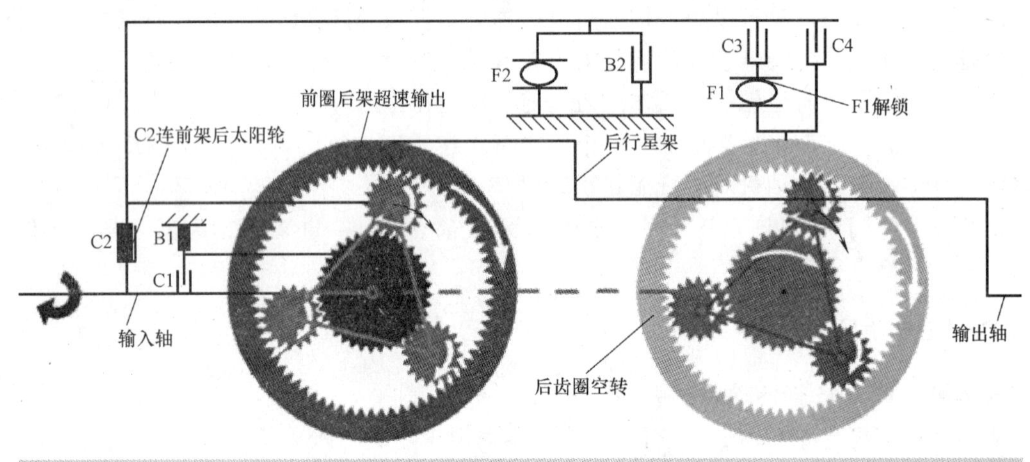

图 4-3-6　D4 档传动

在后排太阳轮与前排行星架一同主动顺时针旋转时，后排行星架以高于后排太阳轮的转速顺时针旋转，所以后排行星轮顺时针旋转，但此时离合器 C3 与 C4 均没工作，因此后排齿圈在后排行星轮作用下顺时针空转，对输出无干涉。

综上可知，若输出发生在辛普森行星排，行星架主动旋转，输出便是超速档（起越主动的转速）。

五、R 位传动原理

R 位传动如图 4-3-7 所示。

当变速杆入 R 位，从表 4-3-1 可知，此时离合器 C1 与制动器 B2 工作，其前后行星排传动原理如下：

从图 4-3-7 可知，离合器 C1 工作后，把前后排太阳轮与输入轴连成一体，于是后排太阳轮便把发动机的转矩传递给前排太阳轮，使前后排太阳轮主动顺时针旋转，其轮齿给前排行星轮齿一个作用力，但此时因前排行星架被 B2 制动器制动，所以前排行星轮便在行星架上强行逆时针自转。行星轮逆时针自转，其轮齿会给前排齿圈轮齿一个作用力，使前排齿圈连同后排行星架逆时针旋转而输出倒档。

在后排，太阳轮与涡轮转速相同顺时针旋转，而后排行星架的转速低于后排太阳轮的转速，所以后排行星轮逆时针旋转，使后排齿圈也要逆时针旋转，使单向离合器 F1 锁止，但

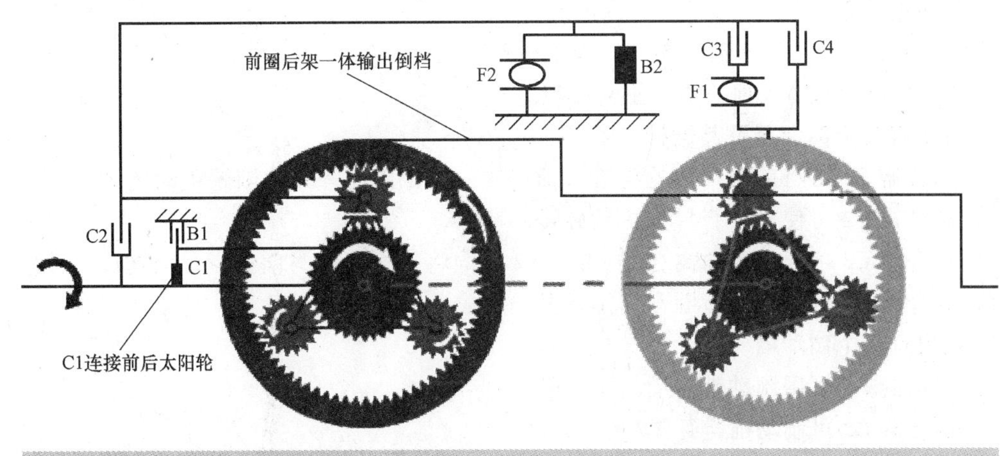

图 4-3-7　R 位传动

后排齿圈因离合器 C3 与 C4 没工作而空转，对前排输出无干涉。

第四节　辛普森式自动变速器结构和传动分析技巧

一、结构分析技巧

根据分析结构规律分析结构，如图 4-4-1 所示。

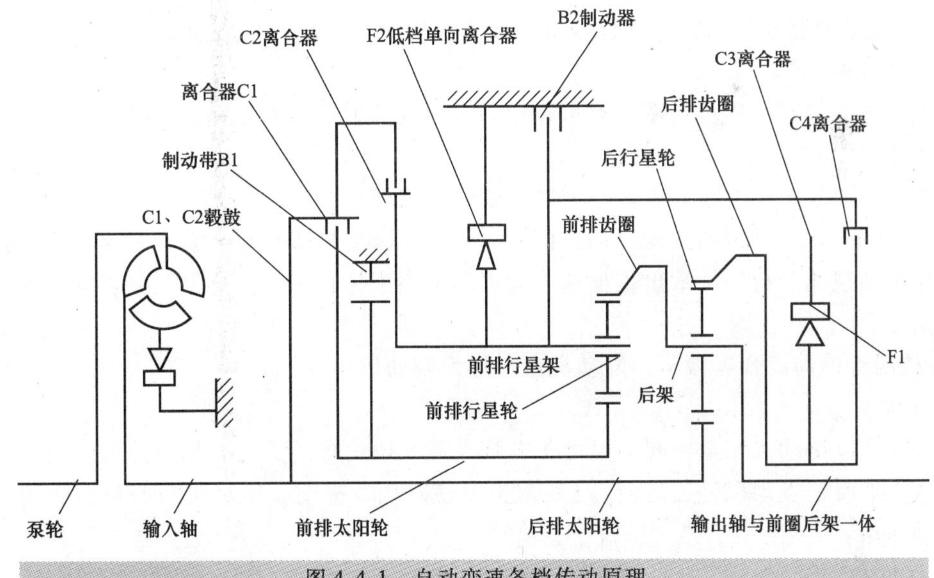

图 4-4-1　自动变速各档传动原理

1. 找出行星轮机构

从图 4-4-1 可知，该自动变速器行星轮机构由两个行星排组成，前后两排均是辛普森式。前排有一个单独的行星架，后排行星架与前排齿圈及输出轴连成一体，形成前圈后架输出的格局。

2. 找出输入轴

从图 4-4-1 可知，输入轴一端与变矩器涡轮键配合，另一端与离合器 C1 鼓和 C2 毂键配合。后排小太阳轮与输入轴一体可主动旋转。

3. 找出有几个离合器及其连接

1）离合器 C1 可将前排太阳轮与输入轴连成一体，使前排大太阳轮主动旋转。

2）离合器 C2 可使前排行星架主动旋转。

3）离合器 C3 可通过单向离合器 F1 与 F2 单向将后排齿圈与前排行星架连成一体。

4）离合器 C4 可将后排齿圈与前排行星架连成一体。

4. 找出有几个制动器

1）制动器 B1 可用制动带制动前排太阳轮。

2）制动器 B2 可制动前排行星架。

综上可知，该自动变速器共有四个离合器，C1 离合器可使前太阳轮主动旋转，C2 离合器可使前行星架主动旋转，C3 离合器与 F1 可将前行星架和后排齿圈连成一体，C4 离合器可将前行星架和后排齿圈连成一体。

制动器 B1 可制动前排太阳轮；制动器 B2 可制动前排行星架，F1 与 F2 和 C3 可单向制动后齿圈。

二、传动分析技巧

通过各档传动过程可知，该自动变速器是由两个辛普森式行星排组成的行星轮机构，前已述及，辛普森行星排输出规律是：行星架主动是超速档；行星架输出是低速档（低于主动转速）；行星架制动是倒档；离合器将行星轮机构任意两轮与输入轴连成一体，是直接档输出（与主动同速）。

根据上述规律并利用传动图，便可轻而易举地将该变速器各档输出分析透彻。

1. D 位 D1 档

从图 4-4-1 可知，当后排小太阳轮主动顺时针旋转时，若离合器 C3 工作，便通过单向离合器 F1 和 F3 将后排齿圈单向制动，此时在后行星排便形成行星架输出的格局。根据辛普森行星排传动规律，行星架输出是低速档输出，又因后排行星轮是在制动的齿圈上滚动，行星架输出是 D1 档。

D1 档因有单向离合器参与，发动机对滑行无制动作用。

2. S 位

S 位与 D 位传动比完全相同，但由于电脑收到 S 位信号后，将升档点滞后，使汽车在泥泞路面或上坡时，发动极轻松运转。S 位时电脑使降档点提前，下坡滑行时可有效地利用发动机制动作用。

3. D 位 D2 档

从图 4-4-1 可知，D2 档时，后排小太阳轮主动旋转，制动器 B1 制动前排太阳轮，离合器 C3 工作，使单向离合器 F1 将后排齿圈与前行星架单向连成一体，使后齿圈不会逆时针旋转，便在后排形成小太阳轮主动后齿圈制动、行星架输出的格局。根据传动规律，后排行星架输出 1 档，但后排齿圈在前行星架推动下顺时针旋转，比 D1 档增加了一个后齿圈顺时针旋转的线速度，输出 D2 档。

4. S位2档

变速杆在S位时，与D位2档传动比相同，但S1档升S2档的升档点较D位滞后，降档点较D位提前。目前大多数轿车的L位、1位、2位、3位已被S位取代。

5. D3档

根据传动规律可知，若离合器将行星轮机构与输入轴连成一体，便可输出直接档3档。

从图4-4-1可知，当后排小太阳轮主动顺时针旋转时，若离合器C3工作，便通过单向离合器F1将后排齿圈与前排行星架单向连成一体。若离合器C2再将前排行星架与输入轴连成一体，则后排小太阳轮与齿圈均与输入轴连成一体，后排其他元件都连成一体。

既然后排齿圈与输入轴一体，前排行星架也与输入轴连成一体，而前排齿圈又与后排行星架连成一体，因此前排各元件也与输入轴连成一体，双行星排连成一体输出直接档3档。

因有F1参与，使D2档切换D3档时自动消除换档冲击，并使发动机对滑行无制动作用。

6. S位3档

从图4-4-1可知，因S位3档不需要单向离合器F3参与工作，用离合器C4取代离合器C3和单向离合器F1，仍可将后排齿圈和前排行星架连成一体。若离合器C2工作把前排行星架与输入轴连成一体，则后排齿圈与前排行星架和后排小太阳轮均与输入轴连成一体。于是，在后排齿圈与太阳轮连成一体。根据行星排有任意两轮连成一体，整个行星排便连成一整体的规律，又因前排齿圈和后排行星架一体，前排行星架也与后行星排连成一体，因此前排各元件也全与后行星排连成一整体，双行星排连成一体输出直接档。

同理，此时的升档点较D3档滞后，降档点较D3档提前。

7. D4档

D4档为超速档，要求滑行时发动机有制动作用，无需单向离合器介入。因此，只要制动器B1制动前排太阳轮，离合器C2使前排行星架主动，根据辛普森式行星排传动规律，行星架主动输出超速档。

8. R位

从辛普森式行星排传动规律可知，行星架制动，便输出倒档。

从图4-4-1可知，制动器B2可制动前排行星架，而离合器C1可使前排太阳轮主动旋转。可见，C1与B2同时工作便输出倒档。

综上可知，只要熟知传动规律，对于任何行星轮式自动变速器的复杂的传动过程，均可通过传动图或将变速器实体拆开，找出有几个离合器，有几个制动器，每个离合器能使行星轮机构中哪轮主动旋转，每个制动器能制动哪一轮，以及每个单向离合器都能将哪两元件单向连成一体，将各档传动轻而易举地弄明白。

第五节　辛普森式双行星排自动变速器油路系统阀结构原理

一、主调压阀结构原理

1. 主调压阀结构原理

主调压阀如图4-5-1所示。当油泵泵油进入滑阀上腔克服弹簧弹力向下推阀时，滑阀的下部作用着来自修正阀的油压向上推滑阀，上下推力抗衡，决定把节流口 C 和泄油口 B 打开的大小，把油泵油经节流口 B 和节流口 C 泄入油底壳。

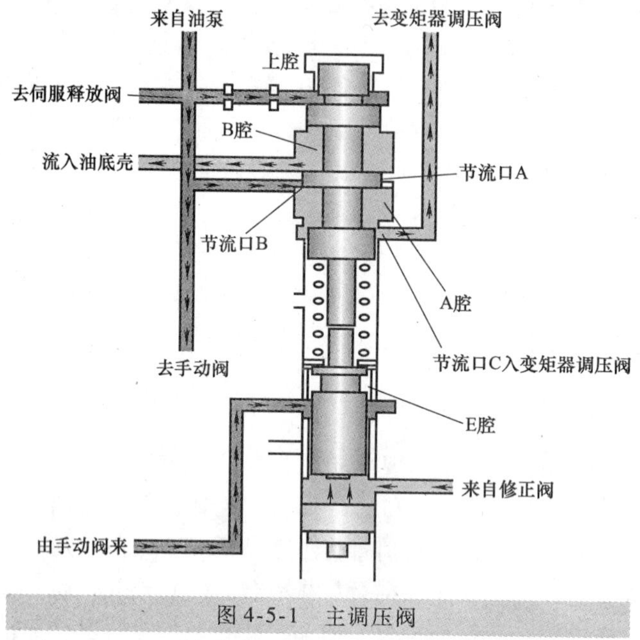

图 4-5-1 主调压阀

可见，主调压阀是通泄阀，将油泵油压调节成随车速和发动机负荷变化而变化的油压。

当把手动阀入倒档时，经手动阀来的主油压进入 E 腔向上推阀，使节流口 C 关小，减少泄油以提高倒档时主油压。该阀失控将导致各档均工作不良。

主调压阀磨损，弹簧疲劳、卡滞等将引起主油压过低或过高等故障。主油压低将造成升档点滞后，离合器、制动器打滑等故障。主油压过高将造成升档点提前、换档冲击等故障。

2. 变矩器调压阀

变矩器调压阀如图 4-5-2 所示。

变矩器调压阀的主要作用是调整去液力变矩器的油压。当来自主调压阀泄出的油液进入

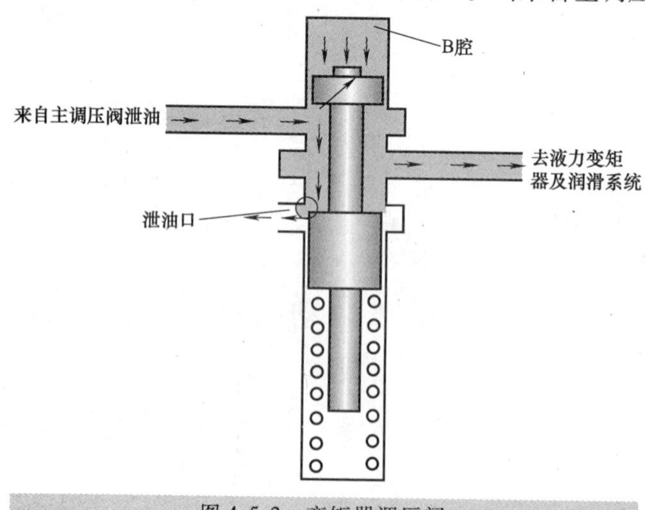

图 4-5-2 变矩器调压阀

B 腔向下推阀时，通过调整泄油口开度的大小，将主调压阀泄入变矩器调压阀的油压调节成变矩器油压。

变矩器调压阀的主要故障有磨损、弹簧疲劳、卡滞等引起变矩器油压过低或过高。变矩器油压过低将引起液力变矩器传动效率降低、锁止离合器打滑及变矩器温度过高等故障。变矩器油压过高将引起锁止离合器锁止冲击等故障。

3. 控制阀（恒压调压阀向所有电磁阀供压）

控制阀如图 4-5-3 所示。

从图可知、当手动阀主油压经节流口送入滑阀 A 腔，并经两个节流孔进入滑阀下腔后上推阀时，与弹簧力抗衡，以决定节流口开度大小，把手动阀来的主油压调整成去油道 1 和去油道 2 的恒定油压。

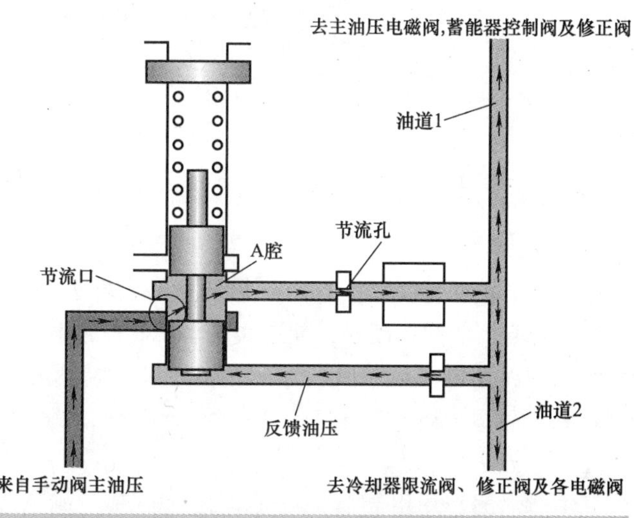

图 4-5-3　控制阀结构图

这个恒定油压是压缩弹簧关闭节流口时的弹簧力。恒定油压送入油路所有电磁阀，控制主油压；送入变矩器离合器调压电磁阀，控制锁止离合器解锁或锁止；还送入各换档电磁阀，以控制各换档阀为各档离合器和制动器匹配油路。该阀失效会使所有档均工作不良。

二、主要开关阀结构原理

1. 超越离合器控制阀

超越离合器控制阀如图 4-5-4 所示。

超越离合器控制阀是控制超越离合器是否工作的开关阀，它由滑阀和弹簧组成，受控于超越离合器电磁阀。

从图可知，当超越离合器电磁阀泄油时，将超越离合器控制阀下端油压泄掉，滑阀在上腔弹簧力作用下将滑阀推到下端。来自超越离合器减压阀的主油压，经超速档离合器控制阀，送入超越离合器 C4，使超越离合器 C4 在 D1 档与 D2 档、节气开度小于 1/8 瞬间，向离合器 C4 供油，为离合器 C3 和 F1 助力。

当变速器在 L1、L2、L3 或 S1、S2、S3 档时，离合器 C4 送入主油压，以便和制动器 B1、B2 或离合器 C2 配合，分别输出 L1、L2、L3 或 S1、S2、S3 档，并使在滑行时，发动

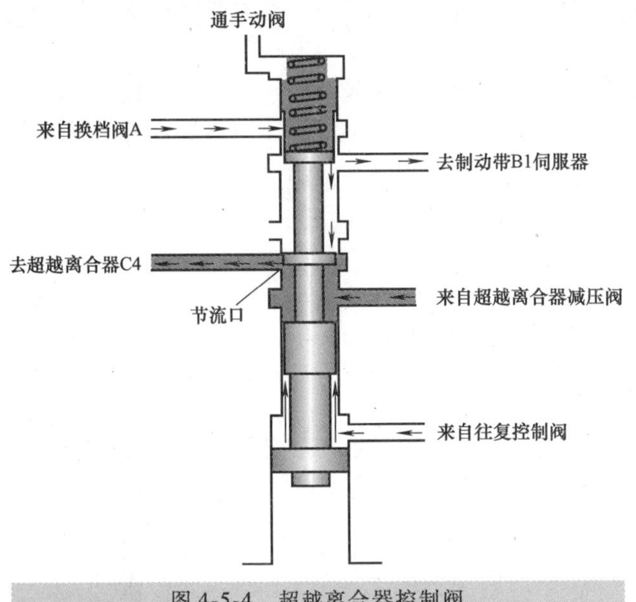

图 4-5-4　超越离合器控制阀

机对滑行有制动作用。

当超越离合器电磁阀工作，通过往复控制阀向超速档离合器控制阀的下腔送入油压时，滑阀便克服弹簧弹力移至上端，滑阀切断送入超越离合器 C4 的油压。

综上可知，该阀在 D1 档与 D2 档、节气门开度小于 1/8 时使离合器 C4 工作，为 C3 和 F1 助力。当自动变速器在 1 档、2 档、3 档时，离合器 C4 工作，汽车滑行时，变速器对滑行有制动作用。

该滑阀在 D3 档、D4 档、倒档均由超越离合器电磁阀向该滑阀下端送油压，将滑阀推到上端，以切断离合器 C4 油压。

综上可知，若超越离合器控制阀卡在上端不能回位时，会造成离合器 C3 和单向离合器易损坏使自动变速器无 D3 档、D4 档和倒档。

2. 锁止离合器控制阀

锁止离合器控制阀如图 4-5-5 所示。

锁止离合器控制阀用变矩器锁止离合器电磁阀的控制油压，改变流入液力变矩的油液流向和流速，以决定锁止离合器是否锁止并减轻锁止冲击。

从图可知，当锁止离合器不锁止时，变矩器离合器电磁阀不向锁止离合器控制阀供油，滑阀在弹簧力和变矩器调压阀油压合力的作用下移至上端，则油道 1 与油道 3 相通，变矩器调压阀油压从变矩器前端送入，并从变矩器后端流出，然后入散热器，使锁止离合器压盘解锁。解锁瞬间，压盘两侧油压便相等。

当泵轮转数与涡轮转数相近时，电脑控制变矩器锁止离合器电磁阀向锁止离合器控制阀上腔输送油压，将滑阀压下。

于是，变矩器调压阀油压便通过滑阀从液力变矩器后方进入，由于节流环带的节流作用，使锁止离合器压盘两侧瞬间产生压差，把压盘紧紧压在泵轮上，将泵轮与涡轮连成一体，完成变矩器锁止。

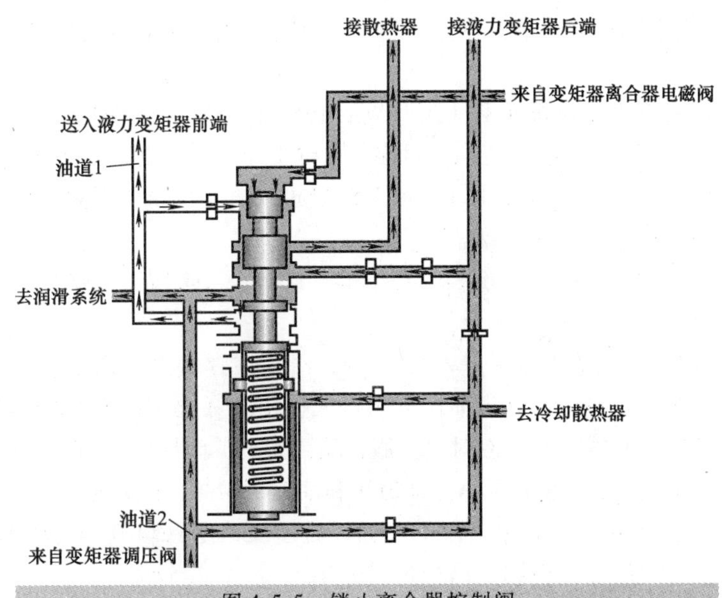

图 4-5-5 锁止离合器控制阀

该阀工作不良将导致锁止离合器失常。

3. 换档阀 A（D1 档、D4 档、倒档阀在下端，D2 档、D3 档阀在上端）

换档阀 A 如图 4-5-6 所示。

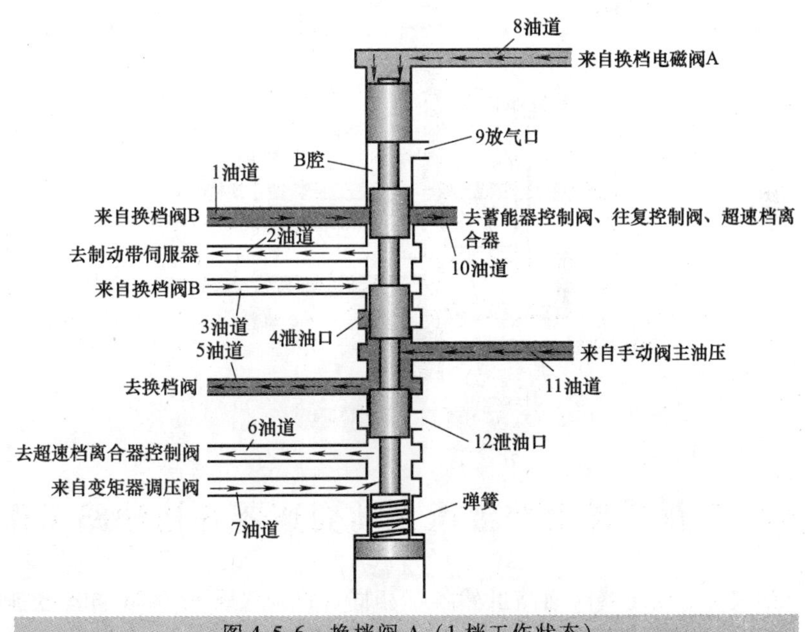

图 4-5-6 换档阀 A（1 档工作状态）

当滑阀上部有油压克服弹簧弹力把阀推向下部时，这时油道 1 待命，油道 2、油道 3 相通，使去 1-2 档蓄能器的油道与换档阀 B 相通，油道 5 和油道 11 相通，把油道 11 手动阀主油压送入换档阀 B。油道 6 和油道 7 相通，以使换档阀 B 的油压供给制动伺服器。油道 10 待命，泄油口 4 和 12 待命。放气口的作用是当滑阀上下移动工作时，防止 B 腔产生真空，造成滑阀工作不良。

换档阀 A 由换档电磁阀 A 的控制油压和弹簧弹力决定滑阀的位置，以改变油液的流向和流速。

它由滑阀和弹簧组成，弹簧向上推阀。当油道 8 没有油压时，弹簧力使阀在上端，油道 1、油道 10、油道 2 相通，油道 3 待命。油道 11 和泄油口 2 相通，把低倒档制动器油液泄掉，此时油道 5 待命。油道 6 和泄油口 2 相通，把超速档离合器控制阀油压泄掉，油道 7 待命。该阀 D1 档、D4 档、倒档在下端。

4. 换档阀 B（D1 档、D2 档、倒档阀在下端，D3 档、D4 档在上端）

换档阀 B 如图 4-5-7 所示。

当油道 1 无换档电磁阀 B 油压进入 A 腔时，滑阀在弹簧力作用下移动上端，使油道 6 与油道 2 和油道 3 相通，将油道 6 主油压分别送入换档阀 A 与 C2 高速离合器。

当换档电磁阀 B 有油压进入 A 腔时，克服弹簧弹力把滑阀推到下部，此时油道 6 和油道 2 换档阀 A 相通，把主油压送入换档阀 A。油道 3 和油道 7 相通，把高速离合器内的油压泄掉。

换档阀 B 与换档阀 A 均只有上下两个位置，通过换档电磁阀 B 与电磁阀 A 控制两换档阀上下改变不同位置的组合，得到不同档位的输出。

若换档阀 B 或换档阀 A、换档电磁阀 B 或换档电磁阀 A 中任意一个不良，将引起相应档失效。该阀 D1 档、D2 档、倒档在下端。

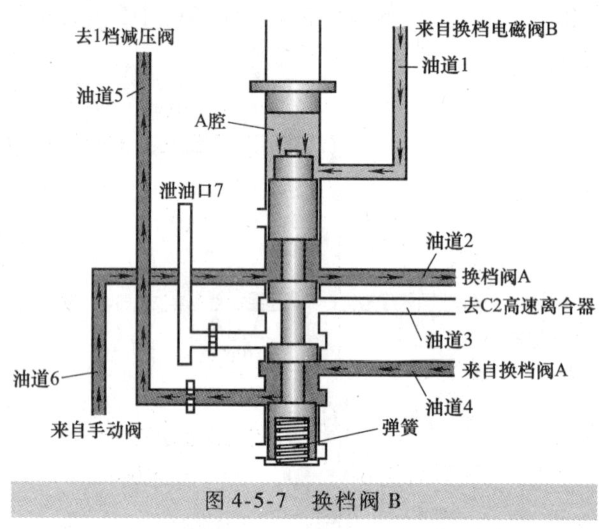

图 4-5-7 换档阀 B

第六节 双行星排电控液压自动变速器各档油路工作原理

各种行星轮式自动变速器的油路虽然各不相同，但通过分析 01M 自动变速器油路的工作原理可知，它们有共同的规律。

1）它们均由调压阀、调压电磁阀、开关阀、开关电磁阀组成。

2）主调压阀。主调压阀把主油压通过调压阀、调压电磁阀、开关阀、开关电磁阀分别送入液力变矩器、离合器、制动器、换档机构等。

3）变矩器调压阀。变矩器调压阀把主油压调节成变矩器压力。变矩器压力油主要在液力变矩器和油冷却器内循环。

4）手动阀。手动阀是中转站，有的手动阀把主油压直接送入换档阀，经换档阀再送入离合器或制动器；有的则把主油压送入调压电磁阀调压后经换档阀送入离合器或制动器。

5）换档阀。换档阀在换档电磁阀控制下，滑阀在两个位置间切换，为离合器或制动器分配油压。

一、N 位油路工作原理

N 位的油路如图 4-6-1 所示。

N 位时发动机怠速运转，油泵泵油经主调压阀、主调压电磁阀控制油压后，除与 P 位油路相同外，还经手动阀将主油压送入控制阀，再由控制阀将油压分别送入各电磁阀待命。油路走向如下：

1. 主调压阀输出

油泵泵油至主调压阀，经主调压电磁阀调压的主油压分别送入以下各处：

1）伺服释放蓄能器备压。

2）节流后去润滑油道。

3）去手动阀待命。

4）过量油返回油底壳。

主调压阀工作不良，各档均工作不良。

2. 控制阀输出

当变速杆在 N 位时，在手动阀待命的主油压进入控制阀，经控制阀自身调压，调出恒定油压分别送入以下各处：

1）送入主油压调压电磁阀，控制送入蓄能器控制阀下腔的油压，以控制该阀输出给蓄能器的油压。

2）送入主油压电磁阀调压后，进入修正阀上端，控制修正阀节流口开度，以输出修正油压。

3）分别流入变矩器离合器调压电磁阀泄油；送入超越离合器电磁阀泄油；送入换档电磁阀 A 和 B 泄油。

4）送入冷却器限流阀上腔，调整限流阀节流口开度，限止变矩器流入冷却器的油流速及流量。

5）送入修正阀经节流口调压后，分别送入主调压阀下腔和 1-2 档蓄能器，以修正主油压和 1-2 档蓄能器背压。主调压阀工作不良，各档均工作不良。

3. 变矩器调压阀输出

主调压阀经节流口泄出的油液流入液力变矩器调压阀（次调压阀），经调压阀调压后的油压分别送入：

1）送入锁止离合器控制阀，不锁止时，经锁止离合器控制阀送入变矩器前腔，推开锁止离合器压盘，使液力变矩器解锁。此时进入变矩器的油液通过压盘与变矩器泵轮壳体之间的间隙流入变矩器后端。

2）进入变矩器后端的油液，经锁止离合器控制阀和冷却器限流阀后进入散热器。

二、D1 档油路工作原理

D1 档油路如图 4-6-2 所示。

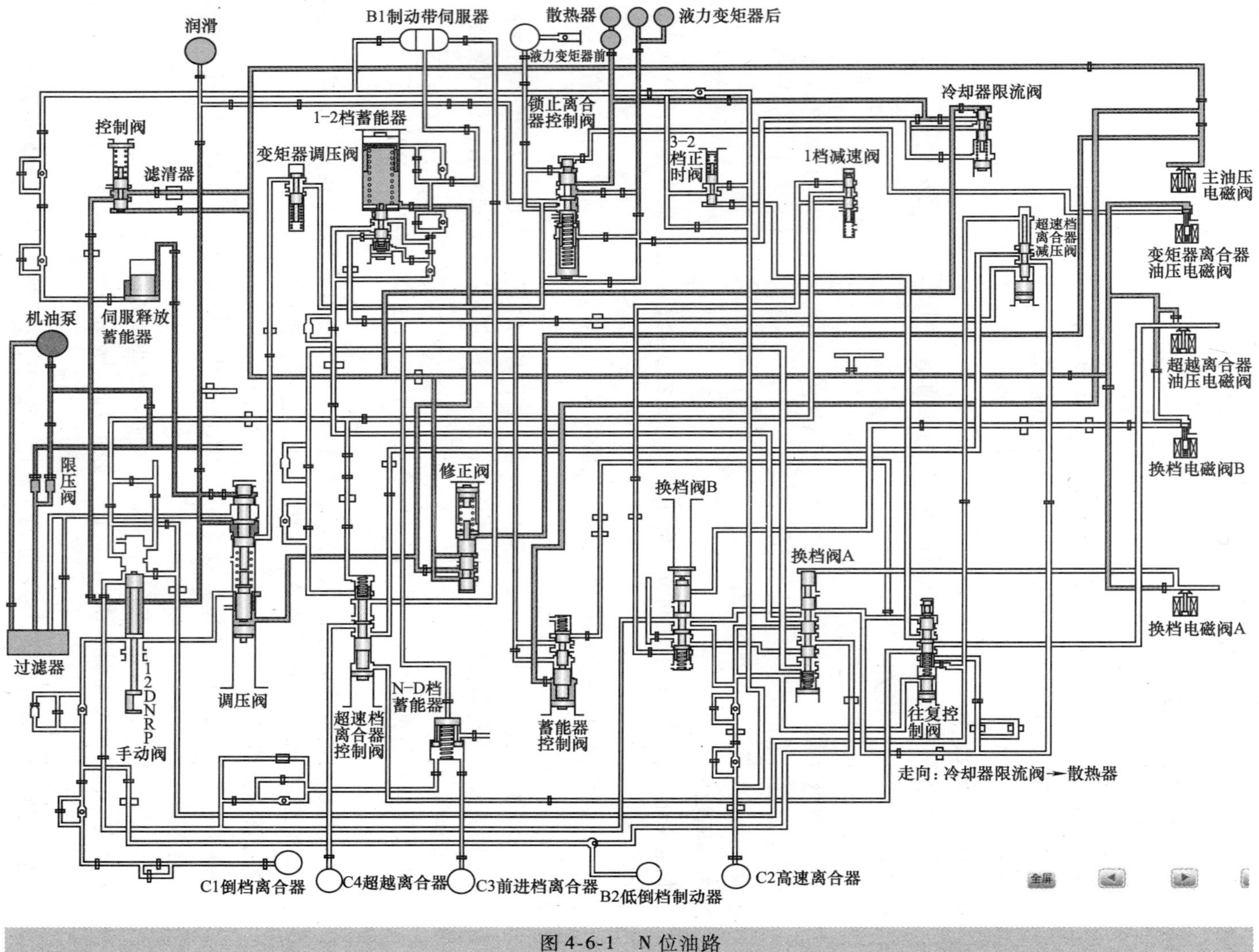
润滑
B1制动带伺服器
散热器
液力变矩器后
液力变矩器前
锁止离合器控制阀
冷却器限流阀
控制阀
滤清器
1-2档蓄能器
变矩器调压阀
3-2档正时阀
1档减速阀
主油压电磁阀
超速档离合器减压阀
变矩器离合器油压电磁阀
机油泵
伺服释放蓄能器
超越离合器油压电磁阀
限压阀
修正阀
换档阀B
换档电磁阀B
换档阀A
换档电磁阀A
过滤器
1
2
D
N
R
P
手动阀
调压阀
N-D档蓄能器
超速档离合器控制阀
蓄能器控制阀
往复控制阀
走向：冷却器限流阀→散热器
C1倒档离合器
C4超越离合器
C3前进档离合器
B2低倒档制动器
C2高速离合器
全屏

图 4-6-1 N 位油路

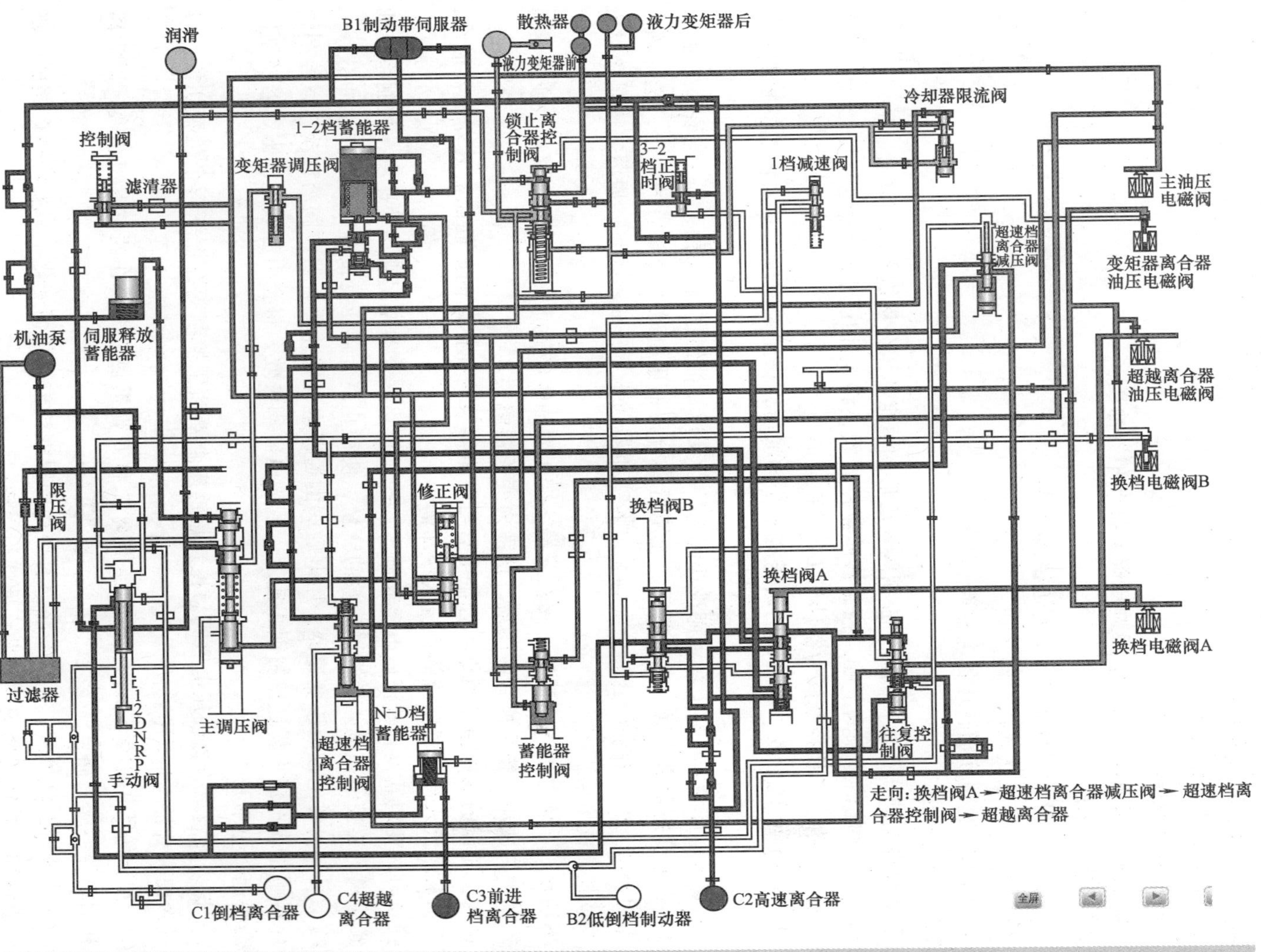
润滑
B1制动带伺服器
散热器
液力变矩器后
液力变矩器前
冷却器限流阀
控制阀
1-2档蓄能器
锁止离合器控制阀
3-2档正时阀
1档减速阀
滤清器
变矩器调压阀
主油压电磁阀
超速档离合器减压阀
变矩器离合器油压电磁阀
机油泵
伺服释放蓄能器
超越离合器油压电磁阀
限压阀
修正阀
换档电磁阀B
换档阀B
换档阀A
换档电磁阀A
过滤器
1
2
D
N
R
P
手动阀
主调压阀
超速档离合器控制阀
N-D档蓄能器
蓄能器控制阀
往复控制阀
走向：换档阀A→超速档离合器减压阀→超速档离合器控制阀→超越离合器
C1倒档离合器
C4超越离合器
C3前进档离合器
B2低倒档制动器
C2高速离合器

图 4-6-2　D1 档油路

当变速杆在 D 位，汽车在 D1 档范围行驶时，油路走向如下：

1. 主调压阀输出

油泵泵油至主调压阀，经主调压电磁阀调压的主油压分别送入以下各处：

1）伺服释放蓄能器背压。

2）节流后去润滑油道。

3）去手动阀待命。

4）主调压阀泄油送入变矩器调压阀调整变矩器油压。

2. 手动阀输出

1）送入 N-D 档蓄能器和 C3 前进档离合器。

2）经换档阀 B 送入换档阀 A。

3）送入控制阀分别转送各电磁阀。

3. 控制阀输出

手动阀将主油压送入控制阀，控制阀调压后的恒定油压分别送入以下各处：

1）送入蓄能器控制阀下腔，控制蓄能器控制阀，将主油压调节后送去 1-2 档蓄能器控制阀下腔，上推 1-2 档控制阀为制动带 B1 打开油道。

2）送入修正阀中腔，调整去主调压阀下腔的油压，修正主油压；送入蓄能器控制阀下腔背压。

3）送入冷却器限流阀上端限制冷却流量，若变速器油温过高，原因之一是该阀失控。

4）送入变矩器离合器油压电磁阀。变矩器离合器油压电磁阀调压后的油压，送入锁止离合器控制阀上腔，控制锁止离合器锁止。若变矩器锁止不开或不锁止，原因之一是该电磁阀失效或控制阀卡滞。

不锁止时，该电磁阀无油压，阀在下端，变矩器油压经锁止离合器控制阀进入变矩器前腔，推开液力变矩器锁止离合器压盘，使液力变矩器解锁。

进入变矩器的油液通过锁止离合器压盘与变矩器泵轮壳体之间的间隙流入变矩器后端，从变炬器后腔流入冷却器限流阀再流入冷却器。

锁止时，变矩器离合器调压电磁阀调压，控制锁止离合器控制阀移动速度，控制系统油压经锁止离合器控制阀进入变矩器后端的流量，使锁止离合器压盘接合时不会产生冲击。

综上可知，对电控液压变速器，用电磁阀的通断电使锁止离合器控制阀移动，以控制锁止离合器锁止或不锁止，且控制锁止速度。若该电磁阀失效，将会引起锁止冲击，若控制阀卡滞会引起锁止不开等。

5）送入超越离合器油压电磁阀。控制超越离合器油压控制阀在上下两个位置切换，以控制是否使离合器 C4 工作。

6）送入换档电磁阀 A 和 B。控制换档阀 A 和 B 根据档位需要在两位置上切换，以为离合器和制动器匹配油路。

由各档油路循环可知，各档油路只有换档阀根据档位变化而变化，只要将一个档的油路循环分析透彻，其他各档的油路循环便迎刃而解。

4. 变矩器调压阀输出

主调压阀经节流口泄出的油液流入液力变矩器调压阀，经调压阀调压后的油液分别流入以下各处：

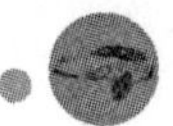

1）送入锁止离合器控制阀，不锁止时，经锁止离合器控制阀送入变矩器前腔，推开液力变矩器锁止离合器压盘，使液力变矩器解锁。

2）进入变矩器的油液，通过锁止离合器压盘与变矩器泵轮壳体之间的间隙，流入变矩器后端。从变矩器后腔流入冷却器限流阀，经节流阀限流后，流入冷却器。

三、D2 档油路工作原理

D2 档油路如图 4-6-3 所示。

当变速杆在 D 位，车速在 D2 档范围，节气门开度小于 1/8 时，超越离合器电磁阀泄油，超越离合器控制阀在下端，向超越离合器 C4 供压，以为离合器 C3 和 F1 助力。油路走向如下：

1. 主调压阀主油压输出

1）伺服释放蓄能器背压。

2）经节流后去各润滑油道。

3）过量油液流回油底壳。

4）经手动阀后送入控制阀。

5）主调压阀向变矩器调压阀泄油。

2. 手动阀输出主油压

1）手动阀将主油压送入控制阀调出恒定油压。

2）手动阀还将主油压送入 N-D 档蓄能器并送入前进档离合器 C3。

3）送入换档阀 B 后送入换档阀 A。

3. 换档阀 B 输出

手动阀将主油压送入换档阀 B 后，经换档阀 B 送入换档阀 A。

4. 换档阀 A 输出

1）从换档阀 A 送入超速档离合器减压阀调压后，进入超速档离合器控制阀，D1 档与 D2 档节气门开度小于 1/8 时，进入离合器 C4，为离合器 C3 助力。

2）主油压从换档阀 A 经蓄能器控制阀调压后分别进入 N-D 档蓄能器；送入超速档离合器减压阀下端控制超速档离合器减压阀输出给离合器 C4 油压；送入 1-2 档蓄能器控制阀待命；送入往复控制阀上端下压滑阀，为超速档离合器控制阀下腔送入控制油压。

3）送入 N-D 档蓄能器背压。

4）送入超速档离合器减压阀下端控制超越离合器减压阀输出给离合器 C4 油压。

5）送入 1-2 档蓄能器控制阀待命。

6）送入往复控制阀上端下压滑阀，为超速档离合器控制阀下腔送入控制油压。

5. 控制阀输出油压

手动阀将主油压送入控制阀调压，控制阀调压后的恒定油压分别入以下各处：

1）送入主油压电磁阀调压后进入修正阀上端，修正 1-2 档蓄能器背压并修正主油压。

2）经主油压电磁阀调压后进入蓄能器控制阀下腔修正去各蓄能器背压，并进入超速档离合器减压阀下腔，控制去超速档离合器 C4 的油压。

3）送入变矩器离合器调压电磁阀，控制锁止离合器油压控制阀动作，决定是否锁止及缓解锁止冲击。

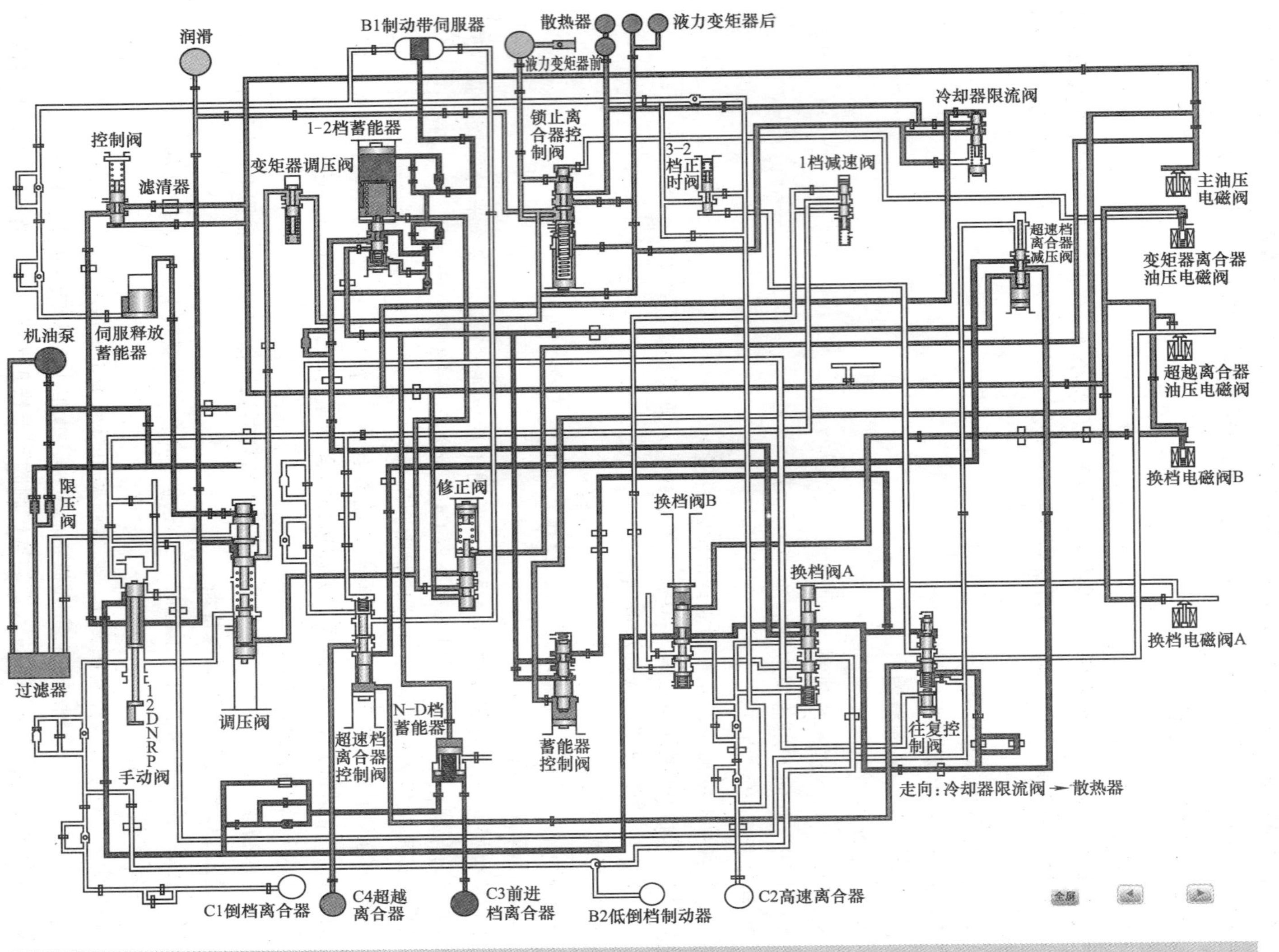
主油压电磁阀
变矩器离合器油压电磁阀
超越离合器油压电磁阀
换档电磁阀B
换档电磁阀A
超速档离合器减压阀
冷却器限流阀
往复控制阀
走向：冷却器限流阀→散热器
1档减速阀
换档阀A
C2高速离合器
液力变矩器后
3-2档正时阀
换档阀B
B2低倒档制动器
散热器
液力变矩器前
锁止离合器控制阀
蓄能器控制阀
B1制动带伺服器
C3前进档离合器
修正阀
N-D档蓄能器
1-2档蓄能器
C4超越离合器
超速档离合器控制阀
变矩器调压阀
C1倒档离合器
调压阀
润滑
滤清器
控制阀
伺服释放蓄能器
1
2
D
N
R
P
手动阀
机油泵
限压阀
过滤器

图 4-6-3 D2 档油路

4）节气门开度小于 1/8 时，超越离合器油压电磁阀泄压，超越离合器控制阀在下端，将超越离合器减压阀主油压送入 C4 离合器，为离合器 C3 及单向离合器助力。

5）送入换档电磁阀 B，压下换档阀 B 的滑阀，为相关档匹配油路。

6）送入换档电磁阀 A，将换档阀 A 推到上端。

7）送入冷却器限流阀上端，控制限流阀开度。

6. 变矩器调压阀输出变矩器油压

1）主调压阀泄油进入变矩器调压阀，调出变矩器油压进入锁止离合器控制阀后。由变矩器调压电磁阀输出油压，控制锁止控制阀控制油液流向，使锁止离合器解锁或锁止。

2）解锁时，变矩器油压经锁止离合器控制阀进入变矩器，使锁止离器解锁，油液经节流后流入散热器。

四、D3 档油路工作原理

D3 档油路如图 4-6-4 所示。

当变速杆在 D 位，汽车在 D3 档范围行驶时，油路的走向如下：

1. 主调压阀主油压输出

油泵泵油至主调压阀，主调压阀经节流口泄油调出主油压，主调压阀输出主油压分别送入以下各处：

1）伺服释放蓄能器背压。

2）经节流后去各润滑油道。

3）过量油液流回油底壳。

4）进入手动阀后送入控制阀。

5）主调压阀向变矩器调压阀泄油。

2. 手动阀输出主油压

1）手动阀将主油压送入 N-D 档蓄能器并送入前进档离合器 C3。

2）手动阀将主油压送入控制阀。

3）手动阀将主油压送入换档阀 B 和 A。

3. 控制阀输出

手动阀将主油压送入控制阀调压后分别送入：

（1）送入主油压电磁阀调压

送入主油压电磁阀调压后，分别送入以下各处：

1）经主油压电磁阀调压后，进入蓄能器控制阀上端，修正 1-2 档蓄能器背压并修正主油压。

2）经主油压电磁阀调压后，进入蓄能器控制阀下腔，修正去 1-2 档蓄能器控制阀下腔油压；送入超越离合器减压阀下腔，把手动阀主油压调节成去超越离合器控制阀的油压。

（2）送入变矩器离合器调压电磁阀调压

调压后送入锁止离合器控制阀上端，控制锁止离合器控制阀在两个位置上切换，决定是否锁止及解除锁止，并控制锁止速度，以消除锁止冲击。

（3）送入超越离合器油压电磁阀

送入超越离合器油压电磁阀，该电磁阀由电控单元控制该阀泄油；或将油压送入往复控制阀，再通过往复控制阀送入超速档离合器控制阀下腔，以切断离合器 C4 油压。

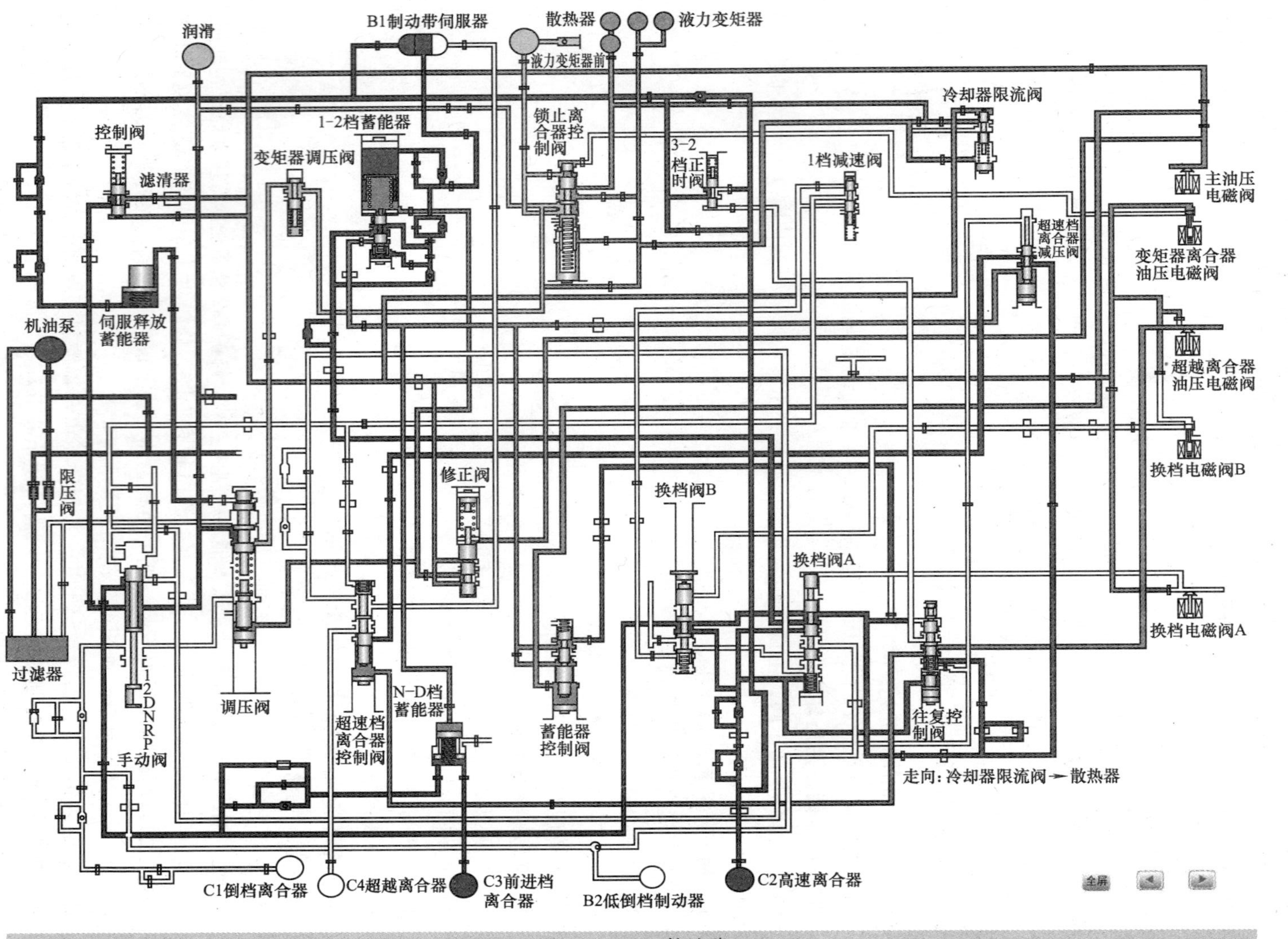
润滑
B1制动带伺服器
散热器
液力变矩器
液力变矩器前
锁止离合器控制阀
3-2档正时阀
冷却器限流阀
1-2档蓄能器
控制阀
变矩器调压阀
滤清器
1档减速阀
主油压电磁阀
超速档离合器减压阀
变矩器离合器油压电磁阀
机油泵
伺服释放蓄能器
超越离合器油压电磁阀
限压阀
修正阀
换档阀B
换档电磁阀B
换档阀A
换档电磁阀A
过滤器
1
2
D
N
R
P
手动阀
调压阀
超速档离合器控制阀
N-D档蓄能器
蓄能器控制阀
往复控制阀
走向：冷却器限流阀→散热器
C1倒档离合器
C4超越离合器
C3前进档离合器
B2低倒档制动器
C2高速离合器
全屏

图 4-6-4　D3 档油路

该电磁阀在 D1 档和 D2 档，节气门开度小于 1/8 时泄油，使超越离合器控制阀在下腔，以打开去离合器 C4 的油道，使 C4 为离合器 C3 和单向离合器 F1 助力。

该电磁阀在 S 位 1、2、3 档也泄油，使超越离合器控制阀在下腔，以打开去离合器 C4 的油道，使汽车滑行时，发动机对滑行有制动作用

（4）送入换档电磁阀 B

送入换档电磁阀 B 泄油，使换档阀 B 移至上端。

（5）送入换档电磁阀 A

送入换档电磁阀 A 泄油，使换档阀 A 移至上端。

4. 变矩器调压阀输出变矩器油压

主调压阀泄油进入变矩器调压阀，将主油压调出变矩器油压。

1）变矩器油压进入锁止离合器控制阀后进入液力变矩器，并从变矩器另一侧泄出后、经锁止离合器控制阀进入散热器。

2）变矩器调压阀输出过量油液进入冷却器限流阀后进入散热器。

通过以上三个档分析可知，只是换档阀输出油路走向随档位变化而变化。

五、D4 档油路工作原理

D4 档油路工作原理如图 4-6-5 所示。

当变速杆在 D 位，超速档开关处在 ON 状态，车速上升到 D4 档范围时，超越离合器油压电磁阀泄油，使超越离合器控制阀移至下端，向离合器 C4 供油，使 C2 高速离合器、C3 离合器接合。制动带 B1 伺服装置工作，使变速器升入 D4 档。油路走向如下：

1. 主调压阀输出

油泵泵油至主调压阀，主调压阀由主油压电磁阀根据车速和节气门位置信号，调整出主油压分别送入以下各处：

1）伺服释放蓄能器备压。

2）经节流后去各润滑油道。

3）去伺服释放蓄能器。

4）去手动阀。

2. 手动阀输出主油压

1）手动阀将主油压送入 N-D 档蓄能器并送入前进档离合器 C3。

2）手动阀将主油压送入控制阀。

3）手动阀将主油压送入换档阀 B 和 A。

3. 控制阀输出

手动阀将主油压送入控制阀调压。

（1）送入主油压电磁阀调压

1）经主油压电磁阀调压后送入修正阀上端，修正 1-2 档蓄能器备压并修正主油压。

2）经主油压电磁阀调压后，送入蓄压器控制阀下腔，修正去 1-2 档蓄能器控制阀下腔油压；送入超越离合器减压阀下腔，把手动阀主油压调节成去超越离合器控制阀的油压。

（2）送入变矩器离合器调压电磁阀调压

调压后送入锁止离合器控制阀上端，控制锁止离合器控制阀在两个位置上切换，决定是

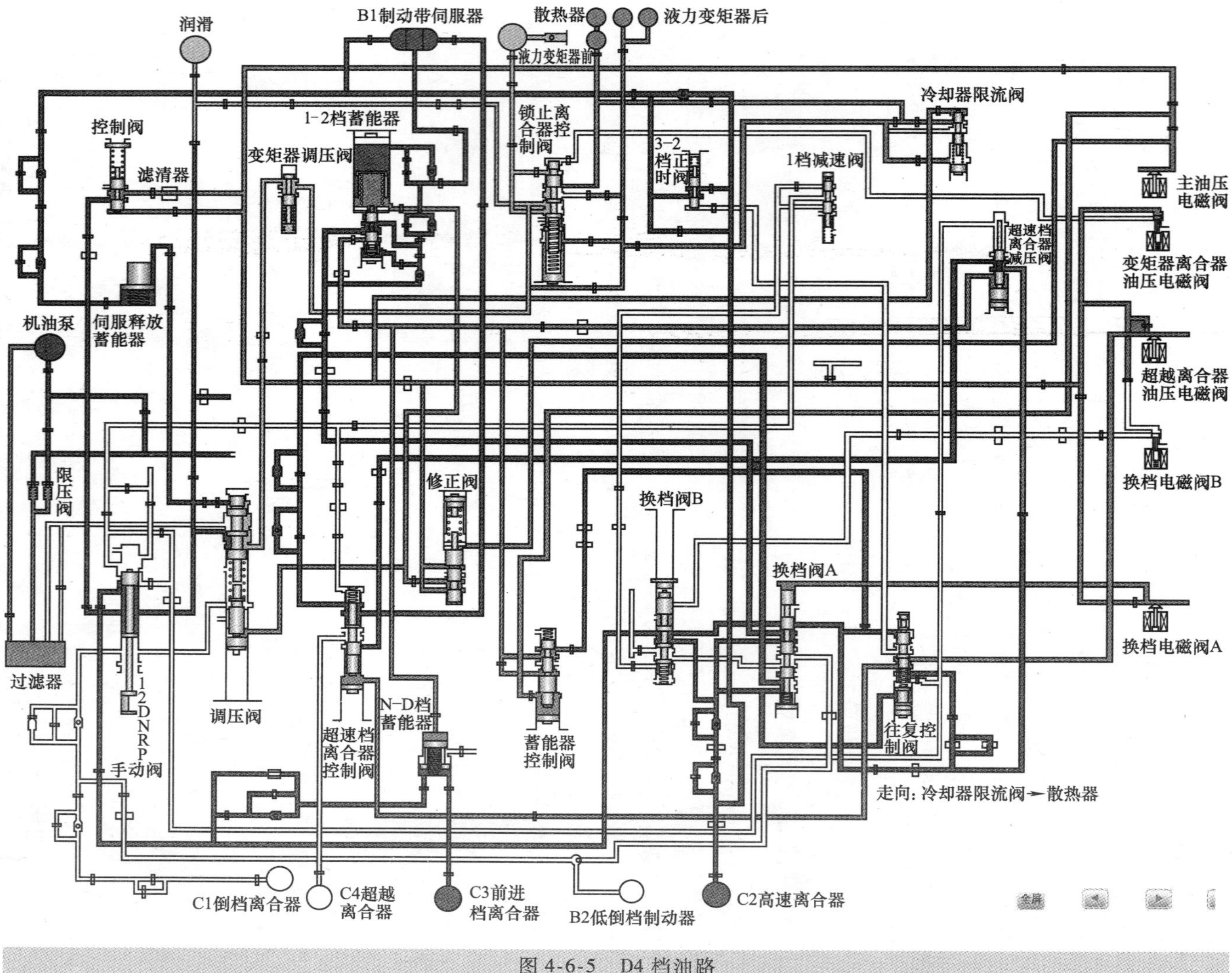

润滑
B1制动带伺服器
散热器
液力变矩器后
液力变矩器前
控制阀
1-2档蓄能器
锁止离合器控制阀
冷却器限流阀
滤清器
变矩器调压阀
3-2档正时阀
1档减速阀
主油压电磁阀
超速档离合器减压阀
变矩器离合器油压电磁阀
机油泵
伺服释放蓄能器
超越离合器油压电磁阀
限压阀
修正阀
换档电磁阀B
换档阀B
换档阀A
换档电磁阀A
过滤器
L
2
D
N
R
P
手动阀
调压阀
N-D档蓄能器
超速档离合器控制阀
蓄能器控制阀
往复控制阀
走向：冷却器限流阀→散热器
C1倒档离合器
C4超越离合器
C3前进档离合器
B2低倒档制动器
C2高速离合器

图 4-6-5 D4 档油路

否锁止及解除锁止，并控制锁止速度，以消除锁止冲击。

送入变矩器离合器调压电磁阀，控制调压电磁阀开闭，向锁止控制阀上腔送入油压或泄压，使锁止控制阀上下移动，改变流入变矩器油液的方向和流速，以控制锁止离合器解锁或锁止。

电脑根据泵轮与涡轮的转速差或温度传感器信号控制锁止；根据节气门开度和车速信号，以及制动信号和油温过高信号控制锁止离合器解锁。若该电磁阀失效，会引起锁止或解锁失控或冲击。

(3) 送入超越离合器油压电磁阀

送入超越离合器油压电磁阀调压，该电磁阀由电控单元控制该阀泄油或将油压送入往复控制阀，再通过往复控制阀送入超速档离合器控制阀下腔，以切断离合器 C4 油压。

该电磁阀在 D1 档和 D2 档，节气门开度小于 1/8 时泄油，使超越离合器控制阀在下腔，以打开去离合器 C4 的油道，使 C4 为离合器 C3 和单向离合器 F1 助力。

该电磁阀在 S 位 1、2、3 档也泄油，使超越离合器控制阀在下腔，以打开去离合器 C4 的油道，使汽车滑行时，发动机对滑行有制动作用。

(4) 送入换档电磁阀 B

送入换档电磁阀 B 泄油，使换档阀 B 移至上端。

(5) 送入换档电磁阀 A

送入换档电磁阀 A 泄油，使换档阀 A 移至上端。

4. 变矩器调压阀输出变矩器油压

主调压阀泄油进入变矩器调压阀，将主油压调出变矩器油压。

1) 变矩器油压送入锁止离合器控制阀后进入液力变矩器，并从变矩器另一侧泄出后，经锁止离合器控制阀进入散热器。

2) 变矩器调压阀输出过量油液送入冷却器限流阀后进入散热器。

综上可知，所有自动变速器的锁止控制电磁阀失效，或接收错误信号，均会使锁止离合器失控，导致变速器冲击、发动机加速不良或制动熄火的故障。

六、R 位油路工作原理

当变速杆在 R 位时，电脑根据档位信号控制换档阀按倒档匹配位置，为参与倒档的离合器和制动器开通油路。倒档油路如图 4-6-6 所示。

1. 主调压阀主油压输出

油泵泵油至主调压阀，主调压阀经节流口泄油调出主油压，主调压阀主油压分别送入以下各处：

1) 送入伺服释放蓄能器背压。

2) 送入手动阀后进入控制阀调压。

3) 主调压阀主油压经三个节流口节流后进入润滑系统。

2. 手动阀输出主油压

手动阀在变速杆置于 R 位后有三个油道向外输出主油压。

1) 手动阀将主油压送入控制阀，再由控制阀调出去各电磁阀的恒定油压。

2) 手动阀主油压送入主调压阀中部下压滑阀关小节流孔，提高倒档时的主油压。

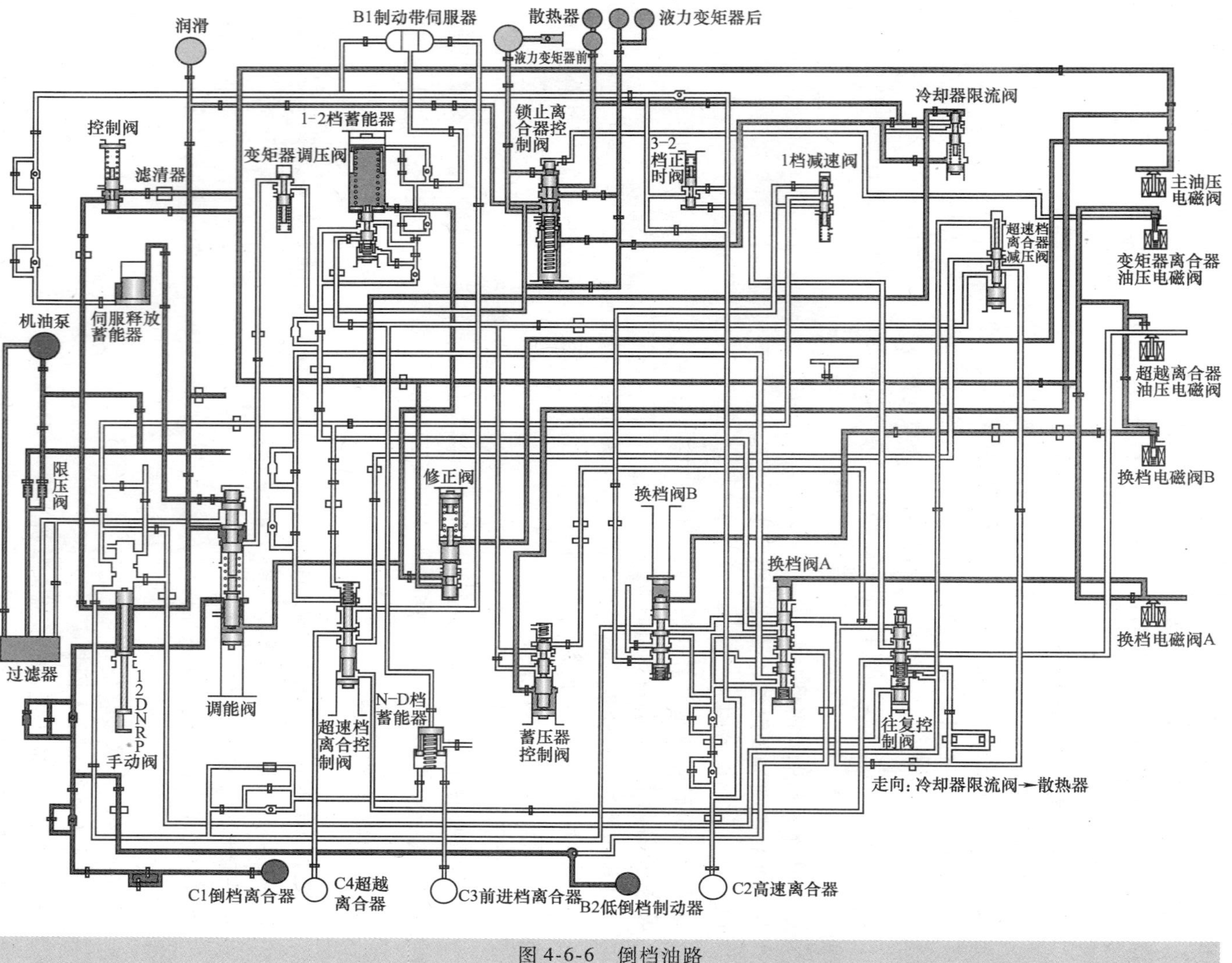
润滑
B1制动带伺服器
散热器
液力变矩器后
液力变矩器前
控制阀
滤清器
1-2档蓄能器
变矩器调压阀
锁止离合器控制阀
3-2档正时阀
冷却器限流阀
1档减速阀
主油压电磁阀
超速档离合器减压阀
变矩器离合器油压电磁阀
机油泵
伺服释放蓄能器
超越离合器油压电磁阀
限压阀
修正阀
换档阀B
换档电磁阀B
换档阀A
换档电磁阀A
过滤器
1
2
D
N
R
P
手动阀
调能阀
超速档离合控制阀
N-D档蓄能器
蓄压器控制阀
往复控制阀
走向：冷却器限流阀→散热器
C1倒档离合器
C4超越离合器
C3前进档离合器
B2低倒档制动器
C2高速离合器

图 4-6-6　倒档油路

3）手动阀另一油道将主油压分别送入 C1 离合器和 B2 制动器。

3. 控制阀输出油压

（1）送入主油压电磁阀

手动阀将主油压送入控制阀调出恒定油压后进入主油压电磁阀，然后分别送入以下各处：

1）恒定油压经两节口节流后送入主油压电磁阀调压，然后进入蓄能器控制阀下腔，上推蓄能器控制阀。

2）送入修正阀中腔，调整去主调压阀下腔的油压，修正主油压；送入 1-2 档蓄能器背压。

（2）送入冷却器限流阀上端

送入冷却器限流阀上端限制冷却流量，若变速器油温过高，原因之一是该阀卡滞。

（3）送入变矩器离合器油压电磁阀

变矩器离合器油压电磁阀经调压后的油压，送入锁止离合器控制阀上腔，控制锁止离合器锁止与否。

若变矩器有锁止不开或不锁止故障，原因之一是该电磁阀失效或控制阀卡滞。

1）不锁止时。不锁止时该电磁无油压，阀在下端，变矩器油压经锁止离合器控制阀进入变矩器前腔，推开液力变矩器锁止离合器压盘，使液力变矩器解锁。

进入变矩器的油液通过锁止离合器压盘与变矩器泵轮壳体之间的间隙流入变矩器后端，从变矩器后腔流入冷却器限流阀流入冷却器。

2）锁止时。变矩器离合器调压电阀调压，控制锁止离合器控制阀移动速度，控制系统油压经锁止离合器控制阀进入变矩器后端的流量，使锁止离合器接合时不会产生冲击。

综上可知，对电控液压变速器，用电磁阀的通断电使锁止离合器控制阀移动，以控制锁止离合器锁止或不锁止，且控制锁止速度。若该电磁阀失效，将会引起锁止冲击，若控制阀卡滞，会引起锁上不开等。

（4）送入超越离合器油压电磁阀

控制超越离合器油压控制阀在上下两个位置切换，以控制是否使离合器 C4 工作。

（5）换档电磁阀 A 和 B

控制换档阀 A 和 B 根据档位需要在两位置上切换，为离合器和制动器匹配油路。

通过以上五个档油路分析可知，该变速器与 01M 自动变速器油路一样，具有以下几个重要的传动规律。

1）和所有自动变速器一样，也是油泵将油液泵入主调压阀，将油泵油压调节成主油压。

2）主调压阀主油压也是由占空比调压电磁阀调出的控制油压，控制主调压阀滑阀打开泄油口开度的大小，通过泄油的办法将油泵油压调节成主油压。

3）主油压也是通过开关阀、开关电磁阀、二次调压阀、二次调压电阀分别送入蓄能器、离合器、制动器。

4）只有换档阀输出油路的走向随档位的变化而变化。因此，只要将 D1 档油路完全弄明白，其他各档便迎刃而解。

七、油路分析技巧

各种自动变速器油路中的阀虽然名目繁多，但都可分成三类，即调压阀、开关阀、电磁阀。

1. 调压阀

所有的调压阀都用油压控制节流口开度，将被调油压调整出需要的油压，如本油路中的主调压阀、变矩器调压阀、控制阀、蓄能器控制阀、修正阀和超速档离合器减压阀等。

2. 开关阀

所有的开关阀都只有开和关两个位置，但从开到关是由液压控制的，如本油路图中的换档阀 A、换档阀 B、锁止离合器控制阀、超速档离合器控制阀等。

3. 电磁阀

油路中共有两种类型的电磁阀：一种是开关型电磁阀，另一种是调压型电磁阀。其结构和原理详见本书第五章。

（1）开关型电磁阀

这种电磁阀一般是靠电磁阀开启的，将滑阀一端泄压，或将电磁阀关闭，将油压送入滑阀一端，把滑阀压下，即通过泄油或停止泄油驱动滑阀移动。例如，开关型电磁阀在本油路中控制的滑阀有换档阀、锁止离合器控制阀、超速档离合器控制阀等。

（2）调压型电磁阀

这种电磁阀由电脑控制向电磁阀通电的占空比，调整输出的控制油压，再送入调压阀的一端，以调节滑阀节流口开度，控制调压阀输出油压，如本油路中的主油压电磁阀。

八、变速器油路循环规律

所有自动变速器的油路，均由油泵将油液泵入主调压阀，再用主调压电磁阀控制主调压阀的滑阀打开泄油口开度的大小，将油泵油压调整成主油压。

根据变速器的结构不同，所有自动变速器的主油压均通过开关阀和调压阀，将主油压送入液力变矩器、离合器、制动器以及换档机构等。

1）由主油压电磁阀控制的主调压阀，向变矩器调压阀泄油，以供变矩器和润滑使用，另一方面将主油压送入手动阀。

2）手动阀将主油压一方面送给控制阀，调出恒定油压后送给所有电磁阀，另一方面将主油压送入换档阀，送入换档阀的油液由换档电磁阀控制换档阀在两个位置上切换。

3）由控制阀送入调压电磁阀的油液，通过占空比控制各调压滑阀，将手动阀送入的主油压在档位切换的瞬间减压送入相应的离合器或制动器。

复　习　题

一、填空题

1. 变速器输入轴与变矩器（　　）轮键配合，油泵壳花键轴与变矩器（　　）内环键配合。

2. 辛普森式自动变速器由（　　）、（　　）、（　　）、（　　）、（　　）、（　　）、（　　）七部分组成。

3. 所有行星轮式自动变速器均由结构完全相同的（　　）器、（　　）器、（　　）器、（　　）器和（　　）机构五要素组成。

4. 所有行星轮式自动变速器连接方法有以下两种：用（　　）连接；用（　　）三器连接。

5. 主调压阀主油压分别送入（　　）阀，过量油液流回（　　）、（　　）器及经节流口后去（　　）系统。

6. 手动阀在 D3 位时，分别将主油压转送至（　　）阀、换档阀（　　）、换档阀（　　）、N-D 档（　　）。

7. 控制阀输出的恒压分别送入（　　）阀、（　　）阀、（　　）阀、（　　）阀、（　　）阀、（　　）阀、（　　）阀。

二、问答题

1. 简述主调压阀调压原理及主调压阀不良会产生的故障。

2. 简述变矩器调压阀调压原理及该阀不良会产生的故障。

3. 简述控制阀调压原理及输出油液走向和该阀不良会产生的故障。

4. 单向离合器为什么能减轻换档冲击？

5. 很多电控自动变速器无单向离合器，那么，怎样减轻换档冲击？

6. 锁止离合器控制阀怎样调整锁止离合器的锁止和解锁？

7. 换档电磁阀 A 是怎样控制换档阀 A 在两个位置上切换的？

8. 换档电磁阀 B 是怎样控制换档阀 B 在两个位置上切换的？

9. 超越离合器减压阀的作用是什么？

10. 油路中的控制阀是怎样调整出恒定油压的？

11. 油路中的恒定油压向哪些控制阀送油？失效后易产生什么故障？

三、判断题

1. 液力耦合器除可起自动离合器的作用外，还起增扭作用。（　　）

2. 液力变矩器由液流从涡轮中心冲出后的反作用力给涡轮增扭。（　　）

3. 主调压阀主油压是由控制油压与弹簧抗衡调整的。（　　）

4. 主调压阀主油压是靠打开节流口泄油口开度大小调整的。（　　）

5. 次调压阀输出给变矩器调压阀的油压是由主油压经次调压阀调整的。（　　）

6. 换档阀是由换档电磁阀通电与断电决定换档阀位置的。（　　）

第五章

行星轮式自动变速器电控系统

第一节　电控系统组成

自动变速器经历了全液压机械传动自动变速器和电控自动变速器两个阶段。随着时间的推移，采用电控自动变速器的车辆越来越多，关键在于电控自动变速器减少了液压建立这一延迟过程，从而使变速点更准确，变速更及时，锁止减振离合器恰到好处，提高了换档质量，降低了燃油消耗。自动变速器电控系统主要由电控单元（TCM）、传感器、执行器三部分组成，如图 5-1-1 所示。

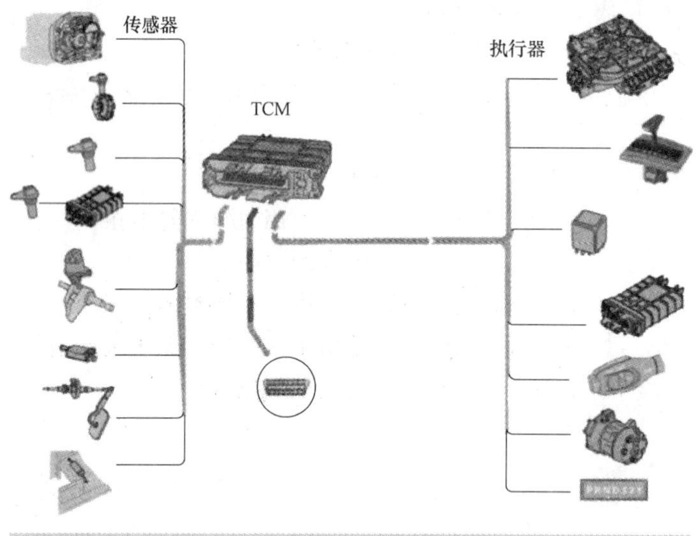

图 5-1-1　自动变速器电控系统组成

一、电控单元（TCM）

电控单元（TCM）如图 5-1-2 所示。TCM 根据发动机转速信号、变速器输入轴转速传感器（涡轮转速）、变速器输出轴转速传感器、节气门位置传感器、冷却液温度传感器、油温传感器、驾驶人主要意愿传感器（开关信号）等传来的信息，按根据计算机内部存储器设定的程序，实现自动控制。

图 5-1-2 自动变速器电控单元（TCM）

1. 档位切换时机控制

在 TCM 存储器中，对变速杆的每一位置和模式开关的最佳换档模式进行编程，在汽车行驶中，电控单元根据变速杆的位置和模式选择开关的位置信号，从编程中自动选择一种最佳换档模式工作。

在选择了最佳换档模式后，电控单元根据最佳换档模式的程序，再根据发动机的负荷信号和车速信号，控制换档电磁阀驱动各换档阀动作，以适时地选择最佳的换档时机。

2. 油压调整控制

电控单元根据节气门位置和车速及发动机转速信号，控制各调压电磁阀调整输出油压，如主调压阀主油压、蓄能器背压、在档位切换瞬间将进入离合器或制动器的主油压瞬间减压等。

3. 超速档控制

当变速杆在 D 位，超速档开关接通时，电控单元控制换档电磁阀，使换档阀为超速档离合器或制动器匹配油路，变速器可进入超速档。

若在超速档状态下行驶时，电控单元接到巡航控制信号，当汽车实际车速低于设定车速 4～6km/h 时，电控单元解除超速档控制或阻止进入超速档。

4. 变矩器锁止控制

在 TCM 中，预存了每一种行驶模式下锁止离合器的工作程序，电控单元根据车速信号和发动机负荷信号，控制锁止电磁阀驱动锁止离合器的锁止时机，并根据冷却液温度和变速器油温信号或制动信号干预锁止离合器锁止。为减轻换档冲击，可在档位切换瞬间使锁止离合器解锁，以利用液体软连接，减轻冲击。

当冷却液温度低于 55～65℃，油温低于 20～30℃时，电控单元不发出锁止指令。当电控单元收到制动信号后，立即驱动锁止控制阀解除锁止。

5. 发动机转矩控制

在某些电控自动变速器中，TCM 根据接收到的各种信息，若判断出变速器需要换档，就发出信号至发动机控制模块（ECU），暂时延迟点火正时，控制发动机转矩，以使换档平顺，不会出现换档冲击。

6. 失效保护控制

在汽车运行过程中，TCM 不断监控变速器各部件工况，一旦检测到错误，立即切断控制电路，防止潜在的错误操作，并按预存的程序使变速器只能在低速档行驶。

7. 自诊断功能

当电控单元监测到电控系统传感器、开关电磁阀或调压电磁阀发生故障时，按预存程序控制仪表板上的指示灯闪烁，并以代码形式将故障储存在储存器中，以备诊断仪诊断。待故障彻底排除后，应及时清除故障码，故障码清除后，仪表板上的故障灯便停止闪烁。

8. 匹配与学习功能

自动变速器已将原始的理想控制摸式和程序预存在电脑的存储器中，行驶中电控单元按原始程序发出指令，控制换档电磁阀、调压电磁阀等电控元件按设定的程序，准确的完成换档点控制、调压电磁阀的各种压力控制等。

当自动变速器元件磨损或经过捡修、换件、重装等已与原始状态出现差异时，可通过清除原始记忆，匹配和自我学习功能，对原始程序进行修正和重新记忆。

各型自动变速器的匹配和学习程序不尽相同，可按诊断仪和相关仪器规定程序操作。

9. 推迟点火时间控制

为减轻档位切换瞬间产生的冲击，有些轿车会推迟点火时间，以瞬间减小发动机输出转矩，使档位切换时不会冲击。

二、自动变速器中主要传感器的作用

1. 发动机转速传感器

发动机转速传感器如图 5-1-3 所示。

图 5-1-3　发动机转速传感器

发动机转速信号与节气门开度信号可准确计算出发动机的负荷，以供自动变速器电控单元按选定的模式，根据发动机的负荷按预存的程序选择换档时机和调整油压。该传感器还与变速器输入轴转速传感器监控锁止离合器滑转率，通过锁止电磁阀调整锁止油压。

若该传感器不良。不仅会影响发动机工作，而且会导致变速器升降档时机错乱，造成各档均有换档冲击的故障。

若电控单元监测不到发动机转速信号，而能监测到变速器输入轴信号，则该传感器断路或短路，电控单元记录并显示故障码。

电磁感应式及霍尔式转速传感器可用万用表检测，也可用解码器调故障码或读取数据流，或用示波器观察波形是否均匀无缺失等方法检测。

2. 输入轴转速传感器

输入轴转速（涡轮转速）传感器如图 5-1-4 所示。它与发动机转速传感器比对，可精确地计算出锁止离合器的滑转率，以调整液力变矩器的油压。

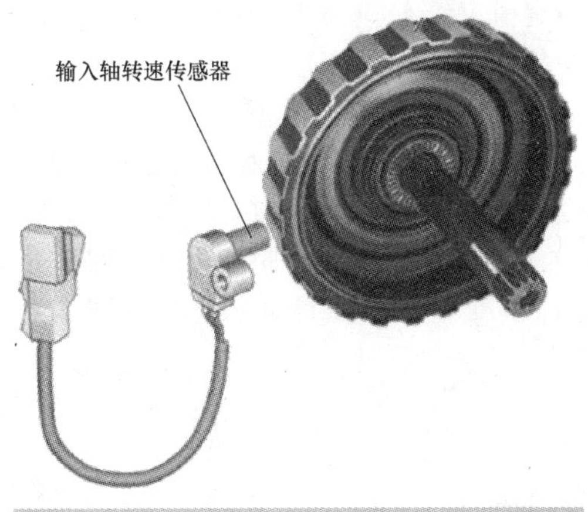

图 5-1-4　输入轴转速传感器

电控单元利用该信号与输出轴转速信号，可精确地计算出换档时机，并进行换档油压控制，发动机减转矩控制和变矩器锁止离合器调节、监测等。

若该传感器不良，会导致变速器升降档时机错乱并造成各档均有换档冲击的故障。

若电控单元监测不到输入轴转速信号，但能监测到发动机转速信号（传感器断路或短路），电控单元记录并显示故障码。

该传感器的诊断与检测参见发动机转速传感器。

3. 输出轴转速传感器

输出轴转速传感器也称车速传感器，如图 5-1-5 所示。该传感器有电磁感应交流信号式，也有霍尔效应直流信号或交流信号式。有些变速器有两个传感器，1 号供仪表，2 号供输出轴。若 2 号有故障，可用 1 号取代。1 号与 2 号同时失效，将显示故障码并启动保护功能。

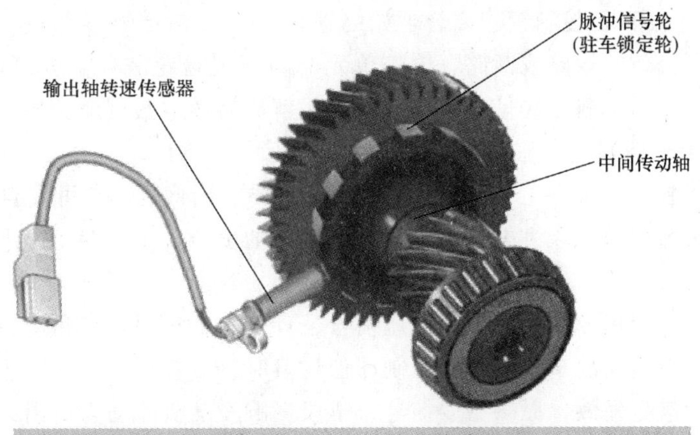

图 5-1-5　输出轴转速传感器

电控单元利用输出轴转速传感器与输入轴转速传感器信号进行比对，一方面和节气门位置传感器信号比对，控制各档的升降档点，并调整相应油压。另一方面监控传动比，若监控出现异常，可记录并显示故障码，必要时启动相应的保护功能。

若该传感器不良，会导致变速器升降档时机错乱并造成各档均有换档冲击的故障。

检测霍尔效应式传感器时，用万用表交流档检测信号端子与搭铁端子，接通点火开关，转动车轮，其电压值应为设定值（一般应为 7 ~ 14V）。也可用解码器读数据流或用示波器观察波形是否均匀、无缺失等方法检测。

4. 温度传感器

变速器控制单元需要采集发动机冷却液温度和自动变速器油温信号。当冷却液温度低于 65℃时，不升 4 档，液力变矩器锁止离合器不锁止。

变速器油温传感器装在变速器油路系统的阀体内，如图 5-1-6 所示。温度传感器用于监测变速器油液的温度，以供变速器电控单元根据油液的温度，控制液力变矩器是否接合。

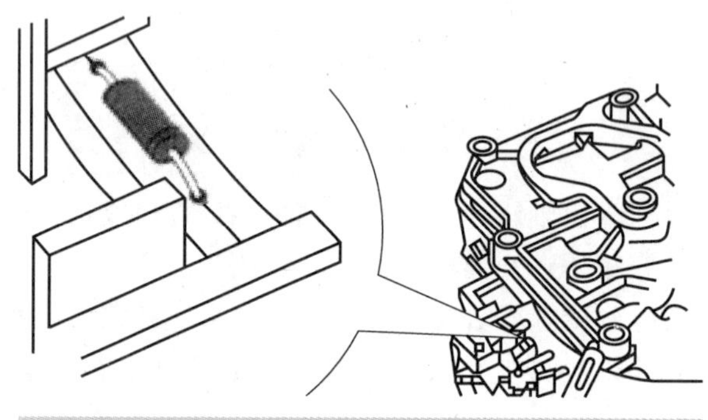

图 5-1-6　自动变速器油温传感器

例如，通用汽车公司自动变速器，当油温低于 20℃时，电控单元不发出锁止指令；当油温上升至 122℃时，电控单元在变速器 2 档、3 档、4 档控制锁止离合器锁止。

若油温升高到 150℃，为避免油温过高损坏液力变矩器，电控单元立即发出指令，控制锁止离合器控制阀，改变进入液力变矩器油液的流向，使锁止离合器锁止。如果油温在 140 ~ 154℃居高不下，电控单元立即控制仪表板上的指示灯闪烁并存储故障码。与此同时，在变速器 2 档、3 档、4 档控制锁止离合器始终锁止。

若油温传感器失效、短路或断路，电控单元监测不到温度信号，将记录并显示故障码。可用万用表检查传感器电阻值或信号电压，也可用解码器读取数据流诊断。

5. 节气门位置传感器

节气门位置传感器（图 5-1-7）是发动机一个重要的传感器。它可向自动变速器电控单元提供发动机的负荷信号，以供电控系统根据发动机的负荷，按预存程序准确地控制换档时机及相应的油压。

发动机电控单元利用收到的节气门电压信号，计算出节气门开启角度，变速器电控单元根据这一信号并参考当前的车速信号，控制档位切换时机及锁止离合器锁止时机。

若节气门位置信号失效，提供错误信号，不仅影响发动机的动力输出，而且会导致变速器各换档时机错乱，引起各档均有换档冲击故障。

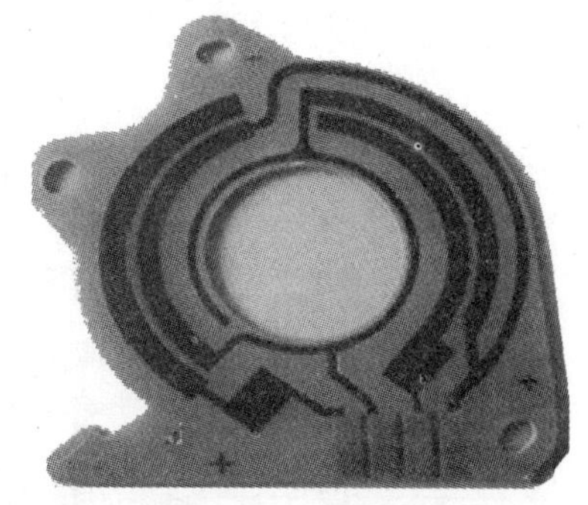

图 5-1-7　节气门位置传感器

现代轿车均装有电子式节气门位置传感器，这种传感器除驾驶人脚踏操纵外，还并联一个步进电动机，以便在特殊工况下由电控单元干预节气门开度，以改变发动机输出转矩。

例如，汽车驱动防滑时，电控单元强行利用步进电动机关小节气门开度，以减小发动机输出转矩，强化车轮防滑功能。对自动变速器，在档位切换瞬间，发动机也可通过电子节气门控制节气门开度，减小发动机转矩，使档位切换平顺。

当电控单元检测不到节气门位置信号（传感器断路或短路）时，将记录并显示故障码。可用万用表电压档检测信号电压值，或用解码器读取数据流。

三、自动变速器电磁阀原理与检修

变速器油路系统中有两种类型电磁阀，即开关型电磁阀和调压电磁阀。

1. 开关型电磁阀

开关型电磁阀由电磁线圈、衔铁及球阀和回位弹簧组成，分为常开与常闭两种形式。它给电磁线圈通断电，使电磁阀移动，把开关滑阀开启或关闭，或使球阀移动，以关闭或开启出油口。常开式电磁阀如图 5-1-8 所示。

常开式电磁阀不通电时（图 5-1-8a），球阀在油压作用下关闭进油口，将控制油压油口与泄油口相通，使控制油压降为零。当电磁阀通电时，在电磁力作用下，衔铁移动将球阀打开，并将泄油口关闭（图 5-1-8b），于是控制油压作用在被控制的滑阀上。

常闭式电磁阀与常开式相反，电磁阀不通电时泄油口关闭，球阀开启，输出控制油压。当电磁阀通电时，在电磁力作用下，泄油口打开，输出控制油压为零。

综上可知，无论是常开开关电磁阀，还是常闭开关电磁阀，均是针对泄油口而言，常开是指不通电时泄油口开，常闭则是指不通电时泄油口关闭。

若电磁阀断路或短路，电控单元将记录并显示故障码。检测时可用通电和断电的方法检查电磁阀是否有动作声。也可用万用表检查电阻值，还可用解码器读取数据流，判断电磁阀是否卡滞等。

2. 调压电磁阀

自动变速器内装有调整油压的电磁阀，如主油压调节电磁阀、变矩器压力调节电磁阀、锁止油压电磁阀以及离合器制动器油压调节电磁阀等。调压电磁阀主要使用脉冲式电磁阀。滑阀式脉冲调压电磁阀如图 5-1-9 所示。

调压电磁阀的作用是控制油路中油压的大小，以满足变速器对油压的各种要求。

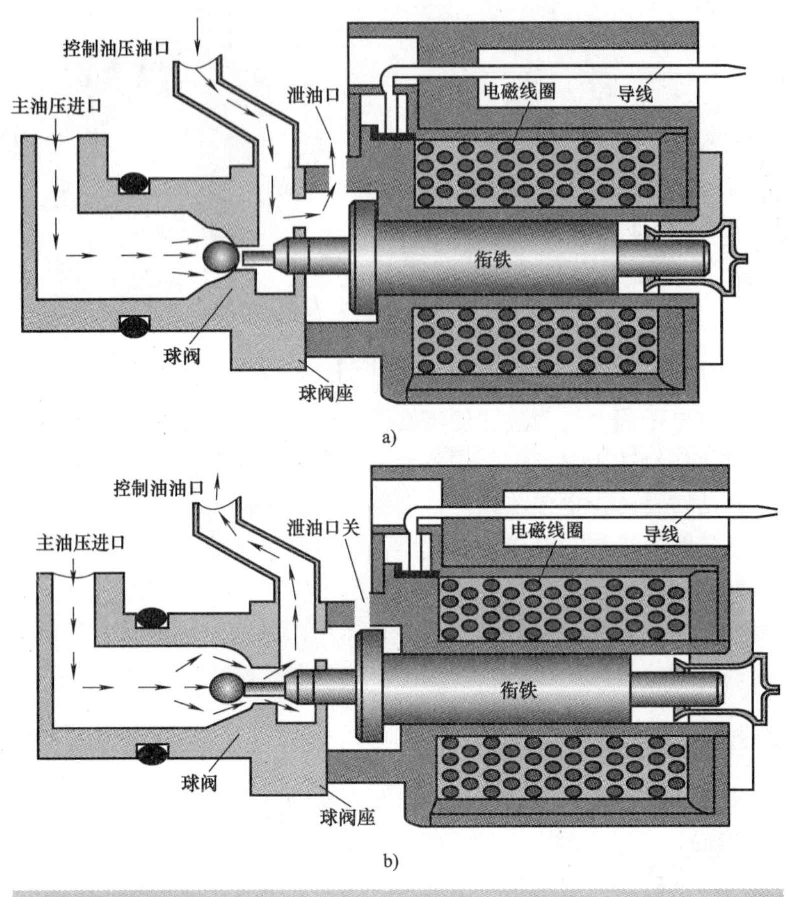

图 5-1-8　常开式电磁阀工作原理

从图 5-1-9 可知，滑阀式脉冲调压阀是由电磁线圈、弹簧、柱塞、衔铁、减振弹簧、精加工的精密柱塞和套筒等组成的。它靠滑阀的两个棱边关闭或打开进油口和泄油口完成压力调节。

电磁线圈通有 12V 电源电压，电脑用控制电磁线圈搭铁的方式使电磁线圈通电。在电磁线圈无电流通过时，如图 5-1-9a 所示，此时柱塞及衔铁和滑阀在弹簧力作用下左移，滑阀进口棱边将进油口打开，出油口棱边将泄油口关闭，信号油压增加。当电磁线圈通电后，电磁力使衔铁推动柱塞右移，调压滑阀在油压作用下右移，如图 5-1-9b 所示。

此时滑阀进口棱边将进油口关闭，而滑阀出口棱边将泄油口打开，信号油压迅速降低。电脑以大于 600Hz 的频率按占空比控制滑阀左右移动，以便将油压调整到理想值。自动变速器调压电磁阀的压力调节范围一般在 0～600kPa。

电磁阀在脉冲电信号的作用下不断反复地开启和关闭进出油孔，变速器电脑通过改变每个脉冲周期内电流接通和断开的时间比例，即改变占空比达到控制油路油压的目的。

在一个脉冲周期内，通电时间为 A，断电时间为 B，则占空比 $=[A/(A+B)]\times 100\%$。占空比越大，油路压力越低；反之，占空比越小，油路压力就越高，如图 5-1-10 所示。

脉冲式电磁阀一般安装在主油路或蓄能器背压油路中，在变速器自动升降档瞬间、或在锁止离合器锁止或解除锁止时使油压下降，以减少换档和锁止冲击。

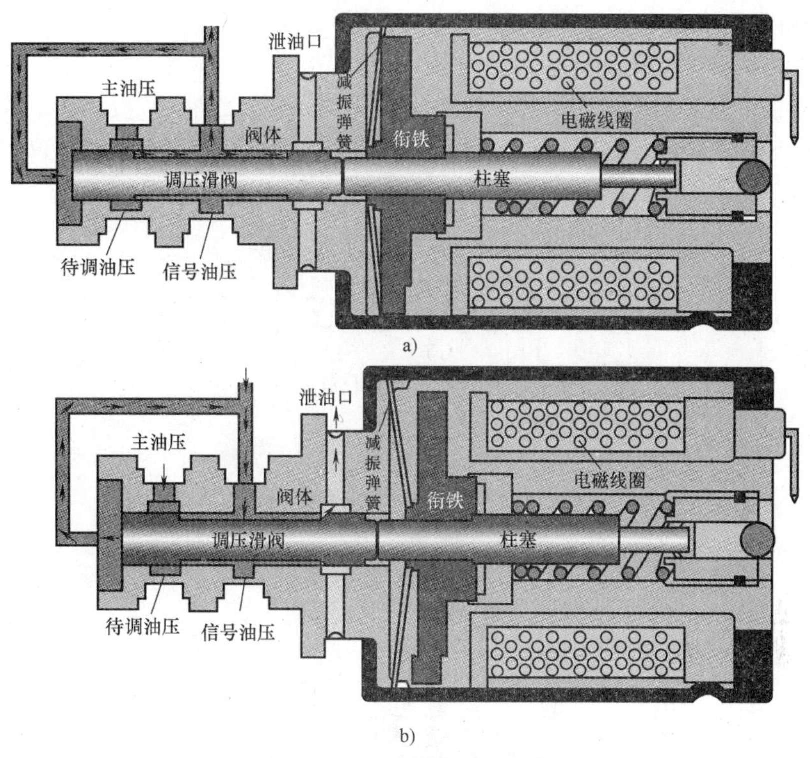

图 5-1-9　滑阀式脉冲调压电磁阀

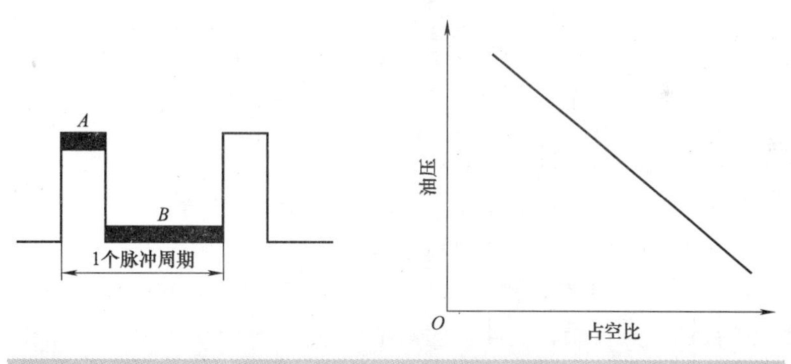

图 5-1-10　油压与占空比关系

3. 电磁阀检修

电磁阀一般为一次性使用，若确认电磁阀不良，应更换总成。对于开关型电磁阀，因电阻值较大，可直接对电磁阀通断电，听是否有开与关的动作声确诊。对于脉冲式调压电磁阀，因电阻值较小，可串联 8W 或 10W 灯泡后，用蓄电池通断电观察滑阀是否动作。

电磁阀断路或短路，将显示故障码，电磁阀卡滞可读取数据流检查。

四、电脑的控制功能

1. 换档点控制

换档点控制是电控自动变速器控制的重要内容之一。汽车在任何工况下，电脑都能给出一个最佳的换档时机，以便提高汽车的动力性和经济性。图 5-1-11 为变速杆在 D 位不同模式时的换档规律。

电脑根据档位开关信号、车速信号、节气门位置信号、冷却液温度信号、油温信号、制动信号、转向信号以及油压信号、模式选择开关信号和模糊逻辑装置得到的上坡或下坡的坡度值信号，经运算处理后控制调压阀和相应的换档电磁阀，以适时地完成档位切换。

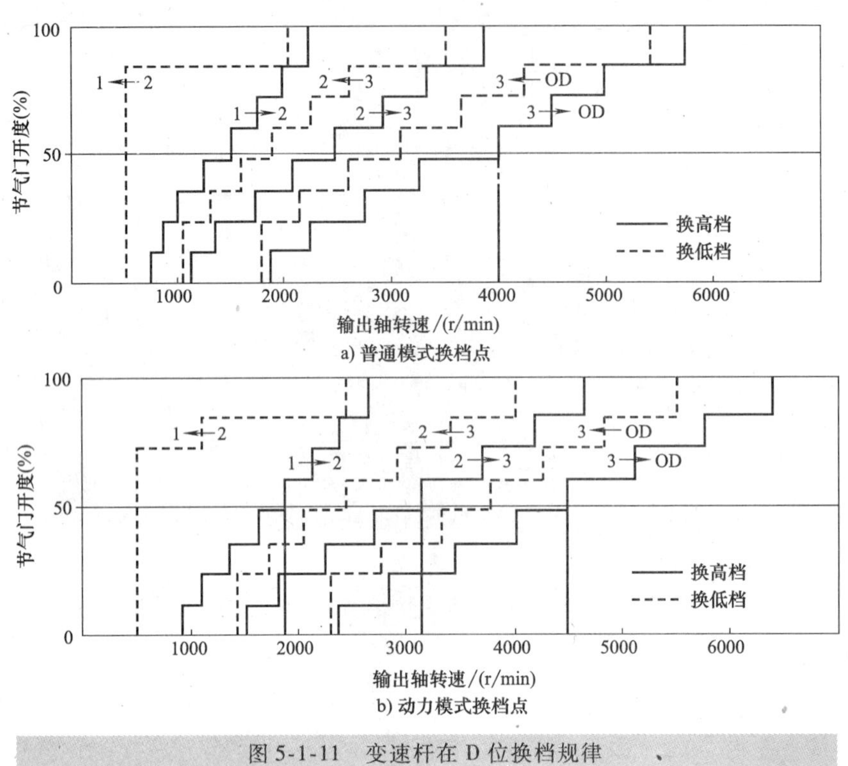

a) 普通模式换档点

b) 动力模式换档点

图 5-1-11　变速杆在 D 位换档规律

通常情况下，变速器电脑将汽车在不同使用要求下的最佳换档规律储存在存储器中，带有模式选择开关的电控式自动变速器在模式开关处于不同位置时，其换档规律也不同，一般有普通模式、动力模式等几种模式的换档规律。

在普通模式中，若节气门开度固定在 50%，在节气门开度 50% 处，画一条横坐标线，从该线与换档规律线的交点可知，变速器输出轴转速在 1500r/min 时，变速器从第 1 档换高档至第 2 档；转速在 2500r/min 时，从第 2 档换高档至第 3 档；转速在 4000r/min 时，从第 3 档换高档至超速档。

从该线与普通换档模式虚线的交点可知，升档点和降档点不在一个点上，例如，从 1 档升 2 档是 1500r/min，而从 2 档再降 1 档则是 500r/min。

降档点比升档点低，一是为了更好地充分利用发动机的动力性能；二可避免频繁跳档，造成冲击和离合器或制动器磨损。

在动力模式中，汽车加速性能最好。因此，在同一节气门开度下，变速器换高档或低档的车速会高于常规的模式。节气门开度同样固定在 50%，在变速器输出轴转速为 1800r/min 时，变速器从第 1 档换高档至第 2 档；转速在 3100r/min 时，从第 2 档换高档至第 3 档；转速在 4500r/min 时，从第 3 档换高档至超速档。

可见，在同样节气门开度下，动力模式升档点要比经济模式晚，这主要是为了充分利用发动机的动力性能。

2. 坡路逻辑控制

变速器在不同坡路上的换档点如图 5-1-12 所示。

带有坡路逻辑控制功能的自动变速器、模糊逻辑控制系统装在控制电脑中。

电控单元根据当前汽车行驶的加速度，与通过发动机转矩应达到的加速度比较，根据模糊逻辑电路提供的坡度值改变换档点，以适应上下坡的需要。

汽车上坡时，电脑根据档位信号和模糊逻辑提供的坡度值，再根据存储电脑内的换档程序，根据坡度的大小较平路降档点提前，并将降档点拓宽，以充分发挥动力性和避免频繁换档。

汽车下坡时，电脑根据档位开关信号、车速信号、节气门全关信号以及模糊电路提供的坡度值，将升档点较平路升档提前，以充分发挥发动机的制动作用。

当汽车在 D4 档坡路行驶时，如果驾驶人制动，则变速器切换到低档行驶，此时如果再恢复加速，变速器又切换回高速档。

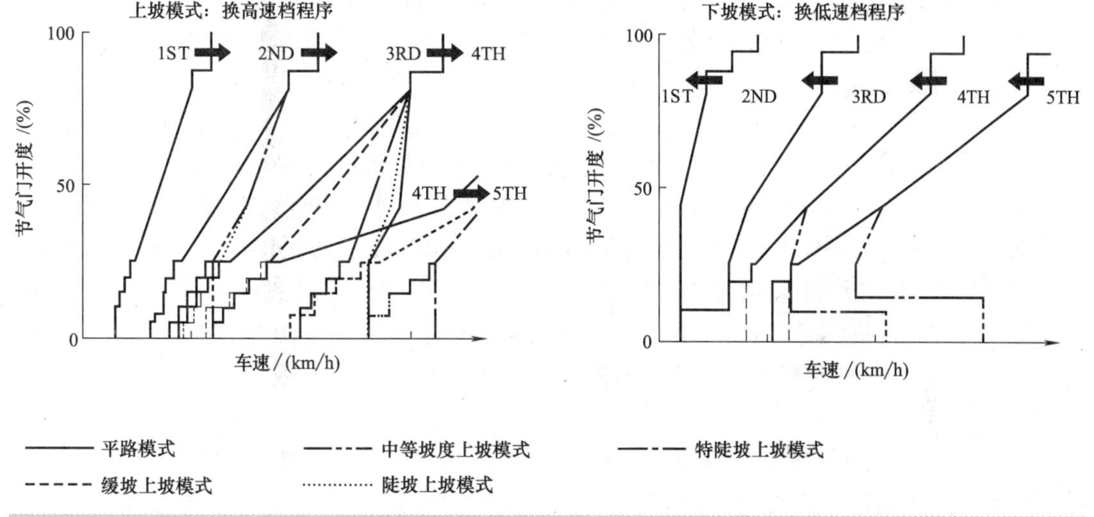

图 5-1-12 变速器在不同坡路上的换档点

3. 变速器主油压控制

电液式控制系统中的主油压是由主油路调压电磁阀调节的。主油路油压应随发动机负荷增大而增高，以满足传递大功率时对离合器、制动器等执行组件液压缸工作压力的要求。

电控式自动变速器的电液控制系统，以一个油压电磁阀产生节气门油压。油压电磁阀是脉冲式电磁阀，变速器电脑根据节气门位置传感器测定的节气门开度，控制发往油压电磁阀的脉冲信号的占空比，使主油路油压随节气门开度而变化。节气门开度越大，脉冲电信号的占空比越小，油压电磁阀排油孔开度越小，节气门油压也就越大。节气门油压被作为控制油压反馈到主油路调压阀，使主油路调压阀随着节气门开度的变化调节主油路油压的高低，以获得不同发动机负荷下主油路压力的最佳值，并将驱动油泵的动力减小到最小。

由于倒档使用的时间较少，为减小自动变速器的体积，通常将倒档执行组件机构的尺寸缩得较小，同时传递转矩较大，因此油压较其他档位时高。

除正常的主油路油压控制之外，变速器电脑还可以根据各个传感器测得的自动变速器的工作条件，在一些特殊情况下，对主油路油压做适当的修正，使油路压力控制获得最佳效果。

例如，在变速杆位于前进低档（S、L或2，1）位置时，汽车驱动力相应较大，变速器电脑自动使主油路油压高于前进档（D位）时的油压，以满足动力传递的需要。

为减小换档冲击，变速器电脑还在自动变速器换档过程中按照节气门开度的大小，通过油压电磁阀适当减小主油路油压，以改善换档质量。

变速器电脑还可根据液压油温度传感器的信号，在变速器油温未达到正常工作温度时（一般是低于60℃），将主油路油压调至低于正常值，以防止因油温低、黏度较大而产生换档冲击；当变速器油温过低时（低于30℃），变速器电脑使主油路压力升至最大值，以加速离合器、制动器的接合，防止温度过低时因变速器油黏度过大而使换档过程过于平缓。

在海拔较高时，发动机输出功率降低，变速器电脑将主油路油压调至低于正常值，以防止换档时出现冲击。

4. 转弯控制

变速器电脑根据驾驶人放松加速踏板信号、两从动轮转速差信号计算转向角度值，使汽车降档行驶，或通过ABS功能制动某轮保持汽车稳定行驶。

5. 变矩器锁止控制

变速器电脑根据档位开关信号、发动机转速信号、车速信号、冷却液温度信号、油温信号、节气门开度信号、制动信号以及巡航信号等经计算机处理后，按电脑设定的程序，根据预先储存在电脑内的程序，选取最佳锁止或分离时机。例如，当变速器油温低于20℃时，锁止离合器不锁止，当油温在150℃以上时，为降低油温，锁止离合器锁止，当冷却液温度高于65℃时，锁止条件具备时锁止。

一般在同时具备以下几个条件时，锁止离合器可锁止。

1）冷却液温度65℃以上，变速器油温20℃以上。

2）无制动信号。

3）涡轮转速与泵轮转速接近相等。

4）节气门开启。

5）档位信号是D位。

目前已将锁止范围拓宽，即在2档、3档均有锁止机会。另外，为减轻对发动机的冲击和充分发挥传动效率，又增加了半锁止工况，即半离合后经缓冲再进入全锁止，以减轻换档及锁止离合器锁止或解锁时冲击。

6. 换档质量控制

为改善换档质量，提高汽车的乘坐舒适性，目前常见的特殊控制功能有以下几种。

（1）换档油压控制

在升档或降档的瞬间，变速器电脑通过压力控制电磁阀适当降低主油路油压，以减小换档冲击，达到改善换档质量的目的。也有一些控制系统是在换档时通过电磁阀减小蓄能器活塞的背压，以降低离合器或制动器液压缸内油压的增长速度，达到减小换档冲击的目的。

（2）转矩控制

在换档的瞬间，通过延迟发动机的点火时间或减少喷油量，暂时减小发动机的输出转矩，以减小换档冲击和汽车加速时出现的波动。

（3）N-D 换档控制

在变速杆由驻车档或空档（P、N）位置换至前进档或倒档（D、R）位置，或相反地进行换档时，变速器电脑通过调整发动机的喷油量，将发动机的转速变化减至最小程度，以改善换档质量。

7. 发动机制动控制

变速器电脑按照设定的控制程序，在变速杆位置、车速、节气门开度等满足一定条件（如：换档杆位于前进低档位置，且车速大于10km/h，节气门开度小于1/8）时，向强制离合器电磁阀或强制制动器电磁阀发出电信号，打开强制离合器或强制制动器的控制油路，使之接合或制动，让自动变速器具有反向传递动力的能力，从而在汽车滑行时可以实现发动机制动。

8. 乘坐舒适性控制

变速器电脑在进行换档油压控制、减小转矩控制、锁止离合器控制时，利用输入轴转速进行计算，使控制的时间更加准确，从而获得最佳的换档感觉和乘坐舒适性。

9. 超速行驶控制

只有当变速杆位于 D 位且 O/D 开关打开时，汽车才能升入超速档。当汽车以巡航方式在超速档行驶时，若实际车速低于4km/h，巡航控制单元向变速器电脑发出信号，要求自动退出超速档；还可以防止自动变速器在发动机冷却液温度低于60℃时进入超速档工作。

10. 自诊断与保护控制

为了及时发现电子控制装置中的故障，并在出现故障时尽可能地使自动变速器保持最基本的工作能力，以维持汽车行驶，便于汽车到维修站检修，变速器电脑具有故障自诊断和失效保护功能。

11. 失效与保护功能控制

在汽车行驶过程中，变速器电脑不停地检测自动变速器电子控制装置中所有传感器和执行器的工作情况，一旦发现故障，变速器电脑具有以下几种失效保护功能。

（1）故障警告灯

在汽车行驶时，仪表板上的自动变速器故障警告灯闪亮，以提醒驾驶人立即将汽车送至修理厂维修。目前，大部分日系汽车以超速档指示灯“O/D OFF”作为自动变速器故障警告灯。如超速档指示灯闪烁，拨动超速档开关也不能将它熄灭，即说明电子控制装置出现故障。而一些欧系车型，则用变速杆位置指示灯作为故障警告灯。

（2）故障码

变速器电脑将检测到的故障内容以故障码的形式储存在变速器电脑的内存中，只要不切断蓄电池，该代码便一直储存在电脑内。汽车行驶中偶尔出现的故障，变速器电脑也会及时地检测到，并记录下来。在修理时，维修人员可以采用一定的方法从储存在变速器电脑内的故障码读出，为查找故障部位提供可靠的依据。

（3）启动失效保护程序

在产生故障后，变速器按设定的失效保护程序控制自动变速器的工作，保持汽车的基本行驶能力。

当某些传感器出现故障后，变速器电脑会采取失效保护功能。例如，节气门位置传感器出现故障时，变速器电脑根据怠速开关的状态进行控制：当怠速开关断开时（加速踏板被踩下），按节气门开度为1/2进行控制，同时节气门油压按最大值输出；当怠速开关接通时（加速踏板完全放松），按节气门处于全闭状态进行控制，同时节气门油压按最小值输出。

如车速传感器出现故障，电脑不能进行自动换档控制，此时自动变速器的档位可由变速杆的位置决定：变速杆在D位或S（或2）位，变速器为超速档或3档；变速杆在L或1位，为2档或1档；或不论变速杆为任何前进档，变速器均为1档（也有的锁定在高档），以保持汽车最基本的行驶能力。

许多车型的自动变速器有两个车速传感器，其中一个用于自动变速器的换档控制（常称为第二车速传感器），另一个为仪表板上车速表用的传感器（常称为第一车速传感器）。这两个传感器都与变速器电脑连接，当用于换档控制的车速传感器损坏时，变速器电脑可利用车速表传感器的信号来控制换档。

输入轴转速传感器出现故障时，变速器电脑停止减小转矩控制，此时换档冲击会有所增大。

油温度传感器出现故障时，变速器电脑默认为80℃进行控制。

（4）执行器出现故障

不同的变速器电脑有不同的失效保护功能。一种是不论有几个电磁阀出现故障，变速器电脑都将停止所有换档电磁阀的工作，此时自动变速器的档位完全由变速杆的位置决定：变速杆在D位或S（或2）位时，变速器被固定在3档，在L或1位时，被固定在2档。另一种是几个换档电磁阀中有若干个出现故障时，变速器电脑控制其他无故障的电磁阀工作，以保证自动变速器仍能自动升档或降档，此时会失去某些档位的功能，而且升档或降档规律有所变化。例如，可能直接由1档升至3档或超速档。

强制离合器或强制制动器电磁阀出现故障时，变速器电脑停止电磁阀的工作，让强制离合器或强制制动器始终处于接合状态，使汽车减速时可以利用发动机的制动作用。

锁止电磁阀出现故障时，变速器电脑停止锁止离合器控制，使锁止离合器始终处于分离状态。

12. 巡航控制

巡航控制装置可以使汽车在选定的车速自动保持匀速行驶而不需要驾驶人控制节气门开度。

当驾驶人以选定的车速保持节气门开度不变行驶，并按下巡航开关时，电控单元获此车速信号后，便与汽车实际车速比对，求出差值信号经放大处理后，作为控制节气门开度信号，使汽车实际车速向选定车速修正，以保证汽车自动保持恒速行驶。

在某些自动变速器使用说明书上，有时明确给出巡航范围。这里的巡航范围的含义是，以汽车油箱所能携带的燃油，以汽车最经济的油耗所能行驶的最大里程数，就是该车的巡航范围。

例如，按美国的EPA标准，估算各型奔驰轿车的巡航范围见表5-1-1。

表5-1-1 奔驰轿车的巡航范围

车型	巡航范围/km	车型	巡航范围/km
240D SEDEN	447	280SESEDEN	404
300CD COUPE	485	450SELSEDEN	404
300TD STATIONWAGON	444	450SECCOUPE	380

这种控制方式，不仅有助于改善行驶舒适性，而且有助于获得更好的燃油经济性。通过对燃油消耗的监控（在仪表板上装有瞬时油耗计），可以选定在最佳的行驶油耗下运行。

五、自动变速器多功能开关

1. 多功能开关结构

多功能开关由变速杆进行控制，相应的档位显示在仪表板上。多功能开关结构如图5-1-13所示。

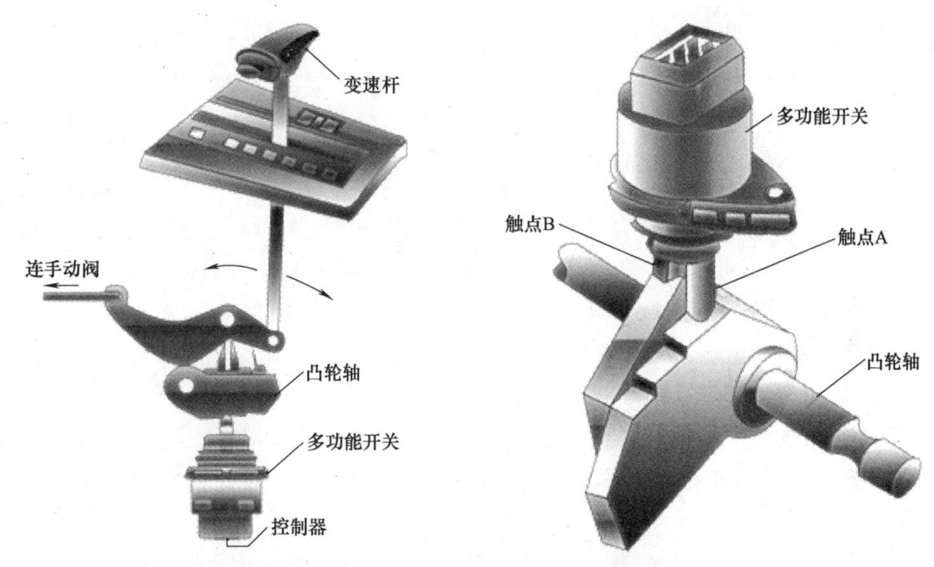

图 5-1-13　多功能开关结构

多功能开关具有下列功能：

（1）指示变速杆位置

变速杆的位置信号通过多功能开关传给变速器控制系统。图 5-1-13 开关内的触点通过各种组合（开和关）将变速杆位置 P、R、N、D、2 和 1 传给变速器控制单元。

（2）倒档信号灯的开启

当变速杆置于 R 位时，接通倒车继电器，倒档信号灯开启。

（3）变速杆在 P 或 N 位置

只有当变速杆在位置 P 或 N 时才能起动发动机。多功能开关还将变速杆位置处于 P 或 N 位时的信号传给起动继电器，使点火开关工作。同时，在挂前进档时可中断起动机的工作，即防止起动机在汽车行驶时啮合。

（4）失效保护

对比图 5-1-13 与图 5-1-14 可知，变速杆与手动杆联动，变速杆在每一档位，均可通过连动杆机构驱动凸轮轴有一个对应的位置，于是便压动图 5-1-14 中多功能开关的 A 与 B 两个触点移动到相应的位置。

2. 多功能开关内部触点结构

多功能开关内部结构如图 5-1-14 所示。

从图可知，触点 A 和触点 B 分别控制两个活动触点臂。触点 A 的两个活动触点与触点

B 的两个活动触点之一相连，并通过插座的 3 号端子与电脑的端子 3 相连。可见，多功能开关的 3 个活动触点是搭铁的。

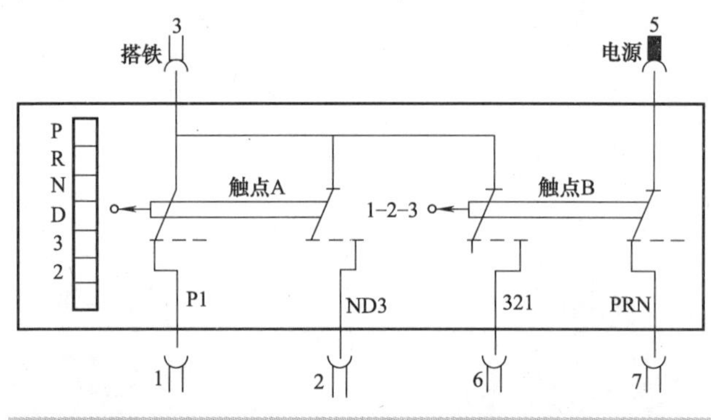

图 5-1-14　多功能开关内部结构

多功能开关触点 B 中的另一活动触点 5，与电脑 18 号端子以及起动及倒车灯电子继电器的 9 号端子相连。从图又知，多功能开关另有四个固定触点 1、2、6、7。

多功能开关固定触点 1 号端子与电脑 63 号端子及电子继电器 1 号端子相连，通过多功能开关 3 号活动触点与电子继电器 7 号搭铁端子相连。

对比图 5-1-14 与图 5-1-15 又知，固定触点 2 号端子与电脑 40 号端子相连，当多功能开关 3 号活动触点与该端子连通时，便将档位信号送入电脑 40 号端子；固定触点 6 号端子与电脑 62 号端子相连，当多功能开关 3 号活动触点与该端子连通时，便将档位信号送入电脑 62 号端子。

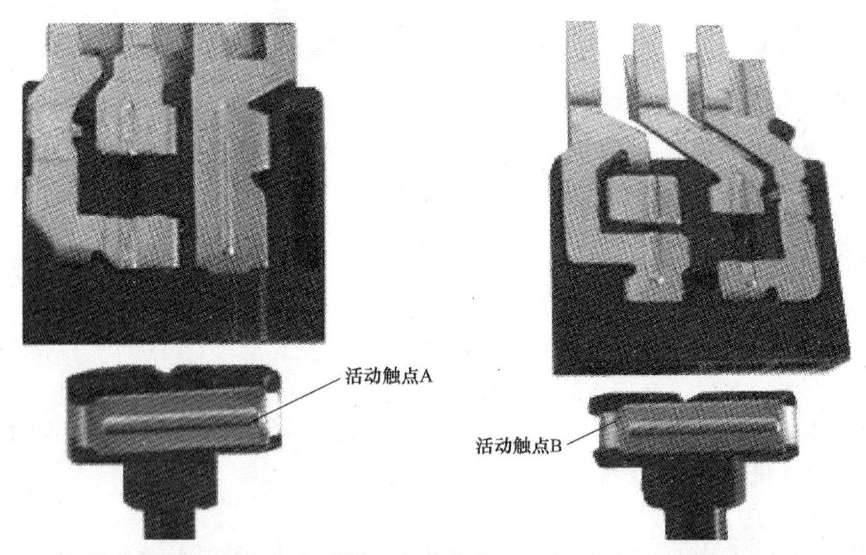

图 5-1-15　触点式多功能开关触点示意图

多功能开关固定触点 7 号端子与点火开关电源及电脑 23 号端子相连，可通过活动触点 5 号端子与电子继电器的 9 号端子及电脑 18 号端子相连，以便在操纵变速杆在 N、P、R 位时，活动触点臂与固定触点 7 相连，将蓄电池电压通过活动触点 5 送入继电器 9 号端子。

综上可见，通过活动触点 A 和 B 与变速杆的配合，使多功能开关把高低电位送入电脑

的 63、40、62、18 号端子，电脑便可根据各端子的高低电位匹配，确认自动变速器所在的档位，并使电子继电器在 N、P 位时获得工作电压，使起动机运转。

综上可知，驾驶人通过变速杆与多功能开关联动，既可将档位显示在仪表板上，又可将档位信号送入电脑，以供电脑控制升降档。

之所以称之为多功能开关，是因为它还与起动机及倒车灯继电器联动，电脑可根据多功能开关的信号，决定是否向起动机或倒车灯送电。

所有自动变速器油路系统阀体内的手动阀均由驾驶人控制，即通过驾驶人操纵变速杆使其移动到相应档位处。

3. 倒车灯电子继电器工作原理

倒车灯电子继电器电路如图 5-1-16 所示。

变速杆挂入 R 位，与变速杆联动的多功能开关活动触点 A 与活动触点 B 也移动到倒档位置，于是与触点 A 及触点 B 相联动的四个活动触点臂在 A、B 两触点的驱动下转动至相应位置。

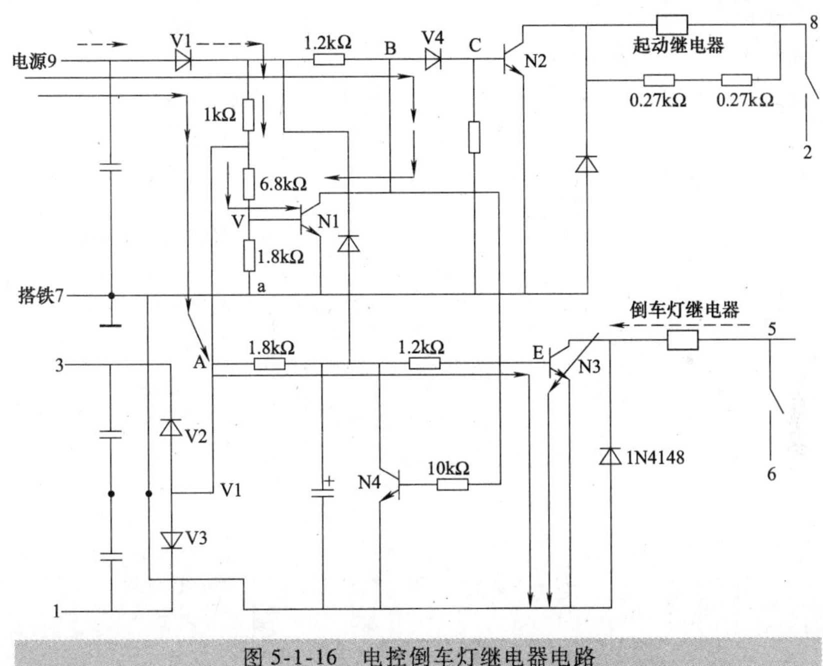

图 5-1-16　电控倒车灯继电器电路

通过四个触点臂与固定触点开、闭的搭配，电脑从四个端子高低电位的组合状况，可确认自动器已进入倒档。

与此同时，触点 B 使其一个活动触点 5 与固定触点 7 相连，（图 5-1-14）于是便将 12V 电压引入电子继电器 9 号端子。

另外，多功能开关的 A 触点 3 和固定触点 1 分离，电脑的 63 号端子将高电位送入电子继电器 1 号端子，使电子继电器的 1 号与 3 号端子同时为高电位，电子继电器内的电流走向如图 5-1-16 所示。

从图可知，由于 1 号及 3 号端子均为高电位，使图中 A 点的电位提高，D 点电位也提高，使晶体管 N1 的基极电位提高，晶体管 N1 导通。

晶体管 N1 基极电流走向：

电子继电器 9 号端子→二极管 V1→1kΩ 电阻→6. 8kΩ 电阻→N1 基极→N1 发射极→7 号端子搭铁。

晶体管 N1 发射极电流走向：

电子继电器 9 号端子→二极管 V1→1. 2kΩ 电阻→B 点→晶体管 N1 集电极→晶体管 N1 发射极→7 号端子搭铁。因 B 点电压降低，使晶体管 N2 截止，起动继电器电磁线圈无电流。

由于 1 号、3 号端子为高电位，又使 A 点电位提高，晶体管 N3 导通。

晶体管 N3 基极电流走向：

电子继电器 9 号端子→二极管 V1→1kΩ 电阻→A 点→39kΩ 电阻→1. 2kΩ 电阻→N3 基极→N3 发射极→7 号端子搭铁。

晶体管 N3 集电极电流走向：

5 号电源端子→倒车灯继电器电磁线圈→N3 集电极→N3 发射极→7 号端子搭铁。吸合继电器触点 5 与 6，点亮倒车灯。

4. 起动继电器工作原理

起动及倒车灯继电器电路如图 5-1-17 示。

当变速杆在 N 位或 P 位时，多功能开关触点 A 使活动触点 3 与固定触点 1 相连（图 5-1-17），使电子继电器的 1 号端子与 3 号端子为低电位，9 号端子仍与电源相连，于是起动继电器导通。其电流走向如图 5-1-17 所示。

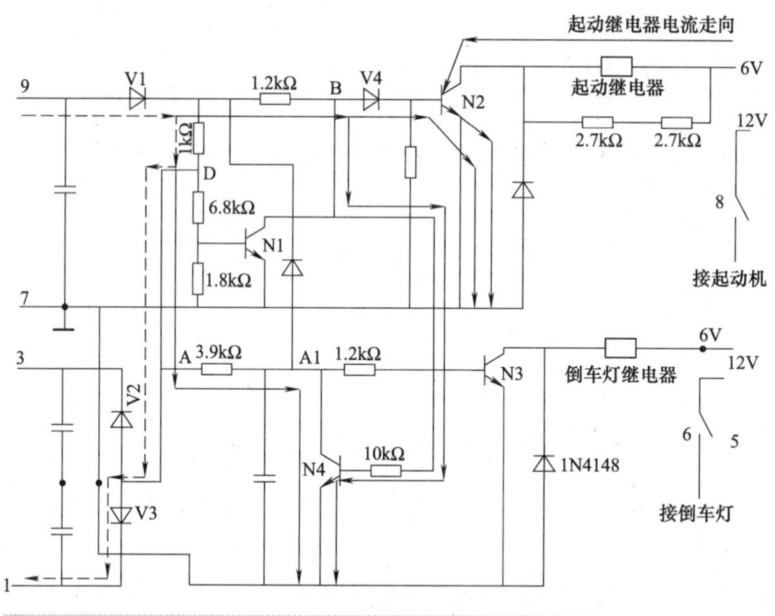

图 5-1-17　电子控制起动及倒车灯继电器电路

旁路电流走向：

电子继电器 9 号端子→二极管 V1→1kΩ 电阻→A 点→二极管 V3→电子继电器 1 号端子→7 号端子搭铁→蓄电池负极。于是使 D 点与 A 点电位降低，晶体管 N1 与 N3 的基极电位降低而截止。起动时倒车灯不会点亮。

晶体管 N1 截止后使 B 点电位升高，使晶体管 N4 的基极电位升高，晶体管 N4 导通。

晶体管 N4 基极电流走向：

电子继电器 9 号端子→二极管 V1→1.2kΩ 电阻→B 点→10kΩ 电阻→N4 基极→N4 发射极→7 号端子搭铁→蓄电池负极。

晶体管 N4 集电极电流走向：

电子继电器 9 号端子→二极管 V1→1.2kΩ 电阻→A 点→39kΩ→晶体管 N4 集电极→N4 发射极→7 号端子搭铁→蓄电池负极。

又因晶体管 N1 截止，使图中 B 点电位提高，晶体管 N2 导通，导通电流走向如下。

晶体管 N2 基极电流走向：

电子继电器 9 号端子→二极管 V1→1.2kΩ 电阻→B 点→V4 二极管→晶体管 N2 基极→晶体管 N2 发射极→7 号端子搭铁→蓄电池负极。晶体管基极与发射极导通后，集电极与发射极导通。

晶体管 N2 集电极电流走向：

电源 6 号端子→继电器电磁线圈→晶体管 N2 集电极→晶体管 N2 发射极→7 号端子搭铁→蓄电池负极。起动继电器触点 8 与 2 吸合，起动机运转。

综上可知，通过对该电子控制电路工作原理的分析，不仅彻底掌握了该型电子控制继电器的工作原理更重要的是借此积累了分析所有简单电子电路的能力。

第二节　典型轿车自动变速器电控系统检修

电控液压自动变速器的检修必须在充分了解自动变速器电控系统的组成及工作原理的基础上进行。各型自动变速器电控系统的组成及工作原理大同小异，因此，只要彻底掌握任意一种自动变速器电控系统的检修方法，便可触类旁通。下面就以宝来轿车 01M 自动变速器电控系统为例进行介绍。

一、01M 自动变速器电控系统端子名称

宝来轿车 01M 自动变速器电控系统端子名称见表 5-2-1。

表 5-2-1　电控系统端子名称

代号	名　称	代号	名　称
B	起动机	T10	10 端子插头，橙色，在插头保护壳体内，流水槽左侧
D	点火开关	T10g	10 端子插头，灰色，在插头保护壳体内，流水槽左侧
J17	燃油泵继电器	(114)	接地连接，在自动变速器线束内
J226	起动锁止及倒车灯继电器，在附加继电器支架 13 号位置	(501)	螺纹连接 2-(30)，在继电器盘上
M16	左侧倒车灯灯泡	(A32)	正极连接(30)，在仪表板线束内
M17	右侧倒车灯灯泡	(A41)	正极连接(50)，在仪表板线束内
S15	熔丝支架上 15 号熔丝	(A87)	连接(RL)，在车内线束内
T5h	5 端子插头，在左侧 A 主下部附近，缠在线束内	(A98)	正极连接 4-(0)，在仪表板线束内
T6	6 端子插头，棕色，在插头保护壳体内，流水槽左侧	(B182)	连接(RL)，在车内线束内

二、01M 自动变速器电控系统检修参数

宝来轿车01M自动变速器电控系统检修参数见表5-2-2。

表5-2-2 宝来轿车01M自动变速器电控系统检修参数

检测项目	V. A. G 1598/18 插孔	检测条件	正常值	偏离正常值时应检查
从控制单元J217来的电压	23—1	打开点火开关	约为蓄电池电压	(1)按电路图检查导线 (2)检查触点1和搭铁间导线 (3)检查触点23和中央电气盒接线柱15间导线
变速杆锁止电磁阀N110	29—15	打开点火开关 不踏下制动踏板	约为蓄电池电压	(1)按电路图检查导线 (2)更换变速杆锁止电磁阀
		踏下制动踏板	0.2V	
制动灯开关F	15—1	打开点火开关	0V	(1)按电路图检查导线 (2)更换制动灯开关
		不踏下制动踏板 踏下制动踏板	约为蓄电池电压	
节气门电位计G69	5—28	关闭点火开关 加速踏板位置 怠速最小 怠速最大	0.7kΩ 1.8kΩ	(1)按电路图检查导线 (2)从怠速到节气门全开的加速过程中,电阻值稳定变化 (3)调整节气门电位计,如需要,更换 (4)对系统进行基本调整
		节气门全开最小	2.1kΩ	
		节气门全开最大	3.9kΩ	
	5—50	加速踏板位置 怠速最小 怠速最大	2.1kΩ 3.9kΩ	
		节气门全开最小 节气门全开最大	0.7kΩ 1.8kΩ	
多功能开关F125	63—1	变速杆位置R、N、3、2	电阻∞	(1)按电路图检查导线 (2)检查多功能开关插头连接处是否锈蚀,如需要,更换。 (3)更换多功能开关F125
		变速杆位置P、1	0.8~1Ω	
	40—1	变速杆位置P、R、2、1	电阻∞	
		变速杆位置N、D、3	0.8~1Ω	
	62—1	变速杆位置P、R、N、D	电阻∞	
		变速杆位置3、2、1	0.8~1Ω	
	18—1	变速杆位置P、R、N	约蓄电池电压	
		变速杆位置D、3、2、1	0V	
电磁阀1—N88	55—67	关闭点火开关	55~65Ω	(1)按电路图检查导线
	55—1	关闭点火开关	电阻∞	(2)更换传输线或滑阀箱
电磁阀2—N89	54—67	关闭点火开关	55~65Ω	(1)按电路图检查导线
	54—1	关闭点火开关	电阻∞	(2)更换传输线或滑阀箱
电磁阀3—N90	9—67	关闭点火开关	55~65Ω	(1)按电路图检查导线
	9—1	关闭点火开关	电阻∞	(2)更换传输线或滑阀箱
电磁阀4—N91	47—67	关闭点火开关	55~65Ω	(1)按电路图检查导线
	47—1	关闭点火开关	电阻∞	(2)更换传输线或滑阀箱
电磁阀5—N92	56—67	关闭点火开关	55~65Ω	(1)按电路图检查导线
	56—1	关闭点火开关	电阻∞	(2)更换传输线或滑阀箱
电磁阀6—N93	58—22 58—1 22—1	关闭点火开关 关闭点火开关	4.5~6.5Ω 电阻∞	(1)按电路图检查导线 (2)更换传输线或滑阀箱

（续）

检测项目	V. A. G 1598/18 插孔	检测条件	正常值	偏离正常值时应检查
电磁阀 7—N94	10—67 10—1	关闭点火开关 关闭点火开关	55～65Ω 电阻∞	(1)按电路图检查导线 (2)更换传输线或滑阀箱
电磁阀 8—N110	23—29	关闭点火开关	14～25Ω 电阻∞	(1)按电路图检查导线 (2)更换变速杆锁止电磁阀 N110
强制降档开关 F8	1—16	关闭点火开关，未踏下加速踏板 踏下加速踏板，至触动降档开关	电阻∞ 小于 1.5Ω	(1)按电路图检查导线 (2)调整或更换节气门拉索
变速器油温传感器 G93	6—67	关闭点火开关，自动变速器油温约 20℃	0.247MΩ	(1)按电路图检查导线 (2)更换传输线
		约 60℃	48.8kΩ	
		约 120℃	7.4kΩ	
车速传感器 G68	20—65	关闭点火开关最小	0.8kΩ	(1)按电路图检查导线 (2)更换车速传感器
		关闭点火开关最大	0.9kΩ	
转速传感器 G38	21—66	关闭点火开关最小	0.8kΩ	(1)按电路图检查导线 (2)更换转速传感器
		关闭点火开关最大	0.9kΩ	

三、电磁阀及传感器控制电路分析

电磁阀及传感器控制电路如图 5-2-1 所示：

1. 输入轴转速传感器 G38

变速器输入轴转速供控制系统检查在液力变矩器锁止时锁止离合器是否打滑，发动机转数与输入轴转速差经计算输出差值，如转速差大于 130r/mim，电脑指令发动机降一档。

从图可知，该传感器的信号是通过电脑 T68 的 66 号及 21 号端子与电脑相连的，其模拟信号经数字电路转换后便可供电脑监控锁止离合器工作状态，图中 T68/44 是信号屏蔽线，以防外界电磁干扰。

输入轴转速传感器断路，短路故障，可用万用表电阻档检查外线路，检查传感器电阻值（表 5-2-2），也可用解码器调故障码或读数据流诊断。

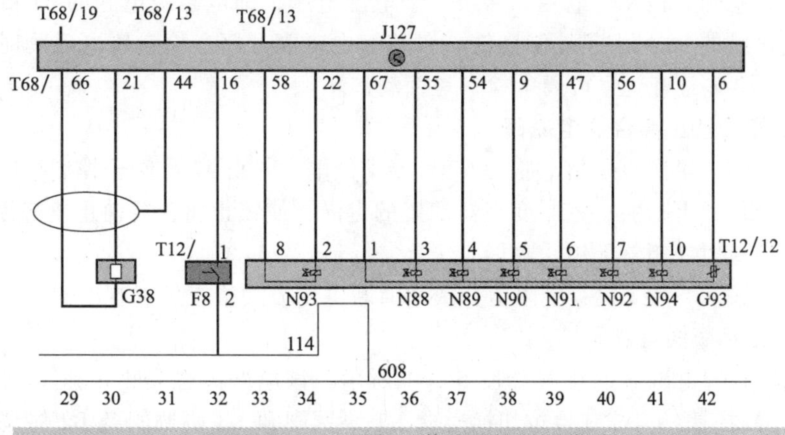

图 5-2-1 电磁阀及传感器控制电路

2. 强制降档开关 F8

强制降档开关串联在加速踏板拉杆上，在超车或加速时若感觉发动机动力有些不足，可在加速踏板已全开的状态下再向下踏，此时强制降档开关闭合，向电脑提供一个搭铁信号，电脑会强行发出降档指令，变速器降下一档行驶。与此同时，若空调正在启用，电脑立即将空调关闭，但最长关闭 8s 后重新开启。

从图可知，该开关串联在电脑 16 端子与搭铁间，开关闭合后，电脑 T68/16 端子为低电位，电控单元强令降下一档。强制降档开关失效会显示故障码有些柴油车，该开关装在加速踏板位置传感器中。

3. N93 主油压调节电磁阀

N93 电磁阀是主油压调节电磁阀，用于调整系统油压，它是一个脉冲调压阀，接线如图 5-2-1 所示。

电脑 T68 的 22 号端子与 58 号端子和 N93 相连，电脑根据节气门位置传感器、档位及车速传感器信号，用占空比调整 N93 电磁阀，调出一个控制油压，由控制油压控制主调压阀动作，调整出系统主油压。

从图可知，由电脑输出电源电压，经电磁阀后，在电脑内部通过开关电路控制占空比搭铁，以使电磁阀按占空比开闭调整控制油压。

电磁阀有电压控制式和电流控制式两种。脉宽高压电磁阀一般均用电流控制式，即用频率不变而接通与断开电流的时间比，调整电磁阀开闭，开关的频率为 30 ~ 1000Hz。调压电磁阀 N93 工作好坏，可用万用表电阻档检查外线路是否有断路，检查电磁阀的电阻值。也可用解码器调取是否有故障码，或读取数据流。

N93 电磁阀如有短路、断路故障，使用 1551 解码器，应显示 00268 故障码。若读数据流，使变速器变速杆入 N 位，节气门全开时屏幕应显示 0.0A，怠速时电流值应为 1.1A。若显示值与标准值相差 0.05A 以上应进行基本设定，若电磁阀损坏，应更换。

4. N94 电磁阀

N94 电磁阀在离合器 K1 工作后，变速器在 D2 档与 D3 档时工作，将油压送入 K1 协调阀的右腔，使其油压和由 N92 换档平顺阀送入 K1 协调阀左腔的油压抗衡，使 K1 协调阀不受 N92 换档平顺阀干涉，以稳定离合器 K1 在 D2 档、D3 档时的油压，减少换档冲击。

从图可知，它和其他几个电磁阀共用一个电源电压，即电源由电脑的 67 端子引入，经电磁线圈后由电脑的 10 号端子控制搭铁，以控制电磁阀开闭。检查该电磁阀时，可用万用表电阻档按表 5-2-2 检查。也可通电检查是否动作。

5. N91 变矩器锁止离合器电磁阀

从图可知，该电磁阀也是由电脑的 67 号端子供电，并由 47 号端子控制搭铁，以控制锁止控制阀在两个位置上切换，控制变矩器油压的走向，使锁止离合器锁止或解锁。若该电磁阀失效，会导致液力变矩器无锁止功能。

该电磁阀可按表 5-2-2 检查电阻值，或用通断电的方式检查是否有动作。

6. N92 换档平顺阀电磁阀

N92 换档平顺阀电磁阀的接线如图 5-2-1 所示。该电磁阀也是由电脑 67 号端子供电，由 56 号端子控制搭铁，以控制档位切换时向 K1 协调阀和 K3 协调阀及 B2 协调阀同时送入控制油压，并瞬间关小去离合器 K1、离合器 K3、制动器 B2 的进油口，以便降低相应档离

合器或制动器接合速度，消除档位切换时的冲击。若该电磁阀失效，会导致各档切换时均有冲击的故障。该电磁阀可按表 5-2-2 检查电阻值，或用通断电的方式检查是否动作。

7. N88、N89、N90 换档电磁阀

N88、N89、N90 均为滑阀式换档电磁阀，它们均是开关阀。电磁阀的电源仍由电脑 T68/67 端子引入，分别由电脑控制搭铁，以控制电磁阀开闭，其检测方法与前述相同。

各换档电磁阀均只在两个位置上切换，每一位置都对应各自输出档位。若因滑阀卡滞或电磁阀失效，使滑阀不在设定位置，变速器将丢失设定位置对应的各档。

电磁阀及电控元件名称见表 5-2-3。

表 5-2-3 电磁阀及电控元件名称

代号	名　称	代号	名　称
F8	强制降档开关	N92	电磁阀 5
G38	变速器转速传感器	N93	电磁阀 6
G93	机油温度传感器	N94	电磁阀 7
J217	自动变速器控制单元，在流水槽中部	T2	2 端子插头，在变速器上
J220	多点喷射控制单元	T12	12 端子插头
N88	电磁阀 1	T68	68 端子插头
N89	电磁阀 2	T80	80 端子插头
N90	电磁阀 3	(114)	搭铁连接，在自动变速器线束内
N91	电磁阀 4	(608)	搭铁点，在流水槽中部

四、车速传感器及其电脑控制原理

车速传感器电路如图 5-2-2 所示，01M 自动变速器车速传感器有电磁感应式和霍尔效应式两种，从图 5-2-2 可知，该系统的 G68 车速传感器是电磁感应式，其模拟信号由信号线圈两端分别由电脑 T68/20 及 T68/65 两脚引入，以供电脑的数字电路处理计算后获知车速，并供电脑参考车速控制换档时机。可用 1551 解码器调取故障码，若 G68 车速传感器断路或短路，解码器屏幕会显示 0028 故障 1 码。若读数据流，在 002 组内显示 2.20～2.25V。也可用万用表检测。电路图中电脑 T68/43 端子为搭铁屏蔽防止外线路电磁干扰。

检测参数见表 5-2-2。车速传感器电控元件代号及名称见表 5-2-4。

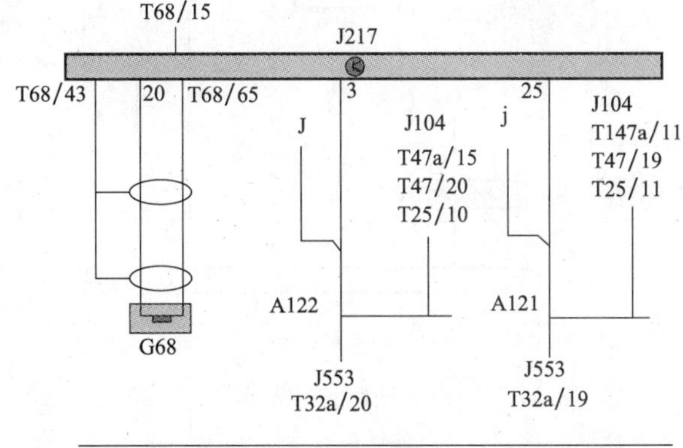

图 5-2-2 自动变速器车速传感器电路

表 5-2-4　车速传感器电控元件代号及名称

代号	名　称	代号	名　称
F	制动灯开关	T32a	32 端子插头，绿色，在组合仪表上
G68	车速传感器	T47	47 端子插头，在 ABS 及 EDL/TCS/EST 控制单元上（2000 年 7 月前）
J104	ABS/EDL 控制单元	T47a	47 端子插头，在 ABS 及 EDL/TCS/EST 控制单元上（2000 年 8 月后）
J217	自动变速器控制单元，在流水槽中部	T68	68 端子插头
J533	数据总线自诊断接口，在组合仪表上	（A18）	连接（54），在仪表板线束内
J…	发动机控制单元	（A121）	连接 high-bus，在仪表板线束内
T3	3 端子插头，在变速器上	（A122）	连接 low-bus，在仪表板线束内
T10g	10 端子插头，白色，在插头保护壳体内，在流水槽左侧	—	—
T25	25 端子插头，在 ABS/ABS 及 EDL 控制单元	—	—

五、变速杆锁止电磁阀控制系统

变速杆锁止电磁阀控制系统如图 5-2-3 所示。电控系统对 N110 变速杆锁止电磁阀进行控制，当电磁阀线圈通电时，电磁铁吸合，变速杆锁止机构锁止。

从图可知，N110 电磁阀的 1 号端子与电路图中标 59 的线端相连，而线端 59 通过熔丝将电源电压引入电磁阀，再经 N110 电磁阀线圈送入电脑 T68/29 号端子。

K142P/N 警告灯的 2 号端子接点火开关电源，经警告灯后也由 T68/29 号端子控制。

综上可知，当电脑测知变速器变速杆在 N 位或 P 位时，电脑便给电磁线圈通电，使锁销插入锁孔，将变速杆锁止。要想使变速杆锁止机构解锁，必须踏下制动踏板或按下变速杆上的锁止按钮，否则变速杆不会从 N、P、R 位置移出。只要变速器变速杆在 N、P 位置，电脑便控制 T68/29 号端子搭铁，使电磁阀通电将变速杆锁住，并将 K142 警告灯点亮，警示驾驶人变速杆已锁止。

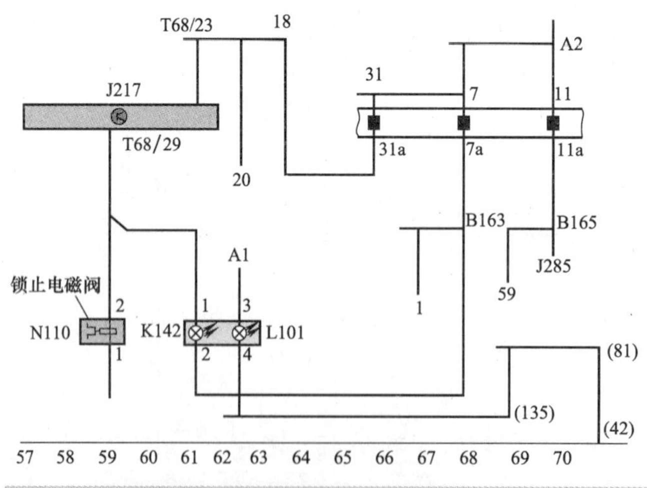

图 5-2-3　变速杆锁止电磁阀控制系统

当电脑接到制动踏板踏下信号，且点火开关处于接通时，电控单元输出解除锁止信号，变速杆可从 N 或 P 位移到其他各档位。若变速杆锁止电磁阀断路或对地短路，1551 解码器

显示 01236 故障码。

也可用万用表直流电压档检测电脑 T68/29 号端子对地电压值，检查时打开点火开关：不踏下制动踏板，该端子电压为蓄电池电压，踏下制动踏板，该端子电压值应为 0.2V。

目前，几乎所有汽车自动变速器变速杆锁止系统的锁止方案，均是用弹簧锁销加电磁阀联合控制的。即当变速杆移到 P 位时，变速杆上的弹簧锁销便在弹簧力作用下弹出，锁销便插入销孔中，于是变速杆便被锁销锁定。

若想从 P 位移出，就必须用电磁阀的电磁力克服锁销的弹簧力，将锁销从销孔中拉出。为此，电控系统设计的控制程序是当电脑接到点火开关接通信号后，并同时收到制动踏板的制动信号，便激活电磁阀，使电磁阀产生电磁力将锁销拉出，于是变速杆便可从 P 位移至任意档位。电脑给电磁阀通电的时间一般均设计为 2s，2s 后便停止对电磁阀的送电。

若变速杆移到 N 位，N 位也有锁销孔，如果变速杆在 N 位停留 2s 以上，电磁阀自动断电，锁销便自动弹出，插入 N 位锁孔中。若想再从 N 位中移出，也必须踏下制动踏板。

变速杆锁止电磁阀电控元件代号及名称见表 5-2-5。

表 5-2-5　变速杆锁止电磁阀电控元件代号及名称

代号	名　　称	代号	名　　称
D	点火开关	T32	32 端子插头，蓝色
J217	自动变速器控制单元，在流水槽中部	T68	68 端子插头
J285	带显示器的控制单元，在组合仪表上	(42)	搭铁点，在转向柱附近
K142	变速杆位置 P/N 警告灯	(81)	搭铁连接 1，在仪表板线束内
L101	变速杆档位照明	(135)	搭铁连接 2，在仪表板线束内
N110	变速杆锁止电磁阀	(A2)	正极连接(15)，在仪表板线束内
S7	熔丝支架上 7 号熔丝	(A4)	正极连接(58b)，在仪表板线束内
S11	熔丝支架上 11 号熔丝	(B163)	正极连接 1(15)，在车内线束内
S231	熔丝支架上 31 号熔丝	(B165)	正极连接 2(15)，在车内线束内

六、01M 自动变速器各档电路图剖析

1. P 位电路工作原理

P 位电路工作原理如图 5-2-4 所示。当点火开关接通，变速杆置于 P 位，电路供电状况如下：

（1）蓄电池供电

1）蓄电池向电脑 46 号端子供电，作为电脑常工作电源。

2）向电子继电器 8 号端子供电，为起动机工作待命。

（2）点火开关供电

1）向电子继电器 5 号端子供电，作为电子继电器中起动继电器电磁线圈工作电源。

2）向制动开关供电待命，以便制动时向电脑 15 号端子提供制动高电位信号。

3）向变速杆锁止电磁阀供电，并由电磁阀送入电脑 29 号端子待命，以供电脑提供搭铁后锁止变速杆。

4）向电脑 23 号端子供电，作为电脑工作电源。

5）向多功能开关 7 号端子供电，通过开关在 N、P、R 位时向电子继电器 9 号端子供电，并向电脑 18 号端子提供高电位信号。

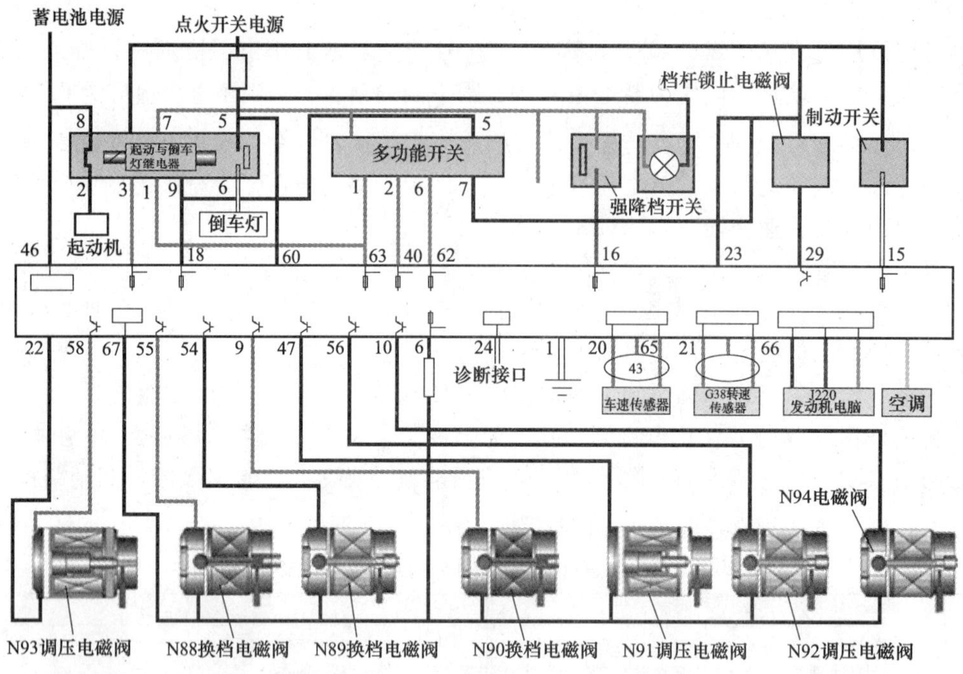

图 5-2-4　P 位电路工作原理

（3）点火开关经熔丝供电

1）点火开关经熔丝向起动及倒车灯电子继电器 5 号端子供电，5 号端子向电子继电器中倒车灯继电器电磁线圈供电，倒档时电脑控制晶体管导通，电磁线圈通电吸合倒档继电器触点，通过 5 号端子向倒车灯供电，点亮倒车信号灯。

2）点火开关经熔丝向档位照明灯供电，点火开关接通后，该灯点亮。

（4）电脑供电

1）电脑 22 号端子向调压电磁阀 N93 供电，发动机启动后，电脑 58 号端子按占空比调压修正主油压。

2）电脑 67 号端子向 N88 换档电磁阀、N89 换档电磁阀、N90 换档电磁阀、N91 锁止电磁阀、N92 换档平顺电磁阀、N94 电磁阀供电。变速杆在 P 位，发动机工作后，N88 换档电磁阀、N90 换档电磁阀由电脑搭铁工作，关闭泄油口，使两换档阀工作。此时，电脑 55 号端子和 9 号端子提供搭铁。N89 换档电磁阀、N91 调压电磁阀、N92 换档平顺电磁阀、N94 电磁阀均不工作，即电脑 54 号端子、47 号端子、56 号端子、10 号端子均不提供搭铁，各端子均为高电位。

3）电脑 40 号端子与 62 号端子均为高电位。它们分别与多功能开关 2 号与 6 号端子相接，P 位时多功能开关搭铁的 3 号端子与 2 号、6 号端子间断路，因此多功能开关 2 号与 6 号端子均为高电位

4）电脑 15 号端子为高电位，当踏下制动踏板时，该端子为低电位制

（5）系统搭铁

电脑 1 端子、电子继电器 1 号与 7 号端子、多功能开关 3 号端子均搭铁。

（6）起动继电器

从图可知，P 位时电子继电器 1 号与 3 号端子均为低电位，电子继电器的起动继电器电磁线圈通电吸合起动开关，此时对应 P 位、N 位，可起动起动机。

2. D1 档电路工作原理

D1 档电路工作原理如图 5-2-5 所示。

从图可知，当变速杆在 D 位，汽车起步并在 D1 档车速范围时，电路工作原理如下：

（1）蓄电池供电

1）蓄电池 46 号端子向电脑提供常工作电源。

2）向电子继电器 8 号端子供电，为起动机工作待命。

（2）点火开关供电

1）向电子继电器 5 号端子供电，作为电子继电器中起动继电器电磁线圈工作电源。

2）向制动开关供电待命，以便制动时向电脑 15 号端子提供制动高电位信号。

3）向变速杆锁止电磁阀供电，并通过电磁阀送入电脑 29 号端子待命，以供电脑提供搭铁后锁止变速杆。

4）向电脑 23 号端子供电，作为电脑工作电源。

5）向多功能开关 7 号端子供电，通过开关在 N、P、R 位时向电子继电器 9 号端子供电，并向电脑 18 号端子提供高电位信号。

（3）点火开关经熔丝供电

1）点火开关经熔丝向起动及倒车灯电子继电器 5 号端子供电，5 号端子向电子继电器中倒车灯继电器电磁线圈供电，倒档时电脑控制晶体管导通，电磁线圈通电吸合倒档继电器触点，通过 5 号端子向倒车灯供电，点亮倒车信号灯。

2）点火开关经熔丝向档位照明灯供电，点火开关接通后，该灯点亮。

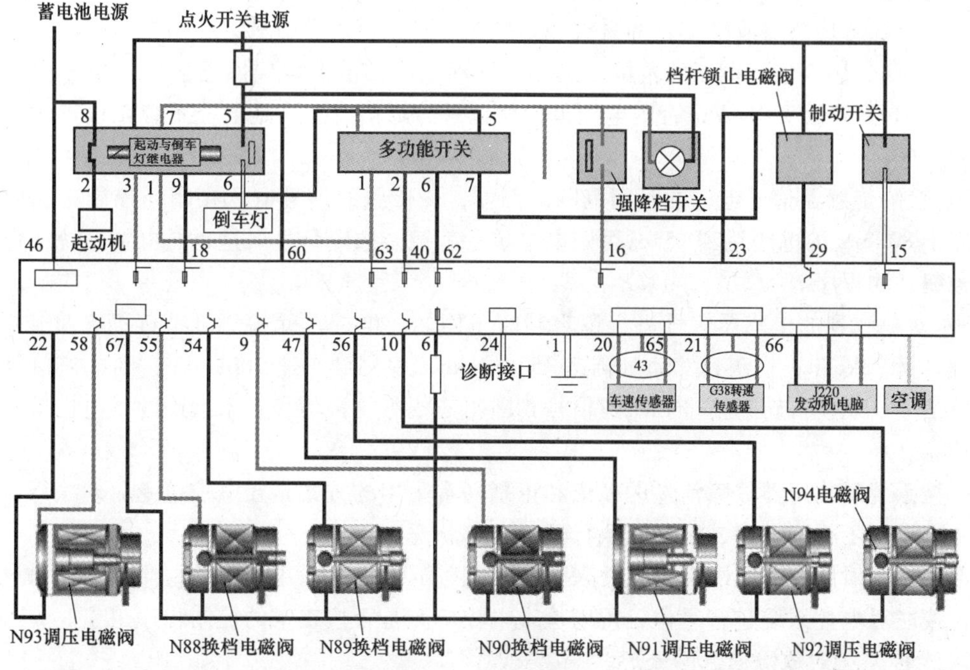

图 5-2-5　D1 档电路工作原理

（4）电脑供电

汽车起步并在D1档车速范围时，电脑仍控制58号端子搭铁，调压电磁阀N93仍工作，只是占空比变化而已。电脑仍控制9号端子搭铁，换档电磁阀N90仍工作，但电脑的55号端子停止搭铁，使换档电磁阀N88停止工作复位。

自动变速器在D位各档，起动及倒车灯电子继电器的工作电源9号端子均无电，因此起动及倒车灯电子继电器均不工作，只是换档电磁阀的电路发生变化而已。

综上所述，各档电路工作原理大同小异，只要将一个档或两个档的电路工作原理和工作过程彻底掌握，其余各档便可触类旁通。

第三节　自动变速器的仪器诊断

目前，电控系统的诊断手段是用万用表检测端子参数，并与标准值比对，如不符则检修；用示波器检测各信号波形；用诊断仪调取故障码；用诊断仪读取数据流。

一、电控系统自诊断简述

了解电控系统的诊断程序，对维修人员分析经自诊断系统获取的故障信息，有重要的意义。要实现对电子控制系统的诊断，必须将预先设置好的诊断程序写进系统的电控单元（ECU）内。

电控系统由传感器、执行器、电控单元（ECU）三部分组成。一个完整的电控系统的故障诊断过程，应包括故障信息的采集、识别和对故障信息的处理。

1. 电控系统对故障信息的采集和识别

电控系统对故障信息的采集和识别主要分传感器、执行器和电控单元（ECU）三方面。

电控系统对传感器故障信息的采集和识别主要有以下三种方式。

1）检测传感器信号电压的范围。例如，发动机冷却液温度传感器的信号电压值应不高于4.8V，也不应低于0.1V，否则电控单元就记录故障信息。这是电控系统在设计时就已经编好的程序。

2）检测传感器信号电压的时间范围。例如，氧传感的信号电压在闭环控制工况内不应保持高于800mV的电压达到15s，否则电控单元就记录故障信息。这也是电控系统在设计时就已经编好的程序。

3）对检测到的传感器信号进行逻辑判断。例如，电控单元检测到节气门开度4%，检测到进气量28kg/h，检测到发动机转速3500r/min，检测到车速100km/h，则电控单元根据进气量信号、发动机转速信号和车速信号判断出节气门位置信号是不准确的，电控单元记录故障信息。

电控系统对执行器故障信息的采集和识别通常采用的方式是在电控单元驱动执行器的电路中专门设计了检测电路，以判断执行器的工作状况。

电控系统对电控单元故障信息的采集和识别，通常也是采用相应的检测电路，通过检测时钟，按时对电控系统进行复位，用以检查电控单元是否按正常的控制程序工作。

2. 电控系统对故障信息的处理

电控系统检测到故障信息后，一方面存储故障信息，并点亮故障警告灯提醒驾驶人；另

一方面采取应急措施，尽量保证汽车的继续运行，以便使汽车行驶到维修站维修处理。

电控系统采取应急措施时，通常有三种方法。

1）传感器信号代替法。例如，电控系统检测到进气计量装置的故障信息后，就使用节气门位置传感器信号代替它，并与发动机转速传感器信号计算出一个相对准确的进气量值，用以控制燃油喷射。

2）传感器信号设定法。例如，电控单元监测到发动冷却液温度传感器的故障信息后，就将发动机冷却液温度设定为40℃或其他的固定值，电控单元根据设定的温度修正喷油量和点火提前角。

3）电控单元内部程序切换法。例如，电控单元监测到氧传感器的故障信息后，就把控制方式从闭环控制改为开环控制，不再使用氧传感器信号来反馈修正喷油量。

3. 电控系统的诊断程序

电控系统有静态检测和动态检测两种诊断程序。

1）静态检测　是指接通点火开关但不起动发动机时，电控单元对电控系统进行诊断的方式。

2）动态检测　是指接通点火开关并起动发动机，使车辆进入正常运行工况，电控单元自动连续地执行自诊断程序。

4. 解码器在电控系统中的应用

汽车解码器就是使用配套连接线及相应的检测插头和汽车上电控单元数据插头相连，达到与各电控系统进行数据交换的专用通信仪器。

汽车解码器分为原厂专用解码器和非原厂通用解码器。

原厂专用解码器是由汽车制造厂商提供或指定的，专为自己所生产的汽车提供服务，一般只能检测自己生产的车系，不能检测其他公司生产的汽车，如奔驰的HHT，大众的VAS5052等。

非原厂通用解码器是指不是由汽车制造厂商提供或指定的，而是由仪器设备生产厂家为满足市场需求制造的，可以检测大多数公司生产的车系，如美国生产的红盒子，国内生产的金德、金奔腾、元征S431、电眼睛和车博士等。

原厂专用解码器和非原厂通用解码器是有一定差别的。原厂专用解码器的针对性强，检测项目完善、细致，功能强大，数据准确，甚至有些原厂专用解码器还可以对电控单元进行某些数据的重新输入和更改等。而非原厂通用解码器的通用性强，适用范围广，但对某些车型或某车型的个别电控系统无法进行检测。

汽车解码器最基本的功能就是读取故障码和清除故障码。随着电子技术的快速发展，汽车解码器的功能也越来越强大。现在的汽车解码器几乎都具有汽车电控系统数据流的读取、部分执行器的动作测试、部分程序设定等功能。有的汽车解码器还带有示波器和万用表及打印和升级功能。有的还可以重新输入和更改电控单元的某些数据。

5. 解码器的结构组成

无论是原厂专用解码器还是非原厂通用解码器，它们的结构组成都大同小异，连接方式也都大致相同。解码器大多由测试主机、测试连接主线、测试接头及外接电源连接线组成，有的还配有波形测试连接线等。

下面简单介绍一下解码器的各部分。

（1）测试主机

测试主机装有测试程序，如连接上汽车的诊断插头，通过操作面板上的相关功能按键，可以和汽车的电控系统通信，进行读取故障码、清除故障码、读取数据流和执行元件测试等各项诊断操作。

测试主机由显示屏、功能按键、测试连接口、打印和升级通信接口以及电源插孔组成，有的还配有波形测试接口等。

（2）测试连接主线

测试连接主线又称测试插头延长线，用来连接测试主机和测试插头。

（3）测试插头

非原厂通用解码器一般都配有一个 OBD-Ⅱ插头和几十个不同种类的专用诊断插头，用来连接不同年份、不同车型的电控系统的数据通信插头。

（4）外接电源连接线

外接电源连接线是由电源延长线、点烟器插头和双钳鳄鱼夹组成的。

点烟器插头，顾名思义就是从汽车上点烟器座中获取电源。

双钳鳄鱼夹，就是从汽车上蓄电池的正负极柱获取电源。

6. 解码器在汽车诊断中的连接方式

1）首先把测试主机和测试连接主线连接上。

2）根据汽车上电控系统数据通信插头选择正确的测试插头。

3）找到汽车上电控系统的数据通信插头。

4）关闭点火开关。

5）正确连接解码器和汽车上的数据通信插头。

6）打开点火开关。

7）通过解码器进行汽车电控系统的测试。

8）如解码器需外接电源，应先连接好解码器的外接电源，再将解码器和汽车上的数据通信插头相连。

7. 解码器的使用注意事项

因汽车解码器是精密电子仪器，所以使用时应注意以下事项。

1）防止碰摔，防止接触高温物体及具有腐蚀性的溶液。

2）被测车辆蓄电池电压应在 11 ~ 14V 之间，且是稳定电源。

3）汽车解码器的额定工作电压一般为 12V 直流电压。

4）注意外接电源的极性。

5）正确选择诊断插头。

6）使用时，如需外接电源（从点烟器获得外接工作电源、从蓄电池获得外接工作电源），应先将外接电源连接在解码器上，再将诊断插头连接到诊断座接口。

7）应严格按照使用说明书进行规范操作。

8）要明确的是汽车解码器只能诊断电控系统电路，它只是维修工作中的辅助设备，仅起参考作用，不能替代维修人员的思考。

8. 关于 OBD-Ⅱ

（1）什么是 OBD-Ⅱ

1996 年以前生产的汽车采用的是汽车制造厂自己定义的自诊断模式，没有一个统一的标准。不同厂家、不同车型的自诊断模式各不相同，甚至同一车型在不同年代生产的也不相同。这样，在利用汽车自诊断系统时，操作方法千奇百怪，还需要针对不同的车型选择不同的诊断插头。

OBD-Ⅱ（On-Board DiagnosticsⅡ）是“在线诊断系统第二代”的意思。

OBD-Ⅱ是由美国汽车工程学会（SAE）提出的一套汽车通信协议和检测标准，它制订了统一的自诊断故障码、检测方法、通信协议、诊断座的外形和安装的位置。美国汽车工程学会的计划是在 OBD-Ⅱ实施之后，可以使用同一诊断仪器检测根据不同标准生产的汽车。

（2）OBD-Ⅱ标准

美国汽车工程学会对 OBD-Ⅱ的指导原则是所有车辆必须装配有：

1）一个通用的数据诊断插接器，又称为诊断测试插接器，并且对其中一些端子进行了统一的定义。

2）通用的数据诊断插接器要求有规定的安装位置，必须安装在车辆驾驶人一侧的仪表板的下面。

3）使用通用的诊断故障码且同一诊断故障码的意义相同。

4）使用通用的协议标准。

5）能够通过解码器读出故障码，并且能够通过仪器清除故障码。

6）能够通过解码器读出车辆的识别信息。

7）无论任何时候，都能够储存影响排放质量的故障码。

8）要求电控系统中所有的元件都使用通用的术语、缩写和定义。

下面主要介绍一下通用的数据插接器和通用的诊断故障码。

（3）通用的数据插接器

OBD-Ⅱ数据诊断座如图 5-3-1 所示。

美国汽车工程学会要求每辆汽车都要装有一个标准尺寸和形状的 16 端子的诊断数据插接器，各端子的功能相同，且排列位置一致，并要求安装在驾驶人侧仪表板下方。

16 脚诊座各端子功能见表 5-3-1。

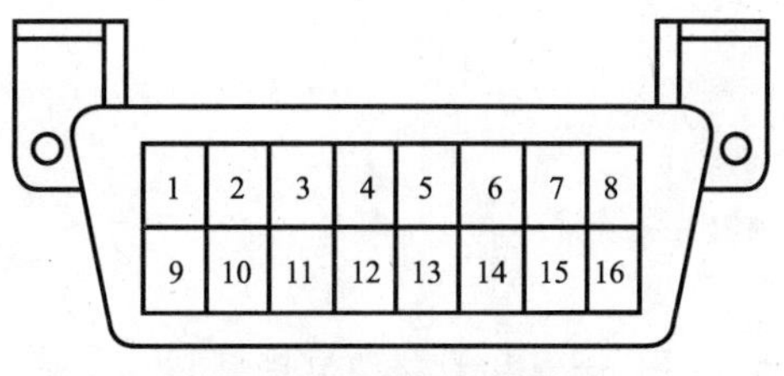

图 5-3-1　OBD-Ⅱ数据诊断座

表 5-3-1　标准 OBD-Ⅱ数据诊断座端子功能

端子 1	由汽车制造厂自定义端子内容
端子 2	由美国汽车工程学会定义——J1850 资料传输端子（+）
端子 3	由汽车制造厂自定义端子内容
端子 4	由美国汽车工程学会定义——直接车架搭铁端子
端子 5	由美国汽车工程学会定义——信号反馈搭铁端子

（续）

端子 6	由汽车制造厂自定义端子内容
端子 7	由美国汽车工程学会定义——ISO 9141 资料传输"K"线端子
端子 8	由汽车制造厂自定义端子内容
端子 9	由汽车制造厂自定义端子内容
端子 10	由美国汽车工程学会定义——J1850 资料传输端子(-)
端子 11	由汽车制造厂自定义端子内容
端子 12	由汽车制造厂自定义端子内容
端子 13	由汽车制造厂自定义端子内容
端子 14	由汽车制造厂自定义端子内容
端子 15	由美国汽车工程学会定义——ISO 9141 资料传输"L"线端子
端子 16	由美国汽车工程学会定义——接蓄电池正极端子

（4）通用的诊断故障码

美国汽车工程学会规定通用的诊断故障码由 5 位字符数字码组成，所有的故障码都以英文字母开头，随后跟 4 位数字，如 P0123、C1234 等，而且每一位都有规定的含义。

第一位是英文字母，表示被监测的系统。

P 表示动力系统。

B 表示车身系统。

C 表示底盘系统。

U 表示网络或数据传输系统。

第二位（第一个数字）是数字，表示此故障码的定义者。

0 表示是由美国汽车工程学会定义的。

1 表示是由汽车制造商定义的。

第三位（第二个数字）是数字，范围为 0～8，表示受故障影响的系统。

0 表示安全系统。

1 表示燃油及空气控制系统。

2 表示燃油及空气控制系统（喷油器电路）。

3 表示点火系统及缺缸监测系统。

4 表示辅助排放系统。

5 表示转速及车速控制系统。

6 表示控制单元及输入输出系统。

7 表示变速器系统。

8 表示非 EEC 动力系统（EEC——电子发动机控制）。

第四位和第五位数字，表示出现故障的部位或部件。

（5）OBD-Ⅱ故障码的分类

OBD-Ⅱ可根据故障监测电路监测的系统以及故障的严重程度等因素将故障码分为四类。

A 类故障码：电控系统第一次监测到影响废气排放的故障后，立刻控制故障指示灯点亮，并储存相应的故障码。

B 类故障码：电控系统在第二次或者多次监测到影响废气排放的故障后，立刻控制故障指示灯点亮，并储存相应的故障码。与 A 类故障码不同的是，电控系统第一次监测到 B 类

故障码后，并不立即储存故障码，而是将相应的故障码设置为警戒状态，只有监测电路再一次监测到此故障码后，才点亮故障指示灯并储存相应的故障代码。

C 类故障码：电控系统监测到一次与废气排放无关的故障后，立刻控制故障指示灯点亮，并储存相应的故障代码。

D 类故障码：电控系统监测到一次与废气排放无关的故障后，储存相应的故障代码，但不点亮故障指示灯。

了解故障码的分类，对于故障诊断很有意义。也就是说，故障指示灯不点亮并不意味着没有故障码。即使故障指示灯不点亮也应该使用解码器读取故障码。

9. 汽车解码器（诊断仪）的使用

常用的诊断仪如图 5-3-2 与图 5-3-3 所示。

我国汽车维修市场上常见的故障诊断仪主要分为原厂配备的诊断设备和综合性诊断设备。原厂诊断设备主要用于汽车生产厂家生产的车型，如大众汽车的 VAS5051、日产汽车的 Consult-Ⅱ、沃尔沃汽车 VIDA、捷豹 IDS 等。而综合诊断设备则可以检测多种车型，如元征 S431、金德 K81、金奔腾、车博士等。无论是哪种检测设备，它们只是在使用方法上有一些差异，但它们的目的都是一样的。

利用诊断仪诊断故障时，首先将诊断仪连接在车辆的诊断座上，打开点火开关，调取故障码，看是否有故障码显示。如果有故障码，则把故障码记录下来，然后清除故障码，看是否能够把故障码清除。如果能够清除，则说明是偶发性故障码或动态故障码（动态故障码是指只有在车辆运行时才会出现的故障码）。

如果故障码清除不掉，则说明此故障码是当前故障码，一般当前故障都属于硬性故障码，是电路或传感器、执行器自身短路或断路故障。最后再将车辆起动，动态调取故障，看是否有其他故障码出现。如果有故障码则再进行分析。

例如，调出车速传感器故障码，具体分析及操作如下：

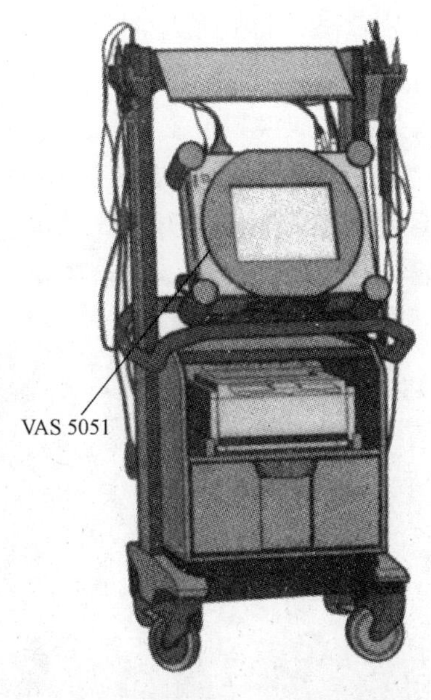

图 5-3-2　VAS5051 大众专用诊断仪

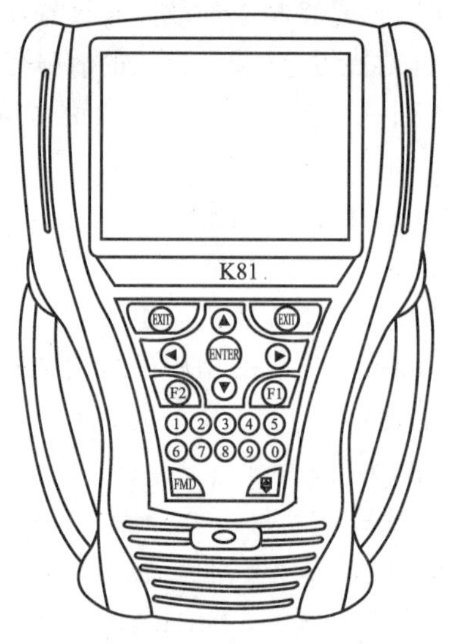

图 5-3-3　金德 K81 综合诊断仪

连接故障诊断仪，打开点火开关，进入相应程序，调取故障码，发现车速传感器故障码。这时再清除此码，重新调取故障码，看是否清除。如能清除，则说明从变速器控制单元至车速传感器间电路无断路或短路故障，以及传感器自身电路也无断路或短路故障。

这时，再起动发动机挂入前进挡进行路试，动态读取故障码。如又发现此故障码，则说明传感器工作不良，或传感器至变速器电控单元间的插接器阻值过大，再有就是变速器中的离合器或制动器有打滑处。要是在动态调码时无故障码，则说明所清除的故障码是偶发性故障。如果清除不掉，则说明从传感器至自动变速器电控单元之间的电路断路或短路，或者是传感器自身有故障。如果电路和传感器都正常，则说明是自动变速器电控单元故障。

如果调取故障码时没发现有故障码，而故障还存在时，可通过读取数据流来分析故障。

例如，在 01M 自动变速器上出现挂档或换档冲击时，读取数据流，分析主调压电磁阀 N93 的工作电流来判断故障。因为挂档或换档冲击大都是因油压过高引起的。而油压过高则可以通过主调压电磁阀 N93 的电流表现出来。如果在保养换油时变速器油加得过多，会出现主油压过高。读取数据流时会发现主调压电磁阀 N93 的电流高于规定值。

有些故障诊断可利用示波器诊断信号的波形。金奔腾综合诊断仪如图 5-3-4 所示。该诊

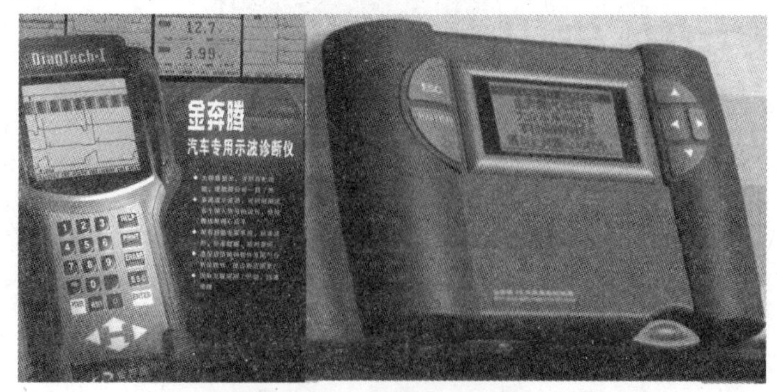

图 5-3-4　金奔腾综合诊断仪

断仪具有两种功能，既可调取故障码，又可诊断信号电压的波形。该仪器中的示波器功能与专用示波器的功能完全一样。

二、原厂汽车解码器使用实例

1. 原厂解码器查询故障码

VAG1551、VAG1552 和 VAG1553 是原厂解码器。关闭点火开关，将诊断仪连接到汽车诊断座上，打开点火开关并使发动机怠速运转，此时显示屏显示：

VAG. -SELF-DIAGNOSISHELP	VAG-自诊断帮助
1-R Rapid date transfer	1-快速数据传递
2-Select function	2-闪光码输出

按“1”键选择“快速数据传递”，再按“0”和“2”键，输入地址码“自动变速器电子系统”，按确认键“Q”，屏目显示：

Rapid date transfer	Help	快速数据传递	帮助
Select function ××		选择功能××	

选择功能可进入“01 查询控制单元版本”“02 查询故障存储器”“04 基本设定”“05 清除故障存储器”“06 结束输出”和“08 读取测量数据块”。

如需诊断故障码，选择功能键“02”便可查询故障码。

宝来轿车 01M 自动变速器故障码见表 5-3-2。

表 5-3-2 宝来轿车 01M 自动变速器故障码

打印结果或屏幕显示	故障原因	故障排除
00258 电磁阀 1-N88 断路，短路 对正极短路，对地短路	导线断路或短路 电磁阀 1-N88 失效	按电路检查导线和插头连接 更换损坏的电磁阀 N88
00260 电磁阀 2-N89 断路，短路 对正极短路，对地短路	导线断路或短路 电磁阀 2-N89 失效	按电路检查导线和插头连接 更换损坏的电磁阀 N89
00262 电磁阀 3-N90 断路，短路 对正极短路，对地短路	导线断路或短路 电磁阀 3-N90 失效	按电路检查导线和插头连接 更换损坏的电磁阀 N90
00264 电磁阀 4-N91 断路，短路 对正极短路，对地短路	导线断路或短路 电磁阀 4-N91 失效	按电路检查导线和插头连接 更换损坏的电磁阀 N91
00266 电磁阀 5-N92 断路，短路 对正极短路，对地短路	导线断路或短路 电磁阀 5-N92 失效	按电路检查导线和插头连接 更换损坏的电磁阀 N92
00268 电磁阀 6-N93 断路，短路 对正极短路，对地短路	导线断路或短路 电磁阀 6-N93 失效	按电路检查导线和插头连接 更换损坏的电磁阀 N93

（续）

打印结果或屏幕显示	故障原因	故障排除
00270 电磁阀 7-N94 断路，短路 对正极短路，对地短路	导线断路或短路 电磁阀 7-N94 失效	按电路检查导线和插头连接 更换损坏的电磁阀 N94
00281 车速传感器 G68 无信号	导线断路 车速传感器 G68 失效	更换损坏的导线和插头 更换损坏的车速传感器 G68
00293 多功能开关 F125 开关状态不稳定	导线断路 多功能开关 F125 失效	检查多功能开关的插头是否腐蚀或进水 更换失效的 F125
00297 变速器转速传感器 G38 无信号 不真实信号		检查传感器的连接插头是否腐蚀或进水，必要时更换 进行电气检测
00300 变速器油温传感器 G93 无法识别故障类型	导线断路 变速器油温传感器 G93 失效	检查电路连接插头，必要时更换。若显示电磁阀有故障，要特别注意变速器传输线滑阀箱和线束之间 10 孔插头的连接 更换失效的 G93
00518 节气门电位计 G69 信号超出允许值	导线断路或短路 发动机控制单元或节气门电位计 G69，加速踏板位置传感器 G79 失效	检查电路连接情况 进行发动机部分相关修理
00529 无车速信号	导线断路	根据电路图检查线束或插头及数据总线 检查发动机控制单元
00532 电源电压	蓄电池损坏 发电机电压过低	检查蓄电池和发电机电压
00545 发动机和变速器电气连接 断路、短路 对正极短路，对地短路	导线断路或短路 发动机与变速器控制单元未接上，发动机和变速器控制单元间点火正时信号没有传递或传递错误	根据电路图检查线束或插头及数据总线 检查发动机控制单元 进行相关维修和基本设定
00638 发动机和变速器电气连接 2 无信号	导线断路或短路 发动机与变速器无连接 节气门信号没有传递到变速器控制单元	根据电路图检查线束或插头及数据总线 检查发动机控制单元 进行相关维修和基本设定
00641 自动变速器油温 信号太高 没有故障发现	变速器太热，最高温度为 148℃。如果变速器油温太高，变速器降到相连的低档 汽车拖载太大 变速器油位不正常 变速器油温传感器失效	检查变速器油位 读取测量数据块，读取变速器油温显示 更换数据总线 更换传感器
00652 档位监控 不可靠信号	电气系统或液压系统故障 离合器或阀体损坏	读取数据块，并在行驶中确定哪些档有故障
00660 强制降档开关 1 节气门电位计 不可靠信号	线束断路 节气门电位计 G69 损坏 强制降档开关 F8 失效	根据电路图进行线束和相关检查（同 00518） 更换 F8

（续）

打印结果或屏幕显示	故障原因	故障排除
01192 变矩器锁止离合器 机械故障	变矩器锁止离合器打滑，阀体失效	检查变矩器锁止离合器
01236 变速杆锁止电磁阀 N110 断路/对地短路	导线断路或短路 变速杆锁止电磁阀 N110 损坏	读取数据块，检查电路连接 更换 N110
01312 数据总线损坏 无连接	数据总线线束或插头损坏	根据电路图检查数据总线线束和插头
01314 发动机控制单元 无连接	数据总线导线或插头损坏 发动机故障	根据电路图检查数据总线线束和插头 检查发动机控制单元
01316 制动控制单元 无连接	数据总线导线或插头损坏 系统错误：ABS	根据电路图检查数据总线线束和插头 检查 ABS 控制单元
65535 控制单元损坏	控制单元 J217 损坏	更换控制单元 对系统进行基本设定

2. 用解码器清除故障码

查询故障码后，不关闭点火开关，便可清除故障码。选择功能 05 即可清除故障码。

3. 读取数据流

当电控系统有故障时，可使用解码器读取数据流，以便通过检查电参数分析故障。

按功能键“08”可读取各组数据流分析故障。宝来轿车各显示组数据流见表 5-3-3 所示。

表 5-3-3　宝来轿车各显示组数据流

显示组	显示区	说　明	检查条件		显示额定值	故障排除
001	1	变速杆开关—多功能开关 F125	变速杆位于	P	P	检查多功能开关 F125
				R	R	
				N	N	
				D	D	
				3	3	
				2	2	
				1	1	
	2	节气门电位计 G69	节气门所在位置	怠速	0V	从怠速到节气门全开加速过程中，电压值应稳步升高。若有故障，检查节气门电位计，进行基本设定
				节气门全开	5V	
	3	加速踏板位置	节气门所在位置	怠速	0% ~1%	从怠速到节气门全开加速过程中，百分数值稳步升高 进行基本设定（若有故障）
				节气门全开	99% ~100%	

（续）

显示组	显示区	说　明	检查条件		显示额定值	故障排除
001	4	制动灯开关 F（显示的第 1 位数字）	制动踏板	踏下	1	检查制动灯开关 进行电气检查
				未踏下	0	
		牵引力控制系统（显示的第 2 位数字）	起作用		1	不需考虑
			不起作用		0	
		（显示的第 3 位数字）	不需考虑			
		强制降档开关（显示的第 4 位数字）	强制降档开关起作用		1	带节气门拉索的汽车检测强制降档开关，没有节气门拉索的汽车执行发动机自诊断，检查导线和插头及数据总线线束
			强制降档开关不起作用		0	
		多功能开关 F125 显示的第 5 位数字	变速杆位于	R、N、D、3、2	1	检查多功能开关 F125
				P、1	0	
		多功能开关 F125 显示的第 6 位数字	变速杆位于	P、R、2、1	1	
				N、D、3	0	
		多功能开关 F125 显示的第 7 位数字	变速杆位于	P、R、D、N	1	
				3、2、1	0	
		多功能开关 F125 显示的第 8 位数字	变速杆位于	P、R、N	1	
				D、3、2、1	0	
002	1	电磁阀 6—N93 实际电流值	变速杆在 N 位，节气门所在位置	节气门全开	0.0A	当查找故障时，实际电流和额定电流不得相差 0.050A 进行基本设定 检查电磁阀 N93
				怠速最大	1.1A	
	2	电磁阀 6—N93 额定电流值	变速杆在 N 位，节气门所在位置	节气门全开	0.0A	
				怠速最大	1.1A	
	3	蓄电池电压	最小		10.8V	检查蓄电池，如有必要更换，检查控制单元 J217 的电源电压更换变速器控制单元 J217
			最大		16.0V	
	4	车速传感器	最小		2.20V	检查车速传感器 G68
			最大		2.50V	
003	1	车速	汽车在行驶中		…km/h	与里程表读数可有轻微不同
	2	发动机转速	发动机运转中		…r/min	对应与发动机自诊断，若有故障，检查线束插头及数据总线线束
	3	挂入档位	在行驶中	空档	0	检查电磁阀
				倒档	R	
				1 档液压	1H	
				1 档机械	1M	
				2 档液压	2H	
				2 档机械	2M	
				3 档液压	3H	
				3 档机械	3M	
				4 档液压	4H	
				4 档机械	4M	
	4	加速踏板位置	在行驶中	怠速	0% ~1%	从怠速到节气门全开的加速过程中，此值稳步升高
				节气门打开	99% ~100%	

（续）

显示组	显示区	说　明	检查条件		显示额定值	故障排除
004	1	显示电磁阀的工作状态： 显示 1：N88 显示 2：N89 显示 3：N90 显示 4：N91 显示 5：N92 显示 6：N94 电磁阀接合用 1 表示，未接合用 0 表示	P		1010 00	根据行驶状况接通电磁阀，若有故障，根据故障诊断程序进行故障诊断
			R		0010 00	
			N		1010 00	
			D	1H(1M)	0010 00	
				2H(2M)	0010 00	
				3H(3M)	0000 00	
				4H(4M)	1100 01	
			3	1H(1M)	0010 00	
				2H(2M)	0110 00	
				3H(3M)	0000 01	
			2	1H(1M)	0010 00	
				2H(2M)	0110 00	
				1H(1M)	0010 00	
	2	挂入档位	在行驶中	空档	0	检查电磁阀
				倒档	R	
				1 档液压	1H	
				1 档机械	1M	
				2 档液压	2H	
				2 档机械	2M	
				3 档液压	3H	
				3 档机械	3M	
				4 档液压	4H	
				4 档机械	4M	
	3	变速杆位置	在行驶中	P	P	检查和调整变速杆拉索，检查多功能开关
				R	R	
				N	N	
				D	D	
				3	3	
				2	2	
				1	1	
	4	车速	在行驶中的速度		…km/h	车速表显示值和 VAG1551 显示值可略有不同
005	1	自动变速器油温（自动变速器油温应在 35 ~ 45℃之间检查）	发动机运转，油温在 30℃以上时，才精确显示		…℃	检查变速器油温传感器 G93
	2	档位输出 显示的第 1 位数字	在行驶中点火正时或喷油量控制	接通	1	根据电路图检查线束和插头，检查数据总线线束，检查发动机控制单元，检查变速器控制单元
				断开	0	
		档位输出 显示的第 2 位数字		接通	1	
				断开	0	
		档位输出 显示的第 3 位数字	变速杆锁止电磁阀	接通	1	检查变速杆锁止电磁阀 N110
				断开	0	
		档位输出 显示的第 4 位数字	变速杆锁止电磁阀	接通	1	检查变速杆锁止电磁阀 N110
				断开	0	
		档位输出 显示的第 5 位数字	巡航控制系统	接通	1	根据电路图检查线束和插头，检查巡航控制线束
				断开	0	

（续）

显示组	显示区	说 明	检查条件		显示额定值	故障排除
005	2	档位输出 显示的第6位数字	空调	接通	1	根据电路图检查导线 检查空调
				断开	0	
		档位输出 显示的第7位数字	变速杆处于	P、N	1	按电路图检查导线
				R	0	
				D、3、2、1	1/D	变速杆在D、3、2、1位置可以不考虑
	3	将挂入档位	在行驶中	空档	0	检查电磁阀 如果不能换档，可能是离合器或制动器损坏 更换变速器控制单元J217
				倒档	R	
				1档液压	1H	
				1档机械	1M	
				2档液压	2H	
				2档机械	2M	
				3档液压	3H	
				3档机械	3M	
				4档液压	4H	
				4档机械	4M	
	4	发动机转速	行驶中发动机运转		…r/min	对发动机执行自诊断，根据电路图检查导线和插头
006	不需要考虑					
007	1	挂入档位。“+”表示发动机转速高于涡轮轴转速，“-”表示发动机转速低于涡轮轴转速	在行驶中	空档	0	更换变速器控制单元J217
				倒档	R	
				1档液压	1H+/-	
				1档机械	1M+/-	
				2档液压	2H+/-	
				2档机械	2M+/-	
				3档液压	3H+/-	
				3档机械	3M+/-	
				4档液压	4H+/-	
				4档机械	4M+/-	
	2	变矩器锁止离合器打滑，电磁阀4-N91接通	行驶中发动机运转	在液压档位	0—失速转速	根据电路图检查导线，检查电磁阀4-N91。检查变速器，更换损坏的变矩器和阀体
			变矩器锁止离合器锁止	发动机转速2000~3000r/min，在机械档位	0~130r/min	
	3	发动机转速	发动机运转		…r/min	如有必要调整发动机
	4	加速踏板位置	加速踏板所在位置	怠速	0%~1%	从怠速到节气门全开百分数值稳步升高
				节气门全开	99%~100%	
008	不需要考虑					

三、国产通用型解码器使用实例

金德K81汽车解码器是由深圳威宁达实业有限公司生产的集汽车故障扫描和示波功能为一体的汽车通用解码器。

1. 金德K81汽车解码器的结构

金德K81汽车解码器由测试主机、测试插头、测试连接主线和外接电源连接线以及波形测试连接线等组成。测试主机内装有测试程序。测试主机与汽车的数据传输诊断座连接

后，通过操作测试主机上的功能按键，可以和汽车的电控系统进行通信，进行读取故障码、清除故障码、读取数据流、执行元件动作测试以及匹配调整、密码登录等诊断操作。

金德 K81 汽车解码器测试主机如图 5-3-5 所示。测试主机由显示屏和功能按键组成。按键的主要功能如下：

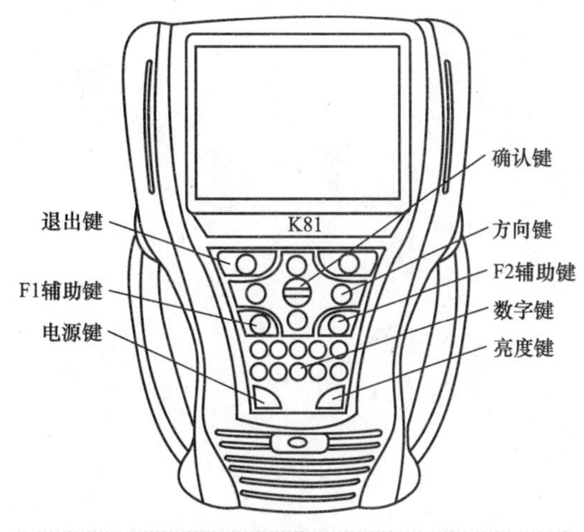

图 5-3-5　金德 K81 汽车解码器测试主机

（1）方向键—— △▽和◁▷

方向键又称选择键，主要作用是选择显示屏上的不同项目。△和▽键是上下键，主要用来选择显示屏上的上下项目以及对显示屏上整页的上下翻动。◁▷是左右键，主要用来选择显示屏上的左右项目。

（2）确认键——ENTER

确认键又称进入键，主要作用是进入已经利用方向键选择好的项目，按此键便可进入该项。

（3）退出键——EXIT

退出键又称返回键，主要作用是使显示屏上的内容返回到上一级菜单或者是退出当前操作项目。若连续按此键便可返回开机时的主菜单。

（4）辅助键——F1、F2

辅助键又称帮助键，可以按照显示屏上的提示进行操作。例如，准备使用金德 K81 汽车通用解码器对某一汽车进行电控系统的诊断，可是又不清楚汽车上的数据传输诊断座的位置，可以先连接好解码器的外接电源，然后利用方向键和确认键找到该车型的具体诊断菜单，之后便可以按照显示屏提示操作辅助键，测试主机显示屏上会显示出诊断座在汽车上的位置。又如，使用金德 K81 汽车解码器对汽车电控系统某些项目进行数字输入后，可以按 F1 键继续进行确认操作，或按 F2 键回退，撤销已输入的最后一位数字。总之，F1 和 F2 键在操作中起到很多辅助作用，要按照显示屏上的提示进行相应的操作。

（5）数字键——1、2、3、4、5、6、7、8、9、0

使用金德 K81 汽车解码器对电控系统中某些项目的操作需要有数字的输入，所以在功能按键中设置了数字键，可以根据需要选择不同的数字按键进行操作。

（6）亮度键——“✲”

亮度键就是测试主机亮度调节按键。

2. 金德 K81 测试插头

金德 K81 汽车解码器共配备有 20 个测试插头，如图 5-3-6 所示。其中一个 OBD-Ⅱ插头，19 个专用车系插头。

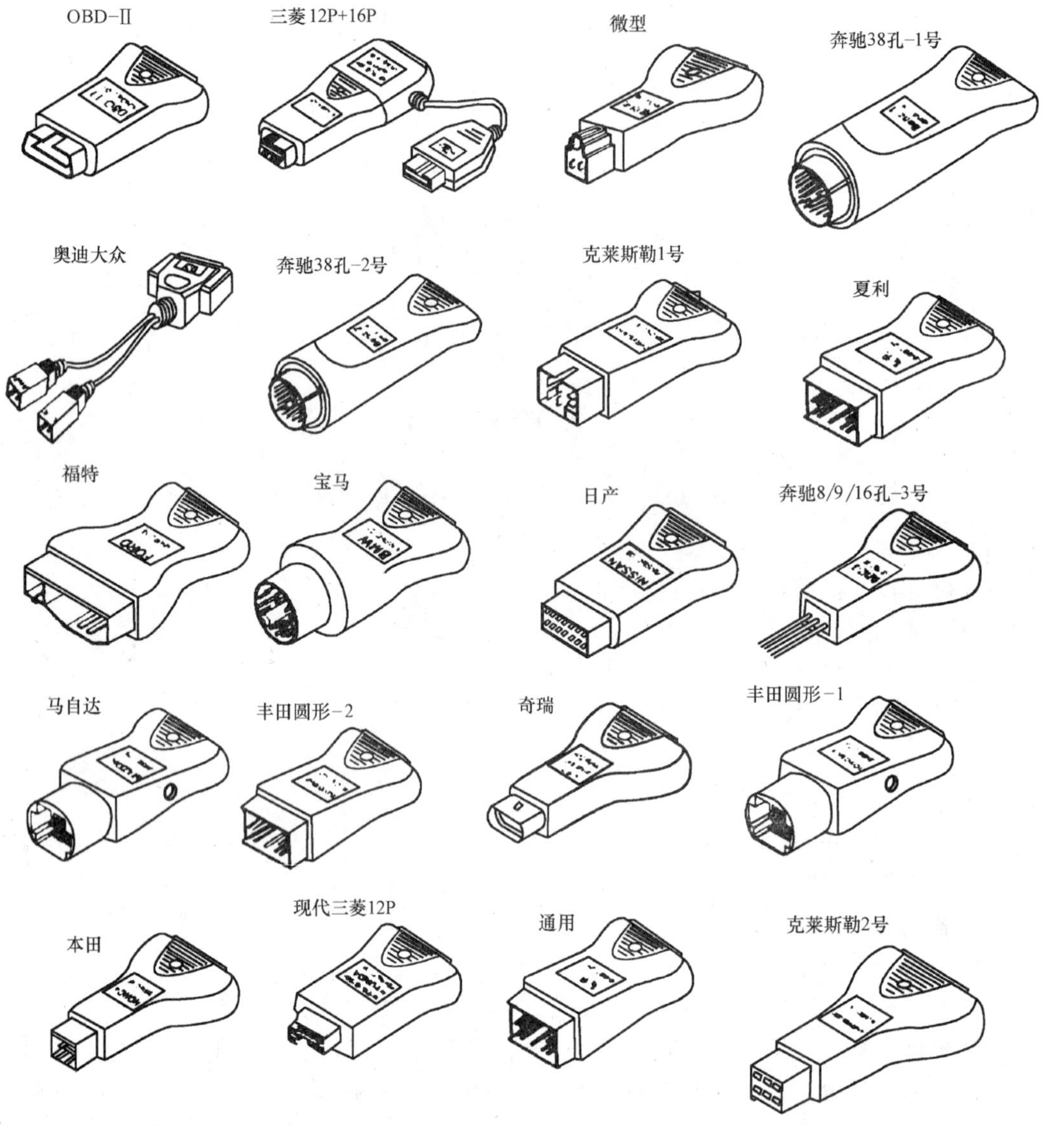

图 5-3-6 金德 K81 解码器测试插头

OBD-Ⅱ插头主要用来连接 1996 年后各大汽车制造厂商统一诊断座后的汽车电控系统。另外的 19 个专用插头主要用来连接各大汽车制造厂商不同的汽车电控系统诊断座。

诊断时根据不同的车系，选用不同的诊断插头，并连接到测试主线上，然后将诊断插头的另一端接到车辆的诊断座上。

3. 金德 K81 解码器测试实例

（1）K81 的连接方法

以上海通用别克君威为例，简述金德 K81 解码器使用方法。

1）关闭点火开关，将电源线按图 5-3-7 连接在蓄电池与解码器上。

2）将测试主线按图 5-3-7 连接在解码器上。

因这辆上海通用别克君威汽车是 2005 年生产的，所以选择测试插头为 OBD-Ⅱ插头。

3）将 OBD-Ⅱ插头按图 5-3-7 连接在测试主线上。

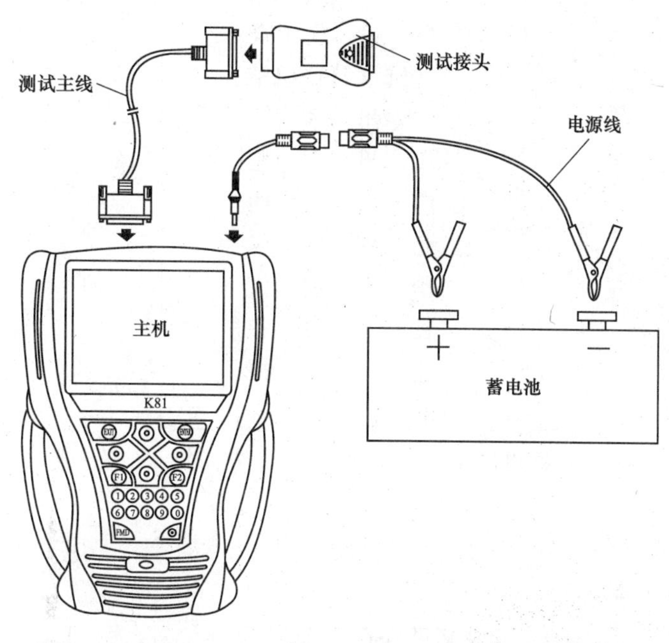

图 5-3-7　金德 K81 的连接方法

4）将诊断插头连接在 OBD-Ⅱ诊断座上。打开点火开关至 ON 挡，操作方向键“△”或“▽”使光标在显示屏上选择“汽车检测”，按确认键进入下一级菜单。显示屏显示：

1　汽车检测	故障测试
2　示　波　器	制备自检
3　辅助功能	测试演示
4　升级系统	专家功能

5）操作方向键“△”或“▽”移动光标在显示屏上选择“故障测试”，按确认键进入下一级菜单。显示屏显示：

中国车系
日本车系
韩国车系
欧洲车系
美国车系
标准 OBD-Ⅱ

6）上海通用别克君威是在中国生产的，所以操作方向键“△”或“▽”移动光标在显示屏上选择“中国车系”，按确认键进入下一级菜单。显示屏显示：

按 车 型 选 择
按电控系统选择

7）操作方向键“△”或“▽”移动光标在显示屏上选择“按车型选择”，按确认键进入下一级菜单，显示屏显示：

上　海　通　用
奥　迪　大　众
红旗（日产引擎）
广　州　本　田
广　州　宝　龙
广　州　云　豹
北　京　现　代
华　泰　现　代
长　安　福　特
北　汽　车　福
北　汽　吉　普

如此页显示屏上没有所要测试的车型，可以操作方向键“◁”或“▷”翻动整页，翻到下一页寻找。

8）操作方向键“△”或“▽”移动光标在显示屏上选择“上海通用”，按确认键进入下一级菜单。显示屏显示：

别　　克
赛　　欧
凯　　越

9）操作方向键“△”或“▽”移动光标在显示屏上选择“别克”按确认键进入下级菜单。显示屏显示：

2　0　0　5
2　0　0　4
2　0　0　3
2　0　0　2
2　0　0　1
2　0　0　0
1　9　9　9

由于上海通用的协议每年都不同，所以只有选择正确的生产年款后，才可以进行测试。测试人员可以观察驾驶侧风窗玻璃下方的汽车 17 位 VIN 码，其中第 10 位代表生产年款。此车的 VIN 码为 LSGML52D75S184531。

因此车的 17 位 VIN 码第 10 位是 5，即代表 2005 年生产，所以操作方向键“△”或“▽”移动光标在显示屏上选择“2005”。

按确认键进入下一级菜单。显示屏显示：

动 力 总 成
车　　　身
底　　　盘
诊断电路检查

上海通用别克君威的发动机电控单元和自动变速器电控单元是集成在一起的，称之为动力控制单元或动力总成（PCM），即在动力总成中可以测试发动机和自动变速器的电控系统。

车身主要是指汽车的辅助电控系统，包括车身控制模块、暖风和空调系统、组合仪表，个性化设置和安全气囊系统。

底盘主要包括 ABS 和 TCS 系统。ABS 是指刹车防抱死系统。TCS 是指牵引力控制系统。

诊断电路检查主要包括两级 DTC 检查和清除两级 DTC 以及两级信息监视器。

（2）检测自动变速器

1）用方向键“△”、“▽”移动光标在显示屏上选择“动力总成”，按确认键进入下一级菜单。显示屏显示：

2.0L	L4	L34
2.5L	V6	LB8
3.0L	V6	L46
3.0L	V6	LW9
4.3L	V6	LG3

显示屏上显示的分别是别克装载的五种不同发动机。

2）别克君威的发动机是 V 形 6 缸、2.5L 排量，所以按方向键“△”、“▽”选择“2.5L V6 LB8”，按确认键进入下一级菜单。显示屏显示：

诊断故障码
数据清单
特殊功能
I/M 系统信息
ID 信息

① 诊断故障码。此项目内容包括发动机故障信息和变速器故障信息的读取和清除。

② 数据清单。此项目内容包括对发动机数据清单和变速器数据清单的读取，即通常所说的读取数据流功能。所谓的读取数据流，就是指通过解码器的显示屏显示出电控系统的传感器状态信息、执行器状态信息、各种开关的状态信息以及数据线信息、蓄电池电压等内容。

③ 特殊功能。此项目内容包括发动机输出控制、变速器输出控制、燃油控制和怠速控制系统。就是通过操作解码器对发动机、变速器、燃油喷射和怠速进行人为控制，即通常所说的动作元件测试。

④ I/M 系统信息。随着空气污染越来越严重，世界各国对于车辆排放要求也越来越严格。I/M 是主要针对车辆排放而单独设置的一个检查项目，主要显示和排放有关的传感器和执行器的信息，如氧传感器信息、催化转换器信息等。

⑤ ID 信息。此项目内容包括动力总成的软件版本 ID 和 VIN 码。软件版本 ID 是指动力总成控制单元的软件版本号，如通过汽车解码器读出此辆别克君威的软件版本 ID 是 12588935。VIN 码是指汽车的 17 位车辆识别码，即相当于车辆的身份证码，它和驾驶侧风窗玻璃下方的 17 位车辆识别码是一致的，如通过汽车解码器读出此辆别克君威的 VIN 码是 LSGML52D75S184531。

（3）测试发动机和变速器的故障信息

1）按方向键“△”或“▽”，移动光标在显示屏上选择“诊断故障码”，按确认键进入下一级菜单，显示屏显示：

故障码信息 清除故障码

2）按方向键“△”或“▽”，移动光标在显示屏上选择“故障码信息”，按确认键进入下一级菜单。显示屏显示：

读取故障码 读取特定故障码状态 自清后未运行的故障码 诊断测试状况

① 读取故障码。此项目指的就是动力控制模块（PCM）能监测到并存储的所有故障信息，主要包括发动机电控系统的故障码和变速器电控系统的故障码。

需要注意的是，读取不到故障码并不能说明电控系统没有问题，可能是电控系统没有监测到而已；读取到故障码也要分析故障码的真伪性，并不是有了故障码，故障码所指的内容就是正确的。

② 读取特定故障码状态。此项目是上海通用别克轿车电控系统所具有的一种特殊功能。进入此项目后，可以利用数字键输入一个特定的故障码，然后按确认键，显示屏上会显示出输入的特定故障码的状态。

③ 清除未运行的故障码。此项目是指电控系统监测到某一故障码，而在以后的数次监测时又不再发生此故障，电控系统经过一定的监测次数后自动清除掉此故障码，特指不是使用汽车解码器人为操作清除的。这个项目可帮助维修偶发性故障。

（4）测试状况

按方向键“△”或“▽”，移动光标在显示屏上选择“读取故障码”，按确认键进入下一级菜单。如有故障码（以此辆别克君威的故障码信息为例），显示屏显示：

P1626　发动机防盗系统没有响应 上一次测试：通过 本次点火：通过及失败

P1626 是故障码，发动机防盗系统没有响应是故障的含义解释内容。

如没有故障码，显示屏显示：

系统正常

在读取到故障码后，首先应确定读取到的故障码是当前故障码还是历史故障码，或者是偶发故障码，或者是虚假故障码。应先记录下读取到的故障码，然后清除故障码，接着使汽

车运行，最后再重新读取故障码。如果有故障码，就按照故障码提示的内容进行判断、维修、检测。

一定要注意的是，即使读取不到故障码，即读取故障码时显示屏显示系统正常，也不能就说明电控系统没有故障。

（5）清除故障码

1）按退出键返回到上一级，即“读取故障码”那一级菜单。显示屏显示：

故障码信息 清除故障码

2）按方向键“△”或“▽”移动光标在显示屏上选择“清除故障码”，按确认键进入下一级菜单。如清除成功，显示屏显示：

系统正常

如无法清除，显示屏依然显示原来的故障码，基本可以说明此故障码是当前持续存在的，电控系统持续检测到的故障内容。

3）故障码清除成功后，应按退出键返回到“故障码信息”这一级菜单，再按确认键进入，重新“读取故障码”，检查是否还有故障码存在。

无论是汽车专用解码器还是汽车通用解码器，其使用方法大同小异。

四、匹配与自适应

自动变速器匹配与自适应程序因车系不同而有差异。如更换发动机、更换发动机电控单元、更换节气门、调整节气门、更换节气门电位计或更换自动变速器电控单元等，均需进行基本设定。

1. 宝来轿车按以下程序进行基本设定

关闭点火开关，将诊断仪连接在诊断座上，打开点火开关，输入地址码“02 自动变速器电子系统”，示屏显示：

VAG. -SELF-DIAGNOSISHELP 1-R Rapid date transfer 2-Select function	VAG-自诊断帮助 1-快速数据传递 2-闪光码输出

按“1”键选择“快速数据传递”，再按“0”和“2”，输入地址码“自动变速器电子系统”，按确认键“Q”，屏幕显示：

Rapid date transfer Help Select function ××	快速数据传递　　帮助 选择功能××

选择功能“04 基本设定”保持发动机怠速运转。此时屏幕显示：

Rapid date transfer 04 Basic setting	快速数据传递 04 基本设定

按“Q”键显示屏显示：

Basic setting　　Help Enter display group number	基本设定　　帮助 输入显示组号：

按“0”“0”“0”键，按“Q”键显示屏显示：

System in basic setting 0→	系统处在基本设定状况

将加速踏板踏到底，使强制降档开关闭合，在此工况下保持3min，按下“→”键，基本设定完成。完成设定后进行路试学习。

2. 奥迪01J无级变速器的匹配程序

起动发动机，使发机运转至正常温度（65℃以上），用前进档行驶20m，慢踩制动踏板直至车辆停止，10s后观察10组数据流。然后再挂入R位行驶20m，再慢慢踏下制动踏板，直至车辆停止，观察11组数据流，两项均显示“OK”，完成自适应。

3. 迷你无级变速器的匹配程序

关闭点火开关并连接原厂检测仪，打开点火开关起动发动机，使发动机怠速运转，挂N位10s，再挂D位10s，再挂N位10s，再挂R位10s，然后返回P位。

再次挂N位3s，挂D位3s，如此反复10次。再挂N位3s，挂R位3s，如此反复10次。

使汽车行驶，当车速升到80km/h，放松制动踏板使车辆滑行至停车。挂N位10s，再挂D位10s，再挂N位10s，再挂R位10s，返回P位。

各车型匹配与自适应程序可按修理手册或诊断仪匹配程序进行。

五、通用公司汽车的驱动周期

上海通用别克轿车整个控制系统的检测需要在15min内完成，也就是说，要在15min内完成1个OBD-Ⅱ驱动循环，而且要求必须按照OBD-Ⅱ检测要求执行在怠速、加速、巡航、再加速、高速巡航和无制动滑行等一些特定的工况。

一个OBD-Ⅱ驱动循环是指一个特殊的驱动驾驶方法，用来确认某个症状或者确认对某个症状的维修状况，用来开始和完成一个特定的OBD-Ⅱ监测。只有经过这样一个驱动循环，所有的监测电路才会都进行检测，并且电控单元储存整个控制系统的检测结果。

下面是进行通用汽车一个OBD-Ⅱ驱动循环的8个步骤。

（1）冷起动

发动机冷却液温度必须低于50℃，并且和周围环境温度的差异在5℃以内。在冷起动之前，不要把点火开关置于ON位置，并且不要运行加热型氧传感器的检测。

（2）怠速

使发动机怠速运行2.5min，并且在这段时间内尽可能运行所有的用电设备；如空调和后窗除霜器等。目的是让怠速尽可能有大的负荷，以便检测燃油排放的状况。这时候可以测试氧传感器加热器、活性炭罐、二次空气喷射、失火和燃油修正。

（3）加速

关闭所有的用电设备，包括空调和后窗除霜器等，使节气门开度达到50%，车速达到88km/h。这种工况下可以进行失火、燃油修正和活性炭罐的检测。

（4）保持稳定速度

使汽车速度在88km/h持续行驶3min。在这种工况下可以进行氧传感器的响应速度、EGR、活性炭罐电磁阀、失火和燃油修正的检测。

（5）减速

放松加速踏板，使车速逐渐减至32km/h。在此期间不要换档，不要制动，不要踏下离合器踏板。这个时候可以进行EGR、活性炭罐和燃油修正的检测。

（6）加速

使节气门开度达到3/4，汽车速度加速到88～96km/h，这个时候可以进行的检测和步骤（3）的相同。

（7）保持稳定速度

使汽车以88km/h的速度持续行驶5min。这个时候可以进行与步骤（4）一样的检测，还可以进行催化剂监测检查。如果催化剂处于临界状态或者蓄电池连接被断开，则需要运行5个完整的驱动循环来判断催化剂的状态。

（8）减速

这种工况可以进行与步骤（5）一样的检测。在这种工况下不要换档，不要制动，不要踏下离合器踏板。

六、解码器使用注意事项

汽车解码器只是汽车维修中的一种辅助工具，而不是万能仪器。换言之，汽车解码器的测试范围和测试功能主要取决于汽车电控系统的监测范围和执行功能。对于不在汽车电控系统监测范围内的故障，汽车解码器是无能为力的。所以在汽车维修过程中，首先一定要深刻地了解汽车各个部分的组成结构以及工作原理，然后合理地利用各种不同的测试工具来帮助解决问题。

1）注意汽车解码器的监测范围，也就是要注意电控系统的监测范围。

汽车解码器不能代替万用表、测试灯等电路测试工具，当然就更不能代替缸压表、真空表、油压表等机械测量工具。

以发动机冷却液温度传感器为例。汽车电控系统可以通过监测发动机冷却液温度传感器的电压信号计算出发动机冷却液的温度值。只要冷却液温度传感器的电压信号超出范围值，电控系统就会储存故障码，相应的汽车解码器也可以读出故障码。

2）汽车解码器监测的是整个传感器的工作系统，而不是某一传感器。

例如，汽车解码器读取到“发动机冷却液温度传感器断路”这样的故障码，并不能盲目地去更换冷却液温度传感器，因为这样的故障码包括传感器及其相应线路和电控单元自身的故障。

这样的故障码有可能是传感器确实断路，也可能是传感器的外部连接线路断路，还可能是电控单元自身出现了故障。

维修人员应该使用万用表去测量传感器的自身阻值是否正常，测量传感器的连接线路是否正常，测量传感器的电源和搭铁是否正常。如果传感器自身正常，线路正常，电源和搭铁也正常，那就要考虑电控单元是否有故障。

3）汽车解码器只能检测到传感器的信号变化是否在设定的范围内，而不能检测传感器自身特性的变化是否正常。

例如，如果汽车解码器没有读取到发动机冷却液温度传感器的故障码，这并不能说明发动机冷却液温度传感器没有故障。如果发动机冷却液温度传感器自身的特性发生了改变，例如，阻值和发动机冷却液的实际温度变化不匹配。如正常时发动机冷却液温度20℃对应的传感器电阻值是 2.5kΩ，可是现在电阻值却是 4kΩ，那么这个阻值反映的发动机温度就不是 20℃，可能就是 5℃了。而电控系统无法监测到这个传感器出现问题，相应的汽车解码器也就读取不到故障码了。这就需要根据资料以及万用表的配合来检查这样的问题。

4）汽车解码器只能读取到电控系统的电路故障，对机械部分的故障无能为力。

例如，只要炭罐电磁阀自身及其线路正常，即使电磁阀卡滞在常开的位置，电控系统也不能监测到故障码，相应的汽车解码器也就不能够读取到故障码了。又如，一辆汽车的燃油压力低于标准值，导致汽车运转不正常，电控系统是监测不到故障的，相应的汽车解码器也就无能为力了。

5）注意汽车解码器监测结果的真伪性。

汽车解码器监测到数据后，并不能就完全说明其监测结果是正确的。因为汽车解码器监测到的结果有可能是错误的，也有可能汽车解码器读取到的只是电控系统模拟出来的数据量。

① 注意汽车解码器读取到故障码的真伪性。

汽车解码器读取到故障码，并不能就说明汽车解码器显示的结果就是正确的，可能汽车解码器读取到的故障码并不是真实可靠的，而是虚假的。

正确的做法应该是读取到故障码后，先记录下故障码，然后清除故障码，运行发动机，再读取故障码。这样做的目的是去掉历史性故障码（历史性故障码是指故障已经解决了，可是却没有清除掉的相关故障码），使汽车解码器显示的是当前性故障码（当前性故障码是指故障现在就存在，还没有处理解决的故障码）。当然，这样作的目的有可能也忽略掉了偶发性的故障码（偶发性故障码是指不是一直存在的，但是在某些特定的环境会出现的故障码）。

读取到当前性故障码，也不能说明这个故障码指示的故障内容就是正确无误的。例如，在一些老款红旗轿车（装配的是 488 电控发动机）上读取到“曲轴位置传感器故障”的故障码，有可能是曲轴位置传感器信号没有故障，而是凸轮轴位置传感器的信号出现了问题。电控系统记忆了错误的故障码，导致汽车解码器读取到了错误的故障码。这样的故障码和真实故障点还是有联系的，可是有一些故障码和真实的故障点之间没有任何联系，纯粹就是一个错误的虚假的故障码。这就需要测试人员根据原理去分析汽车解码器所读取到的故障码是否真的和故障现象有相应的关联，并且应该使用其他的测试工具去确定故障码所指示的内容是否真的出现了问题，而不能盲目地去依据汽车解码器指示的故障码更换相应的元件。

② 注意汽车解码器读取到数据流的真伪性。

有故障并一定就有故障码，但是可以通过汽车解码器读取数据流来分析问题。数据流比故障码更能准确细微地反映出汽车在各种工况下的状态，所以数据流的应用对于测试人员来说更加重要。可是通过汽车解码器读取数据流显示的内容也并不是一定正确的，数据流有的时候反映的也可能是电控系统因为某种原因虚拟出来的数据。

例如，有些电控系统判定所接收到的某个传感器信息有错误时，可能会自动更换这个传感器信息的数据，那么汽车解码器读取到的数据就是电控单元更换后的数据，而不是这个传感器真实的数据，会对我们的分析判断造成影响。只有对所测试系统的工作原理有充分的理解，同时借助其他测试工具的帮助，才能正确地识别到读取的数据流的真伪，才能准确并快速地解决故障。

6）汽车解码器无法进入到需要测试的系统时，需要注意的是无法进入的原因是汽车解码器的问题还是电控系统的问题，或者是线路的问题。

要知道汽车通用解码器进入不了某一车型或者某一系统，可能是正常的。因为这个取决于汽车生产厂家针对这个车型或者电控系统的检测软件和诊断插头。如果汽车解码器进入同样的车型是正常的，而就是无法进入这个车型，那么就有可能是线路出现了问题。例如，汽车解码器和电控系统之间的通信数据线出了问题，汽车解码器就无法进入。如果线路没有问题，汽车解码器也没有问题，那么就要考虑想要进入的电控系统是不是自身出现了问题。

在汽车解码器无法进入到需要测试的电控系统时，那就要深刻地理解需要测试的系统的工作原理和结构，配合其他的测试工具，如万用表、示波器等来查找分析问题了。

总之，汽车故障的检测和维修不单单是使用仪器就能够解决问题的，最重要的是对结构和原理的深刻理解，以及全面的思考。维修故障的时候，需要从基本的检查做起，因为很多所谓的电控问题都是由于机械原因引起的。只有保证基本检查没有问题，才能够考虑电控系统的问题。

第四节　行星轮式自动变速器故障诊断

在充分理解和掌握自动变速器结构原理的基础上，根据自动变速器的故障现象，便不难推导出产生各类故障的主要原因。下面分析行星轮式自动变速器常见故障及主要原因。

一、故障诊断技巧

所有行星轮式自动变速器都有三个起步档，即 D 位、R 位、S 位（L 或 1 位）。如果对结构原理一无所知，当变速器出现故障时，故障的诊断排除便只能大海捞针。但如果掌握了结构和原理，便可充分利用结构和工作原理，当自变速器有故障时，可按以下方法，很快就可找到故障所在。

1）首先将变速器挂入 D 位、R 位、S 位（L 或 1 位）三个起步档、如果三个起步档均正常，该故障与参与三个档的所有离合器、制动器、单向离合器及其相关的油电路均无关。

2）如果三个起步档均不良，则可能是主油压、液力变矩器、三个档全参与工作的离合器、制动器或单向离合器及其相关部分有故障。

3）如果仅个别档不良，则三个档中仅参与该档工作的离合器、制动器或单向离合器及其相关部分有故障。

4）如果仅汽车行驶中个别档有故障，则没参与 D1 档、L1 档和倒档工作的离合器、制动器或单向离合器及其相关部分有故障。

5）如果 D 位、R 位、S 位（L 或 1 位）三个档均正常，但汽车行驶中各档均工作不良，应调取故障码、数据流或进行学习和匹配。

6）一定要从油路图及其电控系统中找出故障产生的主要原因。例如，从 01M 自动变速器油路图可知，电磁阀压力调节阀将主油压调节成一个恒压，送入所有电磁阀，若该阀卡滞、泄漏、弹簧折断或疲劳等，均会使所有电磁阀工作失常，引起变速器各档均工作不良。

又如该变速器油路中 N94 开关电磁阀，它在 D1 档 K1 离合器完全接合后，立刻向 K1 协调阀右腔送压，使 K1 协调阀在变速器切换 D2 档与 D3 档时不会左在移动，以稳定 K1 离合器在 D1 档与 D2 和 D3 档油压。如果该电磁阀损坏或电控失效，则不能适时将油压送入 K1 协调阀右腔，会引起每次在 D2 档和 D3 档切换瞬间出现冲击。

又如，该变速器油路中每档都有一个协调阀，在档位切换瞬间将主油压减压，以减轻换档冲击。若个别档冲击，应重点检查该协调阀和该档是否有单向阀漏装或泄漏。

又如，该变速器油路中 N92 换档平顺调压电磁阀，它在各档位切换时，向各协调阀送入控制油压，以瞬间关小各协调阀节流口开度，控制流入所在切换离合器或制动器的油液流量，使离合器或制动器接合平顺。若各档全冲击，应重点检查 N92 换档平顺调压电磁阀。

又如，从辛普森式双行星排自动变速器油路可知，图中控制阀调出的恒定油压送入各电磁阀，若该阀不良，会使所有电磁阀均工作失常而使变速器各档均工作不良。又如，该变速器油路中的超越离合器油压电磁阀，它在超车或大负荷，节气门开度小于 1/8 时，控制超速档离合器控制阀向离合器 C4 瞬间供压，为离合器 C3 和单向离合器 F1 瞬间助力。超越离合器油压电磁阀失效，会造成加速无力和离合器 C3 或单向离合器 F1 易损坏的故障。

综上可知，只有彻底掌握传动原理和油路图，才能具有根据故障现象分析各类故障的实力。

上述用各档比对的办法诊断和分析故障，对所有自动变速器均有效。现将常见故障及其主要原因归纳如下，供在实践中参考。

二、主要故障原因

1. 挂档就熄火

汽车发动机怠速运转正常，但一挂档，发动机立即熄火，其主要原因如下。

1）发动机怠速调整过低。现代汽车为减少排气污染，限定发动机怠速转速为 900 ~ 950r/mim，在此怠速转速下，挂 D 位空车时，汽车应爬行，即向前微动。若此转速过低，则挂档增加负荷后，发动机因驱动力不足而熄火。应检查并调整发动机怠速转速。

2）点火正时不当，若点火时间较晚，发动机动力性能差，致使发动机无力拖动汽车爬行而熄火。

3）锁止离合器因故锁止不开。众所周知，锁止离合器装在变矩器内，液力变矩器实则是一个自动离合器，在发动机怠速运转时，变矩器泵轮与涡轮间的液流相当于将手动变速器的离合器半离合。

当发动机与泵轮的转速提高到使涡轮旋转时，汽车才能行驶，当涡轮与泵轮转速相近时，锁止离合器锁止，将发动机与变速器输入轴连成一体。若发动机怠速运转时，锁止离合器锁止不开，对发动机产生制动作用而熄火。

检查锁止离合器是否锁止不开时，可加大节气门开度后挂档起步，若熄火现象消失，说明故障原因是发动机动力不足或锁止离合器锁止不开。

检查锁止离合器是否锁止不开时，可用诊断设备检查锁止离合器滑移率，也可路试检查。为此可使汽车在低速行驶时突然急速踏下加速踏板，若发动机急加油时，汽车有同步反应，说明锁止离合器锁止不开。也可在汽车行驶中突然踏下制动踏板，如果发动机熄火，说明锁止离合器锁止不开，应检查锁止控制阀及其控制部分。

也可将汽车用举升机举起，用示波器或解码器检测发动机转速传感器和变速器输入轴转速传感器的值是否相同，如始终同步，说明熄火是由变矩器锁止不开引起的。锁止离合器锁

止不开的主要原因是锁止换档电磁阀或锁止换档阀卡滞等。

4）空调系统有故障。空调电控系统收到空调系统已工作的信息，即空调电磁阀离合器接合时，电控系统应控制发动机提速。若控制部分失控，压缩机给怠速的发动机增加了一部分负荷，而电控部分没能使发动机提速，导致发动机动力不足而熄火。

2. 汽车不能行驶

从自动变速器的动力传动过程可知，在有液力变矩器的自动变速器中，发动机的动力由液力变矩器传递给变速器，再由变速器的输入轴经行星轮机构和离合器、制动器传递给输出轴。可见，挂 D 位与 R 位汽车均不能行驶，可能是液力变矩器有故障或变速器行星轮机构及离合器、制动器、单项离合器有故障。

（1）液力变矩器不传递动力

引起液力变矩器不能传递动力的主要原因：

1）变矩器油压过低，应检查变矩器调压阀及其油道是否堵塞不畅。

2）变矩器的涡轮花键与变速器输入轴花键磨损过甚无法传递转矩。

（2）主油压过低

引起主油压过低的主要原因：

1）油量过少。

2）滤网堵塞。长期不换油造成油液过脏，或离合器、制动器磨损过甚，磨料过多堵塞滤网，这种故障有时甚至会发生在刚刚大修后的变速器中，大修后正常行驶短距离即出现不能前进也不能倒退的故障。这主要是大量磨料积聚在液力变矩器内，汽车行驶后这些磨料参与循环，堵塞滤网，使汽车不能行驶。有时汽车停驶一段时间后又能行驶一段，行驶一段后又出现不能行驶的现象，这主要是停驶后变矩器内的油液自落回油使滤网恢复工作。

（3）油泵泵油压力不足

造成泵油压力不足的主要原因：

1）油泵主动轮破裂，油泵不能运转。在变速器总体结构一章里，已说明油泵主动轮是由液力变矩器壳体上的键槽轴驱动的，若变矩器向上安装不当，可能会压裂主动轮，或工作疲劳主动轮破裂。因此，在将变速器向变矩器上安装时，一定要先将变矩器轴插入油泵主动轮键槽内，再拧紧变速器与发动机体间的螺栓。

2）油泵磨损泄压。油泵各零件间装配精度较高，配合间隙有一定要求，若各零件间因磨损间隙超限，会造成油压不足。

为防止油泵油压过高，每个油泵均装有限压阀，油泵油压超高时压缩弹簧，球阀离座泄压。若球阀因故常开，导致油压过低，严重时将使汽车在 D1 档、R 位均无法行驶。

3）主调压阀电控部分失控。主调压阀电控系经主要根据节气门位置和车速信号修正主油压，若节气门位置和车速信号有误，会使电控失调，导致油压不足。

3. 个别档冲击

自动变速器个别档换档冲击的主要原因：

1）参与冲击档工作的离合器或制动器间隙过大。判断是哪个离合器或制动器间隙过大时，应与其他不冲击档对比，看有哪几个离合器和制动器参与工作，因该档无冲击，所以参与这些档工作的离合器与制动器均良好。由此可知，参与冲击档工作的离合器与制动器均良好，余下的制动器和离合器便有可能是间隙过大。

如果参与冲击档工作的离合器或制动器均分别参与过其他档工作，则换档冲击的故障不是离合器和制动器造成的。

2）该冲击档油路漏装了单向阀。通过油路图检查该档通往离合器或制动器的油路是否有单向阀。

3）参与冲击档工作的单向离合器打滑。分析是否有单向离合器参与工作。

4）冲击档的蓄能器活塞变形卡住，不起缓冲作用。检查该冲击档是否有蓄能压器。

5）通过油路图检查电控系统有否控制冲击的电磁阀或降压滑阀，如01M自动变速器中有几个协调阀，它们受控于N92换档平顺电磁阀，分别在各自档位切换时，为各自档的离合器或制动器瞬间减压。若该档协调阀卡滞，在档位切换瞬间，无法减压而造成冲击。

4. 汽车无前进及倒档

汽车挂入D位和R位均不能行驶的主要原因：

（1）主油压不足

造成主油压不足的主要原因：

1）油泵不良。

2）主调压阀不良。

3）主调压阀电控系统不良。

4）油面过低或滤网堵塞等。

（2）液力变矩器不传递转矩

造成液力变矩器不传递转矩的主要原因：

1）变矩器油压过低，应检查变矩器调压阀及其油道是否堵塞不畅。

2）变矩器的涡轮花键与变速器输入轴花键磨损过甚，无法传递转矩。

3）检查是否有既参与前进档又参与倒档工作的离合器或制动器工作不良。

4）检查变速杆与手动阀的连接。

5. 汽车无前进档但有倒档

汽车倒档正常，说明变速器油压正常、液力变矩器正常、参与倒档的制动器及离合器均正常。从倒档工作原理或工作表中可知，参与倒档的制动器和离合器有离合器C2与制动器B2，则制动器B2与C2肯定良好。

查执行元件工作表可知，D位D1档时离合器C1与F1工作。无前进档则可以肯定是离合器C1或单向离合器F1有一个不良，那么如何确定是哪一个有问题呢。

从执行元件工作表中又知，L位1档时离合器C1与B2工作，若L1档能行驶，且离合器C1正常，则为单向离合器不良。若L位1档也无法行驶，制动器B2在倒档正常的情况下已确认良好，则不能前进的故障肯定是离合器C1不良，应检查离合器C1的油路或离合器状态。

综上可见，当只有一个档工作不良时，可将参与工作正常档位的制动器和离合器或单向离合器排除在外，再找出失效档位都有哪些离合器和制动器参与工作，通过对比找出既参与正常工作档又参与有故障档的离合器和制动器，将参与有故障档的这些制动器和离合器排除，余下的制动器和离合器及其相关的油路必存在故障。

6. 汽车有前进档无倒档

从挂 D 位汽车可行驶，但挂 R 位汽车不能行驶的现象中可知，油压正常、参与 D1 档工作的离合器和制动器正常。在这种情况下，可结合传动原理及其油路进行分析。无倒档的主要原因：

（1）汽车驻车制动器拉杆调整不当

因汽车自动变速器变速杆与驻车联动，又因 P 位与 R 位近临，若拉杆调整不当，会造成变速杆入 R 位时，拉杆却在驻车位。这就造成驻车制动器起作用，驻车制动爪压入输出轴键槽内。检查时可在平路上将变速杆入 R 位，前后推动汽车，如均推不动，则为汽车已制动，应调整驻车拉杆。

（2）倒档油压过低

汽车倒档时，自动变速器主油压应比前进档高出一倍，一般为 1.4 ~ 1.8MPa。为此，在全液压自动变速器中，挂倒档时有一专用油道，将主油压送入主调压阀下端，向上推主调压阀，关小主调压阀泄油口，使主油压升高。若该油路不畅或主调压阀这段滑阀拉伤泄油，造成倒档油压不足，使离合器或制动器打滑。在电控液压自动变速器中，电脑接到倒档信号后，便通过控制主油压调节电磁阀的占空比调出控制油压，用控制油压推动主调压阀使倒档油压升高。若主油压调节电磁阀失控，则倒档油压过低，使倒档离合器或制动器打滑而无倒档。

（3）参与倒档工作的制动器或离合器严重磨损打滑

为确认参与倒档工作的离合器和制动器究竟是哪一个有故障，对有些变速器可通过执行元件工作表对比排除法确定。例如，丰田 140-E 自动变速器，D1 档是 C0、C1、F2 工作，因 D1 档正常，所以 C0、C1、F2 均正常。R 位时，离合器 C0、C2、B3 工作，因从 D1 档中已证实 C0 正常，若无倒档是由制动器或离合器引起，只能是离合器 C2 或制动器 B3 有故障。为确认这点，可将变速杆推入 L 位 1 档，从传动原理或查表可知，L1 档是 C0、C1、B3 工作，若 L1 档正常，则 C1、B3 正常。在 R 位，B3 与 C0 均正常，便只有离合器 C2 有故障了。若 L1 档也不能行走，则是离合器 B3 有故障。这里应提醒注意的是，用此法断定某离合器或制动器有故障不仅指该离合器或制动器本身，还包括相关的油路系统和相关的电控部分。

离合器或制动器本身的故障：

1）伺服缸或活塞拉伤、变形泄压。

2）油封老化、变形泄压。

3）制动片或离合器片磨损打滑。排除此类故障也应本着先简后繁的程序。即先检查倒档油压是否过低，最后再检查控制系统。以上均正常后再拆检离合器或制动器。

7. 汽车换档冲击

换档冲击的实质是离合器或制动器接合过猛。造成离合器或制动器接合过猛的主要原因：

1）单向球阀漏装。在变速器和离合器的油路中，并联有单向球阀，这些单向球阀在离合器或制动器接合时，在油压作用下落座，以切断并联油道的供油，使充入离合器或制动器的流量减缓，使伺服缸活塞移动的速度和油压渐进。当离合器或制动器泄油时，在油液残压与回位弹簧作用下，油液泄油将单向阀推离阀座，使并联油道参与泄油。可见，单向阀使离合器或制动器接合放缓，切离快捷。如果漏装单向阀，虽不影响切离，但使离合器或制动器接合过猛，造成换档冲击。

2）单向离合器失效。所有行星轮式自动变速器换档瞬间都有一个离合器或一个制动器分离，并有另一个离合器或制动器分秒不差地接合，否则不是瞬间同时挂了两个档，就是出现空档间隙，这就会造成换档冲击。

有些自动变速器为避免出现换档冲击，在变速器内安装有单向离合器，由于单向离合器的介入，可使离合器或制动器先分离，而接替的离合器或制动器晚些接合，此时单向离合器立刻自动工作，有效地消除了空档间隙。当接替的离合器或制动器接合后，单向离合器便自动解除。

若单向离合器打滑失效，与之并联的离合器或制动器解除工作后，单向离合器不能暂代，于是出现瞬间空档间隙，当接替的离合器或制动器接合时将造成换档冲击。

目前，很多变速器内没有单向离合器，这就要靠两个“换岗”的离合器瞬间半离合过渡。

3）主油压过高。自动变速器的换档是靠离合器或制动器的切换完成的。为减少换档冲击，其中的一项措施是靠湿式离合器或制动器片接合初期的瞬间打滑缓解的，若油压过高，会引起换档冲击。若油压过高引起换档冲击，则各档均会有冲击现象。

4）相应档位蓄能器失效。很多自动变速器的低速档均设计有蓄能器，它与相应档位的离合器或制动器并联。蓄能器活塞卡住，蓄能器弹簧过硬或活塞装反，均会使相应档冲击。

5）各档均冲击多为电控系统故障。应调取故障码或匹配及学习。

6）离合器或制动器片磨损或装配间隙过大。离合器或制动器片间隙过大延迟了换档时机，使离合器或制动器完全接合的时间拖后，造成发动机转速升高，油压相应升高，因此接合时过猛，引起换档冲击。

7）离合器或制动器缓冲弹簧疲劳或折断。多数离合器或制动器片，紧挨活塞一侧的第一片是钢片，钢片外侧装有一波形弹簧片或一蝶片弹簧，它的作用是离合器或制动器工作时，活塞先压在波形弹簧或蝶片上，波形弹簧片或蝶片再弹性地推压离合器或制动器片，使离合器或制动器片先弹性连接。若波形弹簧和蝶片疲劳或折断，会引起换档冲击。此外，蝶片的锥角方向应与活塞锥角相同。若装反会使离合器或制动器片间隙过小，也会引起换档冲击。

8）换档阀运动不畅。若换档阀运动不畅、卡滞，会造成换档时机滞后，引起换档冲击。为此，可拆检该换档阀，检查是否有划伤或油污。清洗装复后，将套筒立起，滑阀应靠自身重力落入套筒内。装上弹簧后用手推滑阀压缩弹簧入座，松手后滑阀应在弹簧力作用下回位。否则应用1200#金相砂纸轻轻打磨并清洗后装复。

9）换档电磁阀卡滞、运动不畅。换档电磁阀运动不畅相当于延迟了换档时机。对电控汽车，电控单元根据节气门开度和车速控制换档时机，但因换档电磁阀运动不畅使离合器或制动器接合时机不当，造成换档冲击。同理，离合器或制动器间隙过大或过小，均会造成发动机动力与离合器或制动器接合时不匹配而引起换档冲击。

8. 自动变速器油温过高

正常的自动变速器油温应在80～90℃，散热器后方回路的油温应在60～70℃。油温过高的主要原因：

1）自动变速器冷却系统堵塞。自动变速器油压通过油冷却系统散热，以防油温过高，若散热油路堵塞、散热不良，会使油温急速升高。

2）锁止离合器打滑。若液力变矩器锁止离合器压盘因磨损过甚或锁止离合器锁止油压不足，均会导致锁止离合器压盘打滑摩擦生热，使油温急剧升高。

3）离合器或制动器因磨损过甚或油压不足，使离合器片或制动器片打滑，造成摩擦生热。

4）液力变矩器导轮单向离合器卡滞，解除锁止方向运动不畅，造成摩擦生热，使自动变速器油温过高。自动变速器油温过高，会加剧自动变速器油氧化变质；润滑质量差，换档冲击；丢档；锁止换档阀卡在锁止端，使锁止离合器锁止不开，引发挂档或制动时发动机熄火的故障；油温传感器向电脑传送温度已超过140℃的信号后，电脑便启动失效保护程序，即变速器不会升入超速档，且将锁止离合器锁止。

9. 汽车无超速档

自动变速器无超速档的主要原因：

1）节气门位置传感器电压过高。电控液压自动变速器的升档点主要取决于车速传感器信号与节气门位置信号，其他传感器信号均起修正作用。根据脉谱图可知，每有一个节气门开度及开度信号，便有一个升档点车速与之对应。从D3档升D4档时，若节气门开度与节气门位置传感器信号不匹配，即节气门位置传感器电压高于实际节气门开度，电脑根据节气门信号决定升D4档时的车速永远达不到，因此电脑便不会发出升档的信号，造成始终不会有超速档。

2）油温传感器信号电压过高，冷却液温度传感器信号电压过低。信号电压失常后电脑进入失效保护，限制变速器升入超速档。

3）车速传感器信号电压过低。根据自动变速器升降档脉谱图可知，每有一个节气门开度，便有一个升档车速与之对应。若车速传感器信号电压低，则在节气门任何开度下，指示的车速均达不到相应的升档点车速，因此造成任何节气门开度下，均不会从D3档升D4档。

4）3-4档换档阀卡住。

5）超速档电磁阀不良。超速档电磁阀不能将油压送入换档阀。

6）超速档离合器或制动器打滑。判断究竟是哪一离合器或制动器打滑，仍需利用各档传动原理，通过对比其他各档参与工作的离合器、制动器，可确认D4档时哪一离合器或制动器不良。

7）01M自动变速器油路中的N88换档电磁阀失效，电控单元启动自我保护功能，不发出换D4档指令，以防同时挂上D1档和D4档。

10. 汽车车速低

汽车车速低是指节气门已开到某一位置，但车速与节气门开度不匹配。这里主要有两种情况：一种情况是节气门已全开，但车速不能提高。与此同时，发动机转速也很低。这种现象主要是发动机动力不足，应检查排除发动机动力不足的故障。另一种情况是虽然节气门已全开，发动机转速很高，但车速与发动机转速不能同步变化。这种现象表明发动机动力足，车速上不去的原因是自动变速器有故障。变速器的主要故障：

1）油液液面过低，油泵泵油量不足。

2）油泵本身因磨损或限压阀等泄压。

3）滤网堵塞。

4）主调压阀因泄压或卡滞在泄油端以及弹簧疲劳、折断等。

5）节气门位置传感器信号电压低。

6）主油压调节电磁阀密封不良或常开位置泄压。主油压调节电磁阀一般是通过开闭占空比调节控制油压的。脉冲调压电磁阀也有常开与常闭之分。占空比越小，通电电流越小，控制油压过高，若该电磁阀卡在控制油压低的一侧，则使系统调压阀调出的油压低。

7）汽车中高速时车速与发动机转速不匹配的主要原因有液力变矩器锁止离合器压盘磨损打滑，锁止不良；锁止离合器换档阀（锁止阀）卡在不锁止位置；锁止电磁阀断路。

8）个别档发动机转速与车速不匹配的主要原因有个别档离合器或制动器片磨损过甚打滑；离合器或制动器活塞磨损或密封圈老化泄压；离合器或制动器活塞上的单向阀泄压，密封不良；离合器鼓与轴的密封圈泄压；蓄能器活塞密封不良或活塞有裂缝泄压，使离合器或制动器压力不足打滑。

11. 汽车冷车时各档正常，油温升高后丢档

丢档的主要原因：

1）缺档的离合器活塞受热变形卡滞，离合器片压力不足打滑。

2）参与丢档的制动器活塞受热膨胀变形后运动不畅，使制动器片压力不足打滑。

12. 汽车起步或加速性能差

若汽车行驶时正常，只在汽车起步或加速时感到发动机动力不足，其主要原因：

1）发动机动力不足原因。

2）液力变矩器导轮单向离合器打滑。液力变矩器导轮单向离合器打滑，使导轮在汽车起步或加速时，失去对泵轮的助力作用。

13. 自动变速器频繁跳档

自动变速器频繁跳档是指加速踏板稳定在某一位置，变速器在两档间频繁自动切换。这种情况多发生在凹凸不平的路段，且在D3—D4档间易产生。引起频繁跳档的主要原因：

1）节气门位置传感器中断磨损。对滑动电阻式节气门位置传感器易磨损，造成滑动触点与电位计接触不良，在不平路面行驶时，使节气门信号波动，电脑根据波动的信号调整换档点，致使变速器在3-4档间频繁切换。检查节气门位置传感器信号是否有波动的故障时，可停车并接通电火开关，用指针式万用表直流电压档检测节气门位置传感器的信号电压，当节气门打开到产生频繁换档的开度时，用手轻轻振动传感器，如信号电压有波动应检修或更换节气门位置传感器。

2）多功能开关活动触点松动。多功能开关是通过几对活动触点与固定触点的接通或断开向电脑提供升降信号的，若多功能开关有的活动触点松动，过凹凸不平路面的，使触点接触不良，向电脑提供的高低电位组合错乱，电脑发出错误升降档信号。特别是D档与L档在颠簸中容易混连，更易造成频繁跳档。检查多功能开关是否松动引起跳档时，可将汽车停驶，将变速杆推至易产生频繁跳档的档位，用指针式万用表检查多功能开关振动时，信号电压，即指针是否摆动。

3）车速传感器信号不良。自动变速器升降档主要是根据节气门位置信号和车速信号决定的。若车速传感器回路中有接触不良、搭铁不牢等引起车速信号跳动，电脑根据跳动的车速信号控制升降档，造成频繁换档。应检查车速传感器及其回路是否有松动或接触不良处。

4）换档电路阀不良。电控液压式自动变速器是靠换档电磁阀调节出控制油压的，用控制油压控制换档阀移动，实现变速器升降档。若换档电磁阀接触不良、运动不畅，会造成控制油压不稳定，致使频繁跳档。

14. 升档点滞后

电控液压式自动变速器的升降档是由电脑根据节气门位置传感器信号和车速信号以及档位信号控制换档点的，并用发动机冷却液温度信号、空调信号等修正换档点。造成升档点滞后的主要因素：

1）换档电磁阀卡滞，向换档阀输送的油液不畅，使换档点滞后。

2）换档阀卡滞运动不畅。若换档阀卡滞、运动迟缓，使离合器或制动器接合延迟，造成升档点滞后。

3）节气门位置传感器电压过高。节气门位置传感器信号电压过高，电脑误以为节气门开大，便根据错误的节气门信号计算出相对应的换档车速使换档车速提高，换档点滞后。这种故障会导致各换档点均滞后。

4）车速传感器失效。目前很多汽车有两个车速传感器，即 1 号与 2 号传感器。其中 1 号车速传感器信号送入仪表板里程表内，若 2 号车速传感器失效，电脑经 8s 后才采信 1 号车速传感器的信号，造成换档点滞后。

5）离合器或制动器片间隙过大。

6）换档阀卡滞，运动阻力大。

7）离合器或制动器受热变形，运动迟缓。

8）油面过低等。

15. 自动变速器丢档

自动变速器个别档丢失的主要原因：

1）参与丢档工作的离合器或制动器严重磨损或泄压失效。可通过分析丢档与良好档执行元件工作表，找出只参与丢档工作的离合器或制动器，如参与丢档工作的离合器或制动器均分别参与过其他档，则丢档原因与此无关。

2）丢档的换档阀卡在非设定位置。

3）丢档的电磁阀断路或卡滞失效。换档电磁阀是通过电脑控制电磁阀的开闭控制换档阀移动的，若换档电磁阀失效，换档阀不动作，引起丢档。

16. 丢超速档

汽车行驶中无超速档的主要原因：

1）发动机冷却液温度或变速器油温度失常。当发动机冷却液温度低于 65℃，油温度高于 140 ~ 145℃时，电脑启动安全保护功能，不发出超速档指令。

2）3-4 档换档阀卡在 3 档位置。

3）3-4 档换档电磁阀失效。

4）各档只参与超速档工作的离合器或制动器失效。

17. 变速器因电脑测知电控系统有故障时，启动自我保护功能

1）当电脑工作电压低于 11V 或供电电压过高时，电脑控制所有换档电磁阀均停止工作，此时变速器只在各换档电磁阀均不工作的档位工作。

2）油压传感器信号值低，汽车在 D 位，电脑控制变速器只在所有电磁阀不工作的档位行驶。

3）发动机转速与变速器输入轴转速差大于设定值时，电脑认定锁止离合器打滑，指令解除锁止。当电脑测知输入轴转速与车速转速差大于设定值时，电脑确认有离合器或制动器严重打滑，停止对各换档阀电磁阀的控制，此时变速器只工作在换档电磁阀均不工作的档位。

4）发动机冷却液温度传感器信号低于60℃时，电脑控制变速器不能升入超速档，且液力变矩器锁止离合器不锁止。

18. 电子控制系统常见主要故障

1）节气门位置传感器信号值过高，造成各升档点滞后，引起换档冲击。

2）节气门位置传感器磨损严重，造成3—4档升档点滞后，3—4档间频繁跳档，或无超速档。

3）空调离合器接通信号断路，发机机起动正常，但一挂档便熄火。

4）进气压力传感器失控，不修正主油压，使换档及液力变矩器锁止时机不当。

5）进气温度传感器信号丢失，换档时机不当，引起换档冲击。

6）曲轴位置传感器或点火控制模块不良，换档点和锁止离合器锁止时机不当，引起换档冲击。

7）油压传感器信号值低，电脑控制变速器在D位只有一个档位。

8）油温传感器信号过高，控制变速器既不能升入超速档，又使锁止离合器锁止。

9）发动机冷却液温度传感器信号值低，变速器无超速档并解除锁止离合器锁止。

10）主油压调节电磁阀失效，使主油压过高，造成各档均冲击的故障。

11）换档电磁阀失效引起丢失个别档的故障。

复　习　题

一、填空题

1. 自动变速器电控系统主要由（　　）、（　　）、（　　）三部分组成。

2. 电控单元（TCM）主要根据（　　）、（　　）、（　　）、（　　）、（　　）、（　　）、（　　）信号进行自动控制。

3. TCM主要根据（　　）、（　　）、（　　）、（　　）等信号控制换档点。

4. 自动变速器的主油压随节气门开度变化而变化，节气门开度增大，主油压（　　），节气门开度减小，主油压（　　）。

5. 电脑根据（　　）信号、（　　）信号、（　　）信号、（　　）信号、（　　）信号、（　　）信号、（　　）信号以及（　　）信号、按电脑设定的程序，选取最佳锁止时机。

6. 同时具备（　　）、（　　）、（　　）、（　　）、（　　）五个条件时，锁止离合器才锁止。

7. 电脑主要根据（　　）信号、（　　）信号、（　　）信号控制锁止离合器解锁。

二、问答题

1. 电控单元（TCM）对自动变速器有哪些主要控制功能？

2. 分析自动变速器一挂档发动机就熄火的原因。

3. 简述汽车不行驶的主要原因。
4. 简述汽车所有档均冲击的原因。
5. 简述个别档冲击的主要原因。
6. 简述油温传感器信号在自动变速器中的作用。
7. 简述个别档丢失的主要原因。
8. 简述调压电磁阀的调压过程。主油压调节电磁阀失效会产生什么故障？
9. 电控单元是怎样对故障信息进行采集和识别的？
10. 电控系统是怎样对执行器的故障信息进行采集和识别的？
11. 电控系统是怎样对故障信息进行处理的？
12. 简述解码器诊断电控单元的程序。
13. 专用解码器是怎样调取故障码和数据流的？
14. 国产通用解码器是怎调取故障码和数据流的？
15. 详述诊断自动变速器故障的技巧。
16. 用图 5-1-11 换档规律图分析变速器升档与降档的规律。
17. 用图 5-1-12 坡路逻辑控制图分析变速器上坡和下坡换档点的控制规律。
18. 详述倒档主油压比前进档油压高的主要原因。
19. 详述前进低档或 S 位主油压比 D 位高的原因。
20. 详述变速器油温未达到正常工作温度时，电控单元将主油压调至低于正常值的原因。
21. 详述变速器油温过低时（低于 30℃），控制单元将主油压调至最高的原因。
22. 用图 5-2-4 说明 P 位电路工作原理。
23. 详述汽车有倒档无前进档的主要原因。
24. 怎样利用传统的传动图使变速器结构一目了然？
25. 怎样利用传统的传动图分析自动变速器各档的输出？
26. 分析自动变速各档输出的规律。
27. 怎样利用执行元件工作表使自动变速器故障诊断有的放矢？
28. 详述 S 位与 D 位有什么本质区别。

第六章

无级式自动变速器

1987 年，世界上第一台无级式自动变速器问世，至今已有多年的历史。无级式自动变速器是在行星轮式自动变速器基础上改进而来的。它有辛普森式和拉维娜式，而且只有一个行星排、一个制动器和一个离合器，只有一个前进档和一个倒档，然后将转矩传递给主动带轮，通过主、从动带轮直径变化完成无级变速。

第一节 无级式自动变速器总体结构

一、无级式自动变速器平面结构图分析

无级式自动变速器总体结构平面图如图 6-1-1 所示。

从图 6-1-1 可知，它由一组拉维娜式行星轮机构和四根平行轴，通过一组多片湿式离合器、一组多片湿式制动器及一组起步离合器组成。

该型无级式自动变速器的行星轮机构是拉维娜式。它们也是由齿圈、太阳轮、行星轮及架组成的。该无级式变速器另有主动带轮、主动带轮轴和从动带轮及从动带轮轴。从动带轮轴上有一组多片湿式离合器，它相当于手动变速器的离合器，也相当于自动变速器的液力变矩器，只是它无变矩增扭的作用而已。

从图可知，在拉维娜式行星轮机构的行星架上，套装着短行星轮和长行星轮，短行星轮和太阳轮啮合，长行星轮和齿圈及短行星轮啮合。太阳轮是输入轴，行星架通过行星架鼓与主动带轮轴键配合。可见，只有将太阳轮的转矩传递给行星架，无级式变速器的主从动带轮才能旋转。

从图又知，无级式自动变速器只需一个行星排，行星排有辛普森式与拉维娜式两种型式。

从图可知，当行星轮机构的离合器工作后，便把太阳轮与行星架连成一体，根据前述行星轮机构传动原理可知，行星轮机构中只要有两元件连成一体，行星轮机构各元件便不连自连，整个行星排成一整体。由此可知，只要离合器把太阳轮和行星架连成一体，主动带轮便旋转输出前进档。若行星轮机构的齿圈被制动器制动，则根据传动规律，在拉维娜式行星排中，齿轮制动时输出是倒档，即行星架与主动件旋转方向相反输出倒档。

从图又知，在从动轴上套装着输出齿轮，它与起步离合器摩擦片键配合，起步离合器工

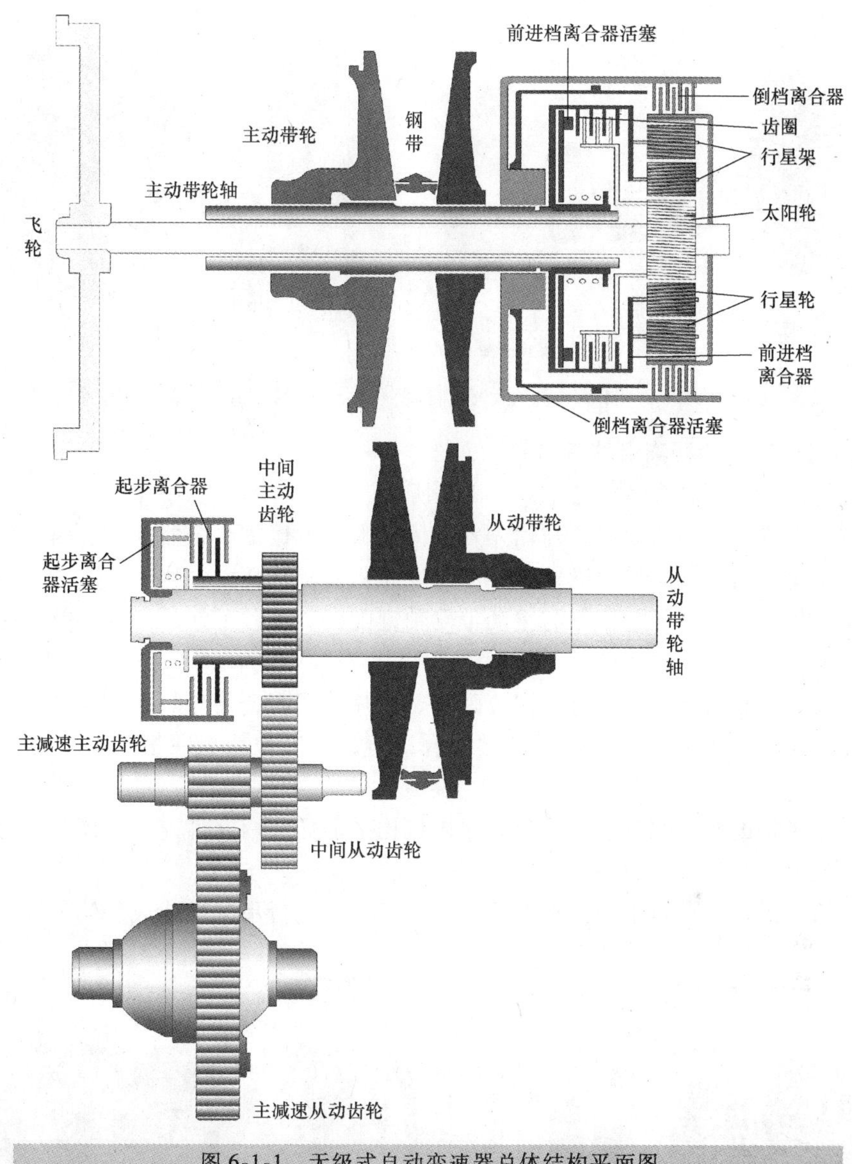

图 6-1-1　无级式自动变速器总体结构平面图

作便将从动轴与输出齿轮连成一体，将转矩传递给主减速器。

二、无级式自动变速器拆分

1. 无级式自动变速器总体拆分

无级式自动变速器总体结构如图 6-1-2 所示。

从图 6-1-1 与图 6-1-2 的对比中可知，该无级式自动变速器由拉维娜式单行星排、起步离合器、主从动带轮组成。单行星排中装有一组多片湿式离合器，离合器工作后，可将太阳轮与行星架连成一体，使行星排成整体，输出前进档。单行星排中还装有一组多片湿式制动器，制动器工作后，将齿圈制动，使行星架倒档输出。

主动带轮轴与行星排、行星架键配合，通过传动带将转矩传递给从动带轮。

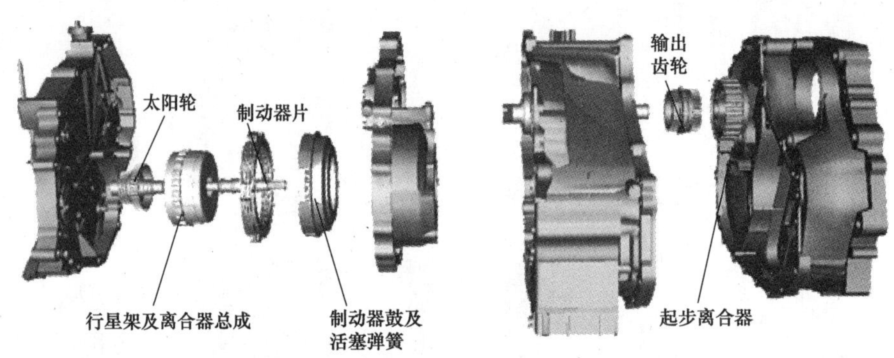

图 6-1-2 无级式自动变速器总体结构

2. 无级式自动变速器离合器拆分

无级式自动变速器离合器拆分如图 6-1-3 所示。

从图可知，行星排中的太阳轮与输入轴一体，太阳轮也是离合器的毂。因此，只要发动机运转，太阳轮及离合器的毂便同速同方向随发动机一同旋转。

行星架与离合器鼓键配合，并与主动带轮轴键配合。由此可知，离合器鼓便在行星架带动下，成为该变速器的主动元件。

离合器鼓内安装离合器的活塞、回位弹簧、多片湿式离合器片。多片湿式离合器的摩擦片与太阳轮毂键配合，钢片与离合器鼓键配合，离合器工作后，便把行星架与太阳轮连成一体。

从行星轮机构的传动原理已知，当行星轮机构中的任意两元件连成一体时，另一元件便不连自连，使整个行星排连成一体。

可见，只要前进离合器工作，便把输入轴与行星架及行星架鼓连成一体，输出前进档。

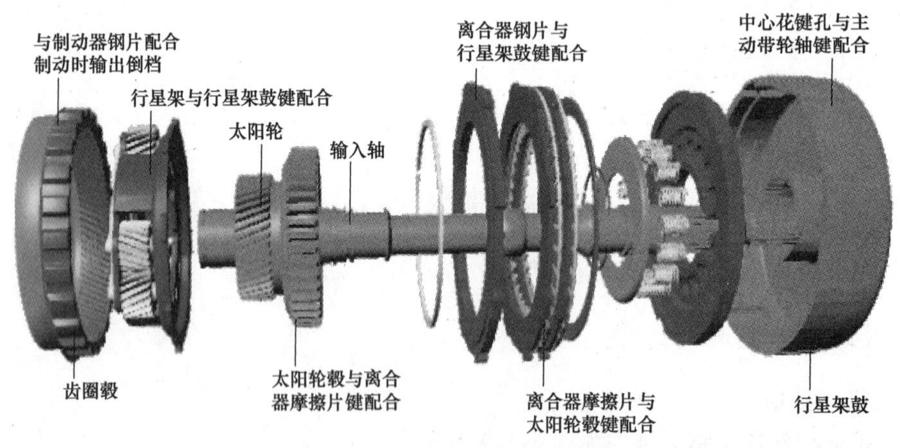

图 6-1-3 无级式自动变速器离合器拆分

3. 制动器拆分

无级式自动变速器制动器拆分如图 6-1-4 所示。

从图可知，制动器的活塞、回位弹簧、制动器片均装在变速器壳体内（制动器鼓），制动器的摩擦片与图 6-1-3 所示的齿圈键配合，制动器 B 的钢片与变速器壳体键配合，摩擦片

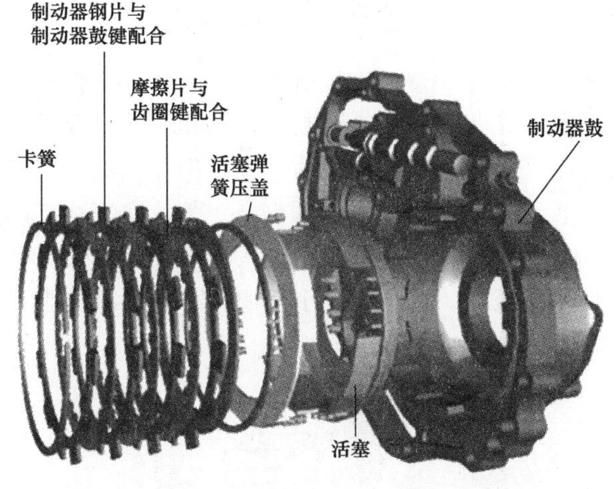

图 6-1-4　无级式自动变速器制动器拆分

与钢片相间安装，当液压作用使制动器 B 活塞压紧摩擦片和钢片时，行星轮机构中的齿圈便被制动，于是根据传动规律，拉维娜行星排齿圈输出是倒档。

综上可见，无级式自动变速器内的行星排只是为了改变传动方向，无级变速则由主、从动带轮完成。

4. 无级式自动变速器起步离合器拆分

起步离合器如图 6-1-5 所示。

该型无级式自动变速器因设有起自动离合器作用的液力变矩器，所以在从动带轮轴与输出齿轮之间安装了一组多片湿式离合器，称起步离合器，以保证停车时发动机能稳定运转。

起步离合器由电脑根据档位信号、节气门位置等信号控制其接合或分离。从图 6-1-1 及图 6-1-5 所示的起步离合器与从动轴装配关系可知，主动带轮用 V 形钢带与从动轴上的从动

图 6-1-5　起步离合器拆分

带轮相连，主动带轮轴旋转，从动带轮轴便同转，从动带轮轴上键配合着起步离合器的鼓，鼓内装有液压活塞、回位弹簧、离合器摩擦片和钢片，鼓上键配合离合器钢片，输出齿轮的毂套装在从动带轮轴上，输出齿轮的毂上键配合起步离合器的摩擦片，当液压活塞压紧起步离合器片时，从动带轮轴便与输出齿轮成一体旋转。输出齿轮便驱动减速器输出动力。

用控制起步离合器压力控制电磁阀开闭的占空比，间接控制电控系统加给起步离合器液压的大小，汽车起步时，使离合器有不同程度的打滑，使汽车完成在档停车和顺利起步。因此，加强起步离合器的润滑和冷却是十分必要的。为此，在起步离合器的鼓上钻有很多径向小孔，如图 6-1-6 所示。从图可知，通过这些小孔加大离合器润滑油的流量。

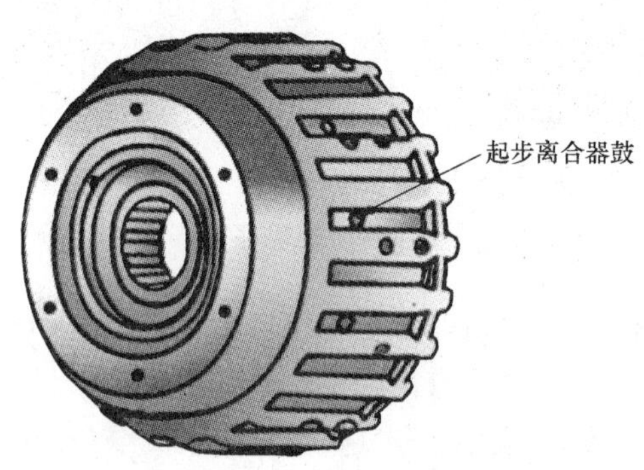

图 6-1-6 起步离合器鼓钻孔示意图

如果起步离合器片磨损严重或油压不足，汽车将无法行驶，如果起步离合器卡在接合位置，将导致发动机怠速熄火的故障。

综上所述，该型无级式自动变速器的机械部分是由输入轴、主动带轮轴、从动带轮轴组成的，还包括一组行星排、一个离合器和一个制动器。其中输入轴与太阳轮一体主动旋转，离合器工作后便可把输入轴与离合器鼓连成一体，而离合器鼓又与主动带轮轴键配合，因此离合器工作后，主动带轮轴通过 V 形钢带驱动从动带轮轴旋转，然后再通过起步离合器将动力传递给输出齿轮和减速器，以完成前进档的无级传动。

同理，当制动器制动拉维娜式行星排齿圈时，根据传动规律可知，齿圈制动输出倒档，于是，行星架便与离合器鼓和主动带轮轴一同输出倒档。

5. 无级式自动变速器带轮结构拆分

主动带轮与从动带轮结构完全相同，如图 6-1-7 所示。

从图可知，主从动带轮均装在带轮轴上。V 形带轮由两片封闭的伺服缸组成，一片与伺服缸壳体的一半一体固装在带轮轴上，另一片套装在带轮轴上，可轴向移动。两片组成伺服缸，缸内装有强力螺旋弹簧。在缸内无油压时，强力螺旋弹簧的张力使可轴向移动的带轮片向固定片靠近，但因从动带轮伺服缸内的弹簧力远大于主动带轮伺服缸内的弹簧力，因此从动带轮两片靠得最近，V 形槽的直径最大。在钢带拉动下，主动带轮两片靠得最远，V 形槽的直径最小。从图可知，主从动带轮均装在带轮轴上。因两带轮 V 形槽形状相同，并受同一个钢带拉动，所以两带轮所受轴向力是相等的，即主动带轮弹簧张力加伺服缸内油压，等于从动带轮弹簧张力加伺服缸内油压。因此、主动带轮伺服缸内油压永远大于从动带轮伺服缸内油压。

伺服缸内的压力油是从变速器壳体上的油道送入带轮轴内，再从轴上的油孔进入伺服缸

内。电脑根据档位信号、节气门开度信号、发动机转速信号、车速信号等调整主、从动伺服缸内的液压油压力，使两带轮 V 形槽直径配套变化，以满足输出车速的要求。当某缸内油液增压时，油压作用在可动带轮片上，使 V 形槽直径增大。另一缸则油压相应减小，带轮在钢带拉力作用下压缩弹簧，使带轮 V 形槽直径相应减小。两带轮 V 形槽直径的线性变化，保证了无级传动。带轮的接触压力是液压和强力螺旋弹簧张力之和。

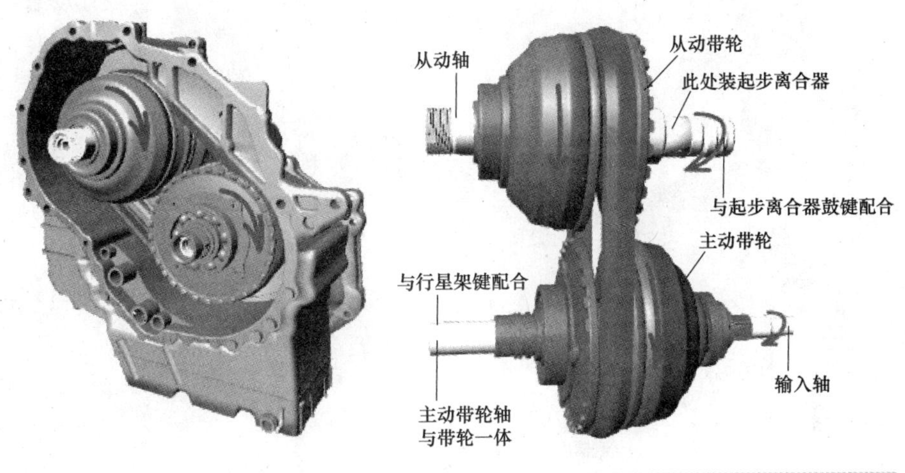

图 6-1-7　带轮结构

第二节　无级式自动变速器传动原理

无级式自动变速器也属行星轮式自动变速器，但它只需一个前进档和一个倒档，前进档和倒档速度的变化靠主从动带轮直径的线性变化，得到无级线性速度的输出。

由于无级式自动变速器只需要一个前进档和一个倒档，因此行星轮机构只需一个辛普森式行星排或一个拉维娜式行星排。下面以拉维娜式无级式自动变速器进行讲解。

一、前进档传动原理

无级式自动变速器前进档传动原理如图 6-2-1 所示。

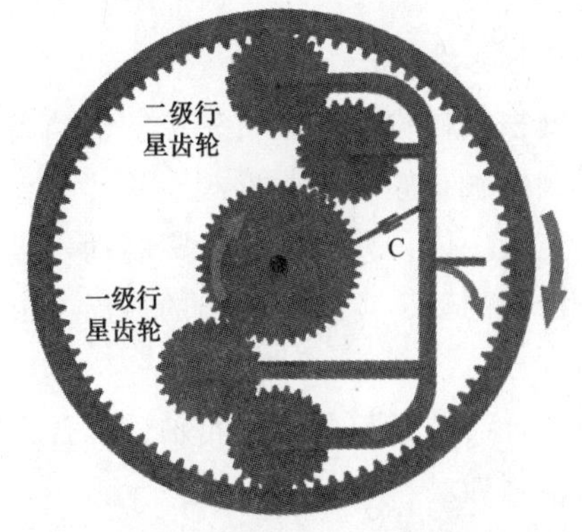

辛普森式行星齿轮机构或拉维娜式行星齿轮机构中，只要太阳轮、行星轮及架、齿圈三轮中任意两轮连成一体，另一轮便不连自连，整个行星排成一体

图 6-2-1　无级式自动变速器前进档传动原理（一）

当变速杆置入前进档位，首先使行星排离合器 C 接合，将输入轴的太阳轮与行星架连成一体，根据行星轮机构的传动规律可知，同一行星排中任意两轮连成一体，整个行星排成一钢体。因此，整个行星排便在行星架与发动机驱动下顺时针旋转。

因行星架鼓与主动带轮轴键配合，主、从动带轮传动过程如图 6-2-2 所示。

图 6-2-2 无级式自动变速器前进档传动原理（二）

从图可知，主动带轮轴随行星排、行星架一同旋转，主动带轮便通过钢带将动力传递给从动带轮轴，此时电脑又控制起步离合器将输出齿轮与从动带轮轴连成一体，通过输出齿轮将动力传递给减速器，电脑再通过控制主从动伺服缸内的油压，调整主从动带轮直径，便可无级地传递前进档。

电脑再根据节气门位置传感器信号和车速信号，控制主从动伺服缸内的油压，调整主从动带轮直径，使主动带轮直径减小，从动带轮直径增大，便可无级地传递前进低档，如图 6-2-2 所示。电脑通过控制主从动伺服缸内的油压，使主动带轮直径增大，从动带轮直径减小，便可无级地传递前进高档。

二、倒档传动原理

无级式自动变速器倒档传动原理如图 6-2-3 所示。

从图可知，当变速杆置入倒档，电脑根据档位信号，首先控制倒档离合器电磁阀通电关闭，停止泄油，于是一方面将油压送入倒档限止阀右端，推阀左移，将离合器油压送入倒档制动器的鼓内，将制动器摩擦片与钢片连成一体，使行星排齿圈制动。于是，在拉维娜式行星轮机构中，便形成太阳轮主动旋转，齿圈制动，行星架输出的格局。根据拉维娜式行星排传动规律，齿圈制动，行星架输出倒档。

又因行星架与离合器鼓键配合，而离合器鼓又与主动带轮轴键配合，主动带轮轴逆时针旋转，带动从动带轮轴逆时针旋转而输出倒档。

在行星架驱动下，主、从动带轮传动情况如图 6-2-4 所示。

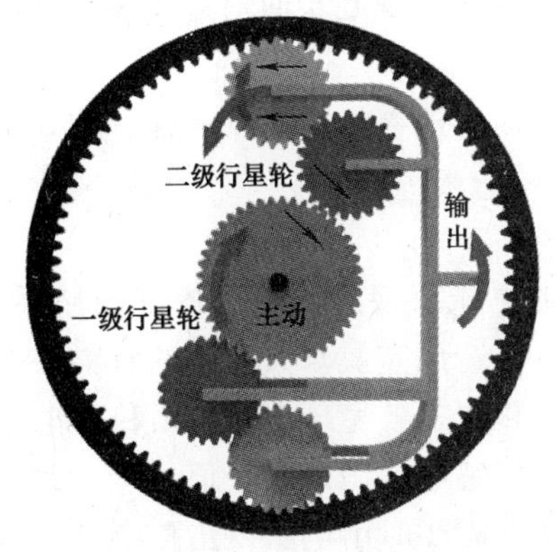

拉维娜式行星齿轮机构运动方程：

$$n_1 - \alpha n_2 - (1-\alpha) \cdot n_3 = 0$$

因齿圈制动，$n_2 = 0$，代入上式得

$$n_1 - (1-\alpha) n_3 = 0$$

$n_1 = (1-\alpha) n_3$，因此，传动比为

$$n_1 / n_3 = (1-\alpha)$$

大于1的负值，是减速运动，且主从动旋转方向相反

式中，α 为齿圈齿数/太阳轮齿数；n_1 为太阳轮转速；n_2 为齿圈转速；n_3 为行星架转速

图 6-2-3　无级式自动变速器倒档传动原理（一）

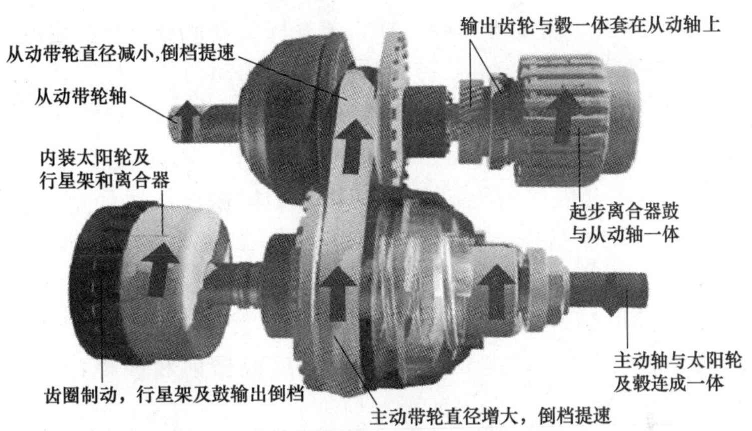

图 6-2-4　无级式自动变速器倒档行动原理（二）

从图可知，与行星架一体的主动带轮轴随行星架一同逆时针旋转，主动带轮便通过钢带将动力传递给从动带轮轴。此时电脑又控制起步离合器电磁阀，将起步离合器的钢片与摩擦片连成一体，使输出齿轮与从动带轮轴连成一体，通过输出齿轮将动力传递给减速器。

电脑还通过控制主从动带轮电磁阀控制主从动带轮压力控制阀，使主从动带轮压力控制阀输出的油压送入主从动带轮伺服缸内，调整主、从动带轮直径，便可无级变速输出倒档。

第三节　无级式自动变速器电子控制系统

一、无级式自动变速器电子控制原理图分析

典型无级式自动变速器电子控制系统电路图如图 6-3-1 所示。

无级式自动变速器电子控制系统虽因车型不同而异，但其总的控制思路大同小异。

从图可知，电脑根据档位开关信号、节气门位置信号、冷却液温度信号、进气歧管压力信号、主动带轮转速信号、从动带轮转速信号、模式开关信号和车速等信号，经处理后发出控制主动带轮油压控制电磁阀信号和从动带轮油压控制电磁阀信号，以实现主从动带轮直径

大小的调速变化，同时，电脑还控制起步离合器电磁阀，以实现起步时对起步离合器液压的控制。

由无级式自动变速器的电路原理图可知，和其他自动变速器电控系统一样，均是由传感器和电磁阀组成的。

1. 电脑的两个电源由蓄电池供给

一个是永久性电源，该电源不经任何开关将蓄电池电压直接送入电脑内部的储存器内，将预先设定的程序永久性保存，防止点火开关关闭断电，造成需要永久保留的资料丢失。

另一电源是在点火开关接通后，一部分通过并联回路送入各稳压电路，由稳压电路稳压后送入各需要稳压电源的传感器中待命，以供电脑获知传感器准确的信号值。另一并联电路是点火开关接通后，将蓄电池电压直接送入执行器待命，需要时由电脑发出指令，使执行机构按要求投入工作。

2. 节气门位置传感器

无级式自动变速器与其他自动变速器一样，节气门位置信号也是决定换档点及液力变矩器锁止离合器锁止点的重要参数，直接关系到汽车行驶的动力性、经济性以及舒适性。

节气门位置传感器共有三个端子与电脑相接，其中 VCC2 即 A20 端子是节气门位置传感器的电源输入端子，点火开关接通后，蓄电池电压经内部稳压电源稳压后，将 5V 电压送入限流电阻，经过限流电阻后与电脑的 VCC2 端子相接，然后经节气门位置传感器搭铁。即通过 SG2 的 A10 端子搭铁，使节气门位置传感器进入待命工作状态。当节气门开闭时，节气门滑动触点从节气门位置传感器中获得节气门位置开度信号，从电脑的 TPS 端子即 A15 号端子送入电脑，电脑获此信号后即可作为控制自动变速的一个重要参数。若节气门位置传感器信号失调，将会导致换档点滞后或提前和换档冲击、锁止时机不当等一系列故障。

3. 冷却液温度传感器

冷却液温度传感器也需要一个稳定的 5V 电压。点火开关接通后，冷却液温度传感器的稳压电源经限流电阻后，经 ECT 端子与负温度系数的温度传感器串联后在 SC2 端子搭铁。冷却液温度传感器的信号端子便是电脑的 ECT 端子，从回路中获得随温度变化而变化的分压值作为确认温度的信号。若冷却液温度传感器不良，可引起变速器无超速档、锁止离合器不锁止的故障。

检查冷却液温度传感器可用解码器调码和读数据流，或用数字式万用表检测。如不良应首先检查线路。

1）关闭点火开关，拔下温度冷却液传感器，再打开点火开关，用数字式万用表检测信号端子与搭铁间电压值，应为 5V。否则检查电源或 ECU。

2）单独检测冷却液温度传感器电阻值。用数字式万用表电阻档，检测传感器在不同温度下电阻值，并与标准值比对。

当冷却液温度传感器向电脑提供冷却液温度低的信号时，电脑便调整带轮的传动比，以提高发动机的转速，使暖机速度加快。当变速器油温超过限定值后，电脑将控制主从动轮的传动比，使从动轴的转速降低，直至变速器油温正常时为止。

4. 转速传感器

无级式自动变速器电控系统的转速传感器主要有主动带轮转速传感器、从动带轮转速传感器以及自动变速器输出轴转速传感器。转速传感器是有源霍尔式。

从图 6-3-1 可知，主动带轮传感器的电源与节气门位置传感器的电源共用，即均经稳压电源稳压并经限流电阻后，由 VCC2 端子供给主动带轮传感器的霍尔元件，其搭铁端子与其他转速传感器共用。主动带轮转速传感器的转速信号由电脑 WOR 端子输入。从动带轮转速传感器及变速器输入轴转速传感器搭铁合用，从动带轮转速传感器信号由 NON 端子输入。输出轴转速传感器的信号由 VE19 号端子输入电脑。电脑通过几个转速传感器输入值的对比，监测带轮转速并控制主动带轮与从动带轮油压及监控主从动带轮是否打滑等。

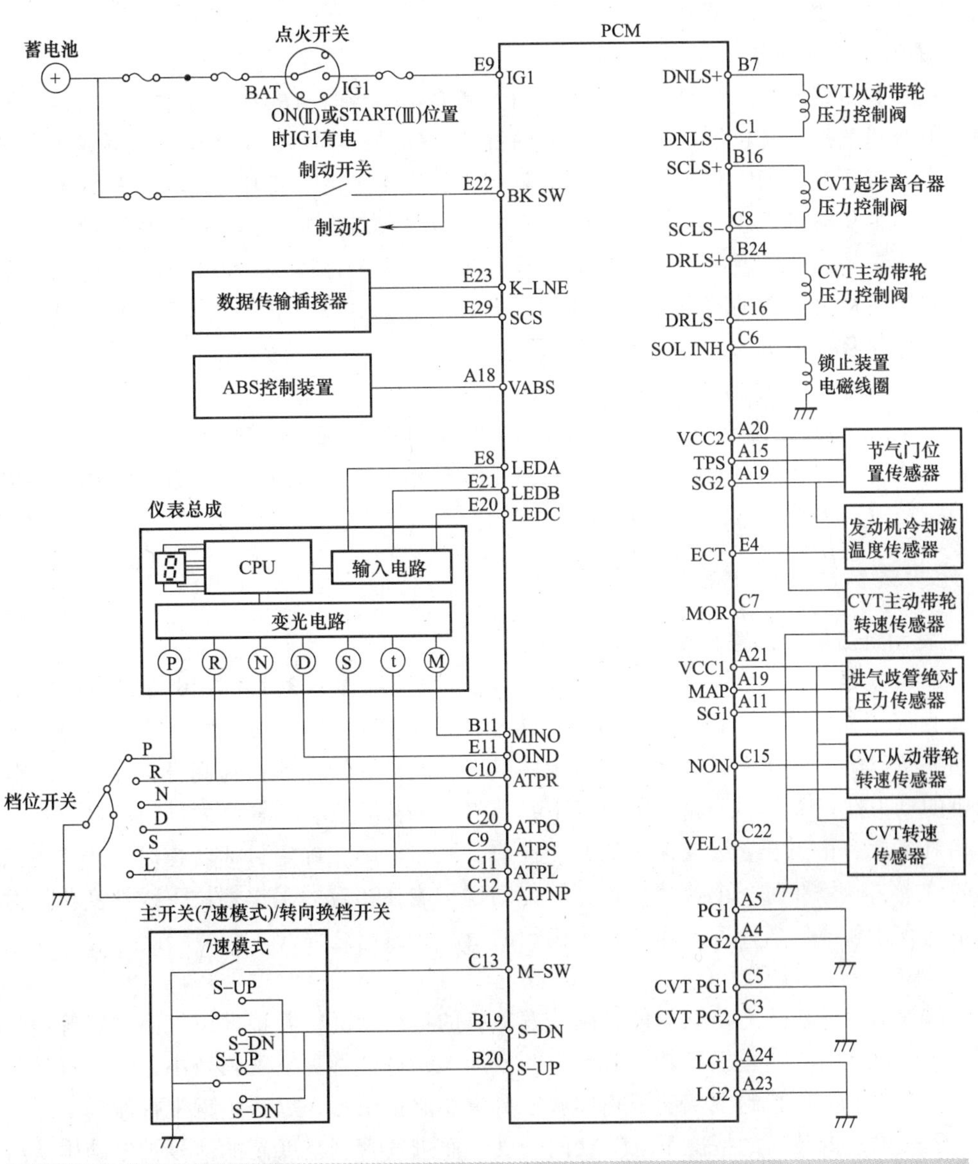

图 6-3-1　无级式自动变速器电子控制系统电路图

检测转速传感器可用数字式万用表检测其平均电压值，也可用示波器或解码器调码或读取数据流。

从动带轮转速传感器与输出轴转速传感器的电源均由电脑 VCC1 号端子输入。

5. 锁止装置电磁阀

对装有液力变矩器的自动变速器，当点火开关接通后，蓄电池电压通过点火开关送入电脑开关晶体管的集电极，而晶体管的发射极通过电脑的 COLWH 即 C6 端子与锁止离合器电磁阀相连，并由电磁线圈另一端直接搭铁，可见，电脑通过控制晶体管基极通电的占空比，控制电磁阀的开闭，以调节锁止时机和锁止油压，减少换档冲击和限制打滑。锁止离合器电磁阀工作时，C6 号端子为 12V，不工作时 C6 号端子为 0V。用解码器读取数据流时，如锁止离合器在锁止状态，显示屏显示大于 130r/mim，说明锁止离合器打滑，应检查锁止离合器油压，否则应更换变矩器。

6. 进气压力传感器

进气压力传感器作为计算发动机输出动力和修正换档时机的补充参数。目前汽车常用压阻材料制成进气压力传感器，即将高浓度的混合物硼扩散在半导体膜片上，形成一个压阻型的应变计，在压力作用下膜片变形产生电阻变化。将该压阻应变片与电阻匹配成电桥，使电桥输出电压值反映进气压力。由于电桥输出电压微弱，需由放大器放大后输出给电脑。压力传感器共有三个晶体管，一个是工作电源输入端子，一个是搭铁。一个是信号输出端子。点火开关接通后，电脑内的蓄电池电压经齐纳管稳压后输出 5V 电压至 ACCI 端子，并由 SG1 搭铁，经电桥再把放大的信号由 MAP 端子输入电脑。

7. 起步离合器电磁阀

电脑通过 SCSI 正极端子以占空比向起步离合器电磁阀供电，控制起步离合器电磁阀开闭的占空比，调整作用在起步离合器上的油压。若起步离合器控制系统或起步离合器电磁阀有故障，将引起无法起步或起步冲击的故障。

二、无级式自动变速器控制原理

1. 发动机目标转速控制模式

手动阀在 D 位时，主从动带轮的传动比由电脑控制在 2.367 ~ 0.407 的线性变化范围；而在 R 位时，如果踏下加速踏板，电脑把传动比设定在 1.326，松开加速踏板，则为 2.367。

如果节气门开度较大，电脑提高目标转速，相当于有级变速器提高升档点，以充分发挥发动机的动力性。又如在公路巡航速度下，节气门部分开启，为提高发动机的经济性，目标转速相对降低，相当于有级变速器的升档提前。当然电脑在确定目标转速时，还要考虑到变速杆的位置，确保在每一个换档位置，其传动比均能在相应的工作档位下线性变化。对每一个给定的车速和节气门开度，均有一个确定的目标转速与之对应。

2. 钢带正压力的控制

电脑根据发动机压力传感器信号确认发动机的负荷状况，并根据节气门位置等信号确定三角钢带的正压力。当车辆爬坡，节气门开度加大，进气管真空度则减小，发动机处于大负荷的情况时，电脑用控制主从动带轮伺服缸有更高的正压力，以防止钢带打滑。

在巡航中速低负荷的情况下，节气门开度小而进气管真空度高的信号被电脑确认后，电脑将控制低负荷时的带轮正压，以改善燃油经济性。

主从动带轮压力由电脑根据行驶状况信号控制。

3. 起步离合器控制

前已述及，该无级式自动变速器没有液力变矩器，没有自动离合器的作用，因此无级式自动变速器采用了起步离合器。电脑根据变速器速度传感器信号、制动踏板位置信号、ABS的车速后备信号、档位信号、节气门位置信号、主从动带轮转速信号和进气压力传感器信号等，计算出应施加在起步离合器的压力，控制起步离合器压力控制电磁阀，向起步离合器送入正确的油压。

当电脑收到节气门关闭，汽车处于停车或前进档低速运行时，电脑控制起步离合器压力控制电磁阀，调整其开闭的占空比，使起步离合器得到低液压，使驾驶人踩下制动踏板发动机也不熄火。

当进气压力传感器信号丢失后，电脑启动备用功能，以预储存的数据，并监视其他传感器以便对起步离合器压力控制电磁阀进行控制。

如电脑断电，失去起步离合器控制记忆，须进行起步离合器校正程序，使电脑恢复记忆。

4. 起步离合器设定

如因更换蓄电池而使电脑断电，或后备熔丝熔断或更换，或检修时断电，或电脑经过拆卸或更换以及维护检修起步离合器等，电脑均会失去对起步离合器的正确控制程序，出现怠速时起步离合器压力过高的情况，导致发动机熄火。为此，起步离合器必须进行重新设定。

起步离合器可用两种方法进行设定。

(1) 车辆设定程序

1）拉紧驻车制动器，用楔块塞住四轮，使车辆不能行走。

2）将发动机预热到正常工作温度（冷却风扇转动两次）。

3）确认功能异常指示灯（MIL）没亮，D指示灯无闪烁。

4）如果MIL亮或D指示灯闪烁，检查燃油和排放系统或自动变速器系统，进行设定。

5）关闭点火开关。将电脑测试仪连接到DLC上，如图6-3-2所示。

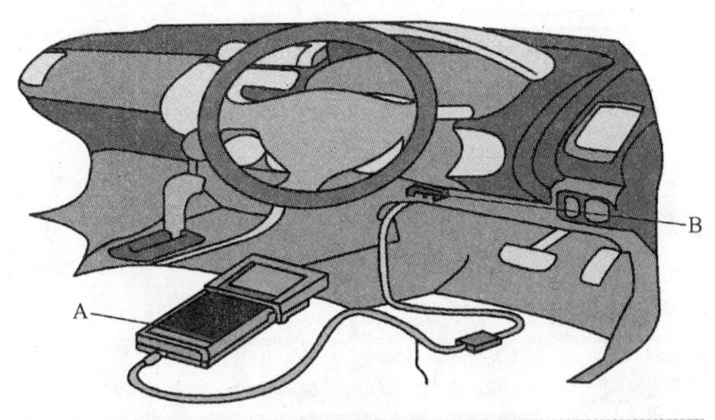

图6-3-2 电脑测试仪连接方法

6）将测试仪跨接SCS线，踩下制动踏板不动，直至设定完毕。

7）在无负荷下起动发动机，然后打开前照灯（设定时灯一直亮）。

8）将变速杆推入N位置，然后换至D、S、L位，在20s内，从L位换入3、S、D、N位，这样重复两次。

9）检查变速杆在N位置时，D指示器是否亮1min后熄灭。

10）如果D指示灯闪烁或亮1min后不灭，应将点火开关关闭，从6）步重新开始设定。

11）将变速杆推入 D 位，检查 D 指示灯是否亮 2min 后熄灭。

12）如果 D 指示灯闪烁或常亮，应将点火开关关闭，从 6）步重新开始设定。

13）关闭点火开关。

14）试车，检查起步离合器是否正常。

（2）车辆行驶状态下的起步离合器设定

1）将发动机预热至正常温度（冷却风扇运转两次）。

2）无负荷下起动发动机，然后打开前照灯。

3）在 D 位起动车辆，使车速增加至 60km/h，然后不要踏制动踏板，在 5s 内使车辆减速，直至校准为止。进行试车，确认起动离合器工作正常。

第四节 无级式自动变速器油路系统电控原理

飞度轿车无级式自动变速器油路如图 6-4-1 所示。

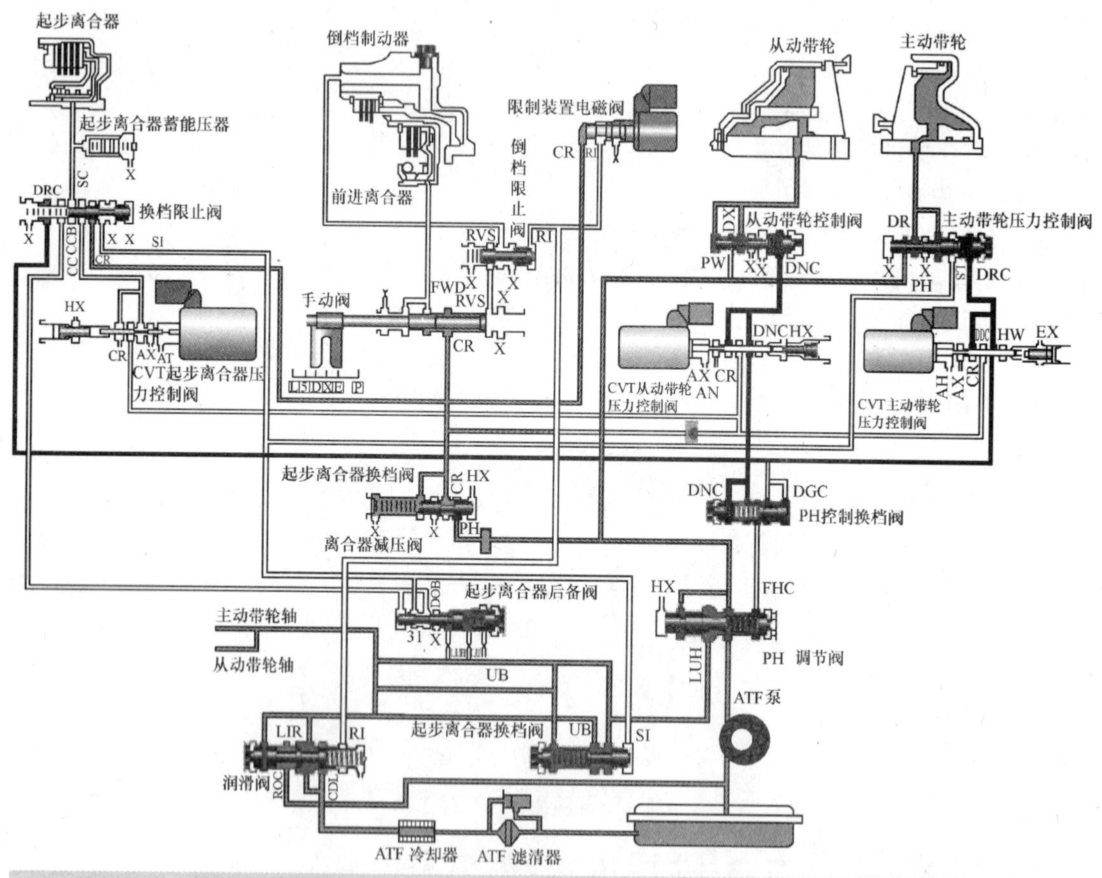

图 6-4-1 飞度轿车无级式自动变速器油路

各型无级式自动变速器油路的控制原理大同小异。从图可知，飞度自动变速器油路系统由主阀体和控制阀体组成。

1. 主阀体

主阀体内安装有 PH 主调压阀、起步离合器换档阀、离合器减压阀、换档限制阀、起步离合器蓄能器、起步离合器后备阀、PH 控制换档阀及润滑阀等。

2. 控制阀体

控制阀体内安装有主动带轮调压阀、从动带轮调压阀、主动带轮压力控制电磁阀、从动带轮压力控制电磁阀、起步离合器压力控制电磁阀、控制换档阀及润滑阀等。

其中 PH 主调压阀通过主从动带轮压力调节电磁阀，控制滑阀的节流口开度泄压使主油压随车速和负荷变化而变化。然后将主油压送入主从动带轮压力控制阀，调正主从动带轮直径大小进行无级变速。

PH 主调压阀还将主油压送入离合器减压阀，经离合器减压阀调压后的系统油压分别送入主从动带轮压力调节电磁阀、起步离合器压力调节电磁阀，调压后的油压再控制主从动带轮压力控制阀和起步离合器。

3. PH 主调压阀

PH 主调压阀如图 6-4-2 所示。

1）从图可知，油泵将油液泵入 PH 主调压阀，经 PH 主调压阀将油压反馈给滑阀 A 腔向右推阀。

2）PH 控制换档阀的油压，由油道 1 送入 PH 主调压阀右端，与弹簧力合力向左推阀。左右两力抗衡调整打开节流口开度的大小，用向油道 2 泄油的方法，调整主油压。

3）PH 主调压阀调整出主油压，通过油道 3 一方面送入离合器减压阀，另一方面送入主动带轮压力控制阀和从动带轮压力控制阀，经两阀调压后分别送入主动带轮和从动带轮伺服缸，以调整伺服缸压力，调整主从动带轮直径。

综上可知，该变速器的主油压也是通过泄油的办法，将油泵油压调节成主油压。从油路图又知，PH 控制换档阀油压由油道 1 进入主调压阀修正主油压，而这个修正油压又受控于主从动带轮压力控制电磁阀，所以该阀也是一个电控调压阀。

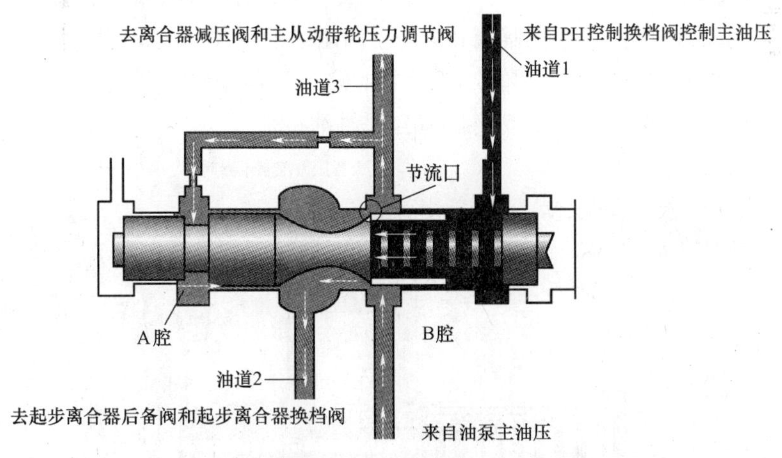

图 6-4-2 PH 主调压阀

4. PH 控制换档阀

PH 控制换档阀如图 6-4-3 所示。

从图可知，PH 控制换档阀是用来自主动带轮调节电磁阀的油压，与来自从动带轮调节

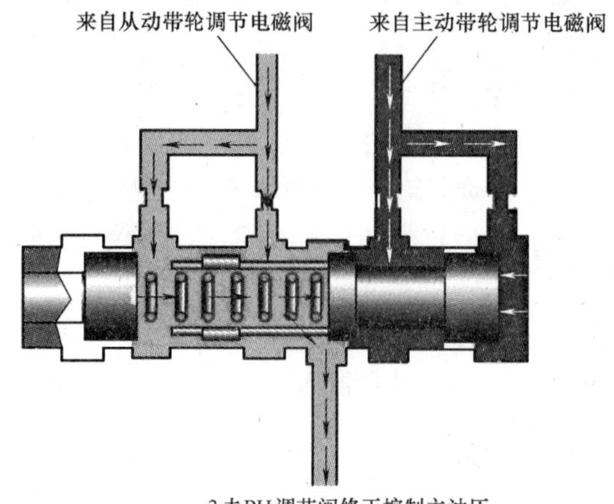

图 6-4-3　PH 控制换档阀

电磁阀的油压抗衡，调节出去 PH 主调节阀的油压，以修正主油压。

5. 离合器减压阀

离合器减压阀如图 6-4-4 所示。

从图可知，弹簧力向右推阀，主油压节流调压后的反馈油压向左推滑阀，左右两端力的抗衡决定节流口开度的大小，将油道 1 送入的主油压，调出去所有电磁阀的油压。

离合器减压阀是靠油压与弹簧抗衡调压的。从图可知，当主油压阀节流调压后的反馈油压向左推滑阀，使滑阀关闭节流口后，油道 2 的输出油压便不再增大，即弹簧关闭节流口时的弹簧力，便是该阀输出的恒定油压。

离合器减压阀恒定油压由油道 2 分别送入主从动带轮压力控制电磁阀，由电磁阀通电占空比调整出控制主从动带轮压力控制阀和 PH 主调压阀的油压；送入起步离合器压力控制电磁阀，由电磁阀通电占空比调整出起步离合器油压。离合器减压阀调出的恒定油压，还送入手动阀和限制装置电磁阀，为前进或倒档离合器供油待命。

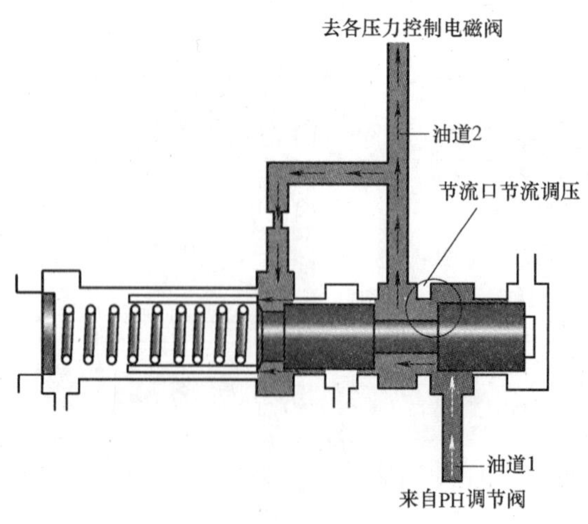

图 6-4-4　离合器减压阀

综上可知，该调压阀与所有变速器中的恒压调节阀一样，也是将一个恒定油压送入所有电磁阀。

6. 起步离合器后备阀

起步离合器后备阀如图 6-4-5 所示。

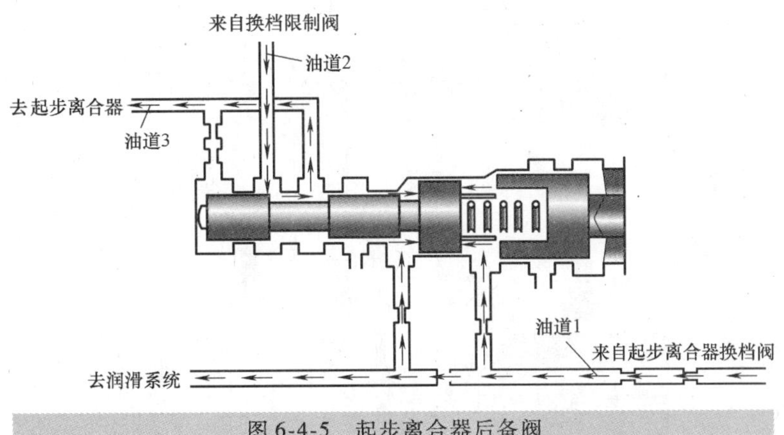

图 6-4-5　起步离合器后备阀

起步离合器后备阀是用起步离合器换档阀的油压，由油道 1 进入以调整滑阀节流口开度，以备主动带轮电磁阀失效，使主动带轮伺服缸压力过高时，使换档限制阀左移，将在换档限制阀待命的离合器减压阀油压通过油道 2 进入该阀减压后，再由油道 3 通过换档限制阀送入起步离合器，使起步离合器接合，以在电控系统出现故障时，起安全保护的作用。

7. 起步离合器换档阀

起步离合器换档阀如图 6-4-6 所示。

当电控系统失控，使主动带轮电磁阀输出油压过高时，过高的主动带轮调压电磁阀的油压，将换档限制阀推至右端，使在换档限制阀处待命的离合器减压阀的油压，由油道 1 送入起步离合器换档阀右端，将起步离合器换档阀向左推，通过调整向润滑系统泄油多少，将主调压阀泄出的油压，调整成去起步离合器后备阀的油压，控制起步离合器后备阀的节流口开度，以控制去起步离合器限制阀的油压，再由起步离合器限制阀将该油压送入起步离合器，使起步离合器后备阀输出的油压减小至只能使起步离合器油压维持回家功能，且行驶里程不得大于 3 ~ 5km。

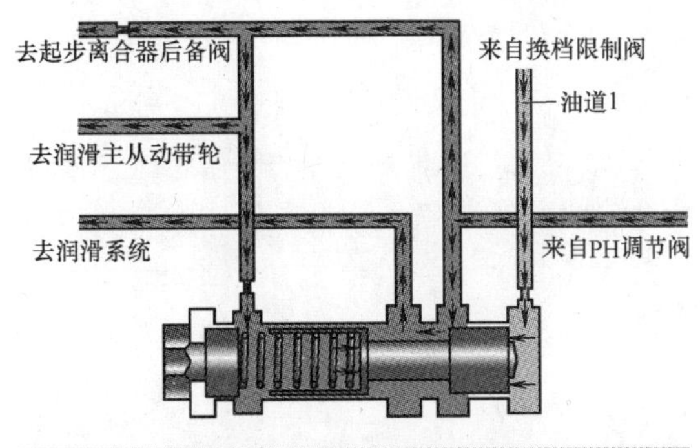

图 6-4-6　起步离合器换档阀

8. 主从动带轮压力调节电磁阀

主从动带轮压力调节电磁阀如图 6-4-7a 所示。

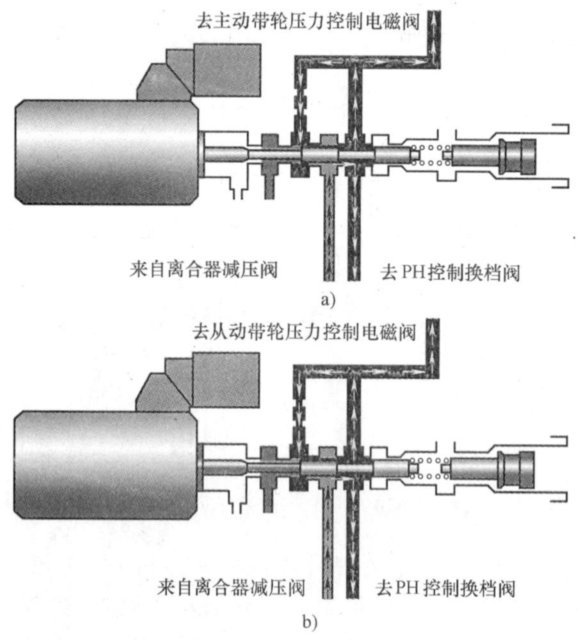

图 6-4-7 主从动带轮压力调节电磁阀

主从动带轮压力调节电磁阀用通电占空比调节滑阀位置。控制节流口开度，将来自离合器减压阀的系统油压，节流调节成去 PH 控制换档阀和从动带轮压力控制电磁阀的油压，然后送入主动带轮压力控制阀和 PH 控制换档阀。

从动带轮压力调节电磁阀如图 6-4-7b 所示。

从动带轮压力调节电磁阀也是用占空比将来自离合器减压阀的油压，调节成去从动带轮压力控制阀和去 PH 控制换档阀的控制油压。

9. 主动带轮压力调节阀

主动带轮压力调节阀如图 6-4-8 所示。

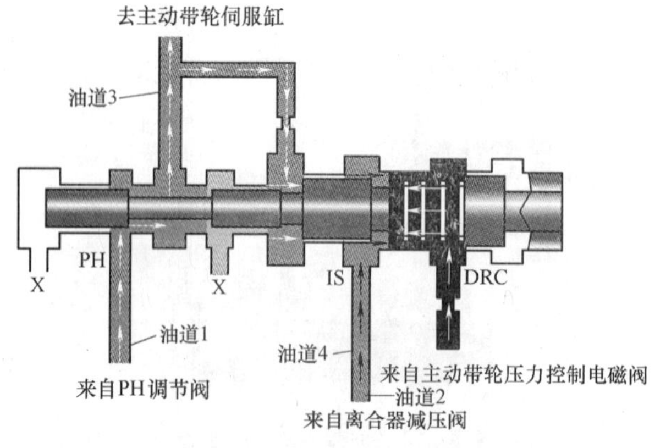

图 6-4-8 主动带轮压力调节阀

主动带轮压力调节电磁阀是把油道 1 送入的主调压阀主油压，调节成去主动带轮伺服缸的油压。从图可知，由油道 2 送入滑阀右腔的主动带轮压力控制电磁阀来的控制油压向左推阀，以控制油道 1 通往油道 3 节流口开度的大小，将油道 1 主油压调节成去主动带轮伺服缸的油压，以调整主动带轮直径。

在电控系统有故障，主动带轮压力调节电磁阀输出油压过高时，主动带轮压力调节电磁阀输出油压使换档限制阀左移，将减压阀系统油压送入油道 4，将主动带轮压力调节阀右移，关小节流口降低主动带轮压力，汽车降速行驶，保持回家功能。

10. 从动带轮压力调节阀

从动带轮压力调节阀如图 6-4-9 所示。

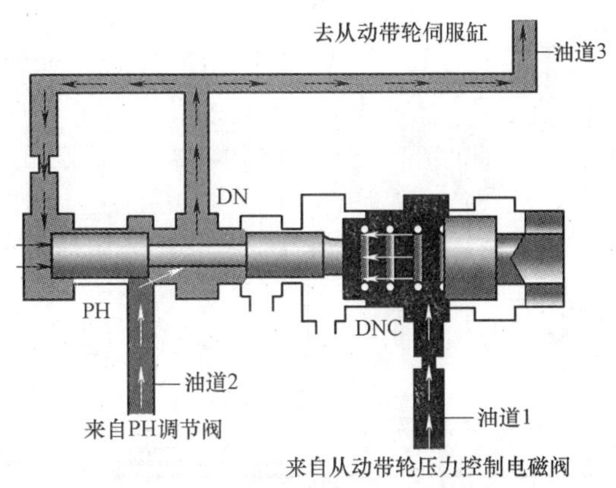

图 6-4-9　从动带轮压力调节阀

从图可知，从动带轮压力调节电磁阀输出油压，由油道 1 送入从动带轮压力调节阀 DNC 口向左推阀，控制通往油道 3 节流口开度大小，将油道 2 主调压阀的主油压，调节成去从动带轮伺服缸的油压，以控制从动带轮直径大小。

从图还知，调压后油道 3 油压，还反馈作用在滑阀左端，克服弹簧弹力向右推阀，与向左推阀的油压抗衡，调整节流口开度。

11. 起步离合器压力调节电磁阀

起步离合器压力调节电磁阀如图 6-4-10 所示。

因该变速器没有液力变矩器，所以用起步离合器代替，起步离合器的油压大小，由起步离合器压力调节电磁阀控制。

起步离合器压力调节电磁阀由电脑通过控制电磁阀通电的占空比，控制滑阀左右移动，

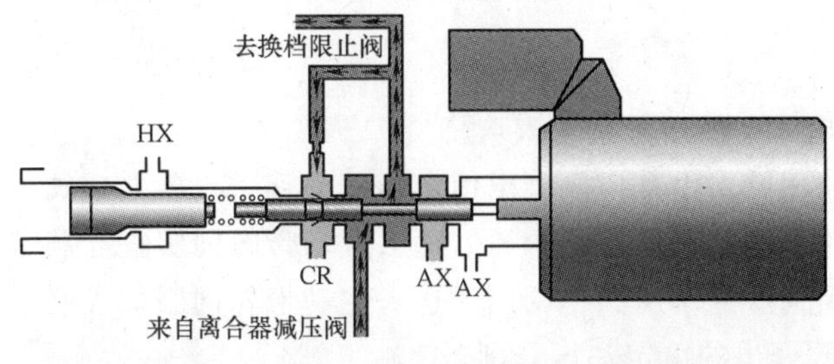

图 6-4-10　起步离合器压力调节电磁阀

调节节流口开闭的大小和频率，将离合器减压阀的油压调节成去起步离合器的油压。然后通过起步离合器换档限制阀送入起步离合器，使起步离合器工作，将套装在从动带轮轴上的输出齿轮与从动轴键配合，使输出齿轮随从动带轮轴一同旋转。

第五节　飞度无级式自动变速器各档油路工作原理

一、N 位油路工作原理

N 位油路工作原理如图 6-5-1 所示。

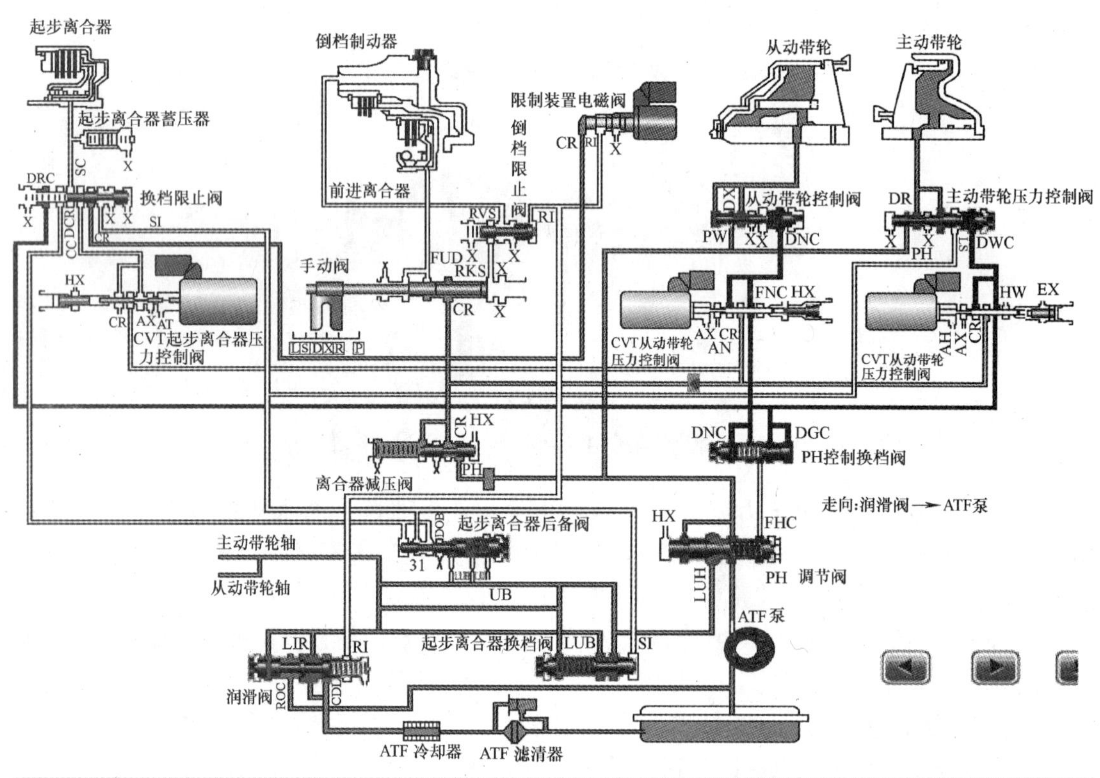

图 6-5-1　N 位油路

从 N 位油路工作原理图可知，当变速杆入 N 位，手动阀便移至 N 位的位置，使离合器减压阀调出的离合器油压在手动阀待命，于是离合器和制动器均不工作，变速器空档运行。

N 位油路走向：

1）主调压阀调出的主油压分别送入：

① 送入离合器减压阀，由减压阀调出恒定油压分别送入各电磁阀。

② 送入从动带轮伺服缸调压阀，调压后送入从动带轮伺服缸控制带轮直径。

③ 送入主动带轮伺服缸调压阀，调压后送入主动带轮伺服缸控制带轮直径。

2）离合器减压阀调出的恒定油压分别送入：

① 送入手动阀，因手动阀在前进档位置，切断去离合器和制动器油路，使主从动带轮

停止旋转。

② 送入从动带轮压力控制电磁阀，占空比通电将减压阀油压调压后，送入从动带轮伺服缸压力控制阀，控制滑阀移动，将主油压调节成伺服缸压力，控制从动带轮直径。

③ 送入主动带轮压力控制电磁阀，占空比通电将减压阀恒压调压后，送入从动带轮伺服缸压力控制阀，控制滑阀移动，将主油压调节成伺服缸压力，控制主动带轮直径。

④ 送入换档限制阀待命，以便起动保护功能时，向主动带轮压力控制阀输入减压阀油压，调整主动带轮油压，使主动带轮直径减小，车速降低。与此同时，还将待命的油压送入起步离合器后备阀，将减压阀恒压调压后，经换档限制阀送入起步离合器。以确保车辆有低速行驶的回家功能。

⑤ 送入起步离合器油压控制电磁阀，占空比通电将离合器减压阀的恒压调节成控制起步离合器的油压，使起步离合器接合平顺。

⑥ 送入限制装置电磁阀，控制倒档限制阀是否接通倒档离合器油路。

3）PH 主调压阀泄出油压分别送入：

① 送入起步离合器换档阀。起步离合器换档阀将主调压阀泄出的油压，调节成去起步离合器后备阀的油压，以供电控系统有故障时，控制起步离合器后备阀的节流口开度，控制去起步离合器的油压，使起步离合器油压减小至只能维持回家功能，且行驶里程不得大于 3～5km。

② 送入起步离合器后备阀。该阀在电控系统有故障时，用起步离合器换档阀的油压和来自换档限制阀的离合器减压阀油压抗衡，调节节流口开度的大小，将离合器减压阀的油压调节成去起步离合器的油压，使起步离合器维持 3～5km 的回家功能。

③ 送入润滑阀控制润滑油压。

二、D 位油路工作原理

D 位油路工作原理如图 6-5-2 所示。D 位油路走向：

1）主调压阀调出的主油压分别送入：

① 送入离合器减压阀，由减压阀调出恒定油压分别送入各电磁阀。

② 送入从动带轮伺服缸调压阀，调压后送入从动带轮伺服缸控制带轮直径。

③ 送入主动带轮伺服缸调压阀，调压后送入主动带轮伺服缸控制带轮直径。

2）离合器减压阀调出的恒定油压分别送入：

① 送入手动阀。因手动阀入前进档，将离合器减压阀油压送入前进档离合器，主、从动带轮旋转。此时若起步离合器电磁阀将油压送入起步离合器，车辆便可行驶。

② 送入从动带轮压力控制电磁阀，占空比通电将减压阀调出的油压，送入从动带轮伺服缸压力控制阀，控制滑阀移动，将主油压调节成伺服缸压力，控制从动带轮直径。

③ 送入主动带轮压力控制电磁阀，占空比通电将减压阀恒压调压后，送入从动带轮伺服缸压力控制阀，控制滑阀移动，将主油压调节成伺服缸压力，控制主动带轮直径。

④ 送入换档限制阀待命，以便起动保护功能时，向主动带轮压力控制阀输入减压阀油压，调整主动带轮油压，使主动带轮直径减小，车速降低。与此同时，还将待命的油压送入起步离合器后备阀，将减压阀恒压调节成经换档限制阀送入起步离合器的油压。以确保车辆有低速行驶的回家功能。

⑤ 送入起步离合器油压控制电磁阀，占空比通电将离合器减压阀的恒压调节成控制起

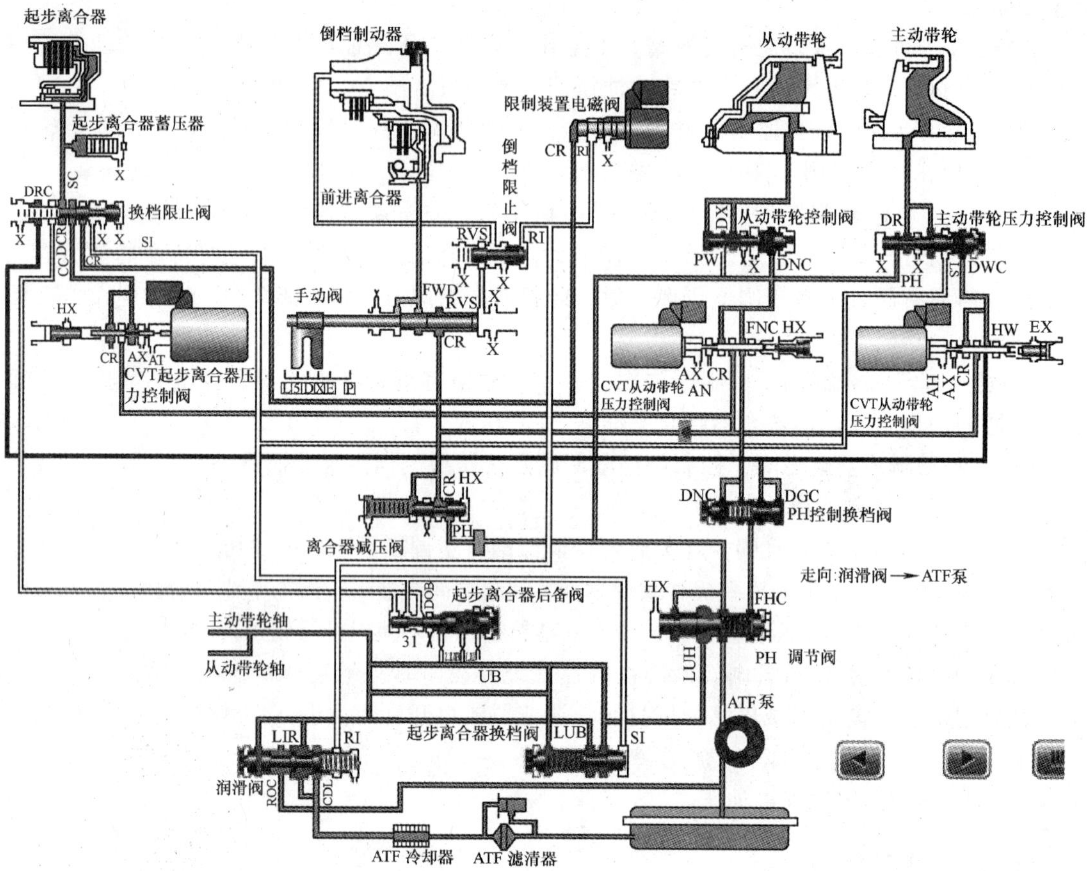

图 6-5-2　D 位油路

步离合器油压，使起步离合器接合平顺。

⑥ 送入限制装置电磁阀，控制倒档限制阀是否接通倒档离合器油路。

3）PH 主调压阀泄出油压分别送入：

① 起步离合器换档阀。该阀将主调压阀泄出的油压调节成去起步离合器后备阀的油压，以供电控系统有故障时，控制起步离合器后备阀的节流口开度，控制去起步离合器的油压，使起步离合器油压减小至只能维持回家功能，且行驶里程不得大于 3～5km。

② 起步离合器后备阀。该阀在电控系统有故障时，用起步离合器换档阀的油压和来自换档限制阀的离合器减压阀油压抗衡，调节节流口开度的大小，将离合器减压阀的油压调节成去起步离合器的油压，使起步离合器维持 3～5km 的回家功能。

③ 送入润滑阀控制润滑油压。

三、R 位油路工作原理

R 位油路工作原理如图 6-5-3 所示。

当变速杆入 R 位，手动阀移动，将前进离合器的油道关闭，并使前进离合器泄油，前进离合器解除工作。与此同时，手动阀将通往倒档限制阀的油道打开，当电脑接收到档位信号和车速低于 10km/h 的车速信号后，便将限制装置电磁阀停止泄油，于是，由离合器减压

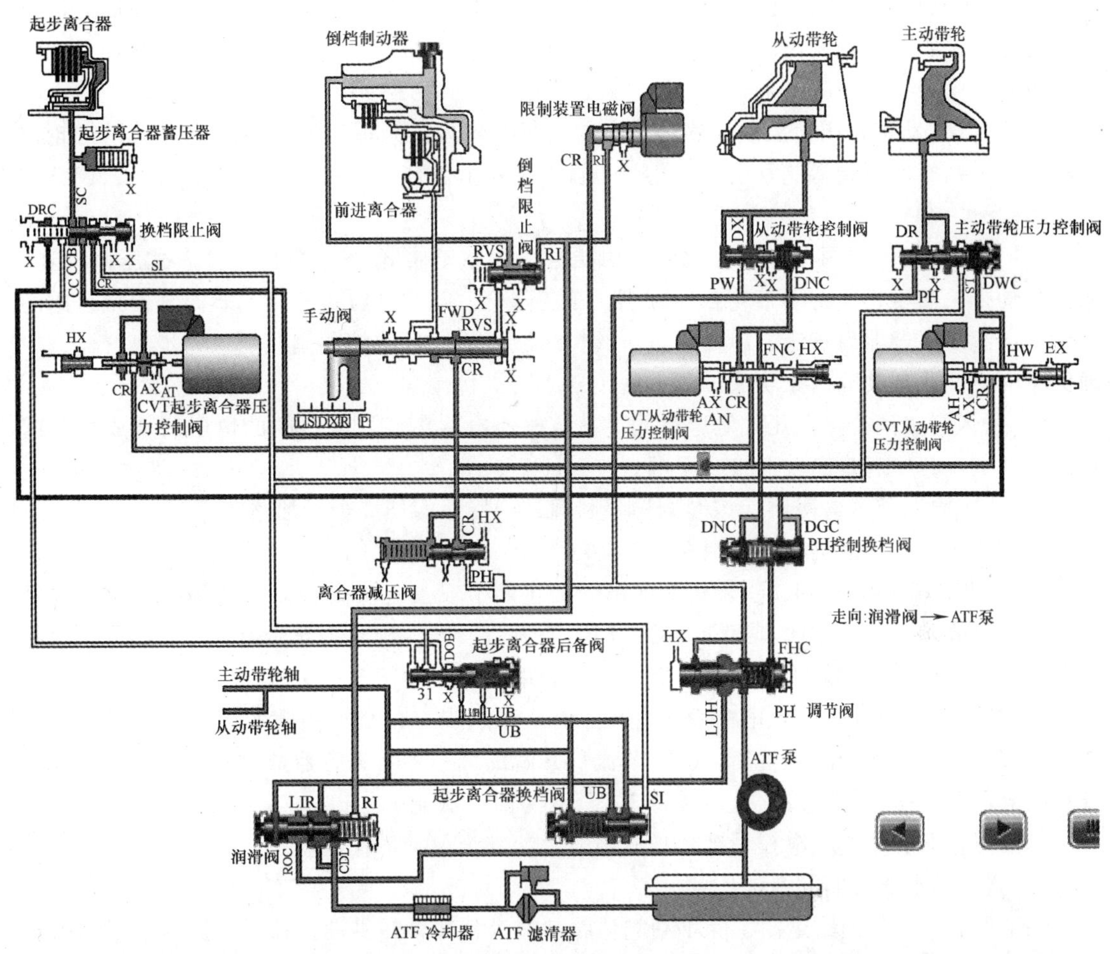

图 6-5-3 R 位油路

阀来的油压，便通过限制装置电磁阀，将离合器减压阀来的油压送入倒档限制阀，推阀左移，将手动阀油压送入制动器，使制动器工作，将行星轮机构中的齿圈制动，输出倒档。此时，电控单元根据档位及节气门等信号，控制主从动带轮压力控制阀控制油压，控制倒档车速，通过起步离合器电磁阀通电占空比控制起步离合器的油压，便可使倒档稳定运行。R 位油路走向：

1. 主调压阀调出的主油压分别送入：

1）送入离合器减压阀，由减压阀调出恒定油压分别送入各电磁阀。

2）送入从动带轮伺服缸调压阀，调压后送入从动带轮伺服缸控制带轮直径。

3）送入主动带轮伺服缸调压阀，调压后送入主动带轮伺服缸控制带轮直径。

2. 离合器减压阀调出的恒定油压分别送入：

1）送入手动阀。因手动阀已入倒档，便将离合器减压阀油压由手动阀送入换档限制阀。与此同时，电脑根据档位信号关闭限制装置电磁阀泄油口，将减压阀油压送入倒档限制阀的右腔推阀左移，于是已进入手动阀的油压便进入制动器，使行星轮机构齿圈制动，主从带轮便逆时针旋转，便可输出倒档。

2）送入从动带轮压力控制电磁阀。用占空比通电将减压阀油压调压后，送入从动带轮伺服缸压力控制阀，控制滑阀移动，将主油压调节成伺服缸压力，控制从动带轮直径，调整倒档车速。

3）送入主动带轮压力控制电磁阀。占空比通电将减压阀恒压调压后，送入从动带轮伺服缸压力控制阀，控制滑阀移动，将主油压调节成伺服缸压力，控制主动带轮直径，调整倒档车速。

4）送入换档限制阀，以便起动保护功能时，向主动带轮压力控制阀输入减压阀油压，调整主动带轮油压，使主动带轮直径减小，车速降低。与此同时，还将起步离合器换档阀的油压送入起步离合器后备阀，以便将减压阀恒压减压后，经换档限制阀送入起步离合器，以确保车辆有低速行驶的回家功能。

5）送入起步离合器油压控制电磁阀。占空比通电将离合器减压阀的恒压调节成控制起步离合器油压，使起步离合器接合平顺。

6）送入限制装置电磁阀。控制倒档限制阀是否接通倒档离合器油路。

3. PH 主调压阀泄出油压分别送入：

1）起步离合器换档阀将主调压阀泄出的油压调节成去起步离合器后备阀的油压，以供电控系统有故障时，控制起步离合器后备阀的节流口开度，控制去起步离合器的油压，使起步离合器油压减小至只能维持回家功能，且行驶里程不得大于 3 ~ 5km。

2）起步离合器后备阀在电控系统有故障时，用起步离合器换档阀的油压和来自换档限制阀的离合器减压阀油压的抗衡，调节节流口开度的大小，将离合器减压阀的油压调节成去起步离合器的油压，使起步离合器维持 3 ~ 5km 的回家功能。

起步离合器后备阀在电控系统出现故障时，起安全保护的作用。

3）送入润滑阀控制润滑油压。

综上所述，R 位油路走向，除手动阀切断向前进档离合器供油，并通过倒档限制阀向倒档离合器供油外，其他油路走向与前进档无区别。

四、安全保护油路工作原理

安全保护油路工作原理如图 6-5-4 所示。当手动阀在 D 位，汽车在前进档行驶时，各油路与其他前进档油路完全相同，但因此时电控系统有故障，使主动带轮液压调节电磁阀失控，致使主动带轮压力调节电磁阀输出油压过高。

由于主动带轮电磁阀输出油压过高，使送入换档限制阀的油压过高，推换档限制阀左移，将在换档限制阀待命的离合器减压阀油压送入起步离合器后备阀，经起步离合器备阀减压后，送入起步离合器，维持回家功能。

与此同时，由于换档限制阀左移，还将在换档限制阀待命的离合器减压阀的恒压，送入主动带轮压力调节阀，控制主动带轮压力调节阀送入主动带轮伺服缸内的油压，以减小主动带轮直径，降低车速。安全保护油路走向：

1. 主调压阀调出的主油压分别送入：

1）送入离合器减压阀。由减压阀调出恒定油压分别送入各电磁阀。

2）送入从动带轮伺服缸调压阀。调压后送入从动带轮伺服缸控制带轮直径。

3）送入主动带轮伺服缸调压阀。调压后送入主动带轮伺服缸控制带轮直径。

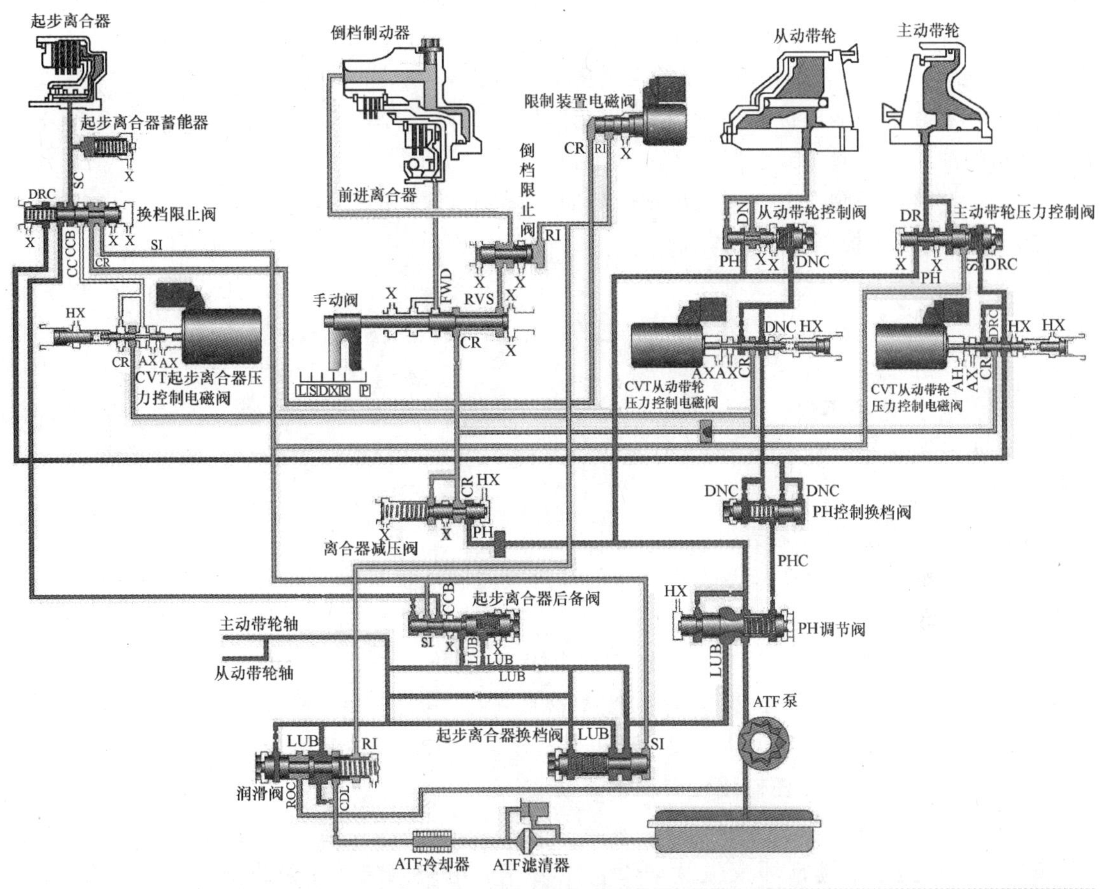

图 6-5-4　安全保护油路工作原理

2. 离合器减压阀调出的恒定油压分别送入：

1）送入手动阀。因手动阀入前进档，将离合器减压阀油压送入前进档离合器，主从动带轮旋转。

2）送入从动带轮压力控制电磁阀。占空比通电将减压阀调出的油压送入从动带轮伺服缸压力控制阀，控制滑阀移动，将主油压调节成伺服缸压力，控制从动带轮直径。

3）送入主动带轮压力控制电磁阀。占空比通电将减压阀恒压调压后送入从动带轮伺服缸压力控制阀，控制滑阀移动，将主油压调节成伺服缸压力，控制主动带轮直径。

4）送入换档限制阀待命，以便起动保护功能时，向主动带轮压力控制阀输入减压阀油压，调整主动带轮油压，使主动带轮直径减小，车速降低。与此同时，还将待命的油压送入起步离合器后备阀，将减压阀恒压调节成经换档限制阀送入起步离合器油压。以确保车辆有低速行驶的回家功能。

5）送入起步离合器油压控制电磁阀。占空比通电将离合器减压阀的恒压调节成控制起步离合器油压，使起步离合器接合平顺。

6）送入限制装置电磁阀。控制倒档限制阀是否接通倒档离合器油路。

3. PH 主调压阀泄出油压分别送入：

1）起步离合器换档阀将主调压阀泄出的油压，调节成去起步离合器后备阀的油压，以供电控系统有故障时，控制起步离合器后备阀的节流口开度，控制去起步离合器的油压，使起步离合器油压减小至只能维持回家功能，且行驶里程不得大于3~5km。

2）起步离合器后备阀在电控系统有故障时，用起步离合器换档阀的油压和来自换档限制阀的离合器减压阀油压抗衡，调节节流口开度的大小，将离合器减压阀的油压调节成去起步离合器的油压，使起步离合器减压，只维持行驶3~5km的回家功能。

起步离合器后备阀在电控系统出现故障时，起安全保护的作用。

3）送入润滑阀控制润滑油压。

第六节　飞度轿车无级式自动变速器主要故障

1. D指示灯常亮不熄

当点火开关置于ON（Ⅱ）时，D指示灯常亮不熄，或者根本不亮。参照电路图检查电路状况。

2. 变速杆无法从P位移开

踩下制动踏板后，变速杆无法从P位移开。换档锁系统故障（联锁系统），检查联锁系统电路。

3. 点火钥匙不能从ACC（1）位置转到LOCK（0）位

变速杆位于P位置时，点火开关不能从ACC（1）位置转到LOCK（0）位。钥匙联锁系统故障，检查联锁系统及钥匙联锁系统电路。

4. 发动机运转，但在任何档位车辆都不动

1）中间壳体总成磨损或损坏。

2）带轮压力输油管损坏或主从动带轮压力控制电磁阀失效主从动带轮压力控制阀卡住。应调码或读取数据流，检查主从动带轮压力控制电磁阀电控系统或拆检主从动带轮。

3）起步离合器控制电磁阀失控或起步离合器打滑。应调码或读取数据流，检查电控系统或拆检起步离合器及输油管是否损坏。

4）输入轴磨损或损坏，拆检主动轴。

5）主减速器主动齿轮或主减速器从动齿轮磨损或损坏。

6）行星轮磨损或损坏，拆检行星轮机构。

7）驻车棘爪和棘爪轴承磨损或损坏。

8）油泵磨损、粘合或异物进入油泵。调码或读取数据流，检查主动和从动带轮压力和润滑压力。压力测量值过低或没压力时，检查油泵油位，并检查ATF冷却器管路是否泄漏、连接处是否松动。

9）控制阀体总成故障，拆检或更换阀体总成。

10）手动阀体故障。

11）ATF接头管路磨损或损坏。

12）动力控制模块（PCM）故障。

13）变速器档位开关故障。

14）发动机输出过低。

检查D指示灯，并检查变速器档位开关插接器是否松动。

15）调码或读取数据流或用万用表进行检查。

5. 无倒档

1）倒档制动器故障。倒档制动器活塞卡滞、磨损或损坏。拆检制动器。检查制动器活塞和O形密封圈。检查弹簧座圈是否磨损和损坏。检查底板至顶板之间的间隙。检查制动片是否磨损或损坏。

2）行星轮架总成或行星轮磨损或损坏，拆检行星轮机构。

3）齿圈磨损或损坏。

4）输入轴滚针轴承磨损或损坏，行星轮架上的推力滚针轴承咬死、磨损或损坏。

5）换档拉索断裂或无法调节。

6）手动阀拉杆和销子磨损。

7）阀体总成故障。

8）手动阀体故障。

9）ATF接头磨损或损坏。

10）限制装置电磁线圈故障。调码或读取数据流，或用万用表检测限制装置电磁阀参数。

11）检查倒档限制阀是否卡住。

6. 从N位置换到D位置发动机熄火

首先检查D指示灯，并检查电磁线圈插接器和变速器档位开关插接器是否松动。校准起步离合器控制系统。

1）中间壳体总成磨损或损坏。

2）倒档制动器故障。倒档制动器活塞卡滞、磨损或损坏。检查倒档制动器压力。

3）起步离合器故障。起步离合器端板间隙不正确。调码或读取数据流，或用万用表检测起步离合器压力控制电磁阀。

检测起步离合器活塞、阀和O形密封圈。检查弹簧座圈是否磨损和损坏。检查离合器底板至顶板之间的间隙。如果间隙超出范围，则检查离合器盘和离合器片是否磨损或损坏。如果离合器盘和离合器片磨损或损坏，应成套更换。如果全部正常，则调整与离合器底板之间的间隙。

4）控制阀体总成故障。

5）手动阀体故障。

6）PCM故障。

7）PCM起步离合器控制系统存储器故障。调码或读取数据流，或用万用表检测限制装置电磁阀参数。

8）发动机输出过低。

7. 从N位置换到R位置时发动机熄火

检查D指示灯，并检查电磁线圈插接器和变速器档位开关插接器是否松动。检查前进离合器压力。校准起步离合器控制系统。

1）中间壳体总成磨损或损坏。

2）前进离合器故障。

3）起步离合器故障。PCM起步离合器控制系统存储器故障，起步离合器端板间隙不正确，起步离合器电控系统不良，起步离合器卡滞。调码或读取数据流，或用万用表检测起步离合器电控系统，拆检起步离合器。

4）齿圈磨损或损坏。

5）行星轮架磨损或损坏。检查行星轮架上的滚针轴承和止推垫圈是否磨损或损坏。如果滚针轴承和止推垫圈磨损或损坏，则更换轴承或垫圈，并用止推垫片调整间隙。

6）阀体总成故障。

7）控制阀体总成故障。

8）手动阀体故障。

9）PCM 故障。检查电源电压；检查践路是否有短路、搭铁或接触不良。调码或读取数据流检查电控系统。

10）发动机输出低。调码或读取数据流检查发动机电控系统。

8. 传动比不当

首先检查主动和从动带轮压力以及润滑压力。压力测量值过低或没有压力时，检查油泵，油位。

1）检查油位，并检查油冷却器管路是否泄漏，连接处是否松动。必要时，冲洗油冷却器管路。检查粗滤器是否堵塞，检查 D 指示灯，并检查电磁线圈插接器是否连接不良。

2）中间壳体总成磨损或损坏。

3）检查带轮压力及输油管是否损坏或堵塞。

4）阀体总成故障。拆检阀体。

5）控制阀体总成故障。拆检阀体。

6）主动和从动带轮转速传感器故障。调码或读取数据流，或用万用表检测电控系统转速传感器。

7）PCM 故障。检查电源电压；检查践路是否有短路、搭铁或接触不良。调码或读取数据流检查电控系统。

9. 加速性能不良

首先检查 D 指示灯，并检查电路插接器是否松动。检查油位，检查油冷却器管路是否泄漏，连接处是否松动，必要时冲洗油冷却器管路。检查主动和从动带轮压力，以及润滑压力。压力测量值过低或没有压力时，检查油泵及管路是否堵塞。

1）中间壳体总成磨损或损坏。拆检中间壳体总成。

2）带轮压力输油管损坏；油泵接头管路磨损或损坏；粗滤器或滤清器不畅，拆检粗滤器或滤清器。

3）阀体总成故障。拆检阀体。

4）控制阀体总成故障。拆检阀体。

5）主动和从动带轮转速传感器故障。调码或读取数据流，或用万用表检测转速传感器。

6）CVT 转速传感器故障。调码或读取数据流，或用万用表检测电控系统转速传感器。

7）PCM 故障。调码或读取数据流检查电控系统。

8）发动机输出低。调码或读取数据流排除发动机动力不足故障。

10. 行驶时有冲击现象

首先检查 D 指示灯，并检查电路插接器是否松动。校准起步离合器控制系统。

1）中间壳体总成磨损或损坏。

2）带轮压力输油管损坏，油泵接头管路磨损或损坏。

3）前进离合器故障。检查前进离合器压力是否跳动；检测离合器活塞、阀和 O 形密封圈；检查弹簧座圈是否磨损和损坏；检查离合器底板至顶板之间的间隙；检查离合器盘和离合器片是否磨损或损坏。如果离合器盘和离合器片磨损或损坏，应成套更换。

4）倒档制动器故障。倒档制动活塞卡滞、磨损或损坏。

5）阀体总成故障。

6）起步离合器故障。起步离合器底板间隙不正确、起步离合器输油管损坏。拆检起步离合器。

7）PCM 起步离合器控制系统存储器故障。调码或读取数据流，或用万用表检测起步离合器电控系统。

8）手动阀体故障。

9）主动和从动带轮转速传感器故障。调码或读取数据流，或用万用表检测主动和从动带轮转速传感器。

10）CVT 转速传感器故障。调码或读取数据流检测 CVT 转速传感器。

11）PCM 故障。检测电路及调码或读取数据流。

11. 无发动机制动

检查 D 指示灯，并检查电路插接器是否松动。校准起步离合器控制系统。

1）起步离合器故障。起步离合器输油管损坏。拆检起步离合器并检查管路。

2）起步离合器控制系统存储器故障。调码或读取数据流诊断起步离合器控制系统。

3）带轮压力输油管损坏。

4）中间壳体总成磨损或损坏。

5）阀体总成故障。拆检阀体。

6）控制阀体总成故障。拆检阀体。

7）PCM 起步离合器控制系统存储器故障。调码或读取数据流诊断起步离合器控制系统。

8）ATF 管路接头磨损或损坏。

9）主动和从动带轮转速传感器故障。检查主动和从动带轮压力；调码或读取数据流诊断主从动带轮转速传感器。

10）CVT 转速传感器故障。调码或读取数据流诊断 CVT 转速传感器。

11）PCM 故障。检查电路并调码或读取数据流诊断 PCM 故障。

12. 从 N 位换到 D 位，或返回 N 位，换档过慢

检查 D 指示灯；检查电路插接器是否松动；检查变速器档位开关插接器是否松动；校准起步离合器控制系统；检查主动和从动带轮压力以及润滑压力，压力测量值低检查油泵；检查油位；检查油冷却器管路是否泄漏，连接处是否松动，必要时冲洗油冷却器管路。

1）带轮压力输油管损坏、起步离合器输油管路损坏、油位低。

2）前进离合器故障。检查前进离合器压力、检查手动阀拉杆和销是否磨损。

3）起步离合器故障。检测离合器活塞，检查阀和 O 形密封圈。检查弹簧座圈是否磨损和损坏，检查离合器底板至顶板之间的间隙。如果间隙超出范围，则检查离合器盘和离合器片是否磨损或损坏。如果离合器盘和离合器片磨损或损坏，应成套更换。如全部正常，则调整与离合器底板之间的间隙。调码或读取数据流检查起步离合器压力控制电磁阀。

4）起步离合器端板间隙不正确。

5）换档拉索断裂或无法调节。

6）变速器档位开关故障。

7）粗滤器或滤清器堵塞。检查油冷却器管路是否泄漏，连接处是否松动。必要时，冲洗油冷却器管路。

8）变速器油变质。

9）阀体总成故障。

10）控制阀体总成故障。

11）PCM 故障。检查电路插接器是否松动，线路是否搭铁、短路、断路等。调码或读取数据流检查 PCM 电控系统。

13. 从 N 位到 R 位，或返回 N 位位置，换档过慢

首先检查 D 指示灯；检查变速器档位开关插接器是否松动，校准起步离合器控制系统。检查主动和从动带轮压力以及润滑压力。压力测量值低，应检查油泵，检查油位，检查油冷却器管路是否泄漏，连接处是否松动，必要时冲洗油冷却器管路。

1）主从动带轮压力输油管损坏。

2）倒档制动器故障。拆检制动器、检查活塞是否卡滞、磨损或损坏，检查 O 形密封圈，检查回位弹簧保持器是否磨损或损坏，弹簧座圈是否磨损或损坏，检查制动器片间隙等。如果间隙超出范围，应成套更换。

调码或读取数据流，检查倒档制动器限制装置电磁阀；检查倒档制动器限制阀。

3）起步离合器故障。拆检起步离合器，检测离合器活塞，检查阀和 O 形密封圈，检查弹簧座圈是否磨损和损坏，检查离合器底板至顶板之间的间隙。如果间隙超出范围，则检查离合器盘和离合器片是否磨损或损坏。如果离合器盘和离合器片磨损或损坏，应成套更换。如全部正常，则调整与离合器底板之间的间隙。

调码或读取数据流，检查起步离合器压力控制电磁阀，检查倒档制动器限制阀是否卡滞。

4）换档拉索断裂或无法调整。

5）手动阀拉杆和销磨损。

6）换档拉索断裂或无法调整。

7）手动阀拉杆和销磨损。

8）油位低。

9）粗滤器或 ATF 滤清器堵塞。

10）变速器油变质。

11）阀体总成故障。

12）控制阀体总成故障。

13）手动阀体故障。

14）油路管接头磨损或损坏。

15）PCM 故障。检查电路插接器是否松动，线路是否搭铁、短路、断路等。调码或读取数据流，检查 PCM 电控系统。

复　习　题

一、填空题

1. 无级式自动变速器有（　　）式和（　　）式两种形式。

2. 无级式自动变速器的行星轮机构由（　　）轮、（　　）及架、（　　）组成。

3. 无级式自动变速器的起步离合器通过离合器将（　　）、（　　）连成一体完成动力输出。

4. 拉维娜式无级式自动变速器的行星轮机构通过离合器将（　　）轮与（　　）接合输出前进档。

5. 01M 自动变速器通过制动（　　）输出倒档。

6. 无级式自动变速器通过线性改变（　　）带轮与（　　）带轮直径大小进行无级变速。

7. 主调压阀主油压分别送入（　　）阀、（　　）器及经节孔后去（　　）系统。

8. 手动阀在 D 位时，分别将主油压转送至（　　）阀、各（　　）阀。

9. 离合器减压阀输出的恒压分别送入（　　）阀、（　　）阀、（　　）阀、（　　）阀、（　　）阀、（　　）阀和（　　）阀。

10. 无级式自动变速器按行星轮机构分，有（　　）式和（　　）式两种形式。

11. 无级式自动变速器是通过（　　）轮和（　　）轮改变（　　）轮直径进行无级变速的。

12. 无级式自动变速器没有液力变矩器，用（　　）代替了液力变矩器。

13. 主调压阀是通过打开（　　）开度，用调整（　　）的方法调整主油压的。

14. 离合器减压阀调出的恒定油压分别送入（　　）阀、（　　）阀、（　　）阀。

二、问答题

1. 详述无级式自动变速器前进档传动原理。

2. 详述无级式自动变速器倒档传动原理。

3. 详述无级式自动变速器主从动带轮压力调节电磁阀工作原理。

4. 详述无级式自动变速器主从动带轮压力调节阀工作原理。

5. 详述无级式自动变速器起步离合器电磁阀工作原理。

6. 详述无级式自动变速器保护功能。

7. 详述无级式自动变速器起步离合器油压控制原理。

8. 电脑根据哪些传感器信号控制主从动带轮直径？

9. 怎样对无级式自动变速器起步离合器进行设定？

10. 分析无级式自动变速器主调压阀调压原理及主油压走向。

11. 分析无级式自动变速器离合器减压阀调压原理及系统油压走向。

三、选择题

1. 拉维娜式无级式自动变速器有（　　）行星排。

A. 一个　　　　　　　　　　B. 两个

2. 辛普森式无级式自动变速器有（　　）行星排。

A. 一个　　B. 两个

3. 无级式自动变速器无级变速是通过改变（　　）直径完成的。

A. 主从动带轮直径　　B. 主油压　　C. 起步离合器油压

4. 无级式自动变速器通过使（　　）工作得到前进档输出。

A. 离合器接合　　B. 制动器接合

5. 无级式自动变速器起步离合器起（　　）作用。

A. 自动离合器　　B. 变矩器

6. 散热强化无级式自动变速器起步离合器是通过（　　）完成的。

A. 提高油压　　B. 在起步离合器鼓上钻孔

7. 无级式自动变速器油路系统的手动阀由（　　）控制移动。

A. 手动　　B. 电控液压

8. 无级式自动变速器手动阀档位标志有（　　）。

A. P、R、N、D、S、L　　B. P、D、R、N、S、L

第七章

平行轴式自动变速器

平行轴式自动变速器是在行星轮机构式自动变速器的启发下设计出来的，是手动变速器的齿轮机构和行星轮式自动变速器多片湿式离合器的组合体。

第一节　五档平行轴式自动变速器总体结构

平行轴式自动变速器的总体结构如图 7-1-1 所示。

平行轴式自动变速器与行星轮式自动变速器一样，也是由液力变矩器和变速器本体及电

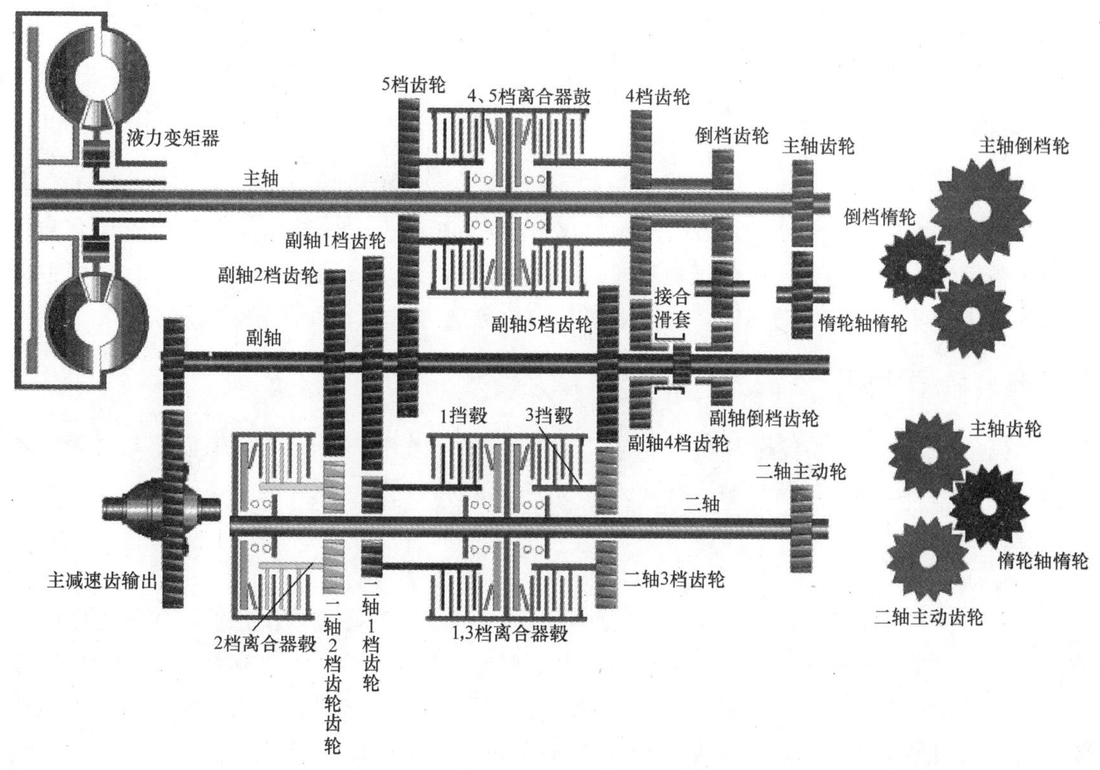

图 7-1-1　平行轴式自动变速器总体结构

控系统组成的，液力变矩器的构造原理前已述及，不再重述。变速器本体也是由机械传动部分和液压及电控系统组成的。机械部分是手动变速器的齿轮机构与自动变速器多片湿式离合器的组合体。

液压与电控系统与行星轮式的结构和控制思路大同小异。因此，只要熟知行星轮式自动变速器，那么，学习平行轴式自动变速器便会轻而一举。

从图 7-1-1 可知，该自动变速器的传动部分由主轴、副轴、二轴、惰轮轴、倒档惰轮轴以及组装在各轴上的常啮合齿轮组成。

一、主轴结构

从图 7-1-1 可知，主动轴的前端与涡轮花键配合，主动轴上键配合着 4 档、倒档与 5 档离合器鼓，鼓上键配合着 4 档、倒档与 5 档离合器的钢片，主轴上套装着 4 档、倒档齿轮与 5 档齿轮，两齿轮的毂上分别键配合离合器的摩擦片。只要离合器接合，便把毂鼓连成一体。因此，主轴上的 4 挡、倒档齿轮或 5 档齿轮便与主轴连成一体，随主轴主动旋转，于是便驱动副轴上与之常啮合的齿轮逆时针旋转。

二、副轴结构

从图 7-1-1 可知，副轴是变速器的输出轴。副轴上共有七个齿轮，其中输出齿轮、1 档齿轮、2 档齿轮、3 档齿轮、4 档齿轮均与副轴键配合，而副轴上的 4 档齿轮及倒档齿轮均套装在副轴上，这两个齿轮需用滑套才能将其与副轴连成一体。副轴上各齿轮均与主轴和二轴上的齿轮配对常啮合。

三、二轴结构

从图 7-1-1 可知，该轴上共装有 3 个离合器和 4 个齿轮，其中 1 档、2 档、3 档离合器的鼓与二轴键配合，鼓上键配合着多片湿式离合器的钢片。1 档、2 档及 3 档齿轮均套装在轴上，各齿轮的毂上键配合离合器的摩擦片，当离合器工作后，便把毂鼓连成一体，即把齿轮与轴连成一体，使轴从动旋转。二轴上的各齿轮分别与副轴上的齿轮常啮合。

四、惰轮轴结构

从图 7-1-1 可知，惰轮轴装在主轴与二轴之间，轴上的惰轮分别与主轴齿轮与二轴齿轮常啮合，将主轴动力传递给二轴，并使二轴与主轴转向相同。

五、倒档惰轮轴结构

从图 7-1-1 可知，倒档惰轮轴装在主轴与副轴之间，套装在倒档惰轮轴上的倒档惰轮分别与套装在主轴上的倒档齿轮和套装在副轴上的倒档齿轮相啮合。当变速杆推入倒档，倒档接合套将副轴上的倒档齿轮与副轴连成一体，与此同时，倒档离合器接合，将主轴上的倒档齿轮与主轴连成一体，于是，动力便通过倒档惰轮传递给副轴，输出倒档。

通过以上分析可知，只要发动机旋转，主轴便顺时针旋转，并通过中间惰轮使二轴也顺时针旋转，然后便可通过各组离合器输出各相应档。

第二节　平行轴式五档自动变速器传动原理

一、D1 档传动原理

参照图 7-1-1 可知，D1 档传动原理如图 7-2-1 所示。

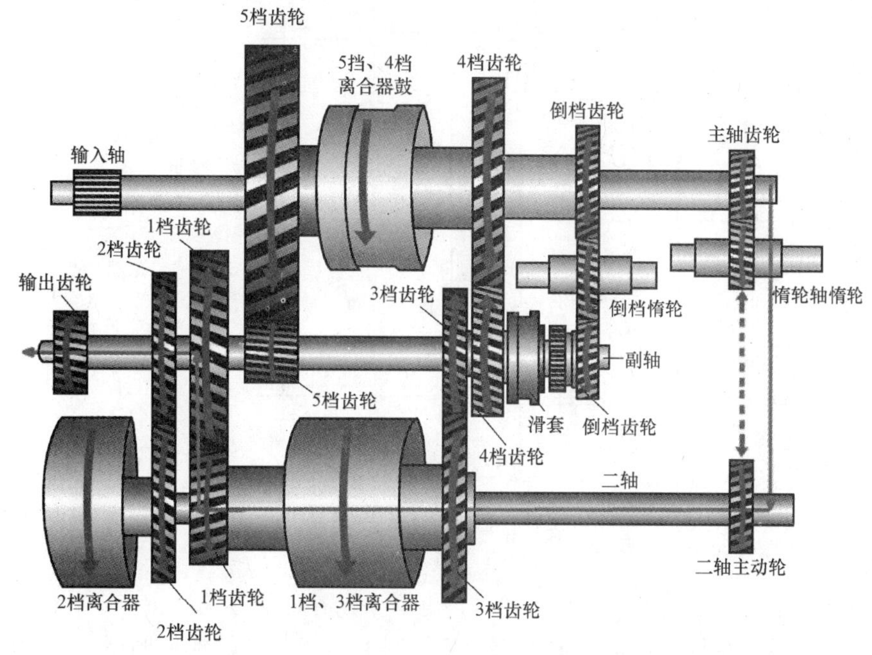

图 7-2-1　D1 档传动原理

当变速杆在 D 位，车速在 D1 档范围内时，电脑根据档位信号、车速信号及节气门位置信号，使 A、B 与 C 三个换档电磁阀关闭泄油口，将主油压送入 A、B、C 三个换档阀右端，将三个换档阀推到左端。与此同时，换档电磁阀 D 和 E 打开泄油口，将两个换档阀左腔泄油，使两个换档阀移动至左端，于是便为 1 档离合器打开通道。1 档离合器接合后，传动路线传动如下：

1）输入轴及与输入轴一体的主轴齿轮和 5 档、4 档、倒档离合器鼓一同随输入轴顺时针旋转。

2）与输入轴主动齿轮常啮合的惰轮轴上的惰轮逆时针旋转。

3）与惰轮轴上的惰轮常啮合的二轴齿轮便顺时针主动旋转，于是，与二轴一体的 1 档、2 档及 3 档离合器鼓与二轴一同主动顺时针旋转，因此时 1 档离合已接合，便使二轴上的 1 档齿轮随二轴主动顺时针旋转。

4）与二轴齿轮常啮合的与副轴一体的副轴 1 档齿轮便逆时针旋转，驱动减速器输出 D1 档。

5）其他各对常啮合齿轮均空转，对输出无干涉。

二、D2 档传动原理

D2 档传动原理如图 7-2-2 所示。

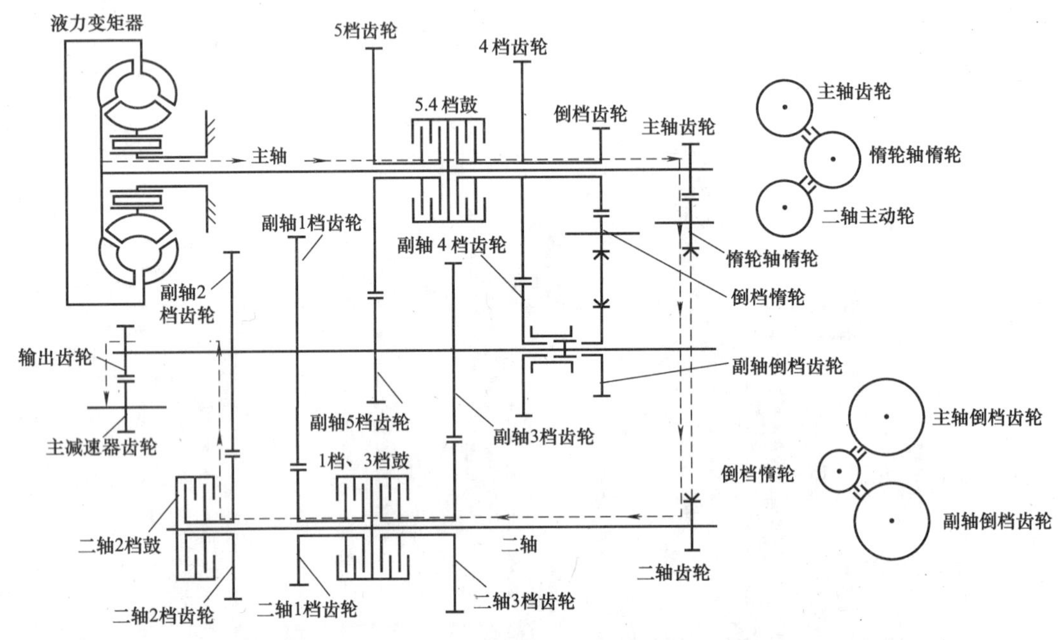

图 7-2-2　D2 档传动原理

变速杆在 D 位，车速升至 D2 档范围时，电脑根据各种信号发出指令，B 和 D 换档电磁阀关闭，停止泄油，将换档阀 B 推到左端，换档阀 D 推至右端。换档阀 A 与 C 和 E 开启泄油，使换档阀 A 和 C 移动到右端，换档阀 E 移动到左端，于是便把 2 档离合器的油道接通，2 档离合器工作输出 D2 档。

D2 档传动路线如下：

1）输入轴（主轴）及与输入轴一体的主轴齿轮和 5 档、4 档、倒档离合器鼓一同随输入轴顺时针旋转。

2）与输入轴一体的与主轴齿轮常啮合的惰轮轴上的惰轮逆时针旋转。

3）与惰轮轴上的惰轮常啮合的二轴齿轮顺时针旋转，使与二轴一体的 1 档、2 档、3 档离合器鼓随轴主动顺时针旋转。

4）二轴上的 2 档离合器接合，使二轴上的 2 档齿轮与二轴一同顺时针旋转。

5）与二轴上的 2 档齿轮常啮合的与副轴一体的副轴 2 档齿轮便逆时针旋转，使副轴输出齿轮逆时针旋转，驱动减速器输出 D2 档。与此同时，与副轴一体的 1 档、5 档、3 档和 4 档齿轮及滑套也随副轴逆时针空转。

6）与副轴 1 档、3 档齿轮常啮合的套装在二轴上的 1 档及 3 档齿轮顺时针空传。

7）与副轴 5 档和 4 档齿轮常啮合的套装在输入轴上的 5 档、4 档、倒档齿轮顺时针空转。

8）与输入轴上的倒档齿轮常啮合的倒档惰轮轴惰轮逆时针空转，使与惰轮轴惰轮常啮合的套装在副轴上的倒档齿轮顺时针空转。

综上可知，只要了解和掌握了行星轮式自动变速器的结构和传动原理，那么，平行轴式自动变速器的结构和传动原理便会一清二楚。

三、D3 档传动原理

用立体传动图分析该变速器 D3 档传动原理，如图 7-2-3 所示。

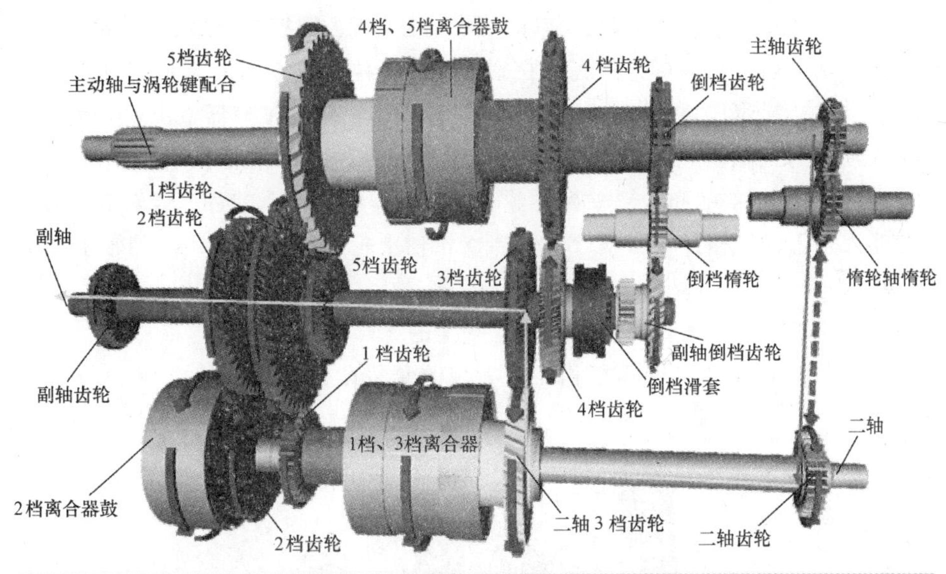

图 7-2-3　D3 档传动原理

参照图 7-1-1 及图 7-2-3 可知，当变速杆在 D 位，车速升至 D3 档时，电脑根据档位信号、车速信号、节气门位置信号等，指令 A、B、D 与 E 四个换档电磁阀开启泄油，C 电磁阀关闭停止泄油，于是换档阀 C、D 及 E 均移动到左端，换档阀 A 和 B 移动到右端，将离合器 C3 的油道开放，使 3 档离合器接合。D3 档传动路线如下：

1）输入轴（主动轴）与输入轴一体的主动齿轮和 5 档、4 档、倒档离合器鼓一同随输入轴顺时针旋转。

2）与输入轴主动齿轮常啮合的惰轮轴上的惰轮逆时针旋转。

3）与惰轮轴上的惰轮常啮合的二轴齿轮顺时针旋转，并使与二轴一体的 1 档、2 档、3 档离合器鼓一同顺时针旋转。

4）3 档离合器接合，将二轴上的 3 档齿轮与二轴连成一体，使二轴上的 3 档齿轮与二轴一同顺时针旋转。

5）与二轴 3 档齿轮常啮合的与副轴一体的副轴 3 档齿轮逆时针旋转，驱动减速器输出 D3 档。

与此同时，各轴上的其他常啮合齿轮均空转，对输出无干涉。

四、D4 档传动原理

D4 档传动原理如图 7-2-4 所示。

参照图 7-1-1 及图 7-2-4 可知，当变速杆在 D 位，车速升至 D4 档范围时，电脑根据节气门位置信号，使换档电磁阀 A 关闭，停止泄油，换档电磁阀 B、C、D、E 全部开启泄油，于是使换档电磁阀 A、D 及 E 移动到左端，而换档电磁阀 B 和 C 均移到右端，为 4 档离合器打开油路，4 档离合器接合。D4 档传动情况如下：

1）输入轴及与输入轴一体的主轴齿轮和 5 档、4 档、倒档离合器鼓一同随输入轴顺时针主动旋转。

2）输入轴上的 4 档离合器接合，使输入轴上的 4 档、倒档齿轮随输入轴一同旋转。

3）与输入轴 4 档齿轮常啮合的套装在副轴上的 4 档齿轮，因滑套将副轴上的 4 档齿轮与副轴连成一体，因此副轴便以 4 档的转速逆时针旋转，驱动减速器输出 D4 档。

4）输入轴上的主轴齿轮与惰轮轴上的惰轮常啮合，因此惰轮轴上的惰轮便逆时针旋转，并使与惰轮轴惰轮常啮和的二轴齿轮顺时针旋转，使二轴上的各离合器鼓空转。

5）与输入轴上的倒档齿轮常啮合的倒档惰轮轴惰轮逆时针空转，使副轴上的倒档齿轮顺时针空转。

6）与副轴 5 档齿轮常啮合的套装在输入轴上的 5 档齿轮顺时针空转。

7）与副轴上的 1 档、2 档、3 档齿轮常啮合的套装在二轴上的 1 档、2 档、3 档齿轮顺时针空转。

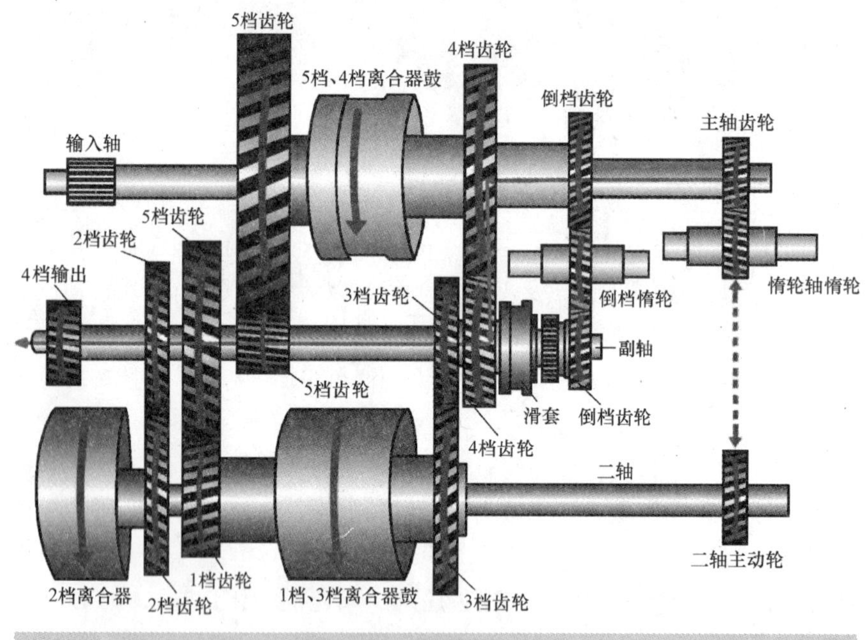

图 7-2-4　D4 档传动原理

五、D5 档传动原理

D5 档传动原理如图 7-2-5 所示。

当变速杆在 D 位，车速升至 D5 档范围时，电脑根据档位信号、节气门位置信号、车速信号等，使换档电磁阀 A、C、D 关闭，停止泄油，于是便将换档阀 A 与 C 移至左端，D 移动到右端，使换档电磁阀 B 和 E 开启泄油，将换档阀 B 移至左端，换档阀 E 移至右端。于

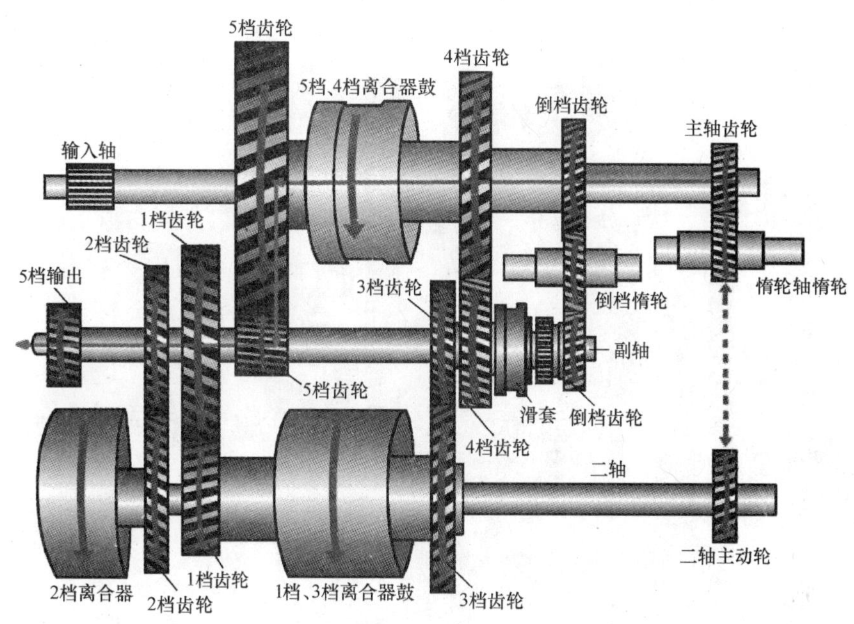

图 7-2-5　D5 档传动原理

是打开 5 档离合器油道，向 5 档离合器送油，使 5 档离合器接合，输出 D5 档。D5 档传动路线如下：

1）输入轴及与输入轴一体的主轴齿轮和 5 档、4 档、倒档离合器鼓一同随输入轴顺时针主动旋转。

2）输入轴上的 5 档离合器接合，将输入轴上的 5 档齿轮与输入轴连成一体，使输入轴 5 档齿轮顺时针旋转。

3）与输入轴 5 档齿轮常啮合的与副轴一体的副轴 5 档齿轮逆时针旋转，使副轴上的输出齿轮驱动减速器输出 D5 档。与此同时，与副轴一体的 1 档、2 档、3 档、4 档齿轮和倒档滑套均空转。

4）与输入轴主动齿轮常啮合的惰轮轴上的惰轮逆时针旋转。

5）与惰轮轴上的惰轮常啮合的二轴齿轮顺时针旋转，并使与二轴一体的 1 档、2 档、3 档离合器鼓一同顺时针空转。

综上可知，D5 档时，除输入轴上的 5 档齿轮及与之常啮合的副轴上的 5 档齿轮及副轴上的输出齿轮主动旋转外，其他各齿轮均空转，对输出无干涉。

六、倒档传动原理

倒档传动原理如图 7-2-6 所示。

当变速杆入 R 位，电脑根据各种信号，指令电磁阀 B、E 关闭，停止泄油，电磁阀 C、D、A 开启泄油，于是使 B 换档阀移动到左端，E 换档阀移动到右端，使换档阀 A、C 在右端，D 换档阀在左端，于是为 4 档离合器接合开通油道，并使伺服阀右移，将副轴上的滑套右移，使副轴上的倒档齿轮与副轴连成一体，输出倒档。

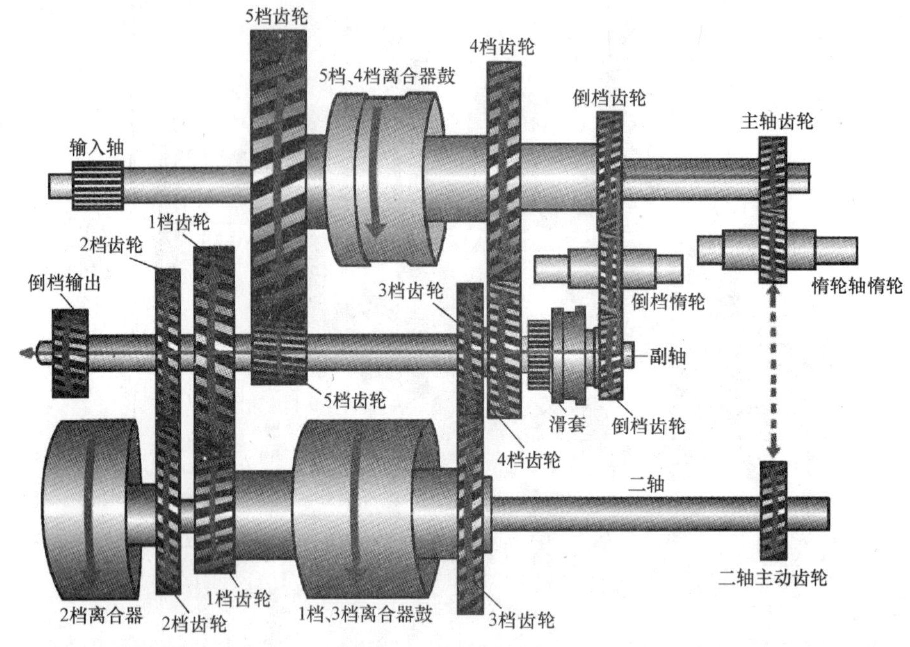

图 7-2-6　倒档传动原理

倒档传动路线如下：

1）输入轴上的5档、4档、倒档离合器鼓随输入轴一同主动顺时针旋转，4档离合器接合，使输入轴上的4档、倒档齿轮主动顺时针旋转。

2）与输入轴倒档齿轮常啮合的倒档惰轮轴上的惰轮逆时针旋转，并使与惰轮轴上的惰轮常啮合的副轴上的倒档齿轮及滑套顺时针空转，此时副轴上的滑套将副轴倒档齿轮与副轴连为一体，于是副轴输出齿轮驱动减速器输出倒档。

其他各常啮合齿轮均空转，对输出无干涉。

第三节　五档平行轴式自动变速器电控液压系统

综上可知，变速器是靠电脑控制各阀动作完成各档输出的。因此，电控液压系统是由电子控制系统和各种阀两部分组成的。

一、电控单元和电磁阀

电控单元根据节气门位置信号、车速信号、档位开关信号、发动机转速信号、冷却液温度信号以及负荷信号等，及时驱动换档电磁阀 A、B、C、D 和 E 动作，决定自动变速器的换档时机。

此外，电控系统采用坡道逻辑控制系统，控制自动变速器在 D1、D3 位置的换档。当车辆上坡或下坡时，电控单元将实际行驶工况与记忆设定工况比较，根据节气门位置传感器信号、发动机冷却液温度传感器信号、变速器油温传感器信号、大气压力传感器信号、车速信号、发动机转速信号、档位开关信号以及制动信号，进行坡道上的换档控制。

当汽车升档或降档时，电控单元根据各传感器信号和各开关信号进行处理后，用输出电流信号的办法使调压电磁阀 A、B、C 调节离合器压力，使离合器接合和分离平顺，从而改善换档质量。

电控单元通过控制压力调节电磁阀 A 和换档电磁阀 E 接通或关闭的组合，实现锁止离合器的锁止或解除。离合器压力控制电磁阀 A 可以调整锁止压力，控制锁止离合器的锁止程序。

电控单元通过对换档电磁阀 D 和离合器压力控制电磁阀 A 的控制实现自动变速器在 D 位置时的 2 档、3 档、4 档和 5 档的锁止控制或在 D 位时的 2 档和 3 档的锁止控制。

二、五档平行轴式自动变速器电控液压油路组成

1. 五档平行轴式自动变速器油路系统

五档平行轴式自动变速器油路如图 7-3-1 所示。

从图可知，该油路系统由主调压阀，A、B、C、D、E 换档电磁阀，A、B、C、D、E 换档阀，A、B、C 离合器调压电磁阀组成。

2. 五档平行轴式自动变速器阀结构原理

（1）调压电磁阀

从图可知，油路系统中有 A、B、C 三个离合器调压电磁阀，该电磁阀是在档位开始切换瞬间，对离合器油压进行减压修正，以减小换档冲击。

（2）手动阀

各型自动变速器液压阀体内的手动阀均与变速杆连动，根据驾驶人意愿，由驾驶人手动操作，完成驻车档、空档、D 位、S 位及 R 位油路控制。

（3）换档阀

所有换档阀均由换档电磁阀控制，在两个位置上切换，以便为各档离合器或制动器匹配油路。

1）阀体。平行轴式五档自动变速器阀体如图 7-3-2 所示。

该型自动变速器阀体由主阀体、调节器阀体和伺服阀体组成。变矩器涡轮驱动油泵泵油，将具有一定压力的油液通过不同的油道泵入各阀体，控制每个阀体的动作。

2）主阀体。主阀体如图 7-3-3 所示。

从图可知，主阀体由手动阀，A、B、C、E 换档阀和安全阀，锁止控制电磁阀，冷却器单向阀，伺服控制阀组成。A、B、C、D、E 换档阀受换档电磁阀控制，分别在两个位置切换。

3）调节器阀体。调节器阀体由锁止换档阀、主调压阀，变矩器单向阀组成，如图7-3-4 所示。调节器阀即主调压阀。它与导轮轴臂弹簧连动，导轮反作用力使弹簧压缩，主调压阀向左移动，从而增大了由主调压阀调节的系统液压油的压力。

4）伺服阀体。伺服阀体如图 7-3-5 所示。伺服阀体由伺服阀，换档阀 D，换档电磁阀 A、B、C、D、E，2 档蓄压器，4 档蓄能器，5 档蓄能器组成。

蓄能器安装在主调压阀体和伺服阀体内，蓄能器有 1 档、2 档、3 档、4 档和 5 档蓄压器，其作用是改善换档质量，减少档位切换中的冲击。

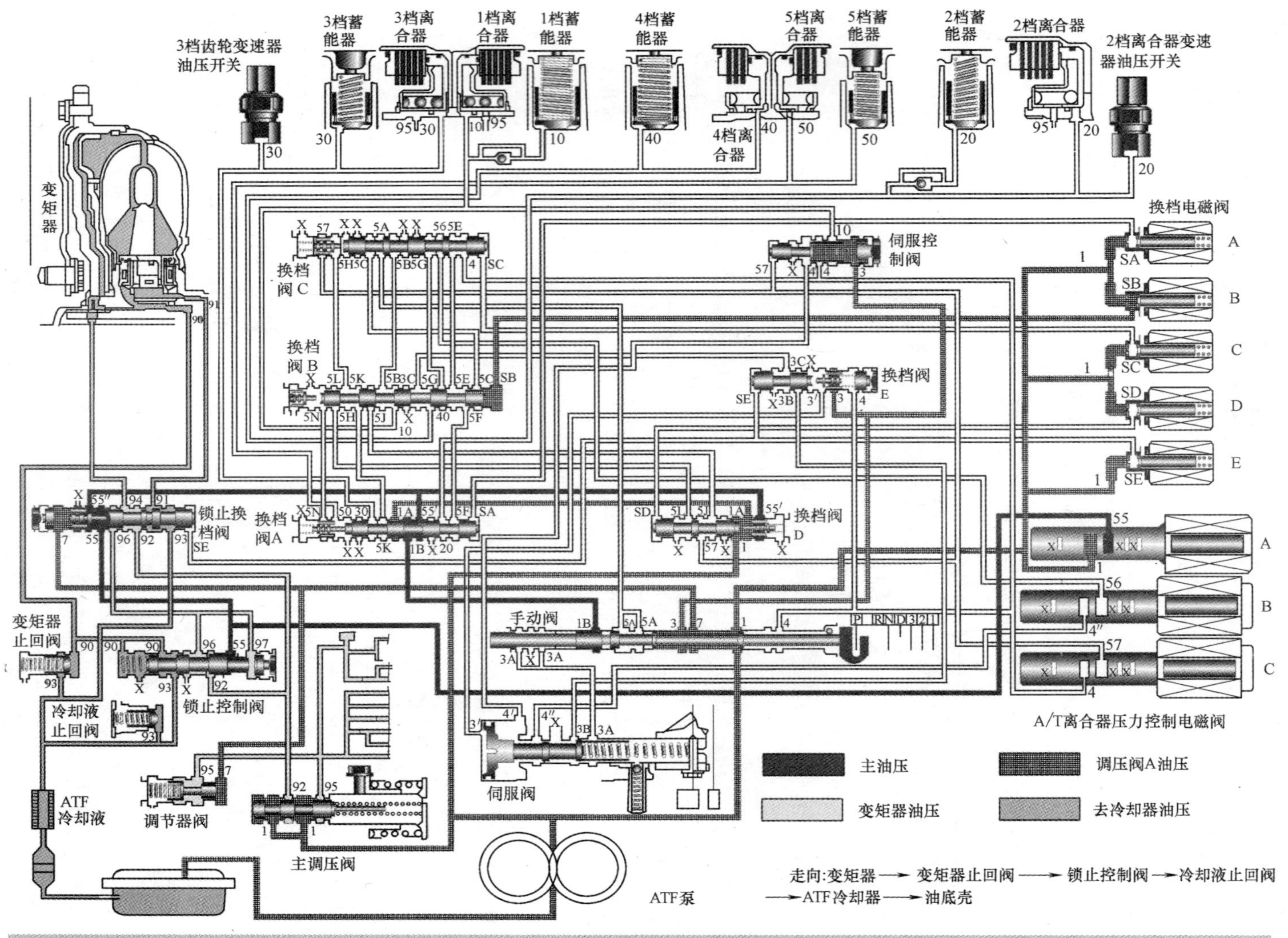

图 7-3-1　五档平行轴式变速器油路

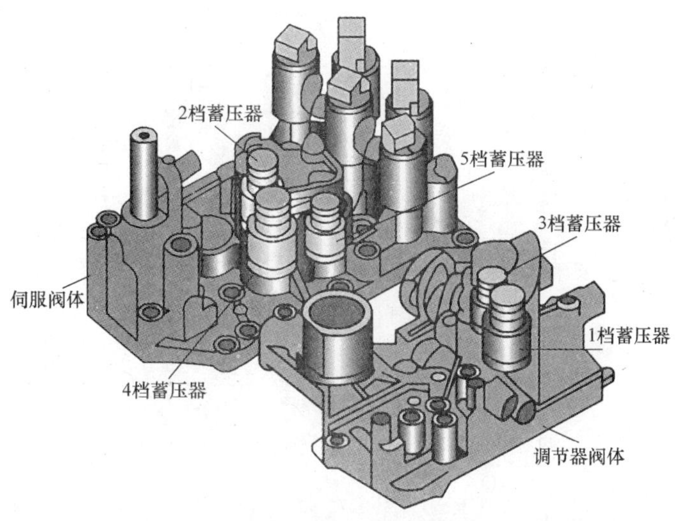

图 7-3-2　自动变速器阀体

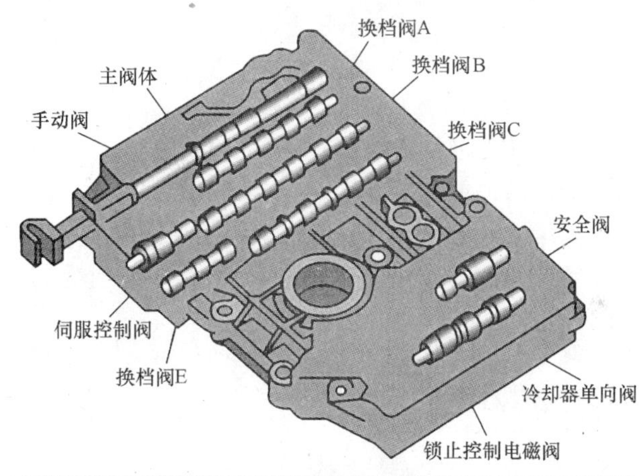

图 7-3-3　主阀体

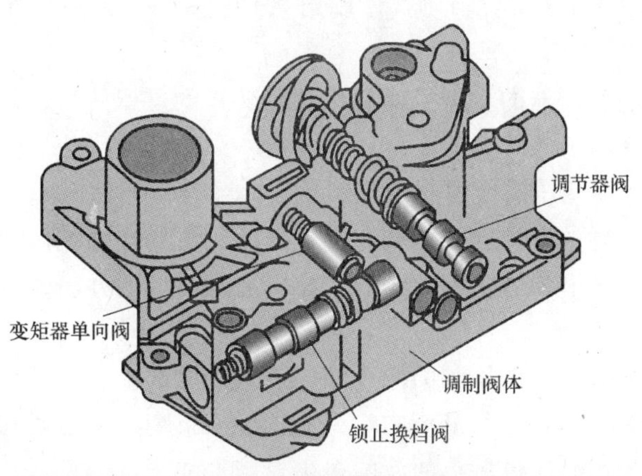

图 7-3-4　调节器阀体结构

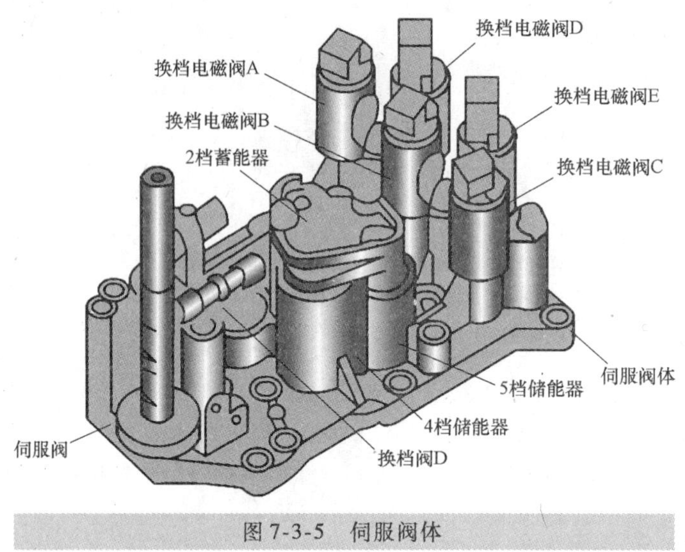

图 7-3-5　伺服阀体

第四节　五档平行轴式自动变速器油路系统

五档平行轴式自动变速器油路系统如图 7-3-1 所示。

5 个换档电磁阀由电脑控制开闭，用液压控制 A、B、C、D、E 5 个换档阀分别在两个位置上切换，以便为各档离合器匹配打开相应的油路通道。

A、B、C 3 个离合器调压电磁阀的作用在档位开始切换瞬间，将主油压减压后送入离合器，以减小换档冲击。伺服控制阀及伺服阀控制 4 档、倒档拨叉切换 4 档或倒档，调压电磁阀在档位切换瞬间将主油压减压。

一、油路中各主要阀结构原理

1. 主调压阀

主调压阀结构原理如图 7-4-1 所示。

对比图 7-3-1 与图 7-4-1 可知，主调压阀用来调整系统主油压，使油泵泵出的油压随节气门开度和负荷变化而变化。

五档平行轴式自动变速器的主调压阀利用导轮转矩的反作用力，使压力油随转矩增大而增大。

从图 7-4-1 可知，主调压阀由滑阀和弹簧组成。弹簧作用在滑阀的右侧向左推阀，来自油泵的油液进入主调压阀的左腔向右推阀，主调压阀的滑阀在两端压力抗衡的作用下，决定滑阀的位置，即决定打开泄油口 92 和 95 的大小，通过泄油的办法，控制油泵的油压，即主油压。具体工作原理如下：

来自油泵的压力油进入主调压阀的两个腔，进入左腔的油压一部分经滑阀上的钻孔进入滑阀的左端向右推滑阀，于是便与滑阀右端弹簧的弹力抗衡，决定滑阀的位置，即决定了泄油口 92 与 95 开度的大小，通过泄出油液的多少控制主油压。

参照图 7-3-1 和图 7-4-1 可知，主调压阀主油压分别送入以下各处：

1）由油道 3 送入手动阀油道 1。

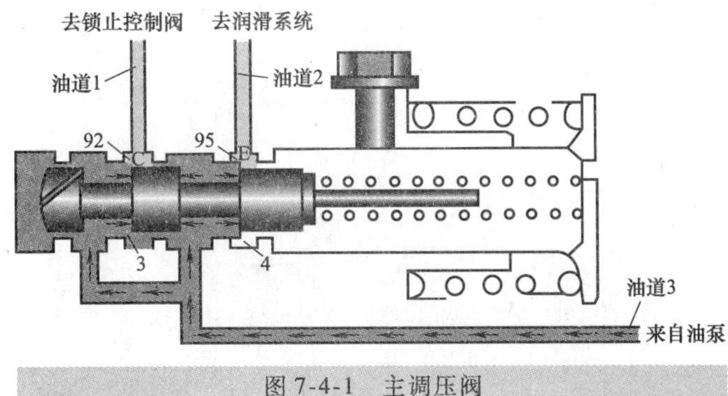

图 7-4-1　主调压阀

2）主调压阀泄油送入锁止控制阀，锁止控制阀由调压电磁阀 A 将主油压调节出控制油压，控制锁止控制阀，将主调压阀泄入锁止控制阀的油压，减压后送入锁止换档阀待命。

3）与此同时，经节流后由 95 口送入润滑油道润滑各件。

若滑阀磨损、卡滞，弹簧疲劳或折断，导轮打滑等，均会引起主油压失常。

该变速器主调压阀滑阀与弹簧座联动。弹簧座又与导轮联动，导轮的反作用力使弹簧压缩，滑阀向左移动，从而增大了由滑阀调节的系统液压油的压力。当导轮转矩反作用力达到最大值时，系统油压最大。

从以上工作过程可知，该变速器主油压只随发动机的转速和导轮反作用力变化而变化，即随发动机的负荷变化而变化。其过程没有电控系统参与，但输出的主油压则受三个离合器油压控制电磁阀在档位切换瞬间调压，以使相关离合器瞬间半离合，减轻档位切换冲击。

2. 导轮调压阀

导轮调压原理如图 7-4-2 所示。

导轮轴通过花键和变矩器中的导轮连接，导轮轴臂则与主调压阀弹簧座接触。当汽车上坡或加速时，导轮转矩的反作用力作用在导轮轴上，与反作用力成比例的力，使导轮臂向左推压滑阀弹簧座，使滑阀左移，关小图 7-4-1 中 92 与 95 泄油口，使主油压升高，以满足负荷增加的要求。

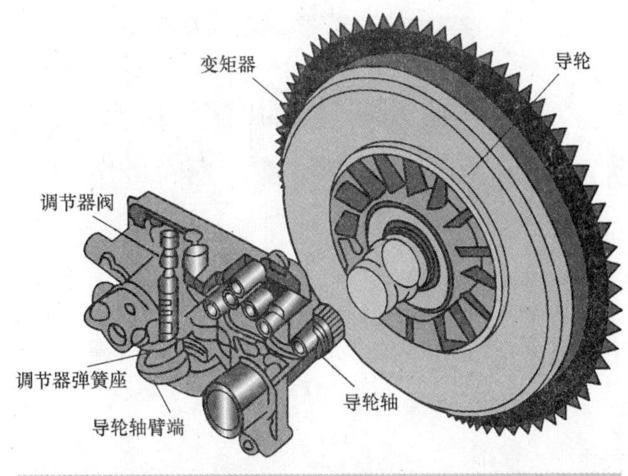

图 7-4-2　导轮调压原理

3. 锁止控制阀

锁止控制阀如图 7-4-3 所示。

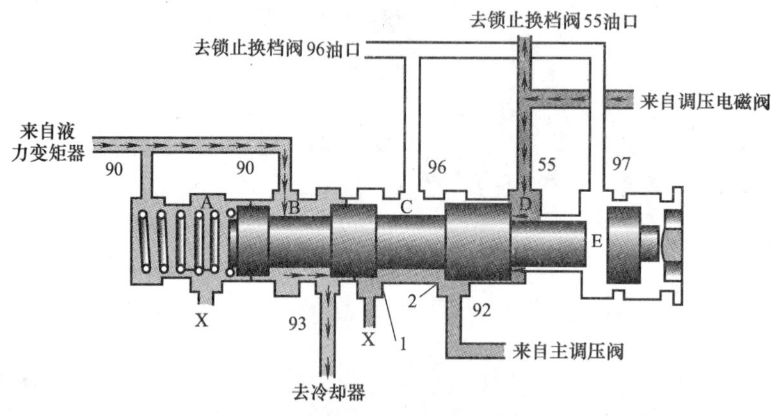

图 7-4-3　锁止控制阀

主调压阀泄出的油液送入 92 油口，电脑将调压电磁阀 A 调出的油压送入 55 油口向左推阀，改变泄油口 92 开度大小，将 92 油口油压调出供给锁止换档阀去变矩器的油压。

4. 锁止换档阀

锁止换档阀由换档电磁阀 E 控制该阀在两个位置切换，以控制变矩器是否锁止，如图 7-4-4 所示。

当换档电磁阀 E 无油压进入锁止换档阀 F 腔时，滑阀移动到右端，油道 1 主油压泄油由油道 2 送入变矩器前端，使锁止离合器解锁，变矩器内油液经油道 3 从油道 4 流入冷却器。当换档电磁阀 E 有油压进入 F 腔时，滑阀压缩弹簧移到左端，油道 1 和油道 3 相通，将油道 1 油压由油道 3 送入变矩器后端，将锁止离合器锁止，油道 4 将压盘后端油压泄压。P 位时，手动阀主油压使滑阀关闭 55 油口。

来自调压电磁阀 C 的油压由油道 5 去换档阀 A 和 D 待命，根据两换档阀的位置向离合器送入减压油压。

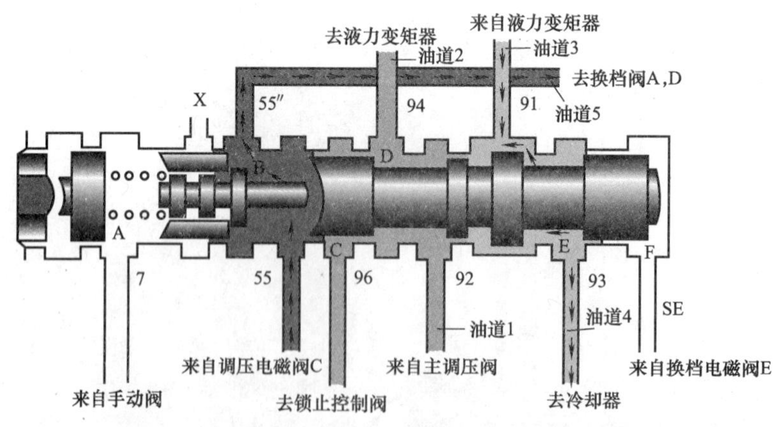

图 7-4-4　锁止换档阀

5. 伺服控制阀

伺服控制阀如图 7-4-5 所示。

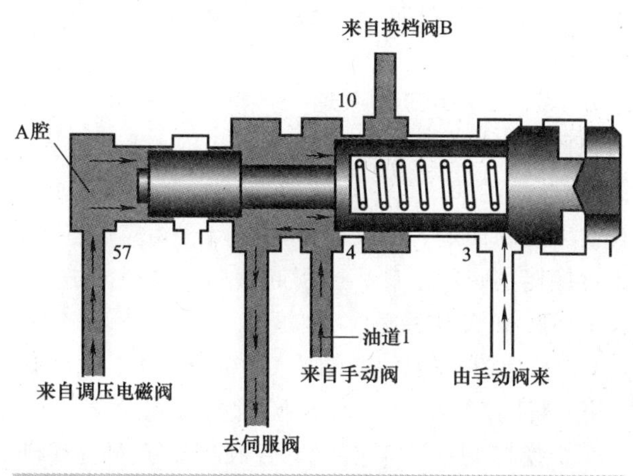

图 7-4-5 伺服控制阀

从图可知，当手动阀入 R 位时，电脑控制调压电磁阀 C 不向 A 腔送油压，滑阀在弹簧力作用下移至左端，将油道 4 去伺服阀右腔油压泄掉，手动阀主油压送入伺服阀左腔，将伺服活塞推入右端，伺服活塞连同拨叉右移，滑套将倒档齿轮与副轴连成一体，变速器输出倒档。

调压电磁阀 C 经 A 腔送油，把滑阀推到右侧，油道 4 与油道 1 相通，将主油压送入伺服阀的右腔，将伺服阀推至左端，使滑套脱离与倒档惰轮的连接，使变速器进入前进档。

6. 伺服阀

伺服阀如图 7-4-6 所示。

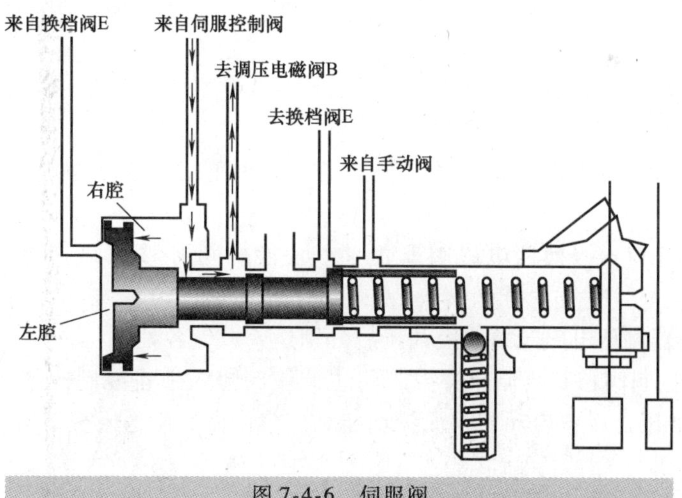

图 7-4-6 伺服阀

对比油路图 7-3-1 和图 7-4-6 可知，伺服阀在前进档与倒档间驱动 4 档、倒档拨叉左右移动，以控制前进 4 档和倒档。

4 档时，手动阀主油压通过伺服控制阀进入伺服阀右腔，使伺服阀滑阀移到左端，通过伺服滑阀带动滑套使倒档轮与副轴脱离接合，使变速器进入前进档。

当手动阀挂入倒档时，手动阀将主油压通过换档阀送入伺服阀的左腔，使滑阀压缩弹簧左移，并将与滑阀联动的拨叉右移，于是拨叉拨动滑套右移，通过滑套将套装在副轴上的倒档齿轮与副轴连成一体，于是副轴顺时针旋转，使减速器齿轮逆时针旋转，变速器输出倒档。

7. 换档电磁阀 A、B、C、D、E 工作原理

换档电磁阀通过电脑控制球阀开闭。从图 7-3-1 可知，手动阀入前进档后，主油压便通过手动阀分别进入换档电磁阀 A、B、C、D、E 待命。电脑根据各传感器的信号，控制换档电磁阀是否向各换档阀输出控制油压，以使换档阀移动至相应位置，以便接通相应档离合器通道，使离合器工作。若换档电磁阀不良，会引起丢档或换档冲击。

8. 换档阀 A、B、C、D、E 工作原理

换档阀 A、B、C、D、E 受控于换档电磁阀 A、B、C、D、E。

电磁阀开启泄油，滑阀被弹簧推至一端，换档电磁阀关闭，停止泄油，滑阀在油压作用下被推至另一端。5 个换档阀在 5 个换档电磁阀控制下左右移动，为各档离合器匹配供油。

二、五档平行轴式自动变速器各档油路工作原理

1. D1 档油路工作原理

D1 档油路工作原理如图 7-4-7 所示。

（1）手动阀 2 油口主油压输出

主调压阀主油压送入手动阀 2 油口后走向：

1）送入手动阀后由手动阀 2 口送入换档电磁阀 A，经换档电磁阀 A 控制换档阀 A，推滑阀移动到左端。

2）送入手动阀后由手动阀 2 口送入换档电磁阀 B，经换档电磁阀 B 控制换档阀 B，推滑阀移动到左端。

3）送入手动阀后由手动阀 2 口送入换档电磁阀 C，经换档电磁阀 C 控制换档阀 C，推滑阀移动到左端。

4）送入手动阀后由手动阀 2 口送入换档电磁阀 D 控制泄油，使换档阀 D 滑阀移动到左端。

5）由手动阀 2 口送入换档电磁阀 E 泄油，使换档阀 E 移动到左端，锁止换档阀移到左端。

6）送入离合器调压电磁阀 A，经调压后分别送入以下各处：

① 送入锁止控制阀控制节流口开度，将主调压阀泄入锁止控制阀的油液，调节成去锁止换档阀待命的油压，以备启动安全保护功能时，将待命油压送入变矩器，使变矩器锁止油压降低。

② 送入锁止换档阀后送入换档阀 A 待命。

送入换档阀 D 右端，推换档阀 D 的滑阀移至左端。

（2）手动阀 1 油口主油压走向

1）手动阀 1 油口主油压送入调压电磁阀 C 调压后，经换档阀 D 送入换档阀 B 待命。

2）送入调压电磁阀 C 调压后，送入伺服控制阀左端推阀到右端，将 1 油口主油压送入伺服阀右腔左推拨叉。

3）送入调压电磁阀 C 调压后，经换档阀 C 送入换档阀 B，送入换档阀 A 为 D3 档待命。

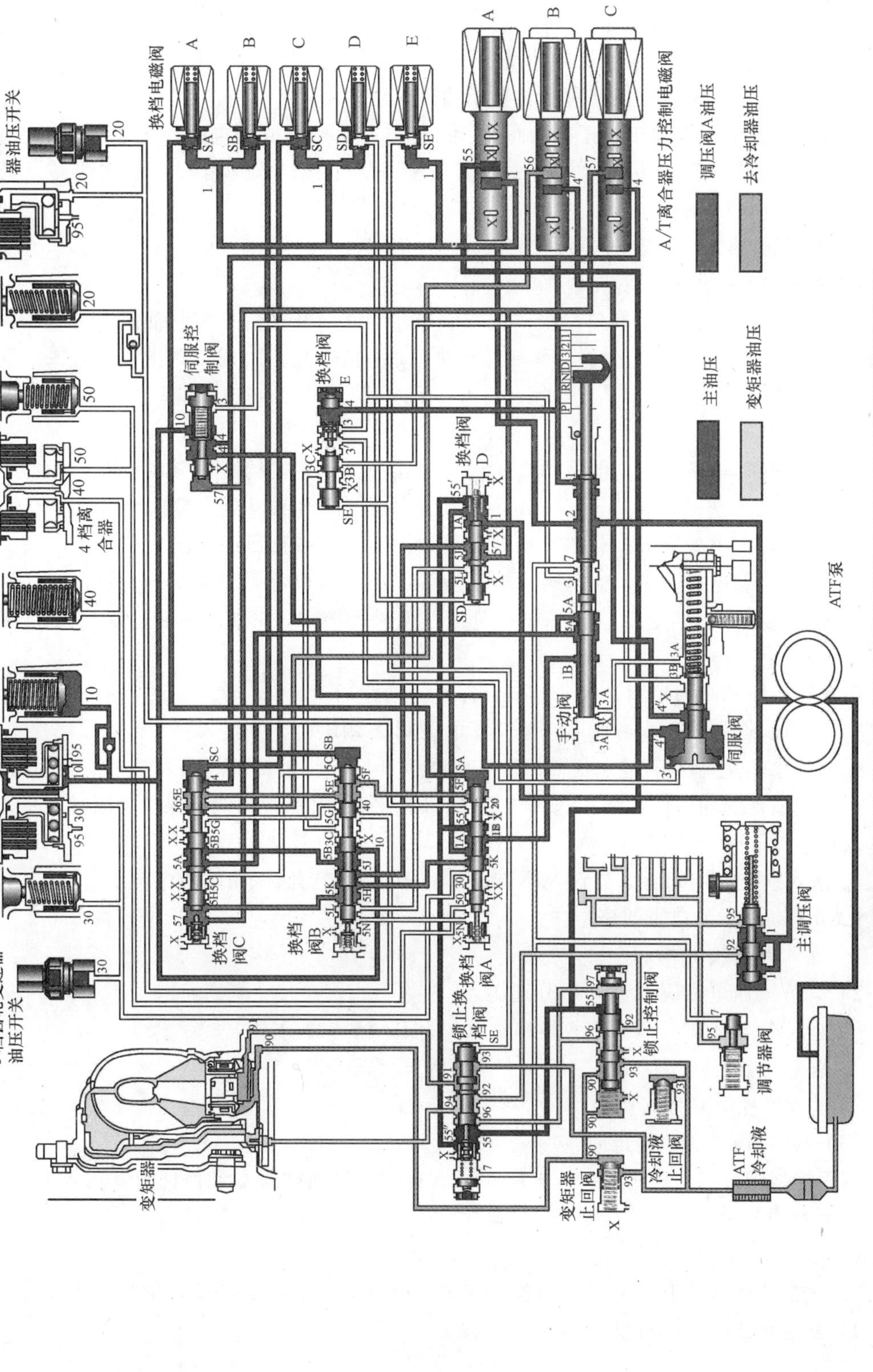

图 7-4-7　D1 档油路

（3）D1 档离合器油路走向

主调压阀主油压经换档阀 D 送入换档阀 A，经手动阀送入换档阀 C，送入换档阀 B 后送入 1 档离合器和 1 档蓄能器，变速器输出 D1 档。

（4）主调压阀泄出油液走向

1）从主调压阀 95 口泄油送入润滑系统。

2）调压后，送入锁止换档阀，将锁止油压减压待命。

液力变矩器油压受控于调压电磁阀 A，锁止与否受控于换档电磁阀 E 及其锁止控制阀，液力变矩器工作不良，除机械故障外，主要应检查锁止换档阀中滑阀及电磁阀 E 及其控制系统。

2. D4 档油路工作原理

D4 档油路工作原理如图 7-4-8 所示。

当变速杆在 D4 位，电控单元根据档位信号、节气门开度信号控制油路中的电磁阀，使油液按以下路径送入 4 档离合器，使变速器进入 D4 档工况。主调压阀主油压送入手动阀后由 1 油口和 2 油口分别进入以下各处：

（1）手动阀 2 油口输出

1）送入换档电磁阀 A，电磁阀 A 关闭，停止泄油，将换档阀 A 移动到左端。

2）送入换档电磁阀 B，电磁阀 B 开启泄油，换档阀 B 移动到右端。

3）送入换档电磁阀 C，电磁阀 C 开启泄油，换档阀移动到右端。

4）送入换档电磁阀 D，电磁阀 D 开启泄油，换档阀 D 移动到左端。

5）送入换档电磁阀 E，电磁阀 E 泄油，使换档阀 E 移动到左端，锁止换档阀移到右端。

以上对各换档阀的控制，为 4 档离合器打通油路通道。

6）送入离合器调压电磁阀 A，经调压电磁阀 A 调压后分别送入：

① 送入锁止控制阀，控制滑阀打开节流口的开度，将主调压阀泄入锁止控制阀的油液，调节成去变矩器的油压，此油压送入锁止换档阀待命，以备启动安全保护功能时，将待命油压送入变矩器。

② 送入锁止换档阀后，分别入换档阀 B 和 D，为启动保护功能待命。

（2）手动阀 1 油口主油压走向：

1）送入换档阀 E 推阀左移。

2）送入调压电磁阀 C 调压后分别送入：

① 送入换档阀 D 后经 B 送入换档阀 A，为 D3 档待命。

② 送入伺服控制阀左端，推阀至右端，为伺服阀开路。

③ 送入换档阀 C 左端待命。

（3）D4 档离合器油路走向

伺服控制阀将主油压送入调压电磁阀 B 调压后，经换档阀 C 和换档阀 B 送入 D4 档离合器，输出 D4 档。

（4）主调压阀泄油走向

1）主油压送入换档阀 D 后送入换档阀 A，经手动阀送入换档阀 C 和 B 及 A 待命。

2）从主调压阀 95 口泄油送入润滑系统。

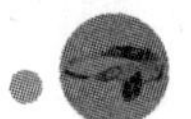

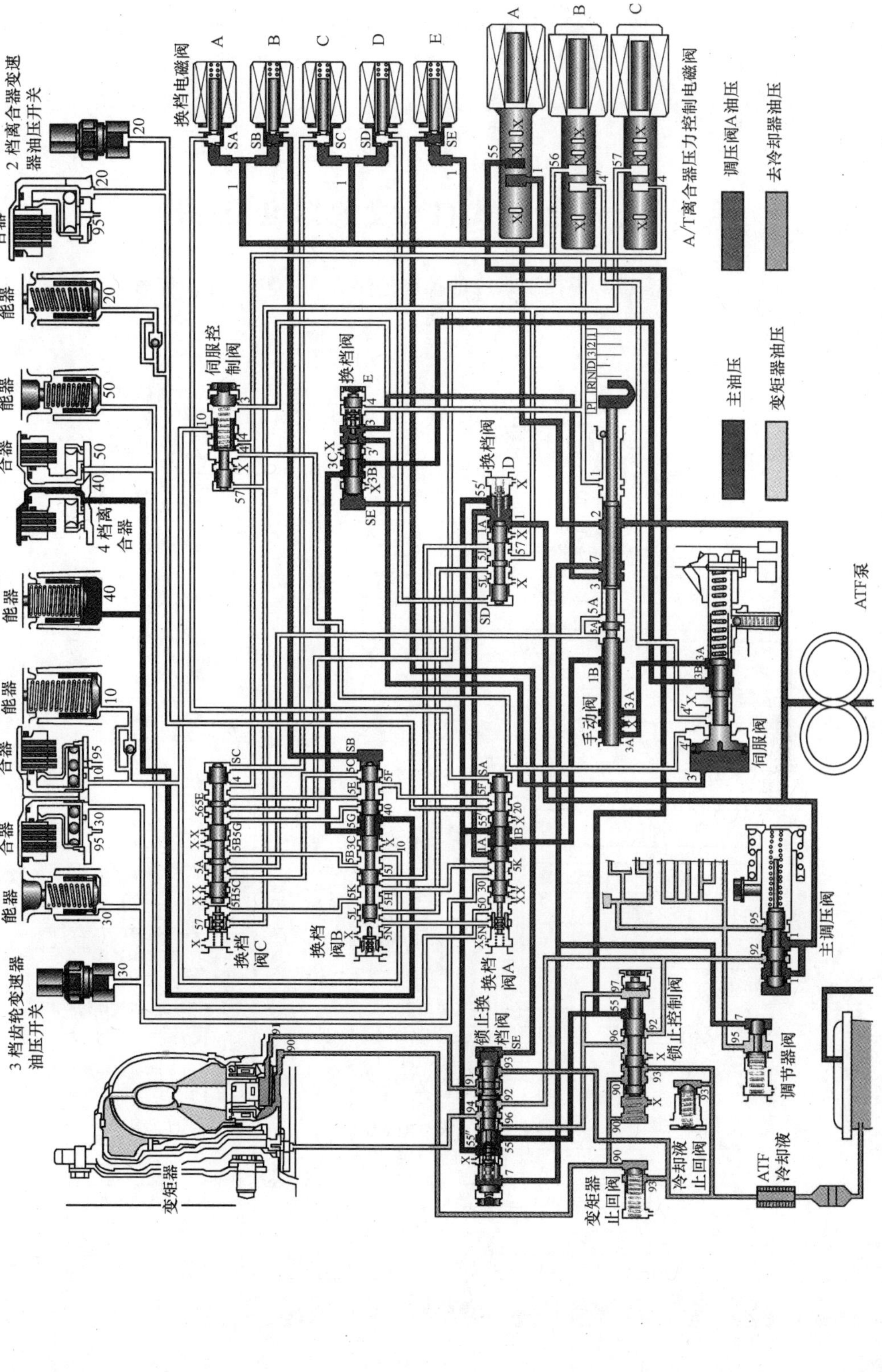
换档电磁阀
A
B
C
D
E
A/T离合器压力控制电磁阀
2 档离合器变速器油压开关
2 档离合器
2 档蓄能器
5 档蓄能器
5 档离合器
4 档离合器
4 档蓄能器
1 档蓄能器
1 档离合器
3 档离合器
3 档蓄能器
3 档齿轮变速器油压开关
变矩器
锁止换档阀
换档阀A
换档阀B
换档阀C
伺服控制阀
换档阀E
换档阀D
手动阀
伺服阀
ATF泵
主调压阀
锁止控制阀
调节器阀
冷却液止回阀
变矩器止回阀
ATF冷却液
主油压
变矩器油压
调压阀A油压
去冷却器油压

图 7-4-8 D4 档油路

3）从主调压阀 92 口泄油后分别送入锁止换档阀后送入变矩器（由换档电磁阀 E 控制该阀移动，使锁止离合器锁止或解锁）；送入锁止控制阀，由调压电磁 A 控制，将主调压阀 92 口泄入的油液调压后送入锁止控制阀待命，以备启动安全保护功能后，向液力变矩器供油。

综上可知，平行轴式自动变速器和其他自动变速器油路控制原理大同小异，但它有三个离合器调压阀，以备档位切换瞬间使两个离合器半离合，以消除空档间隙。

该变速器因无制动器只有离合器，且有几个档就有几个离合器，因此故障诊断比较容易。

第五节　平行轴式自动变速器电控原理

所有平行轴式自动变速器电子控制系统的控制思路大同小异。现以雅阁轿车自动变速器电控系统分析控制原理，如图 7-5-1 所示。

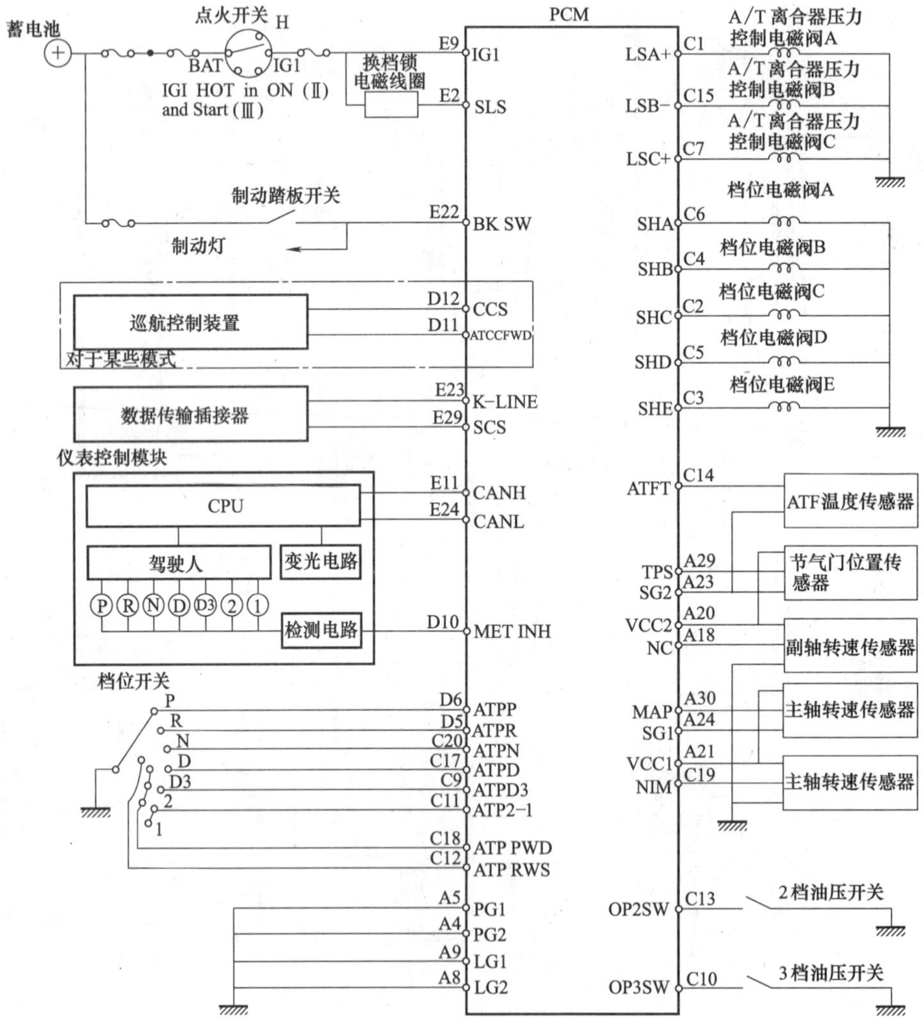

图 7-5-1　雅阁轿车变速器电控原理

从图 7-5-1 可知，当点火开关接通时，工作电源送入电脑 E9 号端子，电脑获得工作电源。

从图 7-5-1 还知，当电脑向油温传感器供给 5V 稳压电源后，电脑便可获取油温信号；向节气门位置传感器供给 5V 稳压电源后，便可获知节气位置信号；并从一个副轴霍尔转速传感器及两个主轴需尔效应传感器中获知车速信号。获知车速和负荷信号后，便可发出档位切换指令，即适时地控制 5 个换档电磁阀开闭，以便使 5 个换档阀移动到设定位置，为相应档离合器或制动器开通油路。

与此同时，调压电磁阀 A、B、C 在档位切换瞬间，有两个电磁阀占空比调压，两个调压电磁阀调压后的油压，分别送入参与切换的两个离合器，使两个离合器半离合，瞬间后一个电磁阀泄压，另一个电磁阀升压至离合器全接合，以便消除档位切换时产生空档间隙，造成换档冲击。

当踏制动踏板使汽车制动时，电脑 E22 号端子获得高电位，电脑立刻通过调压电磁阀 A 控制锁止控制电磁阀解除锁止离合器锁止。

从图 7-5-1 还知，当变速杆移到各档位时，与手柄联动的手动阀也移到相应位置，档位开关向电控单元提供搭铁低电位信号，电脑可根据各端子搭铁低电位信号，获知自动变速器档位，以便控制变速器 5 个换档电磁阀，将 5 个换档阀移动至设定位置，为该档离合器打开相应通道。

与此同时，电脑 C1、C15、C7 号端子分别向调压电磁阀 A、B 和 C 供电，当电脑获知档位切换时，便以占空比向调压电磁阀供电，使切换的两个离合器瞬间半离合，再转入该档离合器全接合，以便消除档位切换时的空档间隙，减小档位切换瞬间冲击。

电脑收到变速器档位信号后，便通过 CPU 向仪表指示灯送电，点亮档位开关指示灯，并将指示灯工作状况通过检测电路将检测结果通过电脑 D10 号端子反馈给电脑。

电脑根据档位信号，通过向电脑 C 1 号端子占空比送电，控制调压电磁阀 A 瞬间向相关离合器输送经减压的油压，以使相关离合器瞬间半离合

当踏下制动踏板使汽车制动时，电脑 E22 号端子获得高电位，电脑立刻控制锁止控制电磁阀解除锁止离合器锁止。

电脑还根据档位信号，通过向电脑 C15 号端子占空比送电，控制调压电磁阀 B 端子间向相关离合器输送经减压的油压，以使相关离合器瞬间半离合。

电脑还根据档位信号，分别控制换档电磁阀 A、B、C、D、E 的 C6 端子、C4 端子、C2 端子、C5 端子和 C3 端子通电或断电，使相应的换档阀移动至各自相应的位置，以为相应档位的离合器开通油道，使相应档的离合器从半离合至全压接合。

电脑的 C16 号端子与 12 号端子分别为两个油压开关信号端子。当油压过低时，电脑会从 C16 号端子和 12 号端子获得低电位信号，电脑会显示故障码并只有低档。

电控单元还从 C12 号端子监控 D2 档时主油压压力，从 C10 号端子监控 D3 档时主油压压力，若压力值失常，电控单元将启动保护功能。

第六节　平行轴式自动变速器主要故障

平行轴式自动变速器虽有多种型号，但其故障类型却大同小异，只要熟知结构原理，其主要故障便不难排除。

一、平行轴式自动变速器故障诊断技巧

根据结构和各档传动及油路系统工作原理可知，平行轴式自动变速器每一档都只有一个离合器工作，只要有一个档工作不良，则该档换档机构或离合器及其相关动作的电磁阀或调压电磁阀不良。

为进一步确定故障部位，可先挂 D 位，在 D1 档速度范围内检查行驶是否正常，若正常，可确认 1 档离合器正常。再参照 1 档油路图可知，B、C 换档电磁阀及相应换档阀良好。该自动变速器所有故障均与 1 档离合器及上述电磁阀、换档阀和调压阀无关。若路试 1 档工作不良，则 1 档离合器及上述电磁阀、换档阀和调压阀必有一者不良。

同理，再挂 R 位，参照 R 位传动原理及油路也可判断出参与该档工作的机械与电器元件是否良好。

因 R 位工作不良是由 4 档离合器及相关油电路工作不良造成的，其中主要原因可能是挂档瞬间调压电磁阀不良，从 R 位油路图可知，R 位时 4 档离合器的油压是由主油压经调压电磁阀 B 调压后送入 4 档离合器的，因此，应检查调压电磁阀 B 及其电控部分。

该平行轴式自动变速器各档位切换时，由三个调压电磁阀匹配对参与切换工作的两个离合器或三个离合器瞬间减压，用半离合的办法减轻换档冲击，所以冲击故障应检查参与冲击档工作的调压电磁阀及其电控系统。

如果行驶中各档均工作不良，则应着重检查主油压和电子控制系统，即：

1）检查主油压。

2）调故障码。

3）用示波器检查波形。

4）匹配学习。

二、平行轴式自动变速器主要故障

下面以 BCLA/MCLA 自动变速器为例，根据结构原理及电路图分析平行轴式自动变速器易产生的主要故障原因。

1. 2 档和 R 位可行驶，但 1 档无法行驶

从传动原理图可知，2 和 R 位置能行驶，说明 2 档、4 档离合器正常，1 档不能行驶，说明 1 档离合器不正常，因此应检查 1 档离合器及其相关部分。

1）检查 1 档蓄能器故障。

2）1 档齿轮磨损或损坏。

3）1 档离合器故障。

检查 1 档离合器压力。拆检 1 档离合器，检查离合器活塞和 O 形密封圈。检查弹簧座圈和座圈密封是否磨损和损坏。检测离合器压板和顶盘之间的间隙。如果间隙超出范围，检查离合器盘和离合器片是否磨损或损坏。如果离合器盘磨损或损坏，应成套更换。

检测离合器波纹板的高度。如果高度超出公差范围，则更换波纹板。如果高度正常，则调整与离合器压板之间的间隙。

检测 1 档离合器输油管。如果 1 档离合器输油管有划痕，则更换输油管和输油管导向块下的 O 形密封圈。

4）1 档离合器输油管衬套松动或损坏，则更换第二轴。

2. 2 档无法行驶

从传动原理图可知，D1 档、D3 档、倒档、1 档及 D4 档离合器及相关换档机构及油电路均正常，2 档无法行驶，说明 2 档离合器及相关部分有故障。

1）2 档蓄能器故障。拆检 2 档蓄能器

2）2 档换档机构磨损或损坏。

3）2 档离合器故障。检查 2 档离合器压力。拆检 2 档离合器，检查离合器活塞和 O 形密封圈。检查弹簧座圈和座圈密封是否磨损和损坏。检测离合器压板和顶盘之间的间隙。检测离合器波纹板的高度。

3. R 位无法行驶

前进各档均正常，仅 R 位无法行驶，说明 4 档离合器或换档拨叉及其相关部分有故障。

1）4 档、倒档蓄能器故障。拆检 4 档、倒档蓄能器。

2）4 档离合器故障。检查 4 档离合器压力。检测离合器活塞、离合器活塞单向阀和 O 形密封圈。检查弹簧座圈的磨损和损坏情况。检测离合器碟簧高度。

3）换档拨叉故障。检查换档拨叉轴是否卡滞，检查换档拨叉轴上的换档拨叉螺栓是否丢失。

4）倒档齿轮磨损或损坏。检测倒档接合套齿轮轮齿斜面，检测副轴 4 档齿轮和倒档齿轮啮合的轮齿斜面。

4. 加速性能不良

1）变速器油位低。检查变速器油位。检查油冷却器管路是否泄漏，连接处是否松动。检查油滤清器是否堵塞。如果滤清器被钢屑或铝屑堵塞，必要时，冲洗油冷却器管路。

2）变速器油泵故障。拆检油泵，检查油泵是否磨损或粘合。检查油泵和变矩器壳体定位是否不当。如不当油泵会咬住，工作时会产生噪声或急促的尖叫声。

3）换档拉索断裂或无法调节。检查变速杆和变速器控制轴上的换档拉索是否松动。

4）主调压阀故障。拆检主调压阀，检查滑阀是否卡滞，弹簧是否磨损或折断，滑阀是否磨损。

5）变矩器单向阀故障。

5. 在 2 位置起动时失速转速较高

1）2 档合器故障。检测 2 档离合器压力。拆检 2 档离合器，检查离合器活塞和 O 形密封圈。检查弹簧座圈和座圈密封是否磨损和损坏。检查离合器片间的间隙。如果间隙超出范围，检查离合器盘和片是否磨损和损坏，必要时整套更换。

2）检测离合器波纹板的高度。

3）调码或读取数据流，检查换档电磁阀 B 及其控制系统。检查换档阀 B。

4）2 档蓄能器故障。

6. 在 R 位置起动失速转速较高

1）换档拉索断或无法调节。检查变速杆和变速器控制轴上的换档拉索是否松动。

2）4 档离合器故障。检查在 D 和 R 位置时，4 档离合器的压力。检查离合器活塞、离合器活塞单向阀和 O 形密封圈。检查弹簧座圈是否磨损和损坏。检测离合器片间隙。

3）伺服阀及倒档滑套故障。

7. 各档均失速

1）换档电磁阀 E 控制锁止换档阀，若换档电磁阀 E 有故障，将造成锁止离合器锁止不良。检查换档电磁阀 E 是否咬住。调码或读取数据流。检查换档电磁阀 E 电控系统。

2）变矩器单向离合器故障。更换变矩器。

3）发动机输出功率不足。

4）锁止换档阀故障。

5）油冷却器节流。检查油冷却器系统是否节流。

6）主油压不足。

8. 在 R 位置失速

1）发动机输出功率不足。

2）变矩器离合器活塞故障。更换变矩器。

3）锁止换档阀故障。

9. 从 N 位到 D 和 D3 位置时，换档过慢

1）压力控制电磁阀 A 故障。检查压力控制电磁阀 A 是否咬住。调码或读取数据流。检查压力控制电磁阀 A 电控系统。

2）压力控制电磁阀 B 故障。检查压力控制电磁阀 B 是否咬住。调码或读取数据流。检查压力控制电磁阀 B 电控系统。

3）压力控制电磁阀 C 故障。检查压力控制电磁阀 C 是否咬住。调码或读取数据流。检查压力控制电磁阀 C 电控系统。

4）换档拉索断或无法调节。换档拉索与变速器或车身的接头磨损或无法调节，检查变速杆和变速器控制轴上的多功能开关连接是否松动。

5）主副轴转速传感器故障。检查主轴转速传感器和副轴转速传感器的安装；调码或读取数据流，检查转速传感器电参数。

6）油温传感器故障。调码或读取数据流，或用万用表检测油温传感器。

7）伺服控制阀故障。

8）1 档蓄能器故障。

9）1 档单向阀球阀卡滞。

10）锁止换档阀故障。

11）1 档离合器故障。检查 1 档离合器压力。检查离合器活塞、离合器活塞单向阀和 O 形密封圈。检查弹簧座圈和座圈密封是否磨损和损坏；检查离合器间隙，如果间隙超出范围，检查离合器片是否磨损和损坏，如果离合器盘磨损和损坏，则将它们整套更换。检测离合器波纹板的高度，如果高度超出范围，则更换波纹板。如果高度正常，则调整与离合器压板之间的间隙。检测 1 档离合器输油管，如 1 档离合器输油管衬套松动或损坏，则更换第二轴。

10. 从 N 位换到 R 位时，换档过慢；或者当换档到 R 位时，冲击过大

从油路图可知，N 位换到 R 位时，换档电磁阀 E 和 B 均工作，将换档阀 E 推至左端，换档阀 B 推至右端。若换档电磁阀 E 和 B 卡滞，均会产生上述故障。

1）换档电磁阀 E 或 B 故障。检查电磁阀过滤器/垫圈和 O 形密封圈是否磨损或损坏。检查电磁阀是否咬住。调码或读取数据流。检查电磁阀 E 或 B 电参数。

2）换档阀 E 或 B 故障。检查换档阀是否咬住。

3）压力控制电磁阀 A 故障。检查电磁阀过滤器垫圈和 O 形密封圈是否磨损或损坏。检查电磁阀是否咬住。调码或读取数据流。检查电磁阀 A 电参数。

4）主从动轴转速传感器故障。检查主副轴转速传感器的安装。调码或读取数据流。检查主从动轴转速传感器电参数。

5）油温传感器故障。调码或读取数据流，检查油温传感器电参数。

6）换档拉索故障。检查多功能开关与变速杆之间的连接是否松动。检查多功能开关活动触点是否松动。检查多功能开关活动触点与固定触点间的接触是否牢固。

7）4 档离合器故障。检查离合器活塞、离合器活塞单向阀和 O 形密封圈。检查弹簧座圈是否磨损和损坏。检测离合器压板和顶盘之间的间隙。如果间隙超出范围，检查离合器片是否磨损和损坏。如果离合器盘磨损和损坏，则将它们整套更换。检测离合器碟簧的高度，如果高度超出范围，则更换。如果高度正常，则调整与离合器压板之间的间隙。

检查 4 档离合器压力，检查伺服阀和 O 形密封圈。

8）4 档/倒档蓄能器故障

9）锁止换档阀故障。

10）检查参与倒档工作的离合器是否间隙过大。

11. 不换档

检查 D 指示灯，并检查插头是否松动。

1）主轴转速传感器故障。检查主轴转速传感器安装；调码或读取数据，检查主轴转速传感器电参数。

2）副轴转速传感器故障。检查副轴转速传感器的安装；调码或读取数据流，检查副轴转速传感器电参数。

12. 换高速档或换低速档时冲击过大

检查 D 位指示灯，并检查插头是否松动。

1）离合器压力控制电磁阀 B 或 C 故障。检查电磁阀过滤器/垫圈和 O 形密封圈是否磨损或损坏；检查电磁阀是否咬住；调码或读取数据流，检查电磁阀 E 或 B 电参数。

2）主副轴转速传感器故障。调码或读取数据流，检查主副轴转速传感器电参数；检查主轴转速传感器和副轴转速传感器的安装。

3）ATF 温度传感器故障。调码或读取数据流，检查 ATF 温度传感器电参数。

13. 档位指示器不能指示变速杆位置

1）检查 D 指示灯，并检查插头是否松动

2）检查变速杆的动作。

3）检查多功能开关与变速杆的连接。

4）检查仪表灯是否损坏。

14. 1 档换 2 档或 2 档换 1 档时，冲击过大

检查 D 指示灯，并检查插头是否松动。

1）换档控制电磁阀 B 故障。检查电磁阀过滤器/垫圈和 O 形密封圈是否磨损或损坏。检查电磁阀是否咬住。调码或读取数据流，检查换档控制电磁阀 B 电参数。

2）压力控制电磁阀 A 故障。检查电磁阀是否咬住；调码或读取数据流，检查电磁阀电参数。

3）压力控制电磁阀 B 故障。检查电磁阀过滤器、垫圈和 O 形密封圈是否磨损或损坏。检查电磁阀是否咬住。调码或读取数据流，检查电磁阀电参数。

4）压力控制电磁阀 C 故障。

5）1 档蓄能器故障。

6）2 档蓄能器故障。

7）1 档单向阀球阀故障。

8）2 档单向阀球阀故障。

9）1 档和 2 档离合器故障。检查 1 档和 2 档离合器压力。检查离合器活塞、离合器活塞单向阀和 O 形密封圈。检查弹簧座圈和座圈密封是否磨损和损坏。如 1 档离合器输油管衬套松动或损坏，则更换第二轴。检测离合器片间隙，如果间隙超出范围，检查离合器盘和片是否磨损和损坏。如果离合器盘磨损和损坏，则将它们整套更换。检测离合器波纹板的高度，如果高度超出范围，则更换波纹板。如果高度正常，则调整离合器间隙。

10）2 档离合器故障。参见 1 档离合器故障检查。

15. 2 档换 3 档或 3 档换 2 档时，冲击过大

1）离合器压力控制电磁阀 A 故障。检查电磁阀过滤器/垫圈和 O 形密封圈是否磨损或损坏。检查电磁阀是否咬住。调码或读取数据流，检查电磁阀 A 电参数。

2）离合器压力控制电磁阀 C 故障。检查电磁阀过滤器/垫圈和 O 形密封圈是否磨损或损坏。检查电磁阀是否咬住。调码或读取数据流，检查电磁阀 C 电参数。

3）检查 2 档和 3 档离合器是否磨损，间隙过大。

4）2 档离合器或 3 档离合器故障。检查 2 档和 3 档离合器压力。检查离合器活塞、离合器活塞单向阀和 O 形密封圈。检查 3 档离合器输油管，如果 3 档离合器输油管有划痕，则更换输油管和输油管导向块下的 O 形密封圈。检测离合器压板高度。检查 3 档离合器输油管衬套是否松动或损坏，如损坏更换第二轴。

5）2 档蓄能器故障。

6）3 档蓄能器故障。

7）2 档单向阀球阀卡滞。

16. 3 档换 4 档或 4 档换 3 档时，冲击过大

1）离合器压力控制电磁阀 B 或 C 故障。检查电磁阀过滤器、垫圈和 O 形密封圈是否磨损或损坏。检查电磁阀是否咬住。调码或读取数据流，检查电磁阀 B 或 C 电参数。

2）3 档蓄能器故障。

3）4 档蓄能器故障。

4）3 档或 4 档离合器故障。检查 3 档和 4 档离合器压力。检查离合器活塞、离合器活塞单向阀和 O 形密封圈。检查弹簧座圈和座圈密封是否磨损或损坏。检测离合器压板和顶盘之间的间隙。检测离合器波纹板的高度。检查 3 档离合器输油管。如 3 档离合器输油管有划痕，则更换输油管和输油管导向块下的 O 形密封圈。如 3 档离合器输油管衬套松动或损坏，则更换第二轴。

17. 4 档换 5 档或 5 档换 4 档时，冲击过大

1）离合器压力控制电磁阀 B 或 C 故障。检查电磁阀过滤器、垫圈和 O 形密封圈是否磨损或损坏。检查电磁阀是否咬住。调码或读取数据流，检查电磁阀 B 或 C 电参数。

2）4 档、5 档蓄能器故障。蓄能器易出现的故障主要有蓄能器活塞变形或磨损，密封圈损坏泄漏。

3）4 档、5 档离合器故障。检查 4 档或 5 档离合器压力。检查离合器活塞、离合器活塞单向阀和 O 形密封圈是否磨损或损坏。检查弹簧座圈是否磨损或损坏。检测离合器片间隙。如果间隙超出范围，检查离合器片是否磨损和损坏。如果离合器片磨损和损坏，则将它们整套更换。检测离合器波纹板的高度，如果高度超出范围，则更换波纹板。如果高度正常，则调整与离合器片的间隙。检测 5 档离合器输油管，如果 5 档离合器输油管有划痕，则更换输油管和输油管导向块下的 O 形密封圈。如果 5 档离合器输油管衬套松动或损坏，则更换主轴。

18. 所有档位，变速器都发出噪声

1）油泵磨损或粘合。油泵和变矩器壳体定位不当，会引起油泵咬住，造成油泵损坏。拆卸主阀体时，也可能使油泵损坏。油泵损坏后，在旋转时会产生的“嘀嗒”噪声或急促的尖叫声。

2）主轴轴承、副轴轴承或第二轴轴承故障。轴承损坏时发出的噪声多为“呜呜”声。更换主轴承时，小心不要损坏变矩器壳体。

3）检查 ATF 滤清器是否被钢屑或铝屑堵塞。如果滤清器堵塞，则更换滤清器，并冲洗变矩器、冷却器及管路。

4）液力变矩器故障。液力变矩器导轮单向离合器损坏，涡轮与输出轴配合损坏，均会在变速器前端产生噪声。

5）换档机构磨损或损坏。

19. 锁止离合器不能分离

检查 D 指示灯，并检查插头是否松动。

1）换档电磁阀 E 故障。检查电磁阀过滤器、垫圈是否磨损和损坏。检查电磁阀是否咬住。调码或读取数据流，检查电磁阀 E 电参数。

2）压力控制电磁阀 A 故障。检查电磁阀过滤器、垫圈是否磨损和损坏。检查电磁阀 A 是否咬住。调码或读取数据流，检查电磁阀 A 电参数。

3）锁止换档阀故障。

4）锁止控制阀故障。

20. 锁止离合器动作不稳定

检查 D 指示灯，并检查插头是否松动。

1）换档电磁阀 E 故障。检查电磁阀是否咬住。检查电磁阀过滤器、垫圈是否磨损和损坏。调码或读取数据流，检查电磁阀 E 电参数。

2）调压电磁阀 A 故障。检查电磁阀是否咬住。调码或读取数据流，检查电磁阀 A 电参数。

3）锁止控制阀故障。

4）锁止换档阀故障。

21. 锁止离合器不能啮合

检查 D 指示灯，并检查插头是否松动。

1）换档电磁阀 E 故障。检查电磁阀是否咬住。检查电磁阀过滤器、垫圈是否磨损和损坏。调码或读取数据流，检查电磁阀 E 电参数。

2）离合器压力控制电磁阀 A 故障。检查电磁阀是否咬住。调码或读取数据流，检查电磁阀 A 电参数。

3）主轴或副轴转速传感器故障。检查主轴转速传感器和副轴转速传感器的安装。调码或读取数据流，检查转速传感器电参数。

4）液力变矩器故障。变矩器离合器活塞磨损或变形。变矩器单向阀故障。更换变矩器。

5）锁止换档阀故障。

6）锁止控制阀故障。

22. 发动机怠速振动

检查 D 指示灯，并检查插头是否松动。

1）变速器油液位低。检查变速器油液位。检查油冷却器管路是否泄漏，连接处是否松动。必要时，冲洗油冷却器管路。检查油滤清器是否被钢屑或铝屑堵塞。检查油泵。如果油泵正常，应找出产生碎片的损坏组件，然后更换变矩器。

2）换档电磁阀 E 故障。

3）油泵磨损或粘合。

4）检查锁止换档阀是否咬住。

5）发动机输出功率不足。

复　习　题

一、填空题

1. 五档平行轴式自动变速器六根平行轴是（　　）轴、（　　）轴、（　　）轴、（　　）轴、（　　）轴和（　　）轴。

2. 主轴（输入轴）一端与（　　）键配合。

3. 主与上有一个与主轴键配合的（　　）齿轮，另有套装在主轴上的（　　）齿轮和（　　）齿轮。

4. 副轴是（　　）轴，其上有（　　）个齿轮，套装在轴上的齿轮有（　　）齿轮和（　　）齿轮，另外（　　）个齿轮与轴一体。

5. 二轴上键配合（　　）齿轮，套装的 3 个齿轮是（　　）齿轮、（　　）齿轮及（　　）齿轮。

二、选择题

1. 套装在副轴上的倒档齿轮及 4 档齿轮在主轴 4 档离合器工作后（　　）。

A. 同时旋转　　B. 只倒档齿轮旋转　　C. 只 4 档齿轮旋转

2. 倒档轴惰轮的旋转方向是（　　）。

A. 顺时针旋转　　B. 只倒档齿轮旋转

3. 倒档轴惰轮驱动（　　）旋转。

A. 主轴主动齿轮　　B. 副轴主动齿轮

4. 二轴的旋转方向只能（　　）旋转。

A. 顺时针　　B. 逆时针　　C. 能顺时针也能逆时针

5. 副轴的旋转方向只能（　　）旋转。

A. 顺时针　　　　　　　　B. 逆时针　　　　　　　　　C. 能顺时针也能逆时针

6. 五档平行轴式自动变速器倒档滑套由（　　）使其与副轴连接或切离。

A. 电液控制　　　　　　　B. 驾驶人手动

7. 有些平行轴式自动变速器1档离合器串联一个单向离合器，该单向离合器使汽车在滑行时发动机对滑行（　　）。

A. 有制动作用　　　　　　B. 无制动作用

8. 有些平行轴式自动变速器无单向离合器，D1档滑行时靠（　　）使发动机对滑行无制动作用。

A. 离合器瞬间半离合　　　B. 降低发动机转速

三、问答题

1. 平行轴式自动变速器与行星齿轮式自动变速器有何不同点与相同点？

2. 详述D位1档传动原理。

3. 详述D位2档传动原理。

4. 详述D位3档传动原理。

5. 详述D位4档传动原理。

6. 详述D位5档传动原理。

7. 详述R位传动原理。

8. 平行轴式自动变速器D位1档与1档有什么区别？

9. 有些平行轴式自动变速器无单向离合器，D1档滑行时怎样使发动机对滑行无制动作用。

第八章

双离合器式（DSG）自动变速器

第一节　双离合器式自动变速器结构原理

熟知手动变速器和行星轮式自动变速器后，就很容易掌握双离合器式自动变速器的结构原理及油路循环。

一、双离合器式自动变速器总体结构

双离合器式自动变速器结构如图 8-1-1 所示。

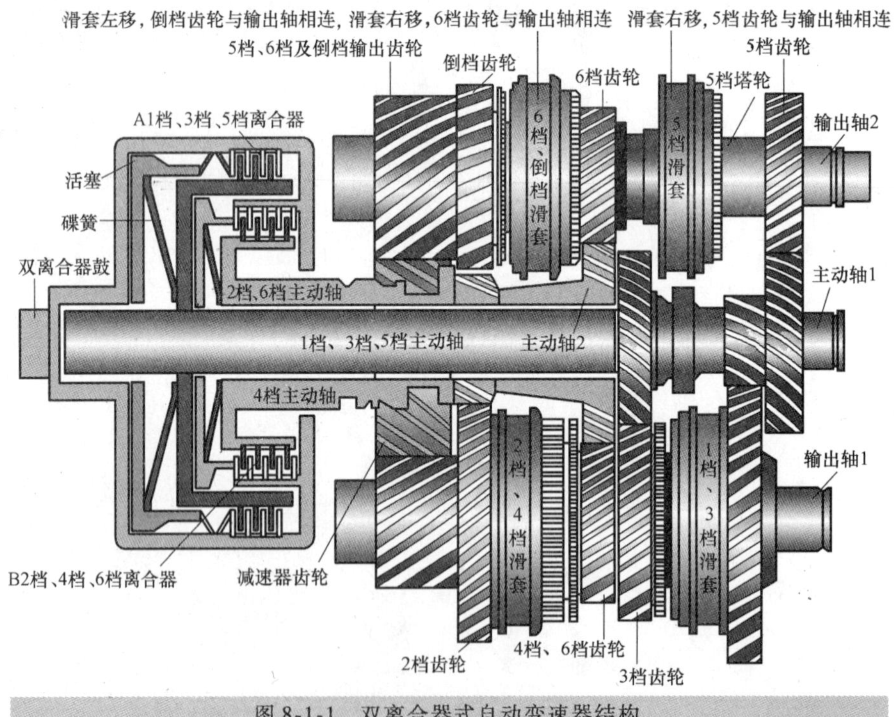

图 8-1-1　双离合器式自动变速器结构

从图可知，双离合器式自动变速器利用行星轮式变速器的两个多片湿式离合器，取代手动变速器的离合器，而齿轮机构及换档机构与手动变速器大同小异，可见它是手动变速器与

行星轮式变速器的组合体，即用两个电控多片湿式离合器，分别驱动两根主动轴，取代手动变速器脚控干式离合器，即用电磁阀控制换档拨叉取代手动。

从图 8-1-1 与图 8-2-1 可知，双离合器式自动变速器共有五根平行轴，即主动轴 1 与 1、3、5 档齿轮键配合；主动轴 2 上有两个主动齿轮，一个可驱动输出轴 2 上的 1、3、5 档齿轮，另一个可驱动输出轴 1 上的倒档、2 档、6 档齿轮；输出轴 1 套装 1、2、3、4 档齿轮；输出轴 2 套装 5 、6、倒档齿轮；还有与倒档齿轮键配合的倒档轴。

从图又知，两根输出轴上均有相应的滑套，每个滑套可将对应的空转齿轮与轴连成一体，使该齿轮与输出轴一同旋转。每个输出轴上均有一个与轴一体的输出齿轮，分别驱动减速器输出各档。可见，只要电磁阀通电，滑套及同步器就将该档的从动齿轮与轴连成一体，于是主动轴便驱动输出轴旋转输出相应档位。

二、双离合器结构和工作原理

1. 双离合器结构

双离合器式自动变速器双离合器结构如图 8-1-2 所示。

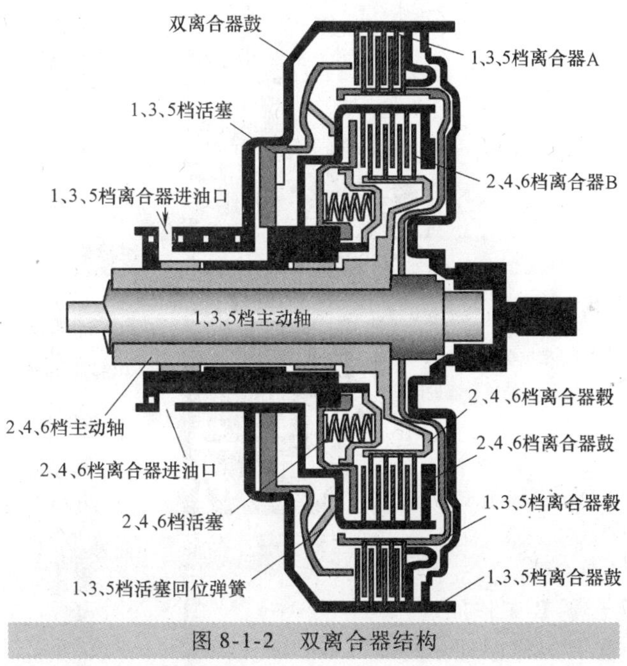

图 8-1-2　双离合器结构

从图可知，它与行星轮式自动变速器多片湿式离合器的结构完全相同。

1）1、3、5、倒档共用一个离合器 A，2、4、6 档共用一个离合器 B，两个离合器装在同一个鼓内。离合器的鼓与发动机相连，是变速器的动力输入轴。

2）离合器 A 的毂与主动轴 1 一体，并与主动轴上的 1、3、5 档齿轮一体，离合器 A 工作后，便将毂鼓连成一体，使主动轴 1 及轴上的 1、3、5 档主动齿轮旋转。1 档齿轮使两个输出轴上的 1、倒档齿轮空转。

3）B 离合器的毂与主动轴 2 一体，并与主动轴上的 2、4 档两个齿轮一体。离合器 B 工作后，使主动轴 2 及轴上的 2、4 档两个齿轮主动旋转。而 4 档齿轮同时使两个输出轴上的 4、6 档齿轮空转。

综上可知，该自动变速器两个离合器交替工作，可使两个主动轴分别带动两个轴上的主动齿轮旋转，以便通过两个离合器交替工作自动完成档位切换，并通过切换时两个离合器瞬间半离合，实现无空档间隙的换档过程。

2. 1、3、5 档离合器 A 工作原理

双离合器式自动变速器 1、3、5、倒档离合器 A 工作原理如图 8-1-3 所示。

从图可知，当油液从离合器 A 进油口进入离合器 A 伺服缸（双离合器鼓）内时，液压油便推动离合器 A 鼓内活塞压紧离合器片，将离合器鼓与 1、3、5 档离合器毂连成一体，即将输入轴 1 与 1、3、5 档主动轴连成一体，将发动机转矩传入主动轴 1。主动轴 1 上的 1 档、3 档、5 档齿轮便主动旋转，于是，便使 1 输出轴 1 上的 1 档、3 档、5 档及倒档轴上的倒档齿轮空转。当需要输出哪一档时，电控液压便驱动输出轴上的接合套，将该档空转的齿轮与输出轴连成一体，便可输出相应档位。

综上可知，若变速器只 1、3、5、倒档工作不良，应重点检查该离合器及其相关的油电路和相关的换档机构。若只其中一个档工作不良，应重点检查参与该档工作的换档机构及其相关油电路。

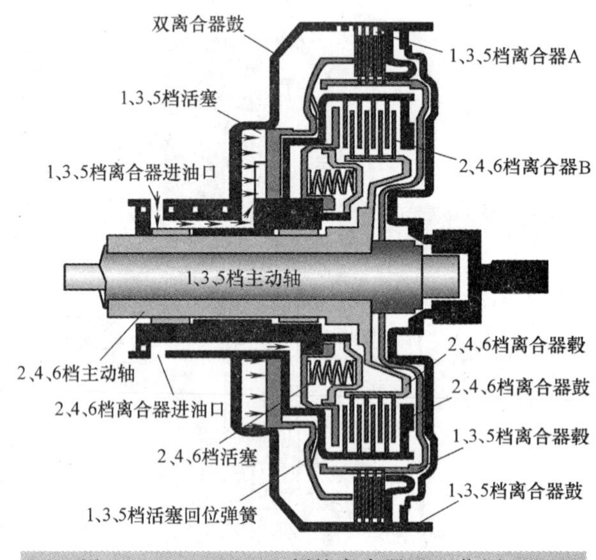

图 8-1-3　1、3、5、倒档离合器 A 工作原理

3. 2、4、6 档离合器 B 工作原理

2、4、6 档离合器 B 工作原理如图 8-1-4 所示。

从图可知，当油液从离合器 B 进油口进入离合器 B 伺服缸（离合器鼓）内时，液压油便推动离合器 B 的活塞压紧离合器片，将离合器鼓与毂连成一体，即将输入轴与主动轴 2 连成一体，使主动轴 2 上的 2、4、6 档齿轮随主动轴 2 一同顺时针旋转。于是主动轴上的齿轮便驱动与之常啮合的输出轴 2 上的 2、4、6 档齿轮逆时针空转。当滑套和同步器将空转的某轮与轴连成一体时，输出轴便逆时针旋转，使输出轴上的输出齿轮也逆时针旋转，并驱动主减速器齿轮旋转，实现相应档位的输出。

综上可知，若只变速器 2、4、6 档工作不良时，应重点检查离合器 B 及其相关的油电路和相关的换档机构。若只其中一个档工作不良，应重点检查参与该档工作的换档机构及其相关油电路。

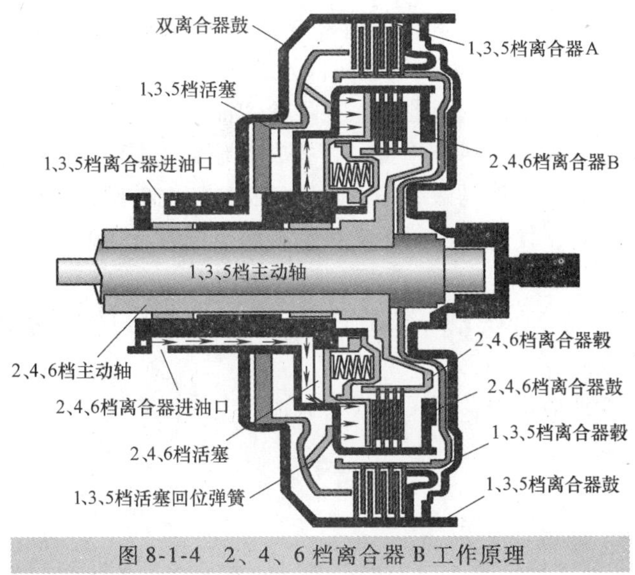

图 8-1-4　2、4、6 档离合器 B 工作原理

三、双离合器式自动变速器阀体结构

双离合器式自动变速器阀体结构如图 8-1-5 所示。

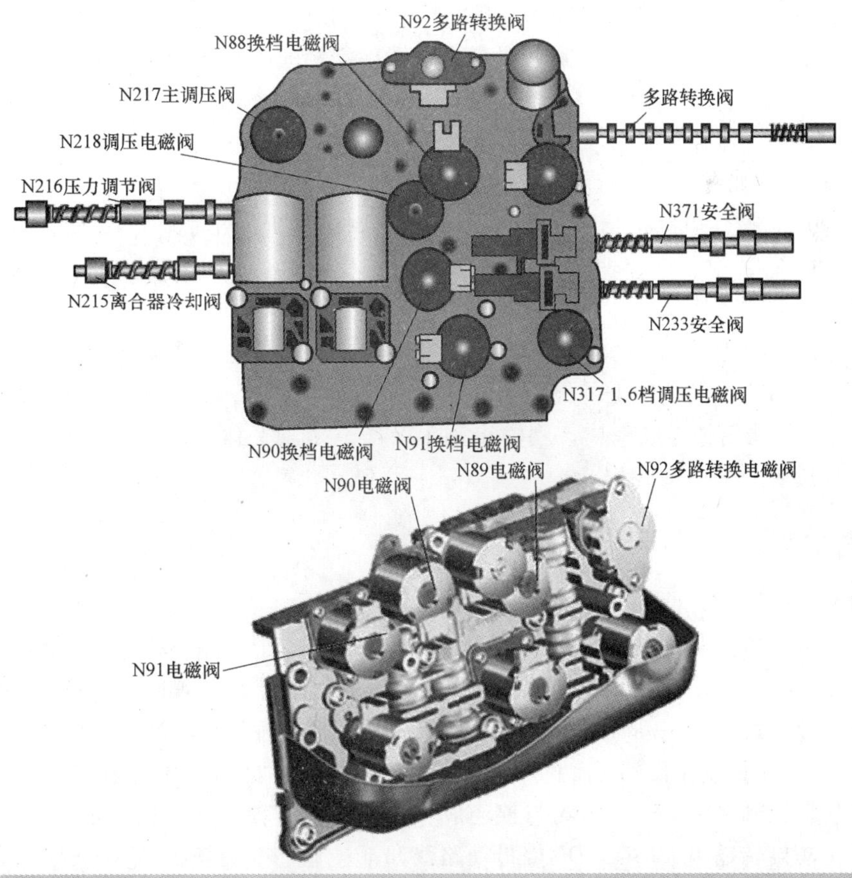

图 8-1-5　双离合器式自动变速器阀体结构

和所有自动变速器一样，双离合器式自动变速器内的液压系统的主体也是阀体。从图 8-1-5 可知，阀体内也是由换档电磁阀、调压阀及调压电磁阀组成的。

其中主调压阀及主调压电磁阀向油路系统供给主油压。

多路转换电磁阀控制滑阀在两个位置上切换，以便为 1、3、5、倒档，或 2、4、6 换档阀打开油路通道。当某一档换档电磁阀工作时，便将换档电磁阀输出的油压，通过多路转换阀送入相应的换档阀，以便使液压滑阀驱动拨叉在两个位置上切换，完成相应档输出。

第二节　双离合器式自动变速器传动原理

双离合器式自动变速器是手动变速器齿轮机构与多片湿式离合器的组合体。与手动变速器相比有以下几点不同之处。

1）手动变速器只有一根主动轴，而双离合器式自动变速器有两根主动轴，一根是空心轴，另一根是实心轴，插在空心轴中。

2）主从动齿轮间的转矩传递，在手动变速器中靠手动拨叉移动同步器和从动齿轮，使从动齿轮移动至与主动齿轮啮合。而双离合器式自动变速器则是用电控液压驱动拨叉和同步器，使套装在输出轴上的从动齿轮与输出轴连成一体，使常啮合的齿轮传递转矩。

3）手动变速器只有一个脚踏离合器，而双离合器式自动变速器则是用两个电控液压多片式离合器，每个离合器可使相应的主动轴及轴上的几个主动齿轮一同旋转。档位切换瞬间，电脑按程序控制使两个离合器瞬间半离合，消除空档间隙，防止换档冲击。

一、D1 档传动原理

D1 档传动原理如图 8-2-1 所示。

当变速杆入 D 位，电脑根据档位和车速信号，判定是 D1 档时，N215 离合器油压电磁阀将双离合器中管 1、3、5、倒档的离合器 A 接合，使图 8-2-1 中主动轴 1 及与主动轴一体的 1、3、5 档齿轮主动旋转。

于是，主动轴 1 上的 1、3、5 档齿轮主动顺时针旋转，使与之常啮合的套装在输出轴 1 上的 1、3、5 档齿轮及倒档轴上的倒档齿轮逆时针空转。此时，又因 1、3 档滑套将输出轴 1 上的 1 档齿轮与输出轴连成一体，则输出轴 1 及与输出轴一体的输出齿轮便逆时针旋转，使减速器齿轮旋转，输出 D1 档。

二、D2 档传动原理

双离合器式自动变速器 D2 档传动原理如图 8-2-2 所示。

当变速杆入 D 位，电脑根据档位和车速信号，判定 D2 档时，N216 离合器油压电磁阀将离合器 A 瞬间半离合，同时 N216 离合器油压电磁阀使离合器 B 瞬间也半离合，以消除换档瞬间空档间隙。此时，主动轴 2 上的 2、4（6）两个驱动齿轮主动顺时针旋转，使套装在输出轴 1 上的 2、4 档及输出轴 2 上的 6 档齿轮逆时针空转。此时，输出轴 1 上的 2、4 档滑套及同步器将输出轴 1 上的 2 档齿轮与轴连成一体，使输出轴 1 上的输出齿轮逆时针旋转，驱动减速器主动旋转输出 D2 档。D2 档传动路线如下：

离合器 B 接合→主动轴 2 主动顺时针旋转→主动轴 2 的两个齿轮主动顺时针旋转→输出

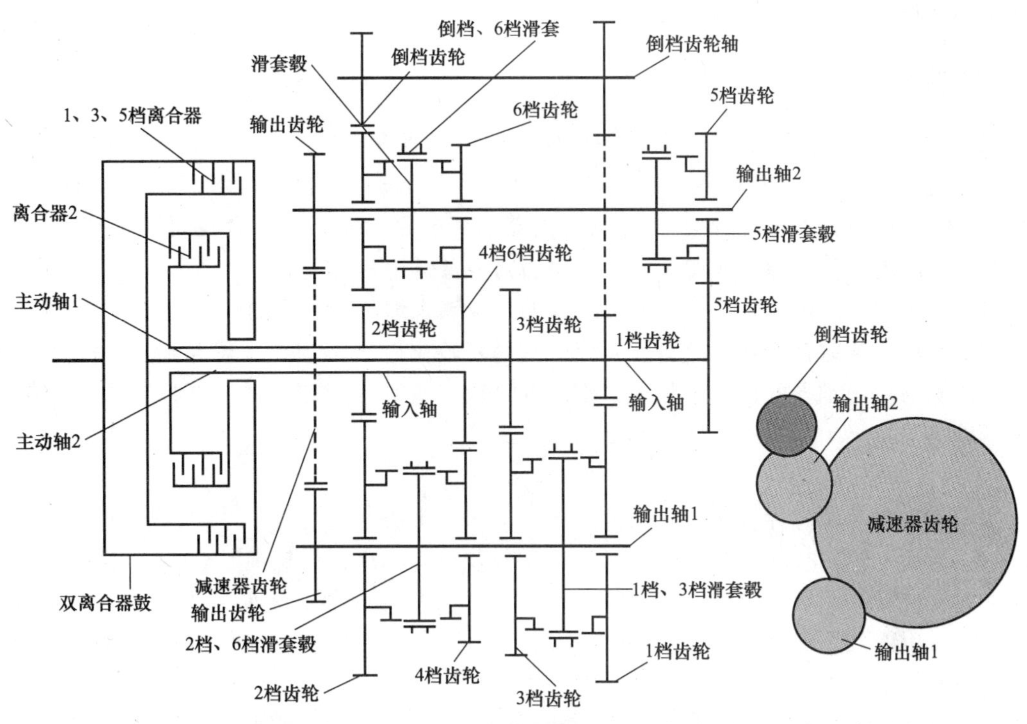

图 8-2-1　双离合器式自动变速器 D1 档传动原理

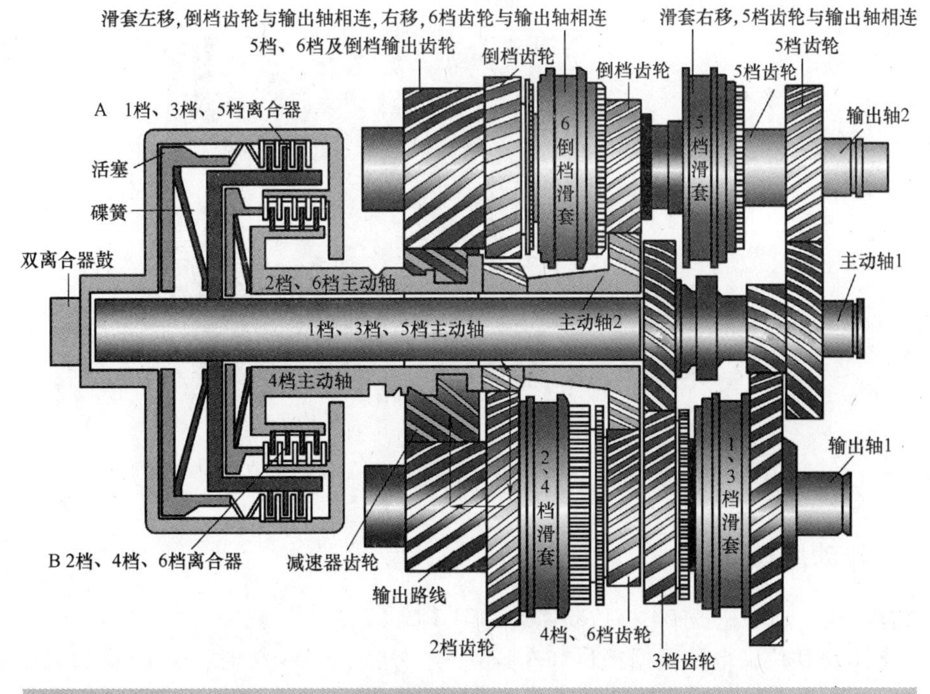

图 8-2-2　双离合器式自动变速器 D2 档传动原理

轴 1 上 2 档齿轮逆时针空转→滑套将输出轴 1 与 2 档齿轮键配合→主动轴 2 上的 2 档齿轮驱动输出轴 1 上的 2 档齿轮及输出轴 1 齿轮逆时针旋转→主减速器齿轮顺时针旋转→离合器 1

全解锁→离合器 2 全接合→输出 D2 档。

三、D3 档传动原理

双离合器式自动变速器 D3 档传动原理如图 8-2-3 所示。

当变速杆入 D 位，电脑根据档位和车速信号，判定是 D3 档时，N215 离合器油压电磁阀将 1、3、5 档离合器 A 半接合，N216 离合器油压电磁阀使离合器 B 也瞬间半接合，以消除档位切换时的空档间隙，使图 8-2-3 中主动轴 1 及其上的 1（倒档）、3、5 档齿轮主动顺时针旋转，于是，与 1、3、5 档齿轮常啮合的，套装在输出轴 1 上的 1、3、5 档齿轮及倒档轴上的倒档齿轮逆时针空转。此时，换档电磁阀将输出轴上的 3 档齿轮与输出轴连成一体，于是输出轴与输出轴上的输出齿轮便以 D3 档的转速逆时针旋转，减速器齿轮顺时针旋转，变速器输出 D3 档。

D3 档传动路线如下：

主动轴 1 主动顺时针旋转→主动轴 1 上的 1、3、5 档齿轮主动顺时针旋转→输出轴 1 上的 1、3、5 档齿轮逆时针空转→1、3 档滑套将输出轴 1 与 3 档齿轮键配合→输出轴上的 3 档齿轮逆时针旋转→驱动输出轴 1 及输出齿轮逆时针旋转→主减速器齿轮顺时针旋转→N216 离合器油压电磁阀使离合器 B 解锁→N215 离合器油压电磁阀使离合器 A 全接合→减速器齿轮顺时针旋转输出 D3 档。

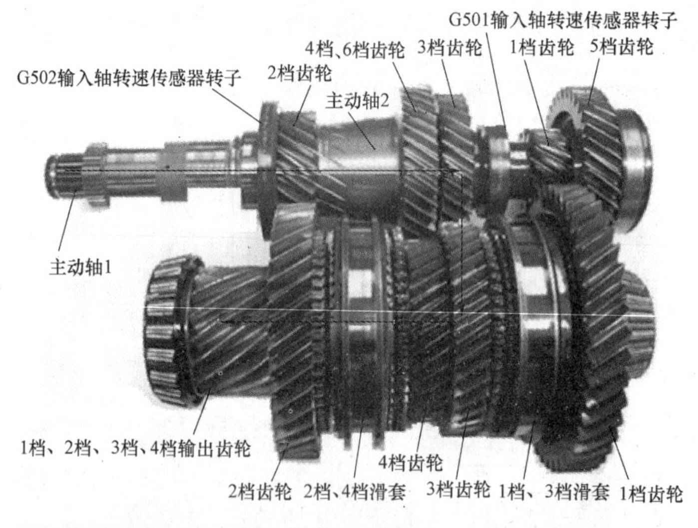

图 8-2-3　双离合器式自动变速器 D3 档传动原理

四、D4 档传动原理

双离合器式自动变速器 D4 档传动原理如图 8-2-4 所示。

当变速杆入 D 位，电脑根据档位和车速信号，判定是 D4 档时，N215 离合器油压电磁阀将 1、3、5、倒档离合器 A 瞬间半离合，同时 N216 离合器油压电磁阀使 2、4、6 档离合器 B 瞬间也半离合，以消除换档瞬间的空档间隙。

此时，图 8-2-4 中主动轴 2 及其上的 2、4（6）两个齿轮主动顺时针旋转，使输出轴 1 上的 2、4 档齿轮及输出轴 2 上的 6 档齿轮逆时针空转，但因 2、4 档滑套只将输出轴 1 与轴

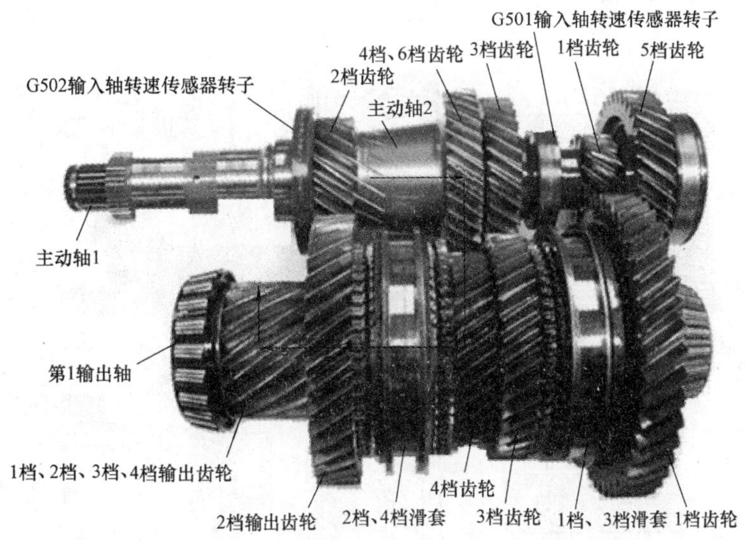

图 8-2-4　双离合器式自动变速器 D4 档传动原理

上的 4 档齿轮连成一体，于是，输出轴 1 便逆时针旋转，驱动减速器输出 D4 档。D4 档传动路线如下：

N215 离合器油压电磁阀使离合器 A 瞬间半离合，N216 离合器油压电磁阀使离合器 B 瞬间半离合，以消除档位切换时产生空档间隙。此时，主动轴 2 主动顺时针旋转→主动轴 2 上的两个齿轮主动顺时针旋转→输出轴 1 上 2、4 档齿轮逆时针空转→2、4 档滑套将输出轴 1 与 4 档齿轮键配合→主动轴 4 档齿轮驱动输出轴 1 逆时针旋转→输出轴 1 输出齿轮逆时针旋转→主减速器齿轮输出 D4 档→N215 离合器油压电磁阀使离合器 A 全解锁→N216 离合器油压电磁阀使离合器 B 全接合。

五、D5 档传动原理

双离合器式自动变速器 D5 档传动原理如图 8-2-5 所示。

当变速杆入 D 位，电脑根据档位和车速信号，判定是 D5 档时，N215 离合器油压电磁阀将离合器 A 半离合，N216 离合器油压电磁阀使离合器 B 也瞬间半离合，以消除档位切换时产生空挡间隙。D5 档传动路线如下：

主动轴 1 主动顺时针旋转→主动轴 1 上的 1、3、5 档齿轮主动顺时针旋转→输出轴 2 上 5 档齿轮逆时针空转→5 档滑套将输出轴 2 与 5 档齿轮键配合→输出轴 2 上的 5 档齿轮与输出轴 2 一体逆时针旋转→输出轴 2 上的输出齿轮逆时针旋转→主减速器齿轮顺时针旋转→N216 离合器油压电磁阀使离合器 B 全解锁→N215 离合器油压电磁阀使离合器 A 全接合→减速器齿轮输出 D5 档。

六、D6 档传动原理

双离合器式自动变速器 D6 档传动原理如图 8-2-6 所示。

当变速杆入 D 位，电脑根据档位和车速信号，判定需切换 D6 档时，N215 离合器油压电磁阀将离合器 A 瞬间半离合，同时 N216 离合器油压电磁阀使离合器 B 瞬间半离合，以消

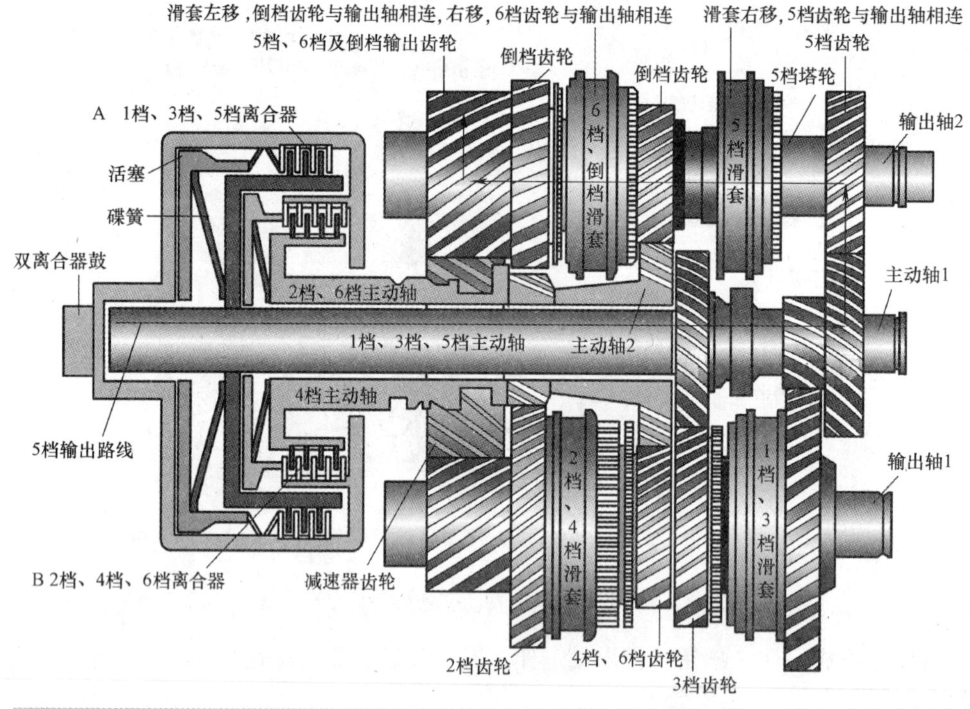

图 8-2-5　双离合器式自动变速器 D5 档传动原理

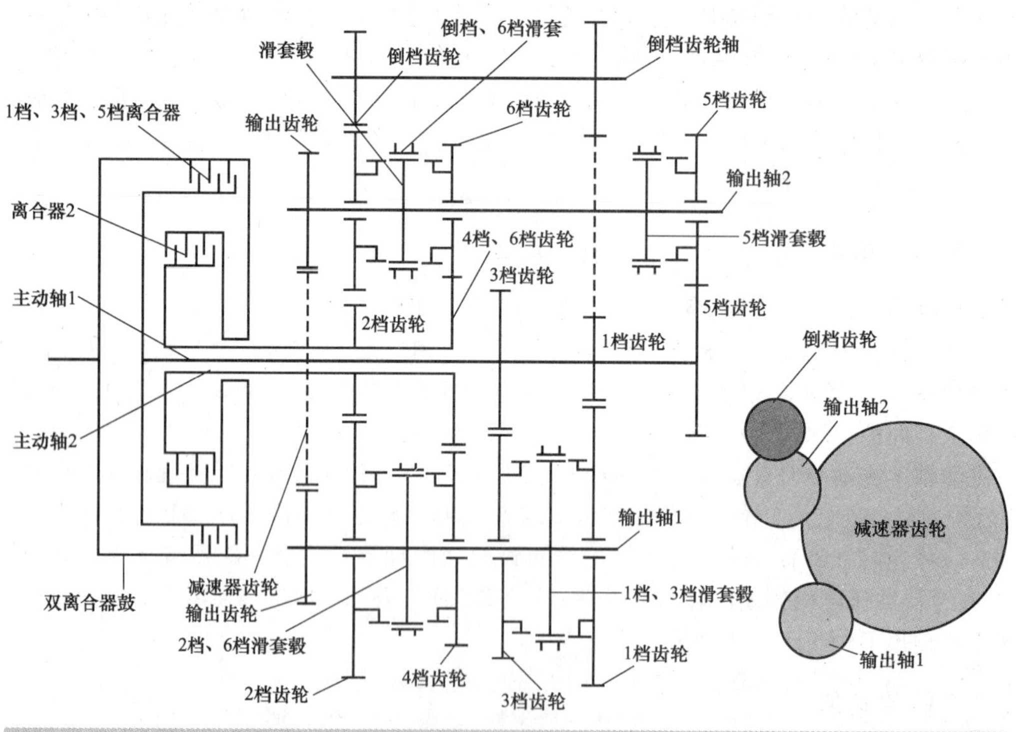

图 8-2-6　双离合器式自动变速器 D6 档传动原理

除换档瞬间空档间隙。

此时，主动轴 2 上的 2、4（6）档两齿轮主动顺时针旋转，与此同时，输出轴 2 上的 6

档齿轮逆时针空转。滑套将6档齿轮与输出轴2连成一体，变速器输出D6档。

D6档传动路线：

主动轴2主动顺时针旋转→主动轴2上的2、4（6）两个齿轮主动顺时针旋转→输出轴2上6档齿轮逆时针空转→输出轴2上的6、倒档滑套将输出轴2与6档齿轮键配合→输出轴2逆时针旋转→输出轴2与输出轴齿轮逆时针旋转→主减速器齿轮顺时针旋转输出D6档→N215离合器油压电磁阀使离合器A全解锁→N216离合器油压电磁阀使离合器B全接合→输出D6档。

七、倒档传动原理

当变速杆入R位，电脑根据档位和车速信号，判定是倒档时，N215离合器油压电磁阀使离合器A接合→主动轴1及其上的1、3、5档齿轮主动顺时针旋转→与主轴1上的1档齿轮常啮合的倒档齿轮轴上的倒档齿轮逆时针旋转→输出轴2上的倒档齿轮顺时针空转→输出轴2上的滑套将输出轴2上的倒档齿轮与输出轴2连为一体→输出轴齿轮顺时针旋转→主减速器齿轮逆时针旋转→输出倒档。

第三节　双离合器式自动变速器油路分析

一、油路组成

六档湿式双离合器式自动变速器油路如图8-3-1所示。

所有自动变速器油路系统的控制思路均大同小异，而双离合器式自动变速器油路又较行星轮式自动变速器油路简单得多，因为它只向两个离合器和同步器控制阀提供油压。因此，只要真正理解行星轮式自动变速器油路，便可做到一边看油路图，一边轻而易举地对该变速器的油路组成及工作原理做出解读。

1. 主调压阀

滑阀式主调压阀与所有自动变速器主调压阀的结构和工作原理完全相同，它也是通过滑阀打开泄油口开度的大小，控制泄油量的多少，将油泵油压调节成主油压。

和所有自动变速器油路一样，它也是将主油压通过开关阀、开关电磁阀、调压阀、调压电磁阀，将油压送入需要的部位。

因该变速器的结构是由双离合器及换档机构使常啮合的主从动齿轮完成转矩传递的，所以油路的主要任务是向双离合器及换档机构供油。

主调压阀若出现弹簧疲劳、折断、卡滞、磨损严重泄压等，将导致各档均工作不良。若出现无档、各档发动机转速与车速不匹配、各档均出现冲击等故障，应重点检查主调压阀。

2. N217主油压调节电磁阀

N217主油压调节电磁阀是一个脉冲调压电磁阀。电控单元根据档位切换信号及节气门信号和车速等信号，用通电占空比控制脉冲调压电磁阀的输出油压，并将输出油压送入主调压阀一端，用弹簧弹力和电控液压控滑阀打开泄油口开度的大小，调整主调压阀输出主油压。

若该电磁阀失效，主调压阀将输出最大油压，引起发动机油耗增大及变速器各档均冲击

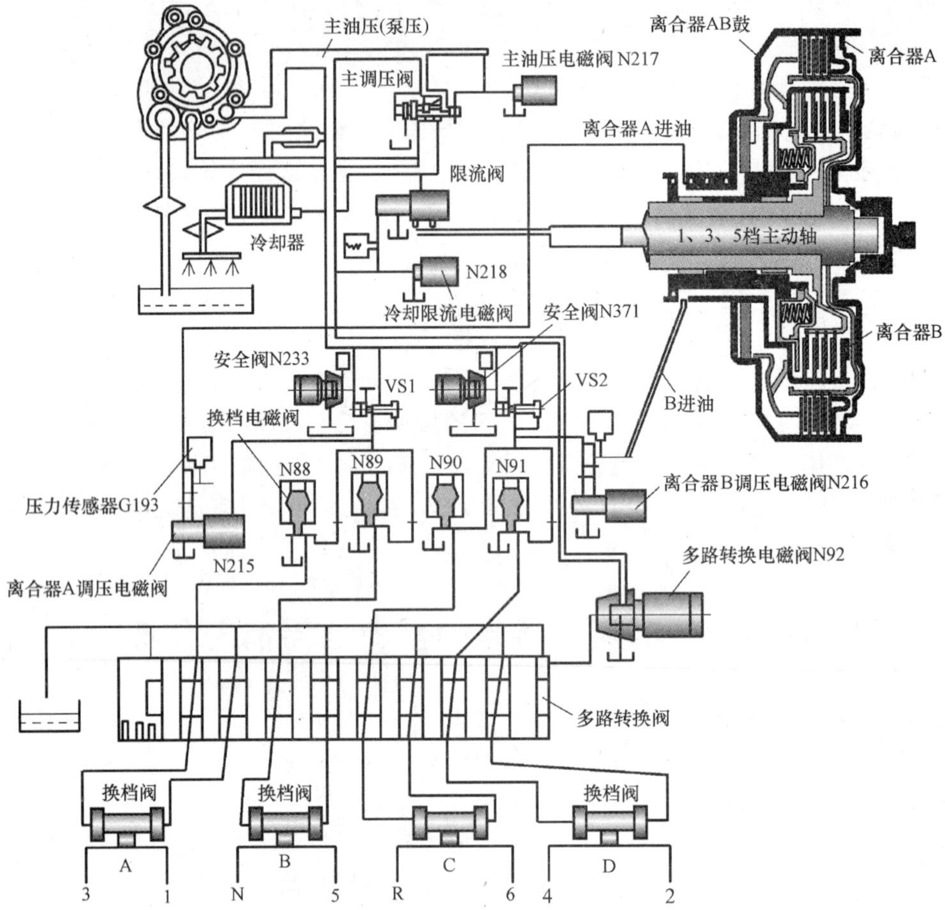

图 8-3-1　双离合器式自动变速器油路

的故障。

3. N215 离合器 A 油压调节电磁阀

N215 离合器 A 油压调解电磁阀是一个脉冲式调压电磁阀，它控制双离合器中的离合器 A 的油压，以便将输入轴鼓与 1、3、5 档主动轴毂连成一体，使 1、3、5 档的主动轴随发动机一同旋转。该调压阀使油压随发动机转矩的变化而变化。电磁阀电阻值为 5Ω。

若电磁阀在非工作位置失效，将引起离合器 A 打滑损坏。若电磁阀在工作位置失效，将引起离合器锁止，制动时发动机熄火故障，并在仪表板上显示故障。

4. G193 压力传感器

G193 压力传感器将 1、3、5 档离合器的油压信号反馈给电控单元，以供电控单元修正该离合器的油压。若离合器油压因故超过限定值时，电控单元立即控制安全电磁阀 N233 泄压。

5. N216 离合器 B 油压调节电磁阀

N216 离合器 B 油压调解电磁阀控制离合器 B 的油压，以便将输入轴鼓与 2、4、6 档主动轴毂连成一体，使 2、4、6 档主动轴随发动机一同旋转。该电磁阀使油压随发动机转矩的变化而变化。电磁阀是脉冲式调压电磁阀，电阻值为 5Ω。若电磁阀在非工作位置失效，将

引起离合器打滑损坏。若电磁阀在工作位置失效，将引起离合器锁止，制动时发动机熄火故障，并在仪表板上显示故障。

6. G194 压力传感器

G194 压力传感器将 2、4、6 档离合器的油压信号反馈给电控单元，以供电控单元监控和修正该离合器的油压。若离合器油压因故超过限定值时，电控单元立即控制安全电磁阀 N317 泄压。

7. 第一主动轴转速传感器 G501

双离合器式自动变速器的霍尔式转速传感器 G501 的磁转子安装在 1、3、5 档主动轴上，磁转子是多个 N 极和 S 极的组合体，随主动轴一同旋转，检测 1、3、5 档主动轴转速，以便与发动机转速比对，测知 1、3、5 档离合器的滑移率，监控离合器半离合及全接合状况。

电控单元根据滑移率信号可监测离合器是否打滑，以便根据档位和车速调整离合器油压。另外，电控单元还用此信号和节气门位置信号识别变速器是否已进入正确档位。

8. 第二主动轴转速传感器 G502

第二主动轴转速传感器 G502 的磁转子安装在 2、4、6 档主动轴上，其结构和工作原理与传感器 G501 完全相同，它检测双离合器另一离合器的状况。若该传感器失效，该离合器将停止工作，则只有 1 档。

9. G195 与 G196 输出轴转速传感器

两个输出轴中若一个输出轴输出，则另一个输出轴一定空转，因此只需一个输出轴转速传感器，装在任意输出轴上均可。

但为使输出轴转速传感器能同时识别车辆行驶方向，则将永久磁铁 N-S 极交替排列的转子也安装在输出轴 2 上，并将两个霍尔传感器错开一定磁距，与转子对应地固定在变速器壳体上。

当输出轴旋转时，两个错开的传感器便同时产生一个高电位信号和一个低电位信号。如果 G195 传感器产生高电位信号，则 G196 便产生低电位信号；反之，则相反。因此用两个传感器既可测出输出轴转速，又可判定行驶方向。

如果该传感器失效，信号中断，可用 ABS 转速传感器信号代替。

10. 安全电磁控制阀 N371 与 N233

两个安全电磁阀分别控制两个离合器的油压，使之不会过高，即当油压传感器 G193 或 G194 监测到离合器 A 或 B 油压因故超高时，两个安全阀泄油，以防止送入两个离合器的油压过高。

11. 离合器油温传感器 G509

离合器油温传感器 G509 准确地测量离合器出口油液的温度，以供 N218 冷却控制电磁阀控制输出的油压，再用此油压控制冷却控制阀打开泄油口开度的大小，控制流入冷却器油液的流量，以保证正常油温。

该温度传感器工作范围是 -55 ~ 180℃，如果传感器失效，则以变速器油温传感器取代。

12. 变速器油温传感器 G93 及电控单元温度传感器 G150

油温传感器 G93 检测变速器的油温，温度传感器 G150 检测电控单元的温度。电控单元根据两个传感器的温度信号启动预热程序。

若变速器温度超过 138℃，电控单元将发动机转速降低。若温度超过 145℃，电控单元停止对离合器加压，使离合器分离，汽车停驶。

13. 冷却器控制电磁阀

电控单元根据离合器的油温，用通电占空比控制冷却器控制电磁阀 N218 的输出油压，并将该油压送入冷却器控制阀，以推动滑阀打开泄油口开度的大小，控制离合器泄入冷却器油液的流量。

14. 冷却器控制阀

冷却器控制阀串联在离合器和冷却器之间，用冷却器控制电磁阀输出的油压控制滑阀打开泄油口开度的大小，以控制流入冷却器油液的流量。

若冷却回油量大，则油温低，则在低温天气易引起入档困难。如回油量小，则离合器温度高。电磁阀电阻值为 5Ω。

15. N88、N89、N90、N91 换档电磁阀

双离合器式变速器阀体中有常闭换档电磁阀 N88、N89、N90、N91。

1）N88 换档电磁阀是一个常闭开关电磁阀，它在电控单元控制下，只有开或关两个位置，以便将油压送入或泄出 3-1 档换档阀，使拨叉移动滑阀驱动滑套及同步器，完成 1 档和 3 档切换。

若换档阀卡滞在 3 档位置，便无 D1 档。若换档电磁阀失效，便只有 D1 档。

2）N89 换档电磁阀也是一个常闭开关电磁阀，它在电控单元控制下，只有开或关两个位置，以便将油压送入或泄出 N-5 档换档阀，使拨叉移动滑阀驱动滑套及同步器，完成空档和 5 档切换。

若换档阀卡滞在 N 位置，便无 5 档。若换档电磁阀失效，便只有 5 档。

3）N90 换档电磁阀也是一个常闭开关电磁阀，它在电控单元控制下，只有开或关两个位置，以便将油压送入或泄出 R-6 档换档阀，使拨叉移动滑阀驱动滑套和同步器，完成倒档和 6 档切换。

若换档阀卡滞在 6 档位置，便无倒档。若换档电磁阀失效，便只有倒档。

4）N91 换档电磁阀也是一个常闭开关电磁阀，它在电控单元控制下，只有开或关两个位置，以便将油压送入或泄出 4-2 档换档阀，实现 4 档和 2 档切换。若换档电磁阀失效，便只有 2 档。

16. 换档阀 A、B、C、D

A、B、C、D 四个液压式换档阀分别与四个拨叉联动，并分别受控于四个换档电磁阀。每个换档阀在相应的换档电磁阀的液压作用下，在两个位置上切换，以便驱动拨叉使接合套挂入相应档位。若换档电磁阀不向换档阀送压，换档阀被锁定在空档位置。

17. G487、G488、G489、G490 拨叉行程传感器

拨叉行程传感器为永久磁铁电磁感应式，它非常精确地检测换档拨叉的位置，以确认挂档是否确切。

18. N92 多路转换电磁阀

N92 电磁阀是常闭式开关阀，当该阀通电时，控制多路转换阀移动。打开通向 3、N、R、4 档换档阀油路，变速器可挂 3、N、R、4 档。如果该电磁阀不通电或失效，变速器可打开通向 1、5、6、2 档油路，变速器可挂 1、5、6、2 档。电磁阀电阻值为 15 ~20Ω。

19. 多路转换阀

多路转换阀相当于行星轮式自动变速器的手动阀，换档电磁阀输出的油压通过多路转换阀送入相应的换档阀，以便推动换档拨叉移动，使相应的滑套接合，完成档位切换。

多路转换阀在多路转换电磁阀控制下，在两个位置上切换，以便为相应换档阀打开油路通道。

二、油路走向

双离合器式自动变速器的油路十分简单，即主调压阀向双离合器供油、向换档电磁阀供油、向多路转换电磁阀供油。

1. 主调压阀向双离合器供油的油路走向

1）主调压阀向双离合器A供油油路走向：

主调压阀主油压→安全阀SV1→离合器压力控制电磁阀N215调压→1、3、5、倒档双离合器A入口→1、3、5、倒档离合器→离合器A出口→离合器冷却器控制阀（经N218电磁阀控制流量）→油冷却器→滤清器。

2）主调压阀向双离合器B供油油路走向：

主调压阀主油压→安全阀SV2→离合器压力控制电磁阀N216调压→2、4、6、倒档双离合器B入口→2、4、6、倒档离合器→离合器B出口→离合器冷却器控制阀（经N218电磁阀控制流量）→油冷却器→滤清器。

2. 多路转换阀油路走向

主调压阀主油压→多路转换控制电磁阀N92→多路转换阀在两个位置切换。

3. 换档阀油路走向

1）3-1档和N-5换档阀油路走向：

主调压阀主油压→安全阀SV1→换档电磁阀N88和N89→经多路转换阀→送3-1或N-5换档阀→推动拨叉入其中某档。

2）R-6档和4-2换档阀油路走向：

主调压阀主油压→安全阀SV2→换档电磁阀N90和N91→经多路转换阀→入R-6或4-2换档阀→推动拨叉入其中某档。

第四节　双离合器式自动变速器主要故障

自动变速器有什么结构，就会产生什么故障，有什么样的工作原理，就会有什么样的故障现象产生。因此，要想成为真正的技能型人才，就要彻底掌握自动变速器的结构和原理，在故障的诊断和排除中才会得心应手。下面根据双离合器式自动变速器的结构，对易出现的主要故障规纳整理。

1. 6档同步器损坏

根据同步器的工作原理可知，因6档同步器工作条件最差，所以6档同步器易损坏。6档同步器损坏后易造成入6档困难，并产生异响。出现上述现象时，应检查6档同步器，必要时更换同步器。

综上可知，若其他档同步器损坏，会引起相应档入档困难并产生异响。

2. 油泵磨损严重

若因泵油效率降低，油泵泵压不足，在油液充足、滤网无堵塞的情况下应检查油压，如不足应更换油泵。

3. 油泵异响

若在变速器前端有异响，且发动机在1000r/min时，在变速器前端能听到明显的连续不断的“嘶嘶”声，则为油泵齿轮间磨损严重剥落等故障，应更换油泵。

若在变速器前端有异响，且发动机在4000～6000r/min时有脉冲式异响，应检查油液液面高度，若正常应更换油泵。

4. 汽车行驶有颤抖感

汽车行使中，有些档位有颤抖感，且升档滞后，应检查油面高度，若正常应检查离合器油压调节阀或更换双离合器片。

5. 只有1、3档

双离合器式自动变速器只有1、3档，应检查N371油压控制电磁阀是否断路、短路，检查油压调节电磁阀电阻值，一般应为5Ω。

6. 只有2档

双离合器式自动变速器只有2档，应检查N233油压控制电磁阀是否断路、短路，检查油压调节电磁阀电阻值，一般应为5Ω。

7. 各档升档点均滞后

双离合器式自动变速器各档升档点均滞后，应着重检查N217主油压控制电磁阀是否断路、短路，检查油压调节电磁阀电阻值，一般应为5Ω。

8. 只1、3、5档升档点滞后

双离合器式自动变速器只在1、3、5档升档点滞后，应着重检查N215离合器油压控制电磁阀是否断路、短路，检查油压调节电磁阀电阻值，一般应为5Ω。

9. 只在2、4、6档升档点滞后

双离合器式自动变速器只在2、4、6档升档点均滞后，应着重检查N216离合器油压控制电磁阀是否断路、短路，检查油压调节电磁阀电阻值，一般应为5Ω。

10. 个别档丢档或失常

双离合器式自动变速器只在个别档丢档或异常，应着重检查该档机械传动部分，如该档同步器、换档电磁阀以及该档各传动齿轮。各常闭或常开换档电磁阀的电阻值多为8Ω。

11. 油温过高

双离合器式自动变速器油温过高，在散热器良好的情况下，应着重检查N218冷却油流量控制电磁阀是否卡在小流量位置上。

12. 油温过低

双离合器式自动变速器油温过低，且挂档困难，在散热器良好的情况下，应着重检查N218冷却油流量控制电磁阀是否卡在大流量位置上。

13. 各档行驶均不正常

当双离合器式自动变速器车辆在行驶中各档均有不正常反应时，可首先检查主油压是否正常，然后检查主调压阀是否失效，检查电控单元及主要传感器。

14. R 位行驶不正常

只 R 位不正常，若无任何异响，R 位各传动齿轮及换档拨叉均无故障，主油压及其控制电磁阀正常，应重点检查 N90 换档电磁阀是否断路或损坏。

15. 行驶中各档均不正常

汽车挂 1 档与 R 档路试时均正常，但行驶中各档均有不正常反应时，说明参与这两个档工作的所有机械与电控系统均无故障，应着重检查没参与这两个档工作的机械与电控元件，并重点做以下检查。

1）检查电控系统各端子是否断路、短路和搭铁。

2）用解码器调取故障码读取数据流。

3）用示波器检查各电控元件波形。

4）匹配学习。

复 习 题

一、填空题

1. 从图 8-1-1 可知，双离合器式自动变速器由（　　）、（　　）、（　　）、（　　）、（　　）五根平行轴组成。

2. （　　）三个档共用一个离合器，（　　）三个档共用一个离合器。

3. 双离合器的两个离合器装在同一个（　　）内，鼓与发动机相连，是变速器（　　）轴。

4. 1、3、5 档离合器毂与（　　）主动轴一体，并与主动轴上的（　　）档齿轮一体。

5. 2、4、6 档离合器毂与（　　）主动轴一体，并与主动轴上的（　　）档齿轮一体。

6. 双离合器式自动变速器的档位切换是通过两个（　　）瞬间（　　）完成的。

二、问答题

1. 详述 1、3、5 档双离合器工作原理。

2. 详述 2、4、6 档双离合器工作原理。

3. 详述双离合器式自动变速器 D 位 1 档传动原理。

4. 详述双离合器式自动变速器 D 位 2 档传动原理。

5. 详述双离合器式自动变速器 D 位 3 档传动原理。

6. 详述双离合器式自动变速器 D 位 4 档传动原理。

7. 详述双离合器式自动变速器 D 位 5 档传动原理。

8. 详述双离合器式自动变速器 D 位 6 档传动原理。

9. 详述双离合器式自动变速器 R 位传动原理。

10. 详述双离合器式自动变速器与手动变速器的主要区别。

11. 分析汽车行驶时双离合器式自动变速器有颤抖感的主要原因。

12. 分析汽车行驶时双离合器式自动变速器油温始终过低的主要原因。

13. 分析汽车行驶时双离合器式自动变速器油温始终过高的主要原因。

14. 分析汽车行驶时双离合器式自动变速器只 1、3、5 档升档点滞后的主要原因。

15. 分析汽车行驶时双离合器式自动变速器只 2、4、6 档升档点滞后的主要原因。

三、选择题

1．转速传感器 G501 与 G502 是检测（　　）转速的传感器，与（　　）转速传感器比对，监控两个离合器的工作状态。

A. 输出轴　　B. 输入轴　　C. 发动机　　D. 节气门位置

2. 转速传感 G195 与 G196 是检测（　　）转速的传感器，与（　　）转速传感器比对，监控两个离合器的工作状态。

A. 输出轴　　B. 输入轴　　C. 发动机　　D. 节气门位置

3. G487、G488、G489、G490 是检测（　　）转速的传感器，它精确检查（　　）位置 。

A. 拨叉行程　　B. 输入轴　　C. 拨叉　　D. 节气门位置

4. 电磁阀 N88、N89、N90、N91 是（　　）电磁阀，它的作用是完成档位切换。

A. 常闭　　B. 常开　　C. 档位　　D. 离合器

5. N92 电磁阀是（　　）电磁阀，它在电脑控制下，通过位置改变完成各档（　　）切换。

A. 换档　　B. 多路转换　　C. 油压　　D. 油路

6. 电磁阀 N218 是（　　）控制电磁阀，它控制流向散热器的（　　）大小。

A. 油温　　B. 冷却液温度　　C. 油压　　D. 流量